扬子学刊

四川省扬雄研究会 编

ANGZIXUEKAN

·第一辑·

巴蜀书社

发刊词

扬雄是中国文化史上具有重大影响的学者。

他是中国无神论思想家的先导，他是魏晋“玄学”的渊源，他是全世界方言学的鼻祖，他是世界上接近科学地解读“宇宙”的第一人。汉代人认为他是西汉两百年中最杰出的人才，给予他“西道孔子”的赞誉；晋朝人认为他堪与先秦诸子比肩，始称他为“扬子”；唐代人认为他有功于儒学的发展，将他列入儒学道统，排在孟子、荀子之后；北宋人认为他对儒学发展的贡献巨大，其地位应在孟子、荀子之上；现代人以他的学术成就涉及的领域众多，说他是“百科全书式的人才”。

扬雄又是中国文化史上颇具争议的历史人物。

对扬雄人品和文品的批评始于汉朝：班彪责其“褒美伪新”，诸儒讥笑他“非圣人而作经”。汉以后，批评之声仍不绝于耳：北朝颜之推批评扬雄“德败美新”，唐人李善责其“露才以耽宠，诡情以怀禄”。宋人对扬雄的态度，可谓“冰火两重天”：以司马光、王安石为代表的“尊雄派”，视扬雄为圣贤，使扬雄的学术地位达于极点；而以二程、朱熹为代表的“贬雄派”，视扬雄为罪臣，竭尽批判挞伐之能事。元、明两代，扬雄地位一落千丈，不唯风光不再，名声竟至臭不可闻。清人对扬雄的态度较为特殊：不仅有大批学者竭力为扬雄辩诬，而且在官方修订的《三字经》中，扬雄仍被列为受世人尊崇的先贤；在乾隆皇帝的读书笔记——《御制书扬雄〈法言〉》一文中有这样的判词：“偶观《法言》用智之句，喜其有卓识，可谓明哲矣。”用智、卓识、明哲，这竟然是乾隆帝对扬雄的评价。

“具有重大影响”而又“颇具争议”，足见开展扬雄研究的必要性和紧迫性。

研究扬雄的前提是必须“读懂”扬雄。而扬雄实在“难懂”，与他同时代的人就已经“读不懂”他了；否则，他为什么要著《解嘲》以解释自己“三世不徙官”的缘由、著《解难》以解说《太玄》的结构和主旨呢？后人就更难“读懂”扬雄了，莫说是一般人，就连司马光、苏东坡这样的文坛巨擘，从他们口中“读”出来的扬雄，竟然判若两人！扬雄被“读”了两千年，时至今日，莫说《太玄》仍被视为“天书”，就连扬雄的姓氏籍贯、学术渊源，诸如扬雄是“古文家”还是“今文家”、是“醇儒”还是“杂儒”，以及《法言》的主旨是“美新”还是“刺莽”等一系列的问题，仍在学术界争论不休。扬雄身上有很多的“秘密”没有被发现，这应当是他很难被人“读懂”的原因。

拨开历史的迷雾，显露事件的真相，揭示扬雄的秘密，尽可能让人们看到一个真实的扬雄，尽可能让人们“读懂”扬雄的人和文，这是历史赋予我们这一代学者的责任。

2017 年 11 月成立的“四川省扬雄研究会”，为海内外有志于从事扬雄研究的学者，搭建了一个凝聚研究力量、切磋研究方法、交流研究成果的平台。成立大会暨第一届学术研讨会在成都市郫都区举行。莅会的第一届 99 名会员，来自全国三十多所高校和十多个科研院所，提交论文 80 余篇。论文内容涉及扬雄的生平、著述、思想、褒贬、影响等多个层面，不少文章不乏真知灼见，发前人之所未发，令人耳目一新。在近两天的论文交流活动中，作者发言踊跃，各抒己见；不少会员提议：创办一个面向海内外专门发表扬雄研究文章的刊物，以作为四川省扬雄研究会会刊。

创办会刊的提议，受到研究会全体理事和郫都区委宣传部的高度重视，大家一致认为：四川省扬雄研究会的成立，是落实四川省委、省政府《关于传承发展中华优秀传统文化的实施意见》的重大举措，是四川省人民和国内外扬雄文化爱好者纪念扬雄 2070 周年诞辰的最佳方式；创办研究会会刊，有利于充分发挥研究会“凝聚研究力量、切磋研究方法、交流研究成果”的平台作用，是促进研究会工作具体化和常态化的有效手段。经理事会与郫都区委宣传部研究决定，将研究会会刊定名为《扬子学刊》。

由四川省扬雄研究会主办、中共成都市郫都区委宣传部承办的《扬子学刊》，是国内第一家以扬雄研究为办刊宗旨的学术刊物。在中华学术园地中，《扬子学刊》无疑是一株刚刚破土而出的幼苗。但是，我们完全有理由相信：基于扬雄重要的学术影响，它一定会受到海内外学者的关注和重视；由于扬雄太多的学术谜团，它一定会激发众多学者的研究兴趣。大批学者的关注和兴趣，定将成为《扬子学刊》这株幼苗茁壮成长的丰富营养；不久的将来，这株幼苗势必成为中华学术园地中的参天大树。

我们努力着，也期待着。

目 录

四川省扬雄研究会成立资料

在四川省扬雄研究会成立大会上的致辞

中共四川省委宣传部副部长　陈　华

尊敬的各位专家、学者，同志们，朋友们：

大家上午好！

很荣幸能和大家相聚在3000年古蜀故都——郫都，一起见证四川省扬雄研究会的成立，这是我省扬雄文化研究史上的一件大事，也是我省宣传文化战线认真贯彻党的十九大精神、落实《中办国办关于实施中华优秀传统文化传承发展工程的意见》的务实举措。在这里，我代表省委宣传部，向四川省扬雄研究会的成立，表示热烈的祝贺！向多年来致力于扬雄研究的专家、学者，致以崇高的敬意！也借此机会，提几点希望。

组织实施四川历史名人文化传承创新工程是我省贯彻落实党的十九大精神、传承发展中华优秀传统文化的重要抓手。今年2月，我们印发了《做好首批四川历史名人推荐申报工作的通知》，组织各市州进行申报，共收到各市（州）推荐申报的四川历史名人144人。今年7月，经过专家初评和复评，评选出大禹、李冰、落下闳、扬雄、诸葛亮、武则天、李白、杜甫、苏轼、杨慎等首批十位四川历史名人。

扬雄位列首批十位四川历史名人之中乃是实至名归。他称得上四川历史上首位百科全书式的人物，他融会儒道两家思想，拟《易经》写《太玄》，拟《论语》写《法言》，创造了一个严谨而精细的哲学体系，在中国哲学史上占有独特的地位；他是“汉赋四大家”之一，与司马相如并称“扬马”，创作了《河东赋》《甘泉赋》《羽猎赋》《长杨赋》等名篇；他在多年调查研究的基础之上，写成了一部记录各地方不同语言的著作《方言》，这不仅是我国也是全世界第一部记录与研究方言的名著；他生长于郫都，对古蜀历史非常熟悉，写出了影响后世的《蜀王本纪》，让古蜀国蚕丛、柏灌、鱼凫、杜宇、开明五个王朝的历史得以保留下来。

对于这位在巴蜀文化史上最早也是最有影响的历史名人，第一点希望是，四川省扬雄研究会要深入挖掘扬雄的思想价值、功绩事迹、人生历程等，推出一批国内领先的扬雄研究著作，这是研究会最根本的任务和职责。

大家都知道，为扎实推进四川历史名人文化传承创新工程，我们按照“把握导向、立足学术、着眼传承”的工作思路，制定了“六个一批”重点任务，包括建立一批学术研究中心，创建一批文化传习基地，策划一批品牌文化活动，创作一批文艺精品力作，打造一批主题旅游线路，研发一批优秀文创产品。

目前，围绕扬雄这一四川历史名人，除了明确扬雄研究会承担学术研究的任务之外，我们还规划了由四川人民艺术剧院创作演出的话剧《扬雄》；由中国作协会员，人民文学奖、“朱自清散文奖”获得者蒋蓝撰写的传记《秀口吐出半个宇宙：扬雄外传》；由四川广播电视台和央视纪录片频道联合拍摄的纪录片《扬雄》等项目。

四川省扬雄研究会是四川历史名人文化传承创新工程启动实施以来，首个新成立的历史名人研究会．它的成立，为挖掘、研究、弘扬扬雄文化构筑了新平台，我们要充分利用好这个平台，发挥学术研究在历史名人工程中的基础性作用。

第二点希望是，在研究会的工作开展中，一要有开放的视野，汇聚国内外的研究力量，力争将四川省扬雄研究会建成国内权威的扬雄研究机构，成为扬雄研究的集大成者；二要有创新的意识，以扬雄故里为中心，把学术研究和产业发展结合起来，进一步拓展传承与保护的路子，做强文化产业，打造文化品牌；三要有务实的态度，切实开展各项工作，组织、策划好扬雄诞辰2070周年纪念等活动，充分利用现代传媒，做好宣传推介，把扬雄文化推向全国，让扬雄文化走向世界。

各位专家、学者，朋友们，在扬雄研究、传承领域，还有很多工作要做，希望大家凝心聚力、勇于进取，用好这块阵地，多出成果，出好成果！预祝四川省扬雄研究会第一届学术会议圆满成功！

在四川省扬雄研究会成立大会上的讲话

四川省社科联副书记　唐永进

尊敬的各位领导，同志们，朋友们：

大家上午好！在各位领导的关怀下，专家学者的大力支持下，郫都区和西华大学积极作为，整合力量，完成了成立四川省扬雄研究会筹备工作。刚才选举产生了首届组织机构负责人，预示着四川社科界又一支重要生力军组建完成，这必将大力促进扬雄研究走向常态化、高端化，扬雄文化的当代价值将被深入挖掘、大力弘扬。对于四川省扬雄研究会以后的工作，我提几点希望：

一是要把握历史机遇，积极开创扬雄研究新局面。文化是一个国家、一个民族的灵魂。党的十九大报告提出，要坚定文化自信，建设社会主义文化强国。没有高度文化自信，没有文化的繁荣兴盛，就没有中华民族伟大复兴。希望扬雄研究会全体会员站在新的历史起点，整合各方力量，积极开创扬雄研究新局面，争创扬雄研究新业绩，展示扬雄故里新形象，为加快建设文化强省做出应有贡献。

二是要扎实开展工作，推动研究会工作落小落细发展。研究会全体成员要把各项工作列入日常议事日程，要深入思考，精心部署，认真执行。要把扬雄研究会办成有凝聚力有温度的学会，使扬雄研究会成为扬雄文化爱好者的精神家园，切实把扬雄文化爱好者聚集起来，把会员团结起来，办好扬雄研究集刊，办好扬雄研究网站，定时举办高质量学术会议，切实把四川省扬雄研究会办成全球最权威的扬雄研究机构。

三是要创新工作思路，强化人民文化供给。党的十九大报告强调，要推动优秀传统文化创造性转化、创新性发展，不忘本来、吸收外来、面向未来，更好构筑中国精神、中国价值、中国力量，为人民提供精神指引。扬雄研究的最终目的是为人民提供文化供给，服务人民大众，所以扬雄研究要深思扬雄文化转化之法、发展之路，大兴研究之风，提高对外传播能力，面向海内外讲好扬雄故事，在实践中探索扬雄研究工作服务地方社会经济发展的新路子，为地方人民提供更多文化实惠。

我的讲话完毕，谢谢各位！

在四川省扬雄研究会成立大会上的讲话

成都市委宣传部副部长　母　涛

尊敬的各位领导、各位专家，朋友们：

大家上午好！欢迎各位来到“天府之国”。

十九大报告指出，文化是一个国家、一个民族的灵魂，是一个国家、一个民族发展中更基本、更深沉、更持久的力量。要深入挖掘中华优秀传统文化蕴含的思想观念、人文精神、道德规范，结合时代要求继承创新，让中华文化展现出永久魅力和时代风采。今天，我们相聚在扬雄故里——成都市郫都区，共同举行四川省扬雄研究会成立大会暨第一届学术会议。这是一场跨越千年的中华优秀传统文化的对话，是传承也是创新，更是我们以实际行动学习贯彻十九大精神的生动体现。

扬雄是汉代大儒、“西道孔子”，在哲学、语言学、文学、史学等领域均成果卓著。在座的各位专家，对扬雄的研究都有很多独到的观点和理论成果。希望各位专家在这里留下宝贵的思想成果。我们也将努力使扬雄研究会成为凝聚研究力量、切磋研究方法、交流研究成果的学术平台。

今年，四川省历史名人文化传承创新工程公布首批四川历史名人名单，扬雄名列其中。成都市按照省委的要求，充分挖掘扬雄的思想文化资源及其当代价值，通过建立学术研究中心、打造文化传习基地、策划品牌文化活动、创作文艺精品力作、打造主题旅游线路、研发优秀文创产品等重点工作，让距今两千多年的扬雄与我们新时代对话，让历史名人及其文化真正“活”起来。

文化，是一座城市的独特印记，更是一座城市的根与魂。成都平原被誉为“天府之国”，是古蜀文明重要发祥地，孕育积淀出思想开明、生活乐观、悠长厚重、独具魅力的天府文化特质。按照中央和省委的部署，成都市积极传承历史文化，弘扬现代文明，让天府文化成为彰显成都魅力的一面旗帜。扬雄研究会的成立，第一届扬雄学术会议的举办，各位专家学者的思想碰撞和理论成果，将为成都市传承历史文脉，推动天府文化创造性转化、创新性发展，传承发展中华优秀传统文化，满足群众对美好生活的向往提供强大动能。

借此机会，感谢各级领导、各位专家对成都市长期以来的关怀和支持，预祝四川省扬雄研究会成立大会圆满成功！祝各位专家、各位领导身体健康、万事顺意！

谢谢大家！

在四川省扬雄研究会成立大会上的致辞

郫都区委书记　杨东升

尊敬的各位领导、各位专家、各位嘉宾：

大家上午好！

今天，我们在这里隆重举行四川省扬雄研究会成立大会暨第一届学术会议，这是我们对“西道孔子”扬雄历史文化贡献的共同价值认同，也是我们对于深入挖掘中华优秀文化、提升中华文化软实力的共同理想追求。在此，我谨代表郫都区委、区政府，向莅临成立大会和学术会议的各位来宾表示热烈欢迎和衷心感谢！

目前，全国上下正掀起学习贯彻十九大精神的热潮，郫都区和西华大学共同牵头成立扬雄研究会，就是以实际行动贯彻大会报告精神，真正做到报告中指出的，“深入挖掘中华优秀传统文化蕴含的思想观念、人文精神、道德规范，结合时代要求继承创新，让中华文化展现出永久魅力和时代风采”。

郫都区是古蜀文明发源地、“西道孔子”扬雄的故里，素有蜀绣之乡、盆景之乡的美誉，拥有享誉天下的“川菜之魂”——郫县豆瓣，是中国农家乐旅游发源地。郫都区还是成都重要的饮用水源保护区，上风上水、八河并流，田园综合体、湿地、绿道星罗棋布，保留着最具川西特色的田园风光。

郫都区又是成都最年轻的中心城区、全国首批双创示范基地，交通便捷、配套完善，孕育了创新创业天堂——菁蓉镇，聚集了大数据、无人机等新经济领域项目千余个，吸引了海内外创客精英万余名，连续多年进入全国基本竞争力百强县。

今年，四川省开展历史名人文化传承创新工程，扬雄跻身首批四川十大历史名人行列，这是专家和群众对扬雄文化价值的一致肯定。扬雄是郫都区的重要文化名片，也是成都市、四川省乃至全国的历史文化瑰宝，传承扬雄文化是我们责无旁贷的历史使命。近年来，郫都区紧紧围绕文化大繁荣主题，传承巴蜀文明，发展天府文化，花大力气致力于扬雄文化的传承创新，把加强扬雄墓、子云亭等文物古迹的保护与开发写进了区委第十四次党代会报告，规划了350亩的特色街区和150亩的扬雄文化园建设用地。

今天，各位专家学者带来了对扬雄思想文化的研究成果和独到见解，为我们系统挖掘扬雄的思想文化内涵、提炼优秀传统文化中蕴含的当代价值、推动社会主义核心价值观建设，提供了一个高端平台和广阔舞台。

郫都区将全力以赴办好此次大会，为各位专家提供优质的会务服务，仔细聆听和全面收集理论研究成果，并在会议结束后编印出版。同时，郫都区将全力支持扬雄研究会的各项工作，在办公场地、活动开展、成果转化等方面提供便利和支持，为全球喜爱扬雄的人士搭建沟通交流平台和共同的精神家园，为四川建设文化强省、成都建设世界历史文化名城贡献郫都力量。

最后，衷心祝愿各位领导、各位专家、各位嘉宾，工作顺利、阖家幸福！谢谢大家！

在四川省扬雄研究会成立大会上的发言

西华大学副校长　费　凌

各位领导、各位专家、各位朋友：

大家好！今天，我们聚集一堂，隆重举行四川省扬雄研究会成立大会，同时召开“纪念扬雄2070周年诞辰暨四川省扬雄研究会第一届学术会”。在此，我谨代表西华大学40000余名师生对各位领导、专家和朋友的到来表示热情的欢迎！对百忙之中莅临大会指导工作的各位领导及关心支持扬雄研究工作的各位学界朋友表示衷心的感谢！

当前，全国上下高度重视文化建设，扬雄研究会的成立可谓正当其时。扬雄是四川籍历史文化名人，历史文化名人是优秀文化的创造者和继承者。党的十九大报告指出：“要坚持中国特色社会主义文化发展道路，激发全民族文化创新创造活力，建设社会主义文化强国。”“中国特色社会主义文化，源自于中华民族五千多年文明历史所孕育的中华优秀传统文化。”我们今天研究历史文化名人，就是为了大力传承发展中华优秀传统文化，充分挖掘历史名人的思想文化资源及其当代价值，让历史名人及其文化“活”起来，让文化名片“亮”起来，让文化软实力、影响力和竞争力充分发挥出来。

鉴于此，四川省今年启动实施了四川历史名人文化传承创新工程。7月12日，首批四川历史名人名单正式公布，扬雄作为成都市报批的历史文化名人，从全省各地推荐的144位候选对象中脱颖而出，顺利入选首批四川十大历史名人。这充分体现了扬雄作为西汉大儒的崇高历史地位，体现了省委省政府对扬雄研究及其资源开发的高度重视。

在这一深远背景下，四川省扬雄研究会应运而生。研究会的成立，旨在加强扬雄研究的系统化、组织化和常态化，推动扬雄研究不断深入发展。今天，扬雄研究会正式成立了。这是省委宣传部、省民政厅、省社科联等上级领导部门大力支持的结果，是全省和全国的扬雄研究领域的专家学者共同努力的结果，也是郫都区委区政府有关部门辛勤付出的结果。在此，让我们以热烈的掌声对四川省扬雄研究会的正式成立表示热烈的祝贺！

扬雄研究会虽挂靠郫都区名下，但西华大学作为地处扬雄故里的唯一一所全建制省属重点综合性大学，与郫都区一直保持良好的合作关系，与扬雄有着天然的地缘关系，有责任、有义务把扬雄文化发扬光大。在此，我代表学校党政郑重表态，一定全力支持郫都区委区政府做好扬雄研究会的各项工作。同时，也希望学校有关部门和学院加强与郫都区有关单位和部门的联系与沟通，加强与国内专家学者的交流与合作，加强自身队伍建设，不断提高研究水平，共同推动扬雄研究深入发展。

扬雄是郫都的，也是四川的；扬雄是中国的，也是世界的。“天行健，君子以自强不息；地势坤，君子以厚德载物。”让我们紧密地团结在以习近平同志为核心的党中央周围，以新时代中国特色社会主义思想为指导，以高度的文化自信、文化自觉、文化担当，为弘扬中华民族优秀传统文化，建设中国特色社会主义文化强国而共同努力。

谢谢大家！

中华孔子学会
贺 信

四川省扬雄研究会：

欣闻四川省扬雄研究会成立，值此志庆佳际，我谨代表中华孔子学会，向研究会同仁致以热烈的祝贺与诚挚的问候！

扬雄子云，汉赋巨擘，追慕相如，并称双绝。子云博览力学，始以辞赋名家，终惩欲讽反劝之弊，发壮夫不为之叹；耻以文士得名，期以述者自命，宗经而征圣，拟《周易》作《太玄》，拟《论语》作《法言》，拟《尔雅》作《方言》；卓尔蹈孔子之迹，鸿茂参贰圣之才；其倡儒学、纯道统，硕儒深湛之思，洵非长卿文士辈可比。董仲舒目不窥园，志在经传，此富而好礼者；未若扬雄离俗独处，安贫乐道，力学晏如，此践行孔颜乐处者；遂世传西蜀子云亭之赞，诚乎蜀学之光、通人之才也。化民成俗，其必由学；研究会恢弘扬学精神，砥砺儒道学术。闻道思齐，德邻不孤；我们作为兄弟单位，对扬雄研究会的成立盛典，无任称庆忭跃之至！

衷心祝愿四川省扬雄研究会的明天更加美好！

中华孔子学会

二〇一七年十一月五日

四川省历史学会
贺　信

四川省扬雄研究会：

我会欣闻四川省扬雄研究会将于2017年11月11日成立。扬雄研究会酝酿多年，几经事易，欲立而未成。幸而扬雄研究从未间断，扬雄研究成果层出不穷，学者也代有人出，才有今天学会成立的基础。扬雄研究会的成立，是四川学术界的一件盛事，是扬雄研究的幸事，也是巴蜀文化研究和中华优秀传统文化研究的幸事。四川省历史学会对扬雄研究会的成立表示最热烈的祝贺！

扬雄是一位有多方面成就的蜀地先贤。他在辞赋、儒学、语言学乃至天文学等方面均有杰出贡献，是继司马相如之后，巴蜀第二大辞赋和思想大家，他是巴蜀文化思想体系乃至儒学思想体系的重要一环，他的学术成就和思想贡献，是巴蜀乃至中华文化宝贵的遗产。这样一位重要的历史文化人物，需要集中、深入而持续地进行研究。目前，扬雄已经入选首批十位四川历史名人。扬雄研究会的成立，可谓适逢其时。我们相信，扬雄研究会的成立，必将掀起扬雄研究的热潮，推动全省乃至全国范围内扬雄的研究，为中华优秀传统文化的传承与发展做出应有的贡献。

四川省历史学会

二〇一七年十一月八日

中国苏轼研究学会
眉山市三苏文化研究院
贺　信

四川省扬雄研究会：

在全国上下认真学习贯彻十九大精神、践行习近平新时代中国特色社会主义思想之际，欣闻四川省扬雄研究会成立，这是四川社科界的一件盛事、大事、喜事，特致热烈祝贺，并祝成立大会圆满成功！

扬雄、苏轼都是四川首批十大历史文化名人，希望贵我两会加强沟通，携手合作，共同努力，为弘扬中华优秀传统文化做出积极贡献。

此致

敬礼！

中国苏轼研究学会

眉山市三苏文化研究院

二〇一七年十一月八日

四川省李白研究会
贺 信

四川省扬雄研究会：

欣闻四川省扬雄研究会成立大会将于2017年11月11日召开，我们不胜欢欣鼓舞！特此表示最热烈的祝贺！

扬雄有《方言》《法言》《太玄》等经典著作传世，在语言文字学、文学、经学、哲学等领域都取得了辉煌的成就，是巴蜀文化史上一位百科全书式的文化巨星，是中国文化史上的一座丰碑。

受前辈乡贤的积极影响，李白“献赋甘泉宫”，“闭关草太玄”，创作了大量意境优美、寓意深远的作品，完成了唐朝的诗歌革新，为词的兴起和发展奠定了基础，成为中国诗歌史上光辉灿烂的传奇，成为千年一遇而又无可仿效的天才诗人。

蜀之人无闻则已，闻则杰出，故汉有相如、君平、王褒、扬雄，唐有子昂、李白。2017年7月12日，首批四川历史名人名单正式公布，扬雄、李白等十位历史名人顺利入选。四川省扬雄研究会的成立正当其时，正顺其势。这是巴蜀文化发展史上的一件大事，也是中国文化发展史上的一件大事。四川省扬雄研究会的成立，必将对中国传统文化的弘扬起到巨大的促进作用。

祝四川省扬雄研究会成立大会圆满成功！

四川省李白研究会

二〇一七年十一月八日

四川省杜甫学会
贺 信

四川省扬雄研究会：

欣闻贵会即将成立并举办“纪念扬雄2070周年诞辰暨四川省扬雄研究会第一届学术会议”，在此，我代表四川省杜甫学会对贵会的成立和大会的召开表示热烈的祝贺！

四川省杜甫学会成立于1980年，学会成立以后开展了一系列学术活动：召开了18届大型学术年会，主办了纪念杜甫诞生1270、1280、1290、1300周年的纪念会，取得了丰硕的研究成果并形成良好的社会影响。会刊《杜甫研究学刊》是国内外公开发行的唯一的杜甫研究学术专刊，迄今已发行一百三十余期，发表学术论文上千篇、近两千万字，在学术界影响广泛而深远。

今年，中共四川省委宣传部启动了四川历史名人文化传承创新工程，扬雄和杜甫均入选首批四川历史名人名单。扬雄是西汉末年经学家、哲学家、语言文字学家、文学家，是中国文化史上的一座丰碑，是蜀文化史上第一位具有全国性历史影响、百科全书式的文化巨星。杜甫是唐代伟大的现实主义诗人，是中国诗坛承先启后、继往开来的集大成者，被尊为“诗圣”，是“四千年文化中最庄严、最瑰丽、最永久的一道光彩”。

今后，四川省杜甫学会愿与四川省扬雄研究会携手合作，共同为延续巴蜀优秀传统文化发展脉络、推动中华优秀传统文化传承发展做出积极的贡献！

预祝四川省扬雄研究会成立大会和第一届学术会议取得圆满成功！

四川省杜甫学会

二〇一七年十一月十一日

四川省郭沫若研究会
贺　信

四川省扬雄研究会：

扬雄是具有世界影响力的四川文化名人，在四川省扬雄研究会成立之际，四川省郭沫若研究会致以最诚挚的祝贺：祝贺贵会团结世界各地学者，深化、拓展扬雄研究，为当前及未来的经济文化建设做出应有的贡献。同时，我会期待与贵会开展密切合作，共同推进四川文化名人的深入研究。

四川省郭沫若研究会

二〇一七年十一月八日

四川省司马相如研究会
贺　信

四川省扬雄研究会筹备组：

欣闻四川省扬雄研究会在成都市郫都区成立，特致电表示热烈祝贺！

扬雄是中国汉代文化历史上继司马相如之后又一颗闪亮的巨星。他从小勤奋好学，好深湛之思，清静无为，少嗜欲，不汲汲于富贵，不戚戚于贫贱。他是西汉后期著名的哲学家、思想家，他对哲学、经学、训诂等方面均有杰出贡献。扬雄以司马相如的赋为范本，写了不少华丽的辞赋，传至京师，为汉成帝所赞赏，是西汉又一辞赋大家。“文宗自古出西蜀”，蜀学比肩齐鲁！

扬雄研究会的成立，必将进一步继承、发扬、光大优秀传统文化，为弘扬巴蜀文化、传承中华文明做出积极的贡献！

祝成立大会和研讨会圆满成功！

四川省司马相如研究会

二〇一七年十一月七日

成都杜甫草堂博物馆
贺　信

四川省扬雄研究会：

欣闻贵会将于 2017 年 11 月 11 日召开成立大会，谨致热烈祝贺。

蜀郡成都（今四川成都）人扬雄，是西汉末著名的经学家、哲学家、语言学家、文学家。他少而好学，学问渊博，才识绝伦，著述宏富，是继承先秦诸子百家学术、思想、精神的文化巨人，对后世影响深远。扬雄出生成长在蜀中，是蜀地山水孕育出的文化名人，同时扬雄自身的成就也深刻影响了蜀地文化传统。

诗圣杜甫诗歌沉郁的风格、赋的创作就深受扬雄的影响，尤其是杜甫寓居成都草堂期间，写诗赞赏扬雄学问与品格，关注先贤扬雄的行踪遗迹地，“旁人错比扬雄宅”（《堂成》），时人就将草堂与扬雄宅对比。之后的郑谷有诗“扬雄宅在唯乔木，杜甫台荒绝旧邻”（《蜀中》），把扬雄与杜甫的旧居现状对举，抒发遗憾与感慨。到元代，草堂书院、墨池书院并列，聚徒讲学，培养人才，传承延续了蜀地文脉。

弘扬以扬雄和杜甫为代表的优秀传统文化，是贵会与成都杜甫草堂博物馆的共同责任。愿我们携手合作，为中华优秀传统文化传承发展而努力。

预祝四川省扬雄研究会成立大会暨第一届学术年会取得圆满成功，祝学会事业蓬勃发展。

成都杜甫草堂博物馆

二〇一七年十一月六日

西南交通大学人文学院
贺　信

四川省扬雄研究会：

欣闻四川省扬雄研究会成立，西南交通大学人文学院全体师生，谨致函表示最衷心的祝贺！扬雄作为巴蜀英杰、典型模范，泽被后世，名垂千载！西南交通大学犀浦校区位于扬雄故里郫都区，人文学子尤当致敬先哲，认真研读扬雄篇翰，深入探究扬雄学术奥旨。今年适逢“西道孔子”扬雄诞辰2070周年纪念，我们相信四川省扬雄研究会的正式成立必将推动扬雄研究走向深入，让地方文化建设更上层楼。预祝四川省扬雄研究会今后学术活动丰富多样、影响深广、硕果累累！

西南交通大学人文学院

二〇一七年十一月六日

西南民族大学国学研究中心
贺　信

四川省扬雄研究会：

欣闻扬雄诞辰 2070 周年纪念暨四川省扬雄研究会成立，西南民族大学国学研究中心谨向贵会致以最热烈的祝贺。

扬雄是中国文化史上的一座丰碑，在文学、语言学、哲学等领域都取得很高成就，也是蜀文化史上第一位具有全国性历史影响、百科全书式的文化巨匠。“南阳诸葛庐，西蜀子云亭，孔子云：何陋之有?”在四川率先启动的四川历史名人文化传承创新工程活动中，扬雄被评选为四川首批十位历史名人，突显其巨大影响和历史地位。四川是中华文明的重要发源地之一，涌现出了一大批多民族的名人巨匠，他们承载着中华民族优秀的精神品格，延续了中华优秀传统文化的巴蜀脉络。相信四川扬雄研究会的成立及首次学术研讨会的召开，将对深入发掘博大精深的扬雄文化精神内涵产生积极的推动作用！敝中心将期待与贵会进一步合作，共同为传承弘扬巴蜀文化与中华优秀传统文化做出应有的贡献。

预祝大会圆满成功！

西南民族大学国学研究中心

二〇一七年十一月十日

西华师范大学文学院
贺　信

四川省扬雄研究会：

听闻四川省扬雄研究会成立的喜讯，欢欣无限，这是扬雄研究的里程碑，汉代大儒、“西道孔子”扬雄研究的大旗从此树立起来，蜀学研究必将开出一个崭新的世界。在此，西华师范大学文学院对四川省扬雄研究会的成立表示最热烈的祝贺！并向与会的各界领导、专家学者们表示亲切的问候和崇高的敬意！

相信在社会各界的大力支持下，四川省扬雄研究会必如朝阳初升，蒸蒸日上！必将为四川历史名人研究做出更大贡献！

祝四川省扬雄研究会硕果累累！祝四川省扬雄研究会第一届学术会议圆满成功！

西华师范大学文学院

二〇一七年十一月八日

阿坝师范学院少数民族文化艺术研究所
贺 信

四川省扬雄研究会：

值此四川省扬雄研究会成立之际，我谨代表阿坝师范学院少数民族文化艺术研究所表示热烈的祝贺！向扬雄研究会筹备成立过程中付出艰辛工作的领导与同仁致以崇高的敬意！

扬雄是中国历史上的文化巨匠，一生著述颇丰，涉及到哲学、思想、美学、语言学、经学、史学等多个领域。他的《太玄》仿《周易》而作，他的《法言》仿《论语》而作，在传承中国哲学与文化的过程中，蕴含了极大的创新精神；他的《方言》被誉为“悬诸日月不刊之书”，是中国语言学史上第一部方言词汇的研究专著，为世界语言史的语言研究开辟了新的领域；他是西汉后期最著名的辞赋大家，《河东赋》《甘泉赋》《羽猎赋》《长杨赋》独领风骚，所谓“歇马独来寻故事，文章两汉愧扬雄”；在史学方面，他提出了“立事”“品藻”“实录”等史书写作的体例和原则，同时又不排斥对史事与人物的褒贬，对后来的史学写作都富有启迪作用。

传承和发扬优秀传统文化，是新时代中国特色社会主义文化建设的需要。扬雄入选首批四川历史名人，这既是时代的要求，也是历史发展的必然。在这一现实语境中，我们迎来了四川省扬雄研究会成立。扬雄研究会必将整合各方面的资源，进一步深化各个领域、各个层面的扬雄研究，从而更好地继承和发扬优秀的传统文化。

岷江孕育了特色鲜明的藏羌文化，也孕育了丰富灿烂的巴蜀文化。汶川县是首批四川历史名人之一大禹的出生地，而与之毗邻的都江堰又是首批四川历史名人之一李冰建功立业之地，相去几十里的郫都区友爱镇则是扬雄故里。在跨度不过一百公里的岷江流域，就出现了三大历史名人，这是历史的机缘与巧合。西华大学与阿坝师范学院共饮一江岷水，这也是历史的机缘与巧合。我们期望在扬雄研究会的引导下，参与扬雄研究，共同致力于四川历史名人文化传承创新工程。

阿坝师范学院少数民族文化艺术研究所

二〇一七年十一月六日

扬子著述研究

论扬雄《太玄·莹》中福、祸、乐思想[①]

刘韶军

内容提要： 扬雄《太玄》把事物发生发展变化的过程分为思、福、祸三段，福居三段的中心地位，是《太玄》所要探讨的重点问题，在《太玄》中结合各种情况加以论述。本文据《太玄》分析《莹》篇中关于福与祸、福与乐的关系问题，并与弗洛伊德以及康德的有关思想进行比较。福与祸、福与乐的关系，是《太玄》思、福、祸三段论的重要组成部分，以往还没有人加以专题论述，故借这次扬雄研究会议的机会撰此文论述这一问题。

关键词： 扬雄；福乐；思福祸；太玄

一、《莹》篇关于福与祸、福与乐的思想

扬雄《太玄》的主体是81首，首又称为家，为方、州、部、家四重体系的基本部分，81首各有9赞，故《太玄》正文为81首729赞（附踦、嬴二赞）。《太玄》即以这种特殊形式阐述扬雄关于各种事物的看法，表达了他对人生、社会等各方面问题的具体认识。为了让人们更充分地了解首与赞中所表达的丰富思想，扬雄又在81首729赞之后撰写了《首》《测》《冲》《错》《摛》《莹》《数》《掜》《文》《图》《告》十

---

① 扬雄的姓是作“扬”还是作“杨”，历代学者都有考证，笔者认为王念孙、段玉裁的考证是值得信任的，因此依从他们的看法，认为应该作“杨”。但为了适应人们通常的认识，本文仍然采用通常的写法为扬雄。具体论述详见刘韶军《〈太玄〉研究》，武汉出版社1991年版，第79—81页。此书分两部分：《太玄》研究、《大戴礼记》研究，前者为刘韶军著，后者为谢贵安著。限于当时的条件，二人的著作采取了合刊为一册的方式。

一篇，用以说明《太玄》首赞的体例与深奥内容。据《汉书·扬雄传》记载①："《玄》三方、九州、二十七部、八十一家、二百四十三表、七百二十九赞，分为三卷，曰一、二、三，……为其泰曼漶而不可知，故有《首》《冲》《错》《测》《摛》《莹》《数》《文》《掜》《图》《告》十一篇，皆以解剥《玄》体，离散其文，章句尚不存焉。"可知这十一篇是对《太玄》主体的81首729赞进行各种角度的"解剥"性阐释。"离散其文"，表明这种解释是分散的，但都是对《太玄》的阐释，所以整体上又是统一的，可以互相参考。"章句尚不存焉"，表明扬雄并没有在11篇之外还有注解性的"章句"。此11篇与81首729赞不同，既是分散的，故没有在"分为三卷，曰一、二、三"之后单独成卷。《太玄》成书后，11篇附于81首之后。只有其中的《首》《测》两篇，由晋代的范望在其《太玄解赞》中将与81首729赞相对应的句子分散到首、赞之下。此对阅读《太玄》极为方便，故后来《太玄》各种版本都保留了这种格式。

本文根据《莹》篇中一段关于福与祸的论述，探讨扬雄关于福与乐关系的思想内涵，并与康德的相关思想进行对比。

在《莹》篇中，扬雄说道：

> 往来熏熏，得亡之门。夫何得何亡？得福而亡祸也。天地福顺而祸逆，山川福庳而祸高，人道福正而祸邪，故君子内正而外驯，每以下人，是以动得福而亡祸也。福不丑不能生祸，祸不好不能成福。丑好乎丑好，君子所以亶表也。夫福乐终而祸忧始，天地所贵曰福，鬼神所佑曰福，人道所喜曰福，其所贱灾恶皆曰祸，故恶福甚者其祸亢。昼人之祸少，夜人之祸多，昼夜散者，其祸福杂。

关于这一段文字，在不同的版本中存在着文字上的不同，在阐释其中的思想内容之前，需要对这些文字上的异同进行清理，以免引起理解上的错误。

"山川福庳"，赵如源本"庳"作"库"，"库"是"庳"字的讹误。"祸邪"，司马光《集注》本"邪"作"衺"，"衺"是"邪"字的异体。王力《同源字典》第171页专门分析了这个问题：

> 《说文》："邪，回也"。"衺"，今字作"邪"。《诗》毛传曰："回，邪也。"《玉篇》："斜，不正也。"按：在不正的意义上，衺、邪、斜实同一词，后代"衺"字不用，"邪"字表示抽象的邪恶，"斜"表示具体的歪斜。

可知"邪"与"衺"在古代是通用的。之所以如此，是因为"衺"与"邪"皆从

① 《汉书·扬雄传》在班固的"赞曰"之前的部分，是直接采用扬雄的《自叙》，这与《汉书·司马迁传》是相同的体例。在"赞曰"之后的部分，是班固增加的有关记载。因此，《扬雄传》"赞曰"以前的内容较"赞曰"以后的内容更为真实可信。此处所引在"赞曰"之前，可知这是扬雄本人关于《太玄》体例结构的说法，值得依赖。

"牙"得声，故皆有不正之义。《大戴礼·保傅》："下有双璜衔牙"，卢注："牙在傍"，"在傍"即不正。齿在中，故为正，牙在旁，故牙有不正之义。"牙"又通"雅"，《周书》："君牙"，《礼记·缁衣》作"君雅"，《吕氏春秋·本味》："伯牙"，高注："或作'雅'"。雅训为正，正与不正相反为训，亦古之常例，此可反证"牙"有不正之义。斜，余声，与邪、衺皆邪母鱼韵，一声之转，故可通。古籍中"邪"或读如"徐"，徐亦余声，邪母鱼韵，如《诗·北风》："其虚其邪"，《尔雅释训》作"徐"。此三字通，古人所用并无一定，后世通用"邪""斜"，各表一义，而"衺"字废。因此，《太玄》此处可以作"邪"。"丑好乎丑好"，范望《太玄解赞》，《永乐大典》作"丑好乎丑好乎丑好"，其中"丑好乎"三字是衍文，当删。此句与上文"因革乎因革"句例同，可知不当重复"丑好乎"三字。"君子之亶表"，许翰《玄解》："宋衷作'君子之亶表'，他皆作'君子所以亶表也'"，此句与上文"因革乎因革，国家之矩范也"文例一律，范望引宋衷、陆绩注："丑好以别人之大伦，故三言之以为重戒"，可知宋、陆时已重出"丑好"二字，故有此注。但这已是衍文，所解有所牵强，不可从。"其所贱灾恶"，范望本、《永乐大典》本、《太玄阐秘》"灾"作"在"，《太玄别训》作"所"，司马光《集注》无"灾""在""所"字，止云"所贱恶"，许翰云："章察作'其所贱在恶'，丁谓作'其所在贱恶'，宋惟干作'其所贱恶'。"卢文弨云："'其所贱所恶'，'恶'讹'在'。"吴汝纶云："范望'贱'下有'在'字。按：'在'当为'甾'。"吴说是。甾，即"灾"，又有"災"字，皆可通。上文言"所贵""所佑""所喜"，此则言"所贱、灾、恶"，"贱"对"贵"、"灾"对"佑"、"喜"对"恶"，上为分言，故用三"所"字，此为合言，故只用一"所"字，亦行文之变化。在与灾，古皆舌头音，故可通。

在理清了不同版本存在的异文之后，再来看这段论述的思想内容。

"往来熏熏，得亡之门"，这是交首次四的赞辞。熏，动也，相及也。《吕氏春秋·离谓》："众口熏天"，高注："熏，感动也。"《汉书·叙传》："熏胥以刑"，注："熏谓相熏蒸"，亦渐及之义。往来熏熏，谓往者来者相互关联而互相作用。往则亡失，来则有得，故曰往来为得失之门。亡即失。事物之往来，言其运动变化，而皆与祸福相关联，故人不可不注意之，并善处之。因为事物之往来皆与人之思想行动相关联。如何妥善对处之？首先要认识到天、地、人与祸福的关系，此即"天地福顺而祸逆"三句之意，盖谓凡顺、庳（即卑、谦、低、下）、正（正当不邪）者，天土山川及人道皆福之，凡逆、高、邪者则皆祸之。知此规律，则知如何思考与行动。君子明乎此理，故其内心贞正，而外部行动辞色等表现为驯顺，谦恭下人，不自高，不忤逆，于是动得福而亡（无）祸也。

其下言祸福相关联，君子知其转化关键在于丑好，故以此为思考行动的准则。丑，恶也，指思与行之恶。好，善也，指思与行之善。在福之时，若为恶则生福，在祸之时，若为善则得福，此亦往来得亡（失）之义。《文》篇曰：“君子在福则冲，在祸则反。小人在福则骄，在祸则穷”，即可证明此义。谓人居福之时不可骄怙肆行（《周书·谥法》：“怙威肆行曰丑。”），否则将转福为祸，而居祸之时不可怨天尤人，若能行善，亦可转祸为福。《太玄》81 首赞辞多言此意，可以参见。

祸福二者的转化关键在于人自身的丑好（恶或善），君子知此理，故以丑好为已之亶表。亶，读作“坛”，筑土而高曰坛，为神位之所。高则显著，神则权威，故坛谓高而有权威者。表，树立竿柱，亦显明而为标准之义。亶表合言，谓明显而权威之标准，即人之思与行之准则。

“夫福乐终”一句，谓祸福给人的感受。福者快乐，始终皆然，无一时忧戚。祸者忧愁，亦始终皆然，无一时快乐。终与始互文，谓祸福乃据人之感受而言。此与现代精神分析理论有某种程度的暗合。在弗洛伊德后期著作中有一部《超越唯乐原则》，其中说道：

> 在精神分析理论中，我们十分肯定地认为，心理事件经历的过程是受唯乐原则自动调节的。也就是说，我们相信，这些心理事件的过程所以会发生必定是由某种不愉快的紧张状态引起的。这种过程的发展方向是要达到最终使这种紧张状态消除的结果，即达到避免不愉快或产生愉快的结果①。

他的这一理论是说人的心理过程是在不愉快（忧戚）的紧张状态和避免不愉快或产生愉快的状态中波动，而这种波动受唯乐原则自动调节。可知他认为唯乐原则是人们心理活动的主导者，引导人们向着快乐的方向进行活动和调节自己的心理。对这一理论，可以与扬雄的福乐祸成说相比较，由此可知扬雄所说的祸与福也是据唯乐原则来衡量的。扬雄亦努力要求达到福乐即快乐的心理状态，避免不紧张状态，而且将这种心理原则与客观的祸福联系起来。

弗氏所说的超越唯乐原则，是认为唯乐原则是决定人的行为的主要动力，是出于人的本能。而追求人生的快乐和满足，也是扬雄孜孜追求福乐的意思。但弗氏不满足于唯乐原则，而要超越之，寻出一条更基本更符合人的本能的原则，即强迫重复原则：要求重复以前的状态。然而这个重复以前状态的要求，仍是要重复快乐愉快的状态，不愿处于后来的不愉快的紧张状态，故与前者并不矛盾。这是一种本能，故人处福则

---

① （奥地利）西格蒙德·弗洛伊德：《弗洛伊德后期著作选》中《超越唯乐原则》第一章，上海译文出版社 1986 年版，第 3 页。

要求保持快乐愉快的状态，处祸则要求返回重复失去的福状态——快乐愉快状态。不管怎样，总是不离这种本能。

弗氏只从心理状态研究之，扬雄则本能地将心理上的乐忧与客观的祸福处境联系起来，并赋予祸福以心理意义。当然，他未如弗氏那样精密专意地分析研究，只是笼统地提出这一问题。同时必须指出，扬雄的乐与弗氏的快乐愉快也有差别：弗氏的乐、快感，是无道德伦理因素的，纯感官的，扬雄的乐则非纯感官的乐或快感之类，更有丰富的德性色彩。由此则又引出另一个重要的问题，即人的快乐与道德的关系。

据苗力田《康德道德形而上学原理》序①，中世纪下半叶，德国风行利己主义伦理学，以个人幸福为最高原则，康德反对这种主张，认为使人幸福和使人善良绝非一事。幸福原则提供的动机不培养道德，反而败坏、亵渎了道德，即为了个人幸福可以不择手段而不问善恶。

这两种主张确实是对立的观点，但扬雄却把幸福原则与道德原则结合统一起来了。关键在于他的幸福不是西方人的只讲享受的唯感官的快乐幸福，乃是以善、正为基础、为内容的幸福快乐。这是中国贤哲的理想的幸福道德观，而且这种观念，在中国古代思想家那里，有时又以义利观形态表现出来，而义即道德的问题，利即祸福快乐的问题，义与利也是不可分的，必须合起来论述。

扬雄以丑好（善恶）为亶表，以得福亡祸为原则，而将二者统一起来。康德当然不知道东方人的这种综合贯通的观念，故西方人的分析明白、一清二白、互不干涉的观念造成了要么只讲享乐幸福、要么只讲道德的尊严崇高的对立。相比之下，中国人的综合统一观与西方人的机械分割观，各有长短，但中国人的思维至少可以用综合统一观在理论上给人一个宽容的天地，减少严格对立而造成的无所适从或趋于一极的惶惑和矛盾。所以，今天人们谈论中西文化等的比较，说中国人的思维方式重笼统模糊、讲中庸，说西方人的思维方式重分析、讲验证、求清晰明白，似乎中不如西，因而有科技的落后。其实，若把原因归结于思维方式，未免太简单了，也不符合唯物辩证的观点。何况实际并非如此，亦并非中国此种文化劣于西方文化。

仅以康、扬的伦理观言，即难以推崇康而贬低扬。中国哲人追求并论证一种真、善、美（美包括快感乐感）的理想境界，将种种高尚的东西融合为一，从中获得最高最大的快乐。这种思想境界，一切为了人，而且是具体的个别的人，如“圣人”，以论证宣扬之，亦是为了所有的人，最终目的仍是个人（全体人亦每个人的集合，最终落实到每个人）的快乐，超乎俗常的快乐幸福。中国人所追求的真、善、美统一的理想

---

① （德）康德著，苗力田译：《道德形而上学原理》，上海人民出版社 1986 年版，序。

境界并不是要在其中受苦，而是要保持快乐愉快。故可说中国哲人的理想境界，是真、善、美合一且为个人的幸福快乐，这也是中国人特有的综合统一思维所产生的思想成果，与西方人把事物分开来看而重分析的思维所产生的思想，是大为不同的。

就此而言，可以看出扬雄的思想的特点是尚中——天、地、人的三分中，以居中的人为中心，一、二、三，下、中、上，始、中、终，思、福、祸等三分法，都以中为休为吉，此其一。个人的祸福说中包括善恶的伦理、人与自然社会的关系、个人的心理乐忧等内容，此其二。以此二者为中心，而统括更多方面的不同因素，如天文历法、阴阳五行、数学卜筮、政治历史、法律文学、军事等等。对此种体系必须全面仔细剖析阐释其意蕴，而不仅是《太玄》一书，如此才能得出完整清晰的论述。而如何阐释，又牵涉到更多的复杂问题，此不赘述。

“天地所贵”四句，言天地、鬼神、人道皆能使人得福或得祸：凡顺天地而不违逆者，天地皆贵而福之；凡内正而外驯者，人道皆喜而福之；凡为正善不为邪恶者，鬼神皆佑而福之。反之则皆贱之、灾之、恶之，是谓祸。此谓人之祸福非人任意可得或避者，乃客观环境对人的思与行的必然反映。

“故恶福”一句，恶福即上文“福丑”“丑福”之意，谓处福而为恶也。为恶甚则生祸烈。亢，高也，此指祸之程度严重。祸之大小，在人之为恶之大小，为恶大，则天地、鬼神、人道皆贱之、灾之、恶之，其祸亢极。昼人夜人，81 首 729 赞皆有昼夜之分，当昼之赞，其所言人事为昼人，当夜之赞，其所言人事为夜人。昼人福多祸少，夜人祸多福少。此指 729 赞辞休咎，729 赞辞依昼夜分休咎，通例当昼为休，当夜为咎。亦有少数例外，故有福多祸少、祸多福少之说。另一层义谓凡为昼人，其时得当，天地、鬼神、人道福之，故多福，然有特殊情况或致祸，非绝对为福，夜人祸多亦如之。盖谓除了天时之外，还要看处此之人的思与行。一般而言，昼人皆明智知理，故福多，但也非绝对如此，或有不可估计之因素造成祸害，亦不能绝对保证不会发生。夜人之祸福亦如之。然大致情况是昼人福多，夜人祸多。

“昼夜散”，谓非纯昼纯夜之时，即昼夜交错时刻。散谓杂，如黄昏黎明之时，昼夜交接，故曰散。此种时刻祸福不定，故曰杂。不如纯昼纯夜较然有规律也。赞无昼夜散者，《玄》之占卜不尽用一首九赞，而是“旦则用经，夕则用纬”，即上午占则用经赞（1、5、7 赞），下午占则用纬赞（3、4、8 赞），日中、夜中占则杂用经纬赞（2、6、9 赞），不同时间占所得赞不同，而有昼人、夜人和昼夜杂之分，而其祸福亦从而有异。既有此等区别，故上言祸少祸多，不言绝对有祸或无祸。据此以观赞辞，亦谓不可机械地以昼休夜咎律之，尚须考虑昼夜散接造成的祸福杂的因素，避免死板机械地理解赞辞。

根据以上的分析，可知扬雄《莹》篇中这一段话中的思想极为丰富，包括如下几个思想：

第一，人们所谓的得失（得亡即得失，亡即是失），不是利的得失，而是福与祸的得失。而且福与祸的得失，是同步的，即得福即亡祸，得祸则亡福，福与祸不可能同时并存，或分别占一定的比例，而是绝对的得与亡（失）。当然，从本质上说，福与祸也是利，但福与祸又包含着道德等方面的因素，与单纯的物质方面的利益是有所不同的。

第二，人们的福与祸的得或失，不是由个人的意志来决定的，而是由外在条件来决定的，这就是天地与人道根据人的思想行为的顺或逆、正或邪而决定其人的福或祸的得失。具体说来，就是“天地所贵曰福，鬼神所佑曰福，人道所喜曰福，其所贱灾恶皆曰祸”。

第三，顺或逆、正或邪，是有具体内涵的。所谓顺或逆，是对天地自然规律的顺或逆，即不要做违背天地自然规律的事，则得福而亡祸，反之则得祸而亡福。所谓正与邪，是对人道正当性的符合与否。人道中有正当的东西，是人道所要肯定的，也有人道所要否定的东西，由此就产生了善恶等道德层面的问题。

第四，天道的顺与逆、人道的正与邪，其中既有自然规律的问题，又有人类社会道德的问题，而在扬雄的福祸得失观中，得到了统一与整合，不再是分裂开而各自互不相干的东西。

第五，人的正与邪，有具体的规定，即“内正而外驯，每以下人”，此为正，反之则为邪。内正是指内心思想的正，外驯是指外在行动的顺乎自然与社会的规律。而将这二者整合起来，就是“下人”。下人是指对他人的谦逊态度，不能傲慢。如果所有的思想行为都能正而不邪，则其结果必然是“动得福而亡祸”。

还有，福与祸是相互转化的，即所谓“福不丑不能生祸，祸不好不能成福”，这在《太玄》中称为“极则反”① 原理，又与《老子》第五十八章所说“祸兮福之所倚，福兮祸之所伏”的思想是相通的。所谓的丑与好，都是一种状态走向极点，福的状态不会永远保持不变，它会逐渐变化为“丑”，祸的状态也不会永远保持不变，它会逐渐变化为“好”。丑代表着恶，好代表着善。这种事物相互转化以及极则反的思想，也是《太玄》的重要思想之一，此处只是它在福祸关系上的表现。

又有，扬雄的理想人格——君子，是按以上思想来为人的，即所谓的“丑好乎丑好，君子所以亶表也”。具体来说，就是君子以善与恶为自己思想行为的分水岭，只行

---

① 首上九测辞。

善，不行恶，这也就是前面说的顺与正。

根据以上的分析，可以看出扬雄的福祸观既与弗洛伊德和康德的思想或理论有相通之处，但又有中国古代思想的特点，能将有关的问题整合为一个思想，而不是分割成互相孤立的思想，这就是理解中国古代思想家及其思想的关键所在。

二、福祸思想与扬雄的身世、个性

以上分析了《太玄·莹》中关于福与祸、福与乐等思想的内在含义，以下则要分析扬雄为什么会有这样的思想。为此需要分析扬雄的身世及其个性，从中找出他之所以能够产生此类思想的根源所在。

扬雄写作《太玄》，有其必然的原因，且有特定的思想主旨，为此需要了解他的家世传统、人生经历、个人性格、人生态度。

扬雄的祖先为周代的贵族，在黄河、汾河之间食有采邑，到周王朝衰弱时，也号称"扬侯"。战国时，受到晋国六卿的逼迫，其家逃避到楚国的巫山地区。楚汉相争时，又为了躲避战乱而再次移居，这次是溯江而上，移居到巴郡的江州。汉武帝元鼎年间，其家又为了躲避仇人而再次溯江而上，移居到蜀郡的郫县。由此可见，扬雄家族对于战乱、险难、仇祸，一向采取避让态度，几百年来，这就成了其家族独特的思想传统：不与人争，主动避让。这与《太玄》所说"故君子内正而外驯，每以下人，是以动得福而亡祸也"的思想是一脉相承的。这种避祸全身以为福的思想，正是《太玄》的思想主题之一。

从扬雄的个人性格看，亦与其家族传统和《太玄》的思想相符合。《汉书·扬雄传》称他：

> 为人简易佚荡，口吃不能剧谈，默而好深湛之思，清静无为，少嗜欲，不汲汲于富贵，不戚戚于贫贱，不修廉隅以侥名当世。自有大度，非圣哲之书不好也，非其意，虽富贵不事也。

可见扬雄性格的特征是孤寂内向，淡泊名利，好学深思。这种性格决定了扬雄必然会走通过深思而著《太玄》以自守的道路，决定了《太玄》必然以君子修德自善、避祸全身为主旨。

扬雄的人生态度，由其家世传统和个人性格决定。扬雄的人生态度，在对待屈原沉江的问题上表现出来。《扬雄传》云：

> 又怪屈原文过相如，至不容，作《离骚》，自投江而死，悲其文，读之未尝不流涕也。以为君子得时则大行，不得时则龙蛇。遇不遇，命也，何必湛身哉！

这是表示不赞成屈原投江自杀，提出得时则行、不得时则缩的人生方针。这与其晚年所撰《解嘲》《解难》《太玄》的思想完全一致，表明扬雄一生皆以此种态度步履人生。

扬雄的《反离骚》一文，反复说明了他对屈原自杀的看法，如：

“灵修既信椒、兰之唼佞兮，吾累忽焉而不早睹？”批评屈原不能识微知机，洞悉时势之变，以致遇变遭祸而无思想准备。

“知众嫭之嫉妒兮，何必飙累之蛾眉？”批评屈原不能适时藏善韬光以保护自己。

“夫圣哲之不遭兮，固时命之所有，虽增欷以于邑兮，吾恐灵修之不累改。”指出圣哲不遭乃固有现象，对此抱有仇怨心理，亦不可使昏君悟改，从而使圣哲的命运有所改变。

“昔仲尼之去鲁兮，斐斐迟迟而周迈，终回复于旧都兮，何必湘渊与涛濑？”说明时势可以变化，遇祸险时应坚韧挺住，岂可以一时之难忧而自尽？所以扬雄认为屈原自杀是“弃由、聃之所珍兮，跖彭咸之所遗”，诚不足取。

扬雄从屈原的遭遇及命运，联系到历史上更多圣哲的遭遇与命运，做出了与屈原不同的判断与选择，表明扬雄与屈原思想倾向的不同。扬雄在其青年时期的作品《反离骚》中表现出来的人生态度和思想，在经过更长的人生经历之后，到晚年终于表述于《太玄》中。《反离骚》中的语句及思想，在《太玄》中尽可找到更详尽明白的表述，由此可知扬雄一生思想的轨迹。

扬雄之所以做出与屈原不同的判断与选择，一是因为其家世传统与环境及个人性格，一是因为他对旧有文化的学习以道家为主。扬雄出身平民，有退避全身的传统，性格淡泊。屈原则出身贵族，一直受到重用，属于事功型性格，一旦受挫遭祸，则承受不起。扬雄所接受的文化是广博的，据《汉书·扬雄传》记载，他“博览无所不见”“非圣哲之书不好”，这种思想文化的博览，自可拓宽人的胸怀。扬雄又曾到成都师从严遵（即庄遵）学习。严遵的人生态度与治学倾向，深深影响了扬雄。据《汉书·王贡两龚鲍传》记载，严遵修身自保，不出仕做官，以卜筮为业，每日得钱足以自养，则闭肆下帘而授《老子》。又依老、庄之旨著书十余万言。可知严遵乃道家学者，扬雄从之学习，必亦深受道家思想影响。

他在《法言·问明》篇中说：

> 蜀庄沈冥，蜀庄之才之珍也。不作苟见，不治苟得，久幽而不改其操，虽隋和何以加诸？举兹以旃，不亦宝乎！吾珍庄也，居难为也。

可知扬雄极为赞赏严遵的人生态度和节操，认为这是“居难为”，是常人难以做到，唯圣哲君子才能付诸实践。这样，他所学的道家思想与严遵实际履行的道家风范融合为一，成为支撑他的理论与实践的强有力的支柱，决定性地铸定了扬雄的思想品格及人生态度。他到晚年写《太玄》，即是对道家思想的继承与发扬，而三世不徙官，自甘寂寞以校书天禄阁，则是老子、严遵之类道家贤哲生活实践的继续和重现。从这个角度来理解扬雄及其《太玄》，才可深通其心。

扬雄直到41岁，才离乡出游京师。在此之前，则是读书学习，属于《太玄》所谓“思”的阶段。思有所成，德有所成，才至京师，欲以所学经世致用。他到京师后，汉成帝召他待诏承明之庭。其后他连续写作了《甘泉赋》《河东赋》《校猎赋》《长杨赋》，就事论理，讽劝成帝。扬雄知道自己此时尚人微言轻，不能大行，即不能像公卿大夫那样对各种问题抗辞直谏，故只能采取辞赋讽劝的方法。

他认为“赋者将以风也，必推类而言，极丽靡之辞，宏侈巨衍，竞于使人不能加也，既乃归之于正”①。《甘泉》四赋，皆针对成帝的行动，随时奏上，希望以宏侈丽辞打动帝心，其中暗寓警劝之意，希望使帝觉悟，以谨慎的态度治国。如甘泉宫原为秦代离宫，既已泰奢，汉武帝时又重加增建，愈见宏伟，远“非木摩而不雕，墙涂而不画，周宣所考，盘庚所迁，夏卑宫室，唐虞棌椽三等之制也”，但这不是成帝所为，故扬雄感到“欲谏则非时，欲默则不能”，因此，“遂推而隆之，乃上比于帝室紫宫，若曰此非人力之所能，党鬼神可也”，喻非人皇所宜居。又“盛言车骑之众，参丽之驾，非所以感动天地，逆厘三神”，又“言屏玉女，却虙妃，以微戒斋肃之事”，希望提醒成帝明白过分泰奢铺张非古代圣王节俭从政之制，亦不合乎祭祀天地之意，庶几有所收敛以谨慎其事。扬雄的讽劝十分含蓄委婉，目的在于提醒帝王保持警觉谨慎，以便“辉光眩耀隆其福兮，子子孙孙长亡极”。其中的思想乃是物极则反，盛极必衰，正是《老子》之旨。而委婉讽劝，亦反映了他不露锋芒、保身避祸的倾向。

在《河东赋》中，扬雄则因成帝游历介山、安邑、龙门、盐池，历观西岳古迹，追慕古人遗事而生“思唐虞之风”时，抓住机会，劝以“临川羡鱼，不如归而结网”之意，希望成帝能由思慕古人而吸收历史经验教训，从自己做起，有所作为。他在赋中说：“轶五帝之遐迹兮，蹑三皇之高踪。既发轫于平盈兮，谁谓路远而不能从？”告知成帝：先王盛迹非高不可攀，只要肯亲身实践，绝无路远不能从之理。之后所作《校猎赋》，又以先王的得失是非，讽喻成帝羽猎之时，不宜追求“游观侈靡，穷妙极丽”，不要“尚泰奢，丽夸诩”，而要遵守“尧、舜、成汤、文、武三驱之意”，体恤民疾，崇尚道德礼义及君臣之节和圣王之业。提出要“建道德以为师友，仁义与为朋”，“创道德之囿，弘仁惠之虞”。这与《甘泉》《河东》二赋相比，已渐有具体指导之意。

---

① 这一段中的引文，均见《汉书·扬雄传》，不一一注明。

元延三年秋，成帝为向胡人夸耀，大规模驱动农民进入南山，西自褒斜，东至弘农，南驱汉中，进行一场规模宏大的围猎，这使农民们误了农时而不得收获。扬雄为此而作《长杨赋》以讽，借子墨客之口指出："圣主之养民也，仁沾而恩洽，动不为身"，一切行动都要为了"养民"这个目的，而不能为自身之"穷览极观"，"娱乐之游"，"颇扰于农民"，此皆有失田猎的本意，"本非人主之急务"。最后归纳为一条："人君以玄默为神，淡泊为德。"此乃他中年时期所作四赋的根本性总结，既是早年老庄思想之发挥应用，又是晚年《太玄》思想之先声。

中年四赋之讽劝，势不能犯颜直谏，故多说反话，表面极颂其盛，实则委婉警告，冀帝醒悟。如《长杨赋》借子墨客之口直接指责，仍由翰林主人正面回复，言明田猎习武之必要，及帝王所以田猎之原意。所言皆帝王应当为，而实际正是成帝未能为，所言非所欲，其实正是成帝的所作所为。更于其中提出警告，"事网隆而不杀，物靡盛而不亏，故平不肆险，安不忘危"。其意全与《太玄》相同。可知扬雄自青年经中年到老年，思想一脉相承，而《太玄》则是一生思考之总结。

但事实是扬雄的辞赋讽劝并不起作用。初上《甘泉赋》，成帝"异焉"而已，后之三赋更是异也不异，非但依然故我，而且愈演愈烈，如此朽木岂可雕耶？扬雄遂反省而知，虽辞赋宏文丽辞，人不能加，然览者"但得浮华而无益于讽谏也"（《扬雄传》颜师古注中语）。他又联想前人经验，"往时武帝好神仙，相如上《大人赋》以风，帝反缥缥有凌云之志。由是言之，赋劝而不止，明矣。又颇似俳优淳于髡、优孟之徒，非法度所存贤人君子诗赋之正也，于是辍不复为"。虽不再写赋，但思考并未停止，于是转而模仿《周易》，写作《太玄》，以此来表述自己的思想。

他撰《太玄》，不是求世人所好，唯俟知音之在后。由早年的《反离骚》，到中年的《甘泉》四赋，再到晚年的《太玄》，他的思想一脉相承，思考贯穿一生，虽然表述的形式有所变化，但到最后终于走到圣者之书的境界，这就是扬雄一生好学深思的过程及结果。

研读《太玄》，必须理清这条线索，以见源流。

扬雄于成帝元延三年秋上《长杨赋》后，就认识到赋劝而不止，于是辍不复为了。此后三年及哀帝在位六年期间，乃扬雄总结、深思，构思、起草《太玄》的阶段。

扬雄早年以《反离骚》表达了自己的人生观：保身顺时，顽强生存。中年时以四赋表达了自己的政治观：节俭勿奢，玄默淡泊。此其人生观之发挥，人生、政治二观，其精髓固无差别。晚年则以《太玄》一书，专门而集中、完整而深刻地表达了自己关于天、地、人根本大道的哲学观，及由此哲学决定和引发的关于人生、政治、社会、历史、学术的诸种思想，构成自成一家的完整体系。其深思之结晶聚于《太玄》，深思的归结点仍是指导个人的人生，与早年所思终始相合。《太玄》之后，又作《法言》，乃应付时人之作，而《太玄》乃为圣哲知音所作，二者分量在扬雄心中本自不同。唯世人畏难艰而好易，故治《法言》者众，理《太玄》者稀，岂扬雄之知音哉？

为表述《太玄》的重要及答复世人的讥嘲诘难，扬雄又写了《解嘲》《解难》二文。

《解嘲》言人生之变幻，一切贫富、贵贱、祸福、安危、盛衰、兴亡皆变换不居，如何对待这种客观现实，扬雄提出了自己的主张，同时表达了对于世人羡求不已的富贵权势之蔑视。这种蔑视不是阿Q式精神胜利法的空话大言，乃是基于对人生世事深刻认识之上的必然结论。文中表达了扬雄与众不同的追求与理想，和同样基于上述深刻认识的真知灼见。《解嘲》的思想与早年的顺时全身、中年的玄默淡泊一脉相承。

《解嘲》言俗人以为：士“不生则已，生则上尊人君，下荣父母，析人之圭，儋人之爵，怀人之符，分人之禄，纡青拖紫，朱丹其毂”。扬雄则认为：“徒欲朱丹吾毂，不知一跌将赤吾族也。”俗人只知目前的盛福，不知盛福必将走向反面，衰祸将至。爬得越高，跌得越重。多藏厚亡，盛福之后，其祸也大。知此种机变，便不羡慕高官厚禄、富贵荣华。今天“当途”而“高入其云”，殊不知将“失路”而“委沟渠”。“旦握权则为卿相”，而“夕失势则为匹夫”。转化既速，反差亦大，时势所运，一切圣哲庸夫皆无力改变，唯有清醒与蒙昏之别。清醒者审时度势，顺之而已。蒙昏者贪求物利，不知祸之将至，殃及子孙。这种转化都是至极而反，不到极盛极贵就不会走向衰亡败落。所谓“炎炎者灭，隆隆者绝”，“高明之家，鬼瞰其室”，“位极者宗危”。因此，贤哲的态度是“默默者存”，“自守者身全”，“知玄知默，守道之极，爰清爰静，游神之庭，惟寂惟寞，守德之宅”。玄默清静，就是应对万变之人生的原则：“世异事变，人道不殊。”

反过来讲，由衰弱祸难之中亦能转化为盛强福安，亦是至极而反。历观范雎、蔡泽、娄敬、叔孙通、萧何诸人的行迹，可知其动而有为须有得当、得时、得宜的条件，此亦顺时而动之义。如何认清现世时势、及时适当行动，是贤哲与俗人的区别之处。处于同样的现世时势中，只有少数有德有才的贤人君子能及时而动，动而得宜，能改变自身的境遇。扬雄总结为：

> 唯其人之赡知哉！亦会其时之可为也。故为可为于可为之时则从，为不可为于不可为不得时则凶。

此即早年所言得时则大行，不得时则龙蛇之义，亦《太玄》所言：

> 君子修德以俟时，不先时而起，不后时而缩，动止徽章，不失其法者，其唯君子乎！

扬雄明乎此理，故知时之不遇，不可强为，而“默然独守吾《太玄》”，完成认知天、地、人根本大道的重要工作。

《太玄》既成，又不得世俗理解，故扬雄又撰《解难》以述其意。他认为《太玄》之书本非为世俗所写，不是期平合众俗之口，所谓“大味必淡，大音必希，大语叫叫，大道低回，是以声之眇者不可同于众人之耳，形之美者不可混于世俗之目，辞之衍者不可齐于庸人之听”。对众俗只可给以下里巴人，不能享以阳春白雪，所谓“今夫弦者高张急徽，追趋逐耆，则坐者不期而附矣。试为之施《咸池》，揄《六茎》，发《箫韶》，咏《九成》，则莫有和也”。这是因为《太玄》之书乃探讨天、地、人根本大道，其理玄妙，其辞幽奥，非世俗所爱好、所能学者。所谓“若夫闳言崇议，幽微之途，盖难与览者同也”，与此类似者，如《易》亦是如此：“昔人有观象于天，视度于地，察法于人者，天丽且弥，地普而深，昔人之辞，乃金乃玉，彼岂好为艰深哉！势不得已也。”故“老聃有遗言，贵知我者稀”，“俟知音之在后也”。

明乎《解嘲》《解难》之意，始可通乎《太玄》之意，得扬雄之心。后人多以《法言》为务，置《太玄》不顾，一是不明扬雄本心，二是难《太玄》之辞，故多不能理解扬雄其人。

以上通过分析扬雄家世传统及个人性格，可以看出他的为人处世思想在《太玄》中得到充分表述是十分自然的，欲理解《太玄》中所论的福祸思想，必须了解他的家世与个人性格，而欲了解他为什么要在晚年撰写《太玄》，则又要知道他从早年到中年写作其他作品的过程，于是就能一路寻迹到他在晚年的思考与作品的动因所在。

（作者单位：华中师范大学历史文献学研究所）

扬雄《方言》的词汇分类编排和成书考察

俞理明

内容提要：《方言》是一部没有完成的著作，其中既有具体词目方言分布情况有待充实，也涉及已经收集的材料如何分类和安排。由于方言词语分布的特点，参照《尔雅》的意义类别分类受到很大的局限，但按地域分类也利弊参互，因此，全书没有找到一个合理的框架，条理未明，这或许是扬雄拒绝提交给刘歆看的原因。

关键词： 词汇分类；意义分类；地域分类

汉代学者扬雄著述丰厚，在文学、哲学和语言学方面都有杰出的成就，《方言》就是他在语言学方面给后人留下的珍贵遗产。从晋代郭璞开始，对此书的研究延绵不断，其中赵振铎先生在为华学诚《扬雄方言校释汇证》一书的序中做了非常中肯而高度的评价，这里不再赘述。

宋人洪迈曾在《容斋三笔·别国方言》中对《方言》的作者提出质疑，因为《汉书》中对扬雄有专门介绍而没有提及此书。但是，东汉应劭《风俗通义序》提到了扬雄仿《尔雅》搜集方言的事，并说“张竦以为县诸日月不刊之书”，应劭为作《汉书》注时也一再引用扬雄《方言》的材料。此后，晋郭璞为扬雄《方言》作注，书后附有刘歆与扬雄关于此书的来往书信。据此，清代学者戴震认为《方言》确为扬雄所作，现代学者多同意此说，认为这是扬雄尚未完成的著作，而书名则是后人所起的①。

① 参见何九盈：《中国古代语言学史》，河南人民出版社 1985 年版；赵振铎：《中国语言学史》，河北教育出版社 2000 年版；华学诚：《周秦汉晋方言研究史》，复旦大学出版社 2003 年版。

一、《方言》与汉语系统的关系

不少学者注意到了《方言》中所涉及的词汇成分的系统差异，需要对此做一梳理。我们认为《方言》所涉及的是一种语言，即汉语，它是以汉语通行的各地区的语言为基本调查范围，全书中，在谈及各地域用语差异的同时，还多处提及“通语”这样的概念，反映了大量通行各地的用语，即共同语的存在（此外，书中还提及“楚通语”这样的地域通语概念，即在局部地区通行的词语）。

然而，这一共同语也面临大量的差异，出现在各个地区。语言发展中的融合因素和分化因素，都在促成这种差异的发生：

1. 词的同源分化。《方言》中多处提到了“转语”的概念，同时，研究者也发现，许多有差异的同义方言成分之间，在语音上有密切的联系，它们应该是同一语言形式在不同区域的变体或分化。

2. 词义引申交叉。语用中，一些概念在表达中，不同地区的人们通过不同的认知方式，采用了词汇系统中的不同成分，通过对这些成分的意义引申，来表达同一个概念，结果也造成同义性的地域差异。

3. 词汇翻新。采用词汇手段，对本方言或他方言中已有表达形式的概念另行创造新的表达形式，也会造成同义性的地域差异。

4. 外来因素。在历史发展中汉语群体与其他语言群体发生融合，导致其他语言群体放弃他们的母语采用汉语，这既可能在接受汉语的同时，因模仿不真切而引起词语的语音变异，也可能在接受汉语的同时，保留了部分母语成分，把它们杂入汉语，成为汉语中的外来成分。此外，也不能排除身处边缘地区的人们向邻近的外族语中吸收非母语的外来成分。总之，保存在《方言》中的外来成分，是已经进入汉语地域方言的成分。

这样，就造成了在一个共同的汉语框架内，存在许多区域性差异的汉语面貌，也就成为《方言》一书写作的依据。

从系统的观念来看，在汉语这个整体的系统中，存在一些支系统，汉语词汇成分在不同的支系统之间的差异，就是《方言》一书所要描写的对象。

需要注意的是，作为全民语言的支系统，各支系统内部虽然具有相对的完整性，但它们不是彼此独立地聚集在全民语言中的，在各方言支系统与通语母系统之间，存在大量的重合关系，这在语音上表现为不同层次中存在的相同关系，或虽有差异却可对应；在词汇和语法方面，也存在大量相同的成分，只有少量差异。并且，这种相同、对应和类同关系，不仅存在于一个方言支系统与全民语言之间，还存在于不同的方言支系统之间，呈现交互错综的复杂关系。某一方言中与全民用语或其他方言真正不同的成分，是很有限的。

《方言》涉及各地用语的差异和古今用语的差异，但扬雄是通过实际调查来记录方言的差异，其中的古今用语差异应该包括在各地方言之中，指那些不仅在共同语中已经不再使用，甚至连方言中也已经很少使用的"绝代"成分。

二、《方言》与《尔雅》的异同

很多学者都注意到《方言》与《尔雅》的类同处，比如濮之珍指出《方言》对《尔雅》条目的承袭和变化，包括：1. 雅诂完全相同；2. 雅诂部分相同；3. 雅诂看似不同实有关联。

据此，如果站在《方言》的角度来看，《尔雅》中有些条目收录的是不同方言的词语，有些条目包含了部分方言词语，有些词目是汉语词汇在不同方言中分化的成分，以及通过词汇翻新，为已有词汇成分创造的同义新词。

《尔雅》与《方言》在写作目的上存在明显的不同。《尔雅》立足于对词汇的一般性描写，古今各地的词汇成分，只要需要解释，都列入其中，并不做更细的区分，其中既有大量的同义关系，也有不少并不涉及词语同义关系的单纯训释。而《方言》以反映不同地区用词的差异为目的，因此，它强调词汇区域差异的描写，是当时汉语中不同方言背景下同义词的汇聚，同时也涉及一些通语中没有、只出现在方言中的词语和不明原因未标明方言因素的词语，因此，它是一部以描写各地方言中特殊词汇现象的著作。

从语义系统（语义场）的角度来看，《尔雅》对当时的词汇系统有比较全面的描写，而《方言》则重在反映词汇中的特殊成分，并不顾及词汇的系统性，对词汇系统的反映是零散的。

三、《方言》的分卷

据载《方言》原书有十五卷，但通过郭注保存下来的文本只有十三卷，各卷没有篇目，纲目不甚明晰。但通过观察，可以看到其中有些部分是有分类特点的[①]，归纳其

---

① 参见何九盈：《中国古代语言学史》，河南人民出版社 1985 年版；濮之珍：《方言与尔雅的关系》，《学术月刊》1957 年第 12 期。

中的内容，可分为两大类：

卷一、卷二、卷三、卷六、卷七、卷十、卷十二、卷十三释语词，卷四释衣服、卷五释器物、卷八释动物、卷九释兵器车船、卷十一释昆虫。

在释语词的八卷中，不同的词语混杂在一起，不加分别，基本上看不出语义上的分类关系，而另外五卷中的词语则按语义类别划分，界限清晰。

在释语词的八卷中，后两卷的情况与前六卷不同。其中卷十二有120条，卷十三有162条①，相比之下，前文中每卷最多不超过60条，后两卷的条目数量大幅超过前面各卷，因此，何九盈认为，“我怀疑原书是由十五卷变为十三卷，可能这后两卷原本是分四卷的，经过合并，就使全书少了两卷。……扬雄生前并没有把《方言》一书写完，现在的后两卷原本只是写作提纲，按原计划是要把有关方言的对比写进各条之下的”②。

四、《方言》各卷对地域分布分析

把后四卷合并成两卷，是因为其中的内容简单。《方言》中的不少条目既有雅诂③，又说明它们在各地方言中的分布；但卷十二120条，只有卷末的“洲”“一”两条记了方言地域；卷十三162条，只有卷末“鼻”“箪”“盂”等7条记了方言分布地域，“饵”“饼”等3条记了不同的用语，但没有说明方言分布。而在前面六卷语词中，只有雅诂没有方言的情况就少得多，包括卷三52条中有20条只有雅诂，卷六60条中有5条只有雅诂，卷七34条中有4条只有雅诂（王力先生《中国语言学史》推测：“《方言》中有一些训诂只是《尔雅》式的，如‘露，败也’‘别，治也’之类，并不说明属于哪一个区域的方言，很可能就是所谓‘绝代语’，是已经过了时的、死了的词。”④）。

《方言》中有五卷对所收录的条目做了明确的分类，不过，其中对方言的记录情况也不尽相同。其中卷四衣服类词语45条，有30条只有雅诂没有说明方言分布；卷五器物类词语40条，有5条只有雅诂未说明方言；卷八动物类词语15条，全部说明了方言；卷九武器车船类词语25条，有9条没有说明方言；卷十一18条，有5条没有说明方言。

---

① 据华学诚：《扬雄方言校释汇证》，中华书局2006年版。

② 何九盈：《中国古代语言学史》，河南人民出版社1985年版。

③ 濮之珍语，指用通用语对方言词目作解释。

④ 王力：《中国语言学史》，山西人民出版社1981年版。

如果从对方言分布的说明来看，全书中，卷一、卷二、卷八和卷十完成情况最好，各条下都列出了它们在各地的分布；其次是卷六、卷七和卷五、卷九、卷十一，多数条目都说明了方言材料的分布情况，只有少数空缺；卷三近半，卷四、卷十二、卷十三中多数条目没有涉及方言分布。这些未能列出方言分布情况的词目，似乎还需要对它们的分布地域做进一步调查补充。从具体记录来看，有少数条目虽然没有明确说明各方言的差异，但通过“或谓之”记录了这个概念具有不同的表达形式，似乎在提示这些表达形式的具体地域分布还有待落实。

五、《方言》词目的语义分类

词汇成分内容复杂，可以从多个角度进行分类，其中据语义分类是可行性较高的方法。汉代产生了四种著名的语文学著作：《尔雅》《方言》《释名》《说文解字》，其中，除了《说文解字》以字形为纲，其他三种词汇著作都有同义相聚的特点。从写作时间上看，《方言》介于《尔雅》和《释名》之间，而《尔雅》中已经有了一个立足于语义的词汇分类系统：

《尔雅》的分类：释诂、释言、释训、释亲、释宫、释器、释乐、释天、释地、释丘、释山、释水、释草、释木、释虫、释鱼、释鸟、释兽、释畜。

这个词汇的语义分类顺序，先列虚实语词（释诂、释言、释训），然后从人、人的居所、器用、音乐，到自然界的天文地理、草木、虫鱼鸟兽，再到家畜，其中有关事物名称，从人出发，到与人有关的物和自然物，再回到与人有关的动物（家畜），形成一个回环。

在《方言》之后的《释名》也有一个词汇分类系统，另成一个序列，系统更为完备：

《释名》的分类：释天、释地、释山、释水、释丘、释道、释州国、释形体、释姿容、释长幼、释亲属、释言语、释饮食、释采帛、释首饰、释衣服、释宫室、释床帐、释书契、释典艺、释用器、释乐器、释兵、释车、释船、释疾病、释丧制。

《释名》的词汇分类系统，是一个立足于宇宙世界观的分类，它从自然界开始（天地山水丘陵），然后涉及与人事有关的地理概念（道路州国），再到人的外形、各类人物以及人的言语、饮食、各类器物，最后到疾病和丧制，整个分类系统从大自然入手，到与人有关的客观物，再到人本身，以及人所造作的各类事物，最后以疾病和死亡作为终结。

可见，在扬雄时代基于概念意义的词汇分类已经相当成熟。《方言》写作的时代介于二者之间，借鉴已有的经验展开词汇分类是很自然的。但《方言》与《尔雅》不同，它重在记录词汇中存在地域差异的成分，而这些成分在语义上分布零散，作者只概括出五个语义类聚，其中卷八仅17条、卷十一仅18条，是各卷中内容最少的。这五类之外，其他类别的成分数量更少，夹杂在语词各卷中，比如：卷二开头与容貌有关的4条；卷三开头的“厘孳”（双生子）、“倩”（女婿）、“娠”（养马人或女婢）、“亭父”、“臧”（奴婢），以及本卷后半的“氓”（民）、“杭”（仇）、“儓”（农夫丑称）、“庸”（倯）等，都与人物有关；同卷中“苏”（草）、“蘴”（芜菁）、“衎”（茇）、“荄”（根）等则与植物有关。这些数量有限的词语，不足以成为一个相对独立的部分，编为一卷。在这种情况下，作者在搜集到更多的同类条目之前，只有把它们放在一起或比较靠近的位置，等待下一步处理。从分类的观念来看，如果把这些在语义分类上偏少的词语，合类成篇（如《方言》卷九的内容，对应于后来《释名》中“释兵”“释车”“释船”三篇），也不失为一个解决的方案，但合类的原则和可以合类的词语数量还是有限。

六、《方言》中词目的地域分类

濮之珍指出《方言》中有些卷集中反映了地域分布，这符合卷十的特点。在卷十47条中，列出的词目基本上分布在楚地或南楚各地，只有三条词目兼及北方，即“中夏、东齐、汝颍淮泗”“秦晋”“中夏、江而北”。不过，兼及楚地和北方各地的词，在收录语词的卷一、卷二、卷三、卷六、卷七中也出现不少，因此，如果此卷收录以楚地为中心的南方方言词，应该把这三条移出。

在其他语词卷中，出现了只标示楚地的方言词，比如卷一的“嫽”，卷三“亭父”“褛裂”“撲……尽也”“撲……聚也”“斟……益也”“差……愈也”，卷六“汩”等各条。其中，有的似未完善，比如“嫽”条“嫽、蝉、緍、捻、未，续也。楚曰嫽。蝉，出也。楚曰蝉，或曰未及也”，只解释了“嫽”“蝉”“未”，似有待补充。但多数条目的解释都是完备的，若按地域分类，应该与卷十各条放在一起。

按地域分类，应该是方言材料安排的一个方法，问题是，根据通语的主题词（母题），同一个词在不同的方言区域内有不同的形式，要真正实现按地域分类，有些条目应该按地域分拆。就目前《方言》中词目呈现的情况而言，有些条目的处理，似乎符合这种按地域分拆的原则，但多数条目还没有按这个原则处理。

此外，各卷中，只有卷十切近按地域分类的原则，其他各卷内容从地域分布来看，是不一致的，具有明显的综合性。

七、结语

《方言》是一部未完成的著作，对此，学界认识基本一致，但对它未完成的程度的估计，各家意见不尽相同。

首先，《方言》中有大量只有雅诂、没有说明方言分布的条目，尤其卷十二、十三最为集中，总共282条中有273条没有说明方言分布。有学者认为这是一个调查的提纲，其中内容有待落实。而在前面各卷中，也有78条只有雅诂没有说明方言分布。全书只有雅诂的条目总计371条，相比之下，附有方言分布的条目数量有335条，少于未列方言分布的条目。

在已有方言分布说明的条目中，有些也存在空缺。在同组列出的词目中，尽管有一部分已经说明了方言分布的情况，但同时有少数词语没有任何情况说明，似有待于补充材料做出说明。

从各卷中收录的情况来看，语词各卷的安排似有一定的规则。全书语词各卷可分为四个部分：A组卷一、二、三，B组卷六、七，C组卷十，D组卷十二、十三。A组卷一、二中各条都说明了方言分布，未说明方言分布的都集中在卷三；B组卷六、七则比较平衡，各有少量的词目没有说明方言分布；C组一卷都说明了方言分布；D组绝大多数没有说明方言分布。其中，C组卷十集中解释楚方言，而B组两卷中涉及楚方言的条目则相对较少。

从分卷的情况来看，本书有按意义分类的意图，并已经确定了五个类别，列为五卷。但是，这五个类别只安排了145个条目，占全部条目的五分之一强，另有近五分之四的条目无法按意义归类，成为难点。本书也有按地域分类的倾向，卷十以南方楚方言单列一卷，但对其他地域的单独分类，却无明显的迹象。同时，按意义分类和按地域分类是完全不同的角度，二者的关系是交叉的，需要协调。

另外，从分类的角度来看，本书中按意义分类的部分分为三组：卷四、五，卷八、九，卷十一，跟语词的四组交叉排列，这与《尔雅》先列语词、后出意义分类的各卷的整体不同。

《方言》是一部没有完成的著作，据郭注《方言》本所附的刘歆与扬雄的来往书信，扬雄以死拒绝代表官方考察文献著述的刘歆索要此书一阅的要求，并保证“宽假延期，不敢有爱”。看来，作为一个著名的学者，扬雄十分注意自己的学术形象，不愿把未成稿轻易示人，一定要在成书之后再把书示人，态度是十分慎重的。

如果换个角度来看，这也说明《方言》一书还没有成形，其中还需要再做基础调查，充实相关词目，更需要对此书做出一个合理的整体安排。

从实际情况来看，对相关词目的充实，虽然不易，但只要有足够的时间投入，是完全可以完成的。不过，全书有一半以上的词目没有说明方言分布，如果这些条目都要充实，工作量十分可观。

对全书篇章的安排，可能真正让作者为难。方言词汇的调查，从意义入手最为可行，但是立足于意义关系获得的方言材料，按意义分类，只处理了一小部分，其他部分从意义来看，过于零散，很难成类。在这种情况下，按地域处理，不失为一个办法。本书卷十集中了一批楚地用词，或许是这方面的一个尝试。不过，书中涉及楚地方言词的材料还很多，是否把它们都提取出来，以及如何提取，汇编成卷，还有不少工作要做。另外，如果采用地域分类的原则，在楚地之外，再划分多少个方言区域，如何恰当地处理各区域之间的交叉关系，以及如何处理地域分类与意义分类的关系，都是十分费斟酌的。同时，按地域分类，会把词语之间的意义关系，尤其是不同方言间大量的同义关系分割开来，影响对它们的观察分析，利弊参互，不易定夺。

就本书现在的情况，优先考虑采用《尔雅》的方式，先释语词，后列分类词目。但用这个方法，导致语词部分数量众多，可按意义类别的词目数量太少，材料分布不平衡，不足以构建全书框架。若兼用意义分类和地域分类，则如何安排它们之间的关系还需要考虑。或者，还有一个可能，就是全书都采用地域分类的方法，重新建构：其中的选择还需权衡利害。然而，在这些问题解决之前，无法真正确立全书的框架，书稿还只是一批材料的堆砌，虽有局部的条理，但整体不成体系①，这或许是扬雄坚持不把书稿拿给刘歆看的主要原因。

（作者单位：四川大学文学与新闻学院）

① 吴辛丑：《先秦两汉语言学史略》，广州高等教育出版社2005年版。

扬雄《方言》方言词考证

杨小平

内容提要：《方言》据考是西汉人扬雄所编写，其收录的“鬼”“庬”“蔑”“痨”“揞”“崽”等六个方言词仍有考证的必要。对方言词进行判断时，我们仍需谨慎，需要根据文献等进行比较，列举充足证据，才能准确判断。

关键词： 扬雄；《方言》；方言词；考证

扬雄《方言》通过调查研究，保存了不少当时的方言俗语。钱曾怡指出：“在汉语方言学的研究中，汉人扬雄开了一个实事求是的好头。”① 俗话说“十年磨一剑”，往往希望能够有更好的修改结果，至死可能都在不断修改，书稿始终不是定稿。正是如此，扬雄宁愿死也不愿意公布《方言》也就在情理之中了，这也可能就是扬雄所编写《方言》没有被著录的原因。

许慎《说文》也引用方言进行解释。明代遂宁人李实的《蜀语》，清代翟灏的《通俗编》、钱大昕的《恒言录》、张慎仪《蜀方言》，近代章太炎的《新方言》、黄侃的《蕲春语》、杨树达《长沙方言考》与《长沙方言续考》、刘颐《楚语拾遗》等著作往往背离了扬雄重视调查的精神，仅仅是为了证明古代文献或者是在古代书面文献中找例证。引用古代文献材料，不仅仅是为了证明古音古义，也是为了推广普通话，为汉语规范化服务，可以帮助方言区的人学习普通话，了解普通话和方言在语音语法词汇上的差异，避免产生方言误解。

黄侃《蕲春语》说：“固知三古遗言，散存方国；考古语者，不能不诠之于今；考

① 钱曾怡：《汉语方言研究的方法与实践》，商务印书馆2002年版，第15页。

今语者，不能不原之于古。世之人或徒慕艰深而多书古字，或号称通俗而昧于今言，其皆未为懿也。”①

本文对西汉人扬雄所编写《方言》中的方言词进行考证，望方家正之。

鬼

《方言》卷一：“虔，儇，慧也。秦谓之谩，晋谓之䜌，宋楚之间谓之倢，楚或谓之𪣋。自关而东赵魏之间谓之黠，或谓之鬼。”华学诚《校释汇证》：“王念孙《方言疏证补》云：‘今高邮人谓黠为鬼，是古之遗语也。’卢文弨《重校方言》云：‘谓黠为鬼，今吴越语尚然。’按：今北方话、吴方言、客家方言、粤方言、闽方言中都有谓黠为鬼的说法。”② 形容词。guí［kuei³¹］聪明。“鬼”本是传说中阴间之人，引申表示“聪明”义。《蜀语》：“谓欺给曰鬼，谓人黠曰鬼。〇扬子《方言》：‘赵、魏之间谓之黠，或谓之鬼。’”③ 杨树达《长沙方言考》：“《方言》云：赵魏之间或谓慧曰鬼。今长沙犹谓行小慧者曰鬼。”④ 如《华阳国志·蜀志·总叙》：“星应舆鬼，故君子精敏，小人鬼黠。”“鬼”“黠”同义连用。“鬼黠”与“精敏”对文同义。唐李翱《帝王所尚问》：“救野莫如敬，救鬼莫如文，救僿莫如忠。”

庬

《方言》卷一：“庬，大也。”华学诚《校释汇证》：“章炳麟《岭外三州语》：‘三州谓人肥大曰庬壮，亦曰丰庬。’”⑤ 形容词。máng［maŋ³¹］大。《尔雅·释诂》：“庬，大也。”《说文·厂部》：“庬，石大也。”段注：“石大其本义也，引伸之，为凡大之称。”⑥ 如《左传·成公十六年》：“是以神降之福，时无灾害，民生敦庬，和同以听。”杜预注：“敦，厚也；庬，大也。”《国语·周语》：“敦庬纯固。”韦昭注：“庬，大也。”《汉书·司马相如传》：“湛恩庬洪，易丰也。”颜师古注：“庬、洪，皆大也。”⑦《文选·司马相如封禅文》：“谌恩庬鸿。”李善注：“庬鸿皆大也。”王安石《估玉》诗：“发视绀碧光属联，诏问与价当几千，众工让口无敢先，嗟我岂识庬与全。”

---

① 黄侃：《蕲春语》，见《黄侃论学杂著》，上海古籍出版社1980年版，第413—414页。
② 华学诚：《扬雄方言校释汇证》，中华书局2006年版，第13页。
③ 黄仁寿，刘家和：《蜀语校注》，巴蜀书社1990年版，第124页。
④ 杨树达：《长沙方言考》，见《积微居小学金石论丛》，科学出版社1955年版，第167页。
⑤ 华学诚：《扬雄方言校释汇证》，中华书局2006年版，第543页。
⑥［清］段玉裁：《说文解字段注》，成都古籍书店1981年版，第474页。
⑦［汉］班固：《汉书》，中华书局1962年版，第2602页。

蔑

《方言》卷二：“江、淮、陈、楚之内谓之篾。”郭璞注：“篾，小貌也。”戴震本写作“蔑”字①，当是与“篾”字的形近而误。形容词。“篾”从竹，蔑省声。本义是“薄竹片”。“篾”字表示“薄竹片”义在古代典籍里常常见到，如《尚书·顾命》：“敷重篾席。”郑注：“篾，析竹之次青者。”唐彦谦《蟹》：“篾篓挑将水边货。”韩偓《奉和峡州孙舍人肇荆南重围中寄诸朝士》诗：“黄篾舫中梅雨里，野人无事日高眠。”“篾”字《说文》不见收录，《一切经音义》卷十七引《埤苍》：“篾，析竹皮也。”“篾”字由薄竹片的薄、细很容易引申来表示东西的小和人的小。《大词典》没有例证。《蜀语》指出：“小曰蔑蔑。〇凡言人物小谓之蔑蔑。”② mī［mi⁴⁴］小。“蔑”本是眼睛红肿没有精神。《说文·苜部》：“蔑，劳目无精也。”段注：“目劳则精光茫然，通作眛。……引申之义为细，如木细枝谓之蔑是也。”③ 段玉裁的分析存在牵强之处。蔑，从苜，从戍。“苜”是眼睛歪斜无神，“戍”是戍守人。合起来表示人过于疲劳眼睛歪斜无神。本义是眼睛红肿看不清。如宋玉《风赋》：“得目为蔑。”“蔑”不能够从眼睛红肿看不清引申出表示细、小的意思，而学者和作家用“蔑”表示“细”“小”义，应该仅仅是记音和受到“篾”的字形影响。《方言》卷二：“眇，小也。杪，小也。木细枝谓之杪，江、淮、陈、楚之内谓之篾。”郭璞注：“杪，梢也。”周祖谟《方言校笺》：“篾，戴本作蔑。注同。案《文选·长笛赋》注引《方言》作‘蔑’，《慧琳音义》卷四十五、六十六，两引作‘懱’。”④ 人小称“人篾”，小孩子叫“篾娃儿”、小乖叫“篾乖”。南充俗话说：“篾娃儿穿西装——大套”等。“小孩子”为“蔑个拉”，字又写成“米各达”“米疙瘩”等。“篾”不读 miē，读 mī。三国李登《声类》指出：“篾，蔑也，今中国蜀土人谓竹篾为篾也。篾音弥。”⑤《蜀语》：“竹篾曰篣。〇篣音迷，薞同。”⑥ 李登和李实都指出了“篾”读为“弥”“迷”。

古代典籍中多用“蔑”表示“细小”“轻微”的意思，如甲骨文后三七、七：“戊寅卜贞雨其蔑。”《国语·周语》：“郑未失周典，王而蔑之，是不明贤也。”韦昭注：“蔑，小也。”《尚书·君奭》：“文王蔑德。”《正义》：“蔑，小也；小谓精微也。”扬

① ［汉］扬雄：《𬨎轩使者绝代语释别国方言》，商务印书馆丛书集成初编本，第 33 页。
② 黄仁寿，刘家和：《蜀语校注》，巴蜀书社 1990 年版，第 89 页。
③ ［清］段玉裁：《说文解字段注》，成都古籍书店 1981 年版，第 152 页。
④ 周祖谟：《方言校笺及通检》，科学出版社 1956 年版，第 12 页。
⑤ 张慎仪著，张永言点校：《读方言新校补》，四川人民出版社 1987 年版，第 37 页。
⑥ 黄仁寿，刘家和：《蜀语校注》，巴蜀书社 1990 年版，第 38 页。

雄《法言·学行》："视日月而知众星之蔑也，仰圣人而知众说之小也。"宋咸注："蔑，微也。""蔑"与"小"对文同义。《文选·长笛赋》："蹉纤根，跋蔑缕。"李善注："《方言》曰：'蔑，小也。'"《大词典》例证首引汉扬雄《法言·学行》例，时代过晚。

现代汉语不少方言也往往用"蔑"表示小的意思。如章炳麟《新方言·释言》说："今杭州谓极小曰蔑，读如弥。"《遵义府志》又说："小曰蔑蔑。"《昭通方言疏证》(336) 也指出："今杭州谓极小曰蔑，读如弥。昭人言小，音亦同。又谓小儿曰蔑。蔑皆读弥阴平，声转为妹妹，又转为毛毛。"① 从章炳麟和姜亮夫等的论述中可以看出杭州人、遵义人、南通人和昭通人都用"蔑"表示小的意思，说明不少方言词语在不同的方言区往往有共同的含义，很值得进行研究比较。

痨

《方言》卷三："凡饮药傅药而毒，南楚之外谓之瘌，北燕朝鲜之间谓之痨，东齐海岱之间谓之眠，或谓之眩。自关而西谓之毒。瘌，痛也。"郭璞注："痨、瘌，皆穿螫也。"华学诚《校释汇证》："杨树达《长沙方言续考》：'今长沙以药毒鱼、毒鼠曰痨鱼、痨鼠。'北京官话、中原官话、江淮官话、西南官话等官话区均有此语。"② 动词。nào [nau²¹³] 毒杀。《说文·疒部》："痨，朝鲜谓药毒曰痨。"《广雅·释诂二》："痨，痛也。"《广韵·号韵》："《说文》：'朝鲜谓饮药曰痨。'"《蜀语》："以毒药药人曰痨。"③ 黄侃《蕲春语》："《说文·疒部》：'痨，朝鲜谓饮药毒曰痨；郎到切。'今吾乡有此音，正同《唐韵》。"④ 杨树达《长沙方言续考》："曹君孟其云：《方言》：凡饮药而毒，北燕朝鲜之间谓之痨。今长沙以药毒鱼毒鼠曰痨鱼痨鼠。树达按：语其药则曰痨药。"⑤《四川方言词语考释》："痨，药物中毒或用毒药毒。"⑥《大词典》未收此义。

揞

《方言》卷六："揞，藏也，荆楚曰揞，吴扬曰掩。"⑦ 动词。用手捂盖。《广雅·

① 姜亮夫：《昭通方言疏证》，云南人民出版社 2002 年版，第 75 页。
② 华学诚：《扬雄方言校释汇证》，中华书局 2006 年版，第 206 页。
③ 黄仁寿，刘家和：《蜀语校注》，巴蜀书社 1990 年版，第 54 页。
④ 黄侃：《蕲春语》，见《黄侃论学杂著》，上海古籍出版社 1980 年版，第 410 页。
⑤ 杨树达：《长沙方言续考》，见《积微居小学金石论丛》，科学出版社 1955 年版，第 183 页。
⑥ 参蒋宗福：《四川方言词语考释》，巴蜀书社 2002 年版，第 427 页。
⑦ [汉] 扬雄：《輶轩使者绝代语释别国方言》，商务印书馆丛书集成初编本，第 137 页。

释诂四》："揞，藏也。"王念孙《疏证》："揞犹揜也。方俗语有侈敛耳。《广韵》：'揞，手覆也。'覆亦藏也。今俗语犹谓覆物为揞矣。"① 《集韵·感韵》："揞，《博雅》：'藏也，于感切。'"《燕说》卷三："以手掩物曰揞，乌感切，庵上声。"《南越笔记》卷一："以手覆物曰揞，庵上声。"《广东新语》卷十一："以手覆物曰揞，庵上声。"清光绪十八年《电白县志》："以手覆物曰揞。"1929年《崇明县志》："揞，音庵。俗谓以手覆物曰揞。"罗翙云《客方言·释言》："《广韵》：'揞，手覆也。'俗于物不欲人见者以两手覆之曰揞。"如唐卢仝《月蚀诗》："恐是眶睫间，揞塞所化成。"元乔吉《一枝花·私情》套曲："风声儿惹起如何揞？"《大词典》解释为"掩藏"，举以上例证。笔者以为解释为"掩藏"虽然也说得过去，但是解释为"捂盖"更加妥帖。而且，唐卢仝《月蚀诗》中的"揞"，《全唐诗》异文作"揜"，"揜"也是"捂盖"义。又如元代贾仲明《萧淑兰情寄菩萨蛮》第二折："他如今看看衣褪，渐渐裙搀，春衫双袖漫漫将泪揞。"《何典》第一回："形容鬼忽觉一阵肚肠痛，放出一个热屁来，连忙揞住屁股道。"这个"揞"只能够解释为"用手捂盖"。

崽

《方言》卷十："崽者，子也。湘沅之会，凡言是子者谓之崽，若东齐言子矣。"郭璞注："声如宰。"明焦竑《俗书刊误·俗用杂字》："江、湘、吴、越呼子曰崽。音宰。"《蜀语》："谓子曰崽。〇崽，子改切，音宰。扬子《方言》：'江湘之间，凡言是子谓之崽。'凡欢人饮，或推物与人，恐不受，则誓曰崽崽。或曰万崽，言若相辞，则我当为子也。又自高侮人则称人曰崽。郦道元《水经注》曰：'弱年崽子。'"《校注》："'欢'与'人饮'连文，义不可通，疑为'劝'字，因形近而伪。"② zǎi［tsai²¹³］《大词典》和《四川方言词语考释》③ 都没有例证，可以补充。如北魏郦道元《水经注·滱水》："至若娈婉丱童及弱年崽子，或单舟采菱，或叠舸折芰。"《陶庵梦忆》卷四《严助庙》："十三日，以大船二十艘载盘铃，以童崽扮故事，无甚文理，以多为胜。"又卷五《虎邱中秋夜》："虎邱八月半，土著流寓、士夫眷属、女乐声伎、曲中名妓戏婆、民间少妇好女、崽子娈童及游冶恶少、清客、帮闲、傒童、走空之辈，无不鳞集。"清陈贞慧《书事七则·防乱公揭本末》："铖归，潜迹南门之牛首，不敢入城。向之裘马驰突，庐儿崽子，焜耀通衢，至此奄奄气尽矣。"《红楼梦》第五十八回：

---

① ［清］王念孙：《广雅疏证》，上海古籍出版社1983年版，第115页。

② 黄仁寿，刘家和：《蜀语校注》，巴蜀书社1990年版，第36页。

③ 蒋宗福：《四川方言词语考释》，巴蜀书社2002年版，第790页。

“这一点小崽子，也挑么挑六，咸嘴淡舌，咬群的骡子似的!”《广东新语》卷十四《食语》“舟楫为食”：“弱龄男女崽，身手便利，即张罗竿首，画钓泥中。”《红楼梦》第十回：“这秦钟小崽子是贾门的亲戚，难道荣儿不是贾门的亲戚?”《红楼梦》第六十回：“你这下流没刚性的，也只好受这些毛崽子的气!”又第六十一回：“好猴儿崽子，你亲婶子找野老儿去了，你岂不多得一个叔叔，有什么疑的!”《官场现形记》第七回：“外国人请贵重客，都是主人自己把菜一分一分的分好，然后叫细崽端到客人面前。”

也可以用来说动物的幼子。如《红楼梦》第四十三回：“方才你们送来野鸡崽子汤，我尝了一尝，倒有味儿，又吃了两块肉，心里很受用。”又第一百零五回：“貉崽皮一卷。”《儿女英雄传》第五回：“这山里等闲无人行走，那夜猫子白日里又不出窝，忽然听得人声，只道有人掏他的崽儿来了，便横冲了出来，一翅膀正搧在那骡子的眼睛上。”

（作者单位：西华师范大学文学院）

论《蜀王本纪》对古蜀历史研究的意义

李殿元

内容提要： 非常辉煌的古蜀文化在秦统一古蜀后灰飞烟灭。好在有扬雄，他为我们留下了《蜀王本纪》，它是关于古蜀历史的最原始、最直接的文献资料，对《华阳国志》所记古蜀史有直接影响。尽管流传至今的《蜀王本纪》只有1333字，所记载的古蜀历史很有限，其中还有很多荒诞的不可信的神话，但是，仍然不可否认，它是关于古蜀历史的“现存最可靠之纂辑文字”，尤其是其中关于古蜀“五王”、大禹为汶山郡广柔县人、蜀守李冰做石犀等史料，对今天研究古蜀历史有非常重要的意义。

关键词： 扬雄；《蜀王本纪》；《华阳国志》；古蜀历史研究

众所周知，公元前316年，秦国以它强大的军事力量，在不到一个月的时间里就摧毁了古蜀国。之后，秦在古蜀地域强力推行秦文化，曾经非常辉煌的古蜀文化灰飞烟灭，以致在两千年后的今天，虽然我们发现了三星堆、金沙这些了不起的古蜀文化遗址，遗憾的是，因为在文献资料上找不到任何记载，造成今天关于古蜀文化研究的若干困惑。唯可让我们感到欣慰的是，还好有扬雄，他为我们留下了《蜀王本纪》。

一、扬雄与《蜀王本纪》

秦的暴政使秦始皇虽然想“传之万世”却仅仅“二世”就灭亡了。楚汉相争，刘邦依靠蜀地丰富的物质和人力战胜项羽，重新建立了强大的汉帝国。西汉开国后，蜀地受到重视，经济、文化、教育都有大的发展，甚至出现了“蜀学比于齐鲁”① 的盛况。

---

① ［晋］常璩撰，任乃强注：《华阳国志校补图注》卷十“先贤士女总赞论”，上海古籍出版社1987年版，第534页。

人才济济的蜀地学者，生为蜀地人，不可能不对蜀地的远古历史、文化产生兴趣。一时间，在蜀地出现了众多学者寻觅古蜀文化的热潮。在他们所写的著作中，影响最大的是《蜀王本纪》和《华阳国志》。

《蜀王本纪》是最早记载古蜀历史的史书。

《蜀王本纪》是两汉三国间蜀地学者整理和改写的古蜀国传说的辑本。参加过此书整理、改写的学者很多，据《华阳国志·序志》记载："司马相如、严君平（遵）、扬子云（雄）、阳成子玄（子张）、郑伯邑（廑）、尹彭城（贡）、谯常侍（周）、任给事（熙）等，各集传记，以作《本纪》。"① 即是说，有八个学者都整理过《蜀本纪》，除题为扬雄所撰《蜀王本纪》因为所辑较完备而流传于世外，其他的《蜀本纪》均散佚无考，仅见于《隋书·经籍志》、新旧《唐书》等著录。

流传到今天的《蜀王本纪》之所以要署"汉侍郎扬雄撰"，是因为对扬雄的学识和人品，在历史上都有极高的评价。《宋史·礼八》记载，北宋神宗熙宁七年（1074）"判国子监常秩等请立孟轲、扬雄像于庙庭，仍赐爵号，又请追孔子以帝号"。可知扬雄是官方认可的地位仅次于孔子的大儒。扬雄（前53—18）是出生于郫县的成都人。论职位，他在汉成帝时仅为侍郎，新莽时也不过是大夫，校书天禄阁；但是，他是当时著名的文学家、哲学家、语言学家，还是西汉末至东汉初那个时期学术界著名的领军人物。他仿《论语》作《法言》，仿《易经》作《太玄》，又作《方言》叙述西汉时代各地方言。基于学识、学力和研究兴趣，他都必然会对刚刚在文字或典籍中消逝而在汉代社会中还有传言的古蜀文化进行寻觅，所以，历史上认定《蜀王本纪》为他所著是有充分理由的。

《华阳国志》被公认是最权威的记载古蜀历史的史书。

《华阳国志》原作《华阳国记》，由东晋常璩撰写于晋穆帝永和四年至永和十年（348—354）。全书共12卷，约11万字。记录了从远古到东晋永和三年今四川、云南、贵州三省以及甘肃、陕西、湖北部分地区的历史、地理。此书体例完备，内容丰富，考证翔实，史料可靠，是研究古代西南地方史和西南少数民族史以及蜀汉、成汉史的重要史料。《华阳国志》自成书以来，受到历代学者的高度评价和推崇。

《华阳国志》在撰述时参考了当时所能见到的许多著作，以记载蜀地历史的《蜀志》而言，"取材于扬雄《蜀本纪》，应劭《风俗通》，谯周《益州记》，陈寿《益部耆旧》，与扬雄、左思两《蜀都赋》，来敏《本蜀论》，赵宁《乡俗记》及常氏自所见闻，而以《史记》《汉书》《续汉书》《汉纪》《续汉纪》与陈寿、王崇《蜀书》之文参订

① ［晋］常璩撰，任乃强注：《华阳国志校补图注》卷十二"序志"，上海古籍出版社1987年版，第723页。

之"①。正是因为有了《华阳国志》，在常璩之前关于古蜀历史的史书，除《蜀王本纪》外，基本上都佚失了。

唐宋后，扬雄的《蜀王本纪》也佚散，到明清时，有郑樸、洪颐煊、王仁俊等学者从《艺文类聚》《太平御览》等类书，以及《史记》《汉书》《后汉书》及《文选》等的注家的引用中辑出《蜀王本纪》，以致文字互异。清严可均的《全汉文》参合互见、稍加整理的扬雄《蜀王本纪》是目前可用的记载古蜀历史最早的史书。

二、《蜀王本纪》记载的古蜀历史

虽然扬雄等人距离古蜀历史文化消逝的时间最近，但是，诚如任乃强先生在《华阳国志校补图注》中所说："《蜀王本纪》为汉代人所记蜀人传说，只得如此三四著名之酋长，非能列举其世系……"② 这一是说明古蜀历史、文化在当时已经消逝得很彻底；二是尽管只有"三四著名之酋长"的资料，还是"传说"，但这已经是关于古蜀历史的最原始、最直接的文献资料了，必须予以足够的重视。

流传至今天的《蜀王本纪》虽然文字并不多，但对今天我们所认识的古蜀历史可以说是影响极大的。

今天所能见到的《蜀王本纪》全文如下：

> 蜀王之先名蚕丛，后代名曰柏濩，后者名鱼凫。此三代各数百岁，皆神化不死，其民亦颇随王去。鱼凫田于湔山，得仙。今庙祀之于湔。时蜀民稀少。
>
> 后有一男子，名曰杜宇，从天堕，止朱提。有一女子，名利，从江源井中出，为杜宇妻。乃自立为蜀王，号曰望帝。治汶山下邑，曰郫化，民往往复出。
>
> 望帝积百余岁，荆有一人，名鳖灵，其尸亡去，荆人求之不得。鳖灵尸随江水上至郫，遂活，与望帝相见。望帝以鳖灵为相。时玉山出水，若尧之洪水。望帝不能治，使鳖灵决玉山，民得安处。鳖灵治水去后，望帝与其妻通。惭愧，自以德薄不如鳖灵，乃委国授之而去，如尧之禅舜。鳖灵即位，号曰开明帝。帝生卢保，亦号开明。
>
> 望帝去时子规鸣，故蜀人悲子规，鸣而思望帝。望帝，杜宇也，从天堕。
>
> 开明帝下至五代，有开明尚。始去帝号，复称王也。天为蜀王生五丁力士，能徙蜀山。王无五丁，辄立大石，长三丈，重千钧，号曰石牛。千人不能动，万人不能移。

---

① ［晋］常璩撰，任乃强注：《华阳国志校补图注》"前言"，上海古籍出版社 1987 年版，第 4 页。

② ［晋］常璩撰，任乃强注：《华阳国志校补图注》卷三"蜀志"，上海古籍出版社 1987 年版，第 119 页。

蜀王据有巴蜀之地，本治广都樊乡，徙居成都。秦惠王遣张仪、司马错定蜀，因筑成都而县之。成都在赤里街，张若徙置少城内。始造府县寺舍，令与长安同制。

秦惠王时，蜀王不降秦，秦亦无道出于蜀。蜀王从万余人，东猎褒谷，卒见秦惠王。秦王以金一笥遗蜀王，蜀王报以礼物，礼物尽化为土。秦王大怒，臣下皆再拜，贺曰："土者，地也，秦当得蜀矣。"

《秦惠王本纪》曰：秦惠王欲伐蜀，乃刻五石牛，置金其后。蜀人见之，以为牛能大便金。牛下有养卒，以为此天牛也，能便金。蜀王以为然，即发卒千人，使五丁力士拖牛成道，致三枚于成都。秦道得通，石牛之力也。后遣丞相张仪等随石牛道伐蜀焉。

武都人有善知蜀王者，将其妻女适蜀。居蜀之后，不习水土，欲归。蜀王心爱其女，留之，乃作《伊鸣之声》六曲以舞之。

武都丈夫化为女子，颜色美好，盖山之精也。蜀王娶以为妻。不习水土，疾病欲归，蜀王留之。无几物故，蜀王发卒之武都担土，于成都郭中葬之。盖地三亩，高七丈，号曰武担以石作镜一枚表其墓，径一丈，高五尺。

于是，秦王知蜀王好色，乃献美女五人于蜀王。蜀王爱之，遣五丁迎女。还至梓潼，见一大蛇入山穴中。一丁引其尾，不出。五丁共引蛇，山乃崩，压五丁。五丁踏地大呼，秦王五女及迎送者皆上山，化为石，蜀王登台，望之不来，因名五妇侯台。蜀王亲埋作冢，皆致万石，以志其墓。

秦惠王遣张仪、司马错伐蜀。王开明拒战，不利，退走武阳，获之。

张仪伐蜀。蜀王开明战不胜，为仪所灭。

秦王诛蜀侯恽，后迎葬咸阳。天雨，三月不通，因葬成都。

蜀人求雨，祠蜀侯必雨。

蜀王有鹦武舟。

秦为太白船万艘，欲以攻楚。

秦为舶舡万艘，欲攻楚。

秦襄王时，宕渠郡献长人，长二十五丈六尺。

禹本汶山郡广柔县人，生于石纽，其地名痢儿畔。禹母吞珠孕禹，坼副而生于县。涂山娶妻生子，名启。于今涂山有禹庙，亦为其母立庙。

老子为关令尹喜著《道德经》。临别，曰："子行道千日后，于成都青羊肆寻吾。"今为青羊观是也。

江水为害，蜀守李冰作石犀五枚。二枚在府中，一枚在市桥下，二枚在水中，以厌水精，因曰石犀里也。

李冰以秦时为蜀守，谓汶山为天彭阙，号曰天彭门。云亡者悉过其中，鬼神精灵数见。

县前有两石，对如阙，号曰彭门。

宣帝地节中，始穿盐井数十所①。

尽管流传至今天的《蜀王本纪》只有1333字，所记载的古蜀历史很有限，其中还有很多荒诞的不可信的神话，但是，仍然不可否认，它是关于古蜀历史“现存最可靠之纂辑文字”②，尤其是其中关于古蜀“五王”、大禹为汶山郡广柔县人、老子为关令尹喜著《道德经》并约见成都青羊肆、蜀守李冰做石犀等史料，对今天研究古蜀史、大禹与夏史、老子与《道德经》、李冰与都江堰等古史有非常重要的意义。

三、《蜀王本纪》与古蜀历史研究

今天研究古蜀历史，最重要的史籍是《华阳国志》，诚如任乃强先生所说：“研讨西南古代史地，屡须检核《华阳国志》。”③ 而《华阳国志》关于古蜀历史的记载，基本上就来源于《蜀王本纪》。也就是说，《蜀王本纪》关于古蜀历史的记载，对古蜀历史的研究，有非常重要的奠基意义。下面择其要点分别阐述之。

（一）“五帝”是五个时代

古蜀有“五帝”：蚕丛、鱼凫、柏灌、杜宇、开明。这在《蜀王本纪》《华阳国志》中都有相同记载。这古蜀“五帝”分别是五个人还是五个时代？按《华阳国志·蜀志》的叙述：“周失纪纲，蜀先称王。有蜀侯蚕丛……次王曰柏灌。次王曰鱼凫。…… 后有王曰杜宇，教民务农。……其相开明，决玉垒山以除水害。帝遂委以政事，法尧舜禅授之义，禅位于开明。帝升西山隐焉。”似乎只是五个人，这也是“五帝”称谓的来源之一。

但是，可以肯定一个不争的事实——古蜀“五帝”不可能是五个人而只能是五个时代。

《蜀王本纪》说：“蜀王之先名蚕丛，后代名曰柏灌，后者名鱼凫。此三代各数百岁，皆神化不死，其民亦颇随王去。鱼凫田于湔山，得仙。今庙祀之于湔。”可见蚕

① ［汉］扬雄撰，［明］郑朴辑：《蜀王本纪》，见四川大学图书馆编《中国野史集成》第1册，巴蜀书社1993年版。

② ［晋］常璩撰，任乃强注：《华阳国志校补图注》卷三“蜀志”，上海古籍出版社1987年版，第118页。

③ ［晋］常璩撰，任乃强注：《华阳国志校补图注》“前言”，上海古籍出版社1987年版，第1页。

丛、柏灌、鱼凫在蜀统治的时间各有“数百岁”，当然这不可能是指这三人各做了几百年的“王”，而是以蚕丛、柏灌、鱼凫为名号的时代各持续过几百年。至于杜宇、开明，《蜀王本纪》也有“望帝积百余岁……开明帝下至五代，有开明尚”等记载。这就很清楚地说明：他们都不是个人，而是一个时代或者说是一个王朝。

《华阳国志·蜀志》三章、四章细述开明王朝事迹和秦灭开明王朝事，其中有：“开明位号曰丛帝。丛帝生卢帝。卢帝攻秦，至雍。生保子帝。〔保子〕帝攻青衣，雄张獠、僰。九世有开明帝，始立宗庙。……周慎王五年秋，秦大夫张仪，司马错、都尉墨等从石牛道伐蜀。……开明氏遂亡。凡王蜀十二世。”从古蜀“五帝”之一的开明传有“十二世”这一清楚的记载，可知古蜀“五帝”代表的是五个时代。

蚕丛氏在蜀为王的年代，虽然有唐代大诗人李白《蜀道难》中“蚕丛及鱼凫，开国何茫然！尔来四万八千岁”，但这是诗人天马行空的想象，没有任何依据，显然是不可信的。据考古学家推测，蚕丛氏应早在商之前的夏代，因为三星堆遗址出土的城墙筑于早商时期，是鱼凫王统一蜀国后才修建的。所以，从蚕丛到开明这五代帝王的时间应该有两千年左右。

（二）“五帝”是氏族还是国家？

古蜀“五帝”各以名号的时代分别持续了几百年，那么，这个各有名号的时代是氏族还是国家？这需要具体分析。

《蜀王本纪》《华阳国志》关于蚕丛、鱼凫、柏灌这三“王”的记载都非常少，分别是52个字、71个字。根据蚕丛、柏灌、鱼凫“此三代各数百岁”的传说，任乃强先生在《华阳国志校补图注》中有两段精妙之论：“分析旧籍所传关于蚕丛氏之资料，可以肯定其为原始社会最先形成一个氏族集团之首领。其至周末之时间，说三千岁，为保守数；四千岁，为近似数；估万余岁亦非甚夸。此为结论之一。”[①]“‘此三代各数百岁’，此亦犹古代相传，伏羲、神农各数百岁，皆就其十足旺盛年代言之。非一人能活数百岁。任何民族皆有施用于酋长之特称。”[②] 可知，蚕丛、柏灌、鱼凫，就是三个各传了数百年的氏族首领的名号。在他们的时代，古蜀国人民的经济生产活动主要还不是“务农”，显然，此时的古蜀还是氏族而不是国家。

而杜宇就不一样了，《华阳国志》在《蜀王本纪》的基础之上说：“后有王曰杜宇，教民务农。一号杜主。时朱提有梁氏女利，游江源。宇悦之，纳以为妃。移治郫邑。或治瞿上。七〔巴〕国称王，杜宇称帝。号曰望帝，更名蒲卑。自以功德高诸王。乃以褒斜为前门，熊耳、灵关为后户，玉垒、峨眉为城郭，江、潜、绵、洛为池泽；

---

① ［晋］常璩撰，任乃强注：《华阳国志校补图注》，上海古籍出版社1987年版，第219页。
② 同上，第119页。

以汶山为畜牧，南中为园苑。会有水灾，其相开明，决玉垒山以除水害。帝遂委以政事，法尧舜禅授之义，（遂）禅位于开明。帝升西山隐焉。时适二月，子鹃鸟鸣。故蜀人悲子鹃鸟鸣也。巴亦化其教而力农务。迄今巴蜀民农，时先祀杜主君。”

这段记载，剔出神话色彩，它至少说明了几个事实：以“杜宇”为名号的氏族进入蜀地后，与当地土著融合，建立了一个包括蜀地和汉中等地的广大区域的政权，即已进入了华夏文化领域；杜宇、开明之间有政权交接之事。即是说，杜宇、开明的时代，蜀地不再是氏族而是国家了。

（三）“五帝”之间有无继承关系？

按《蜀王本纪》的说法，“开明”氏族的首领，因为治水有功，最末的那位望帝“杜宇”遂将政权“禅”之于他。这之间是真正的“法尧舜禅授之义”，还是血淋淋的权力斗争，史籍上有不同的说法。不管怎样，杜宇、开明之间确有继承关系是可以肯定的。

而蚕丛、柏灌、鱼凫、杜宇之间，就很难说有继承关系了。

虽然《蜀王本纪》《华阳国志》对古蜀“五帝”关系的描述，很类似于司马迁的《五帝本纪》，这两种“五帝”之间的关系，就如同夏之后中央政权的国王、皇帝一样，都是一代一代彼此继承的甚至还有的是“禅让”的。这可能吗？

在夏之前没有国家只有氏族的历史中，哪里有什么中央政权！《尚书·尧典》说：“协和万邦，黎民于变时雍。”刘师培《古书疑义举例补·虚数不可实指之例》说：“古代邦国狭小，虞夏之交，计有万国，而后世遂有万邦之语。”[①] 这些记载都说明“五帝”时期的中原，是处于“古者四海之内分为万国，城虽大无过三百丈者；人虽众无过三千家者”[②] 的诸国林立时代。也就是说，那个时期的黄河中游地区并没有形成统一的政治实体，不同区域间存在互不隶属的政治组织（酋邦或早期国家），每个政治实体以各小流域为单元，控制区域面积不过几百或者上千平方公里，大致是一种“邦国林立”的局面。在这些“邦国林立”中的一个“邦国”，就算它是圣王舜帝的“邦国”，也只不过就是一个稍微大点的部落联盟而已，怎么可能是一个真正意义上的国家呢！

既然夏之前的历史只是一个一个的部落联盟，所以，“五帝”之间的关系就不可能是继承，而是独立的，有可能是有前后的，也有可能在一定时期内是并列的。传说中的“五帝”，很可能就是夏之前陆续出现的，或者是并列的，或者是前后的，反正就是部落联盟中影响较大的部落领袖。这种情形与“春秋五霸”有些类似。所谓“春秋五

---

① 刘师培：《古书疑义举例补》，中华书局1983年版。

② ［汉］刘向：《战国策·赵策·襄文王下》，上海古籍出版社1998年版。

霸”，并非实指五位国君，应是一种虚指。

所以，夏之前的“五帝”也应该是一种虚指。不一定就是五个人或者五个部落联盟，“五帝”代表的就是夏之前历史中那些影响较大的部落联盟领袖。只是在春秋时代，这些原本没有关系的部落领袖被人为地联系在了一起，而且还有了继承关系。

古蜀“五帝”的情况也是这样。任乃强先生在《华阳国志校补图注》中说：“蚕丛氏原在今茂县之叠溪，尚未进入成都平原，当时不可能脱离原始社会，也不可能建成蜀地之王国。自蚕丛至鱼凫居湔，约一千年。再至杜宇乃得为周世王国。……任何民族，在未有文字以前，皆能以口授相传，诵其先祖世代。凡我国先秦书籍所传古史世代皆属此类。”①

（四）秦灭古蜀国的原因

商鞅变法后，秦国日益强大，欲统一天下，在它的统一活动中首先用兵古蜀。对此，《华阳国志·蜀志》根据《战国策》的记载而说：“秦惠王方欲谋楚，群臣议曰：‘夫蜀，西僻之国，戎狄为邻，不如伐楚。’司马错、中尉田真黄曰：‘蜀有桀、纣之乱，其国富饶，得其布帛金银，足给军用。水通于楚，有巴之劲卒，浮大舶船以东向楚，楚地可得。得蜀则得楚，楚亡则天下并矣。’惠王曰：‘善’。”即是说，秦攻占巴、蜀，是因为其地一是“富饶”，可解决“军用”；二是可“浮大舶船以东向楚”而“得楚”。都是从军事考虑的大战略。

秦国的这一军事战略在占领蜀和巴之后是得到了实现的。《蜀王本纪》说：“秦为太白船万艘，欲以攻楚。秦为舶舡万艘，欲攻楚。”《华阳国志·蜀志》说：“周赧王……七年，封子恽为蜀侯。司马错率巴、蜀众十万，大舶船万艘，米六百万斛，浮江伐楚，取商于之地为黔中郡。”

（五）关于“禹本汶山郡广柔县人，生于石纽”

《蜀王本纪》记载：“禹本汶山郡广柔县人，生于石纽，其地名痢儿畔。禹母吞珠孕禹，坼副而生于县。涂山娶妻生子，名启。于今涂山有禹庙，亦为其母立庙。”这是关于大禹出生地最明确、详实的记载。

作为当时学术界的领军人物，又对地方语言、风俗极有研究的扬雄，要在《蜀王本纪》中写下“禹本汶山郡广柔县人，生于石纽……”之文字，一定有他的依据。

我认为，扬雄的依据有二：一是中原学者早在扬雄之前就认为大禹是“西羌”人，“西羌”之地包括古蜀；二是虽然古蜀文献已经消失，但仍有一些信息证明大禹是蜀地羌人。

① ［晋］常璩撰，任乃强注：《华阳国志校补图注》，上海古籍出版社1987年版，第119页。

大禹是蜀地羌人并不是《蜀王本纪》的“发明”，在扬雄之前的许多中原学者就认为大禹“出西羌”，“生石纽”，是蜀人。例如：《荀子·大略》说：“尧学于君畴，舜学于务成昭，禹学于西王国。”陆贾的《新语·术事》说：“文王生于东夷，大禹出于西羌。”李学勤先生说：“《新语》作于汉高祖时，《挟书令》尚未解除，所以‘大禹出于西羌’之说一定出于先秦。”① 陆贾提到“大禹出于西羌”的这句话，不仅代表秦汉人的意见，应该还是百家争鸣时代的共识。正因为如此，在陆贾之后，汉代学者提到大禹，均以“大禹出于西羌”为共识。例如：司马迁《史记·六国年表》：“故禹兴于西羌”；韩婴《韩诗外传》：“禹学乎西王国”；桓宽《盐铁论·国病》：“禹出西羌，文王生北夷”。

扬雄为写《方言》，用了27年的时间去搜集资料和实际调查当时方言情况，没有文字又历史悠久的岷江上游羌地必定是他需要调查的区域，他在那里得知“禹本汶山郡广柔县人，生于石纽……”，无论是史事还是传说，他将其写入《蜀王本纪》都值得肯定。在扬雄之后，不仅是蜀中学者，更多的是中原学者认同大禹是蜀地羌人。

（六）关于“李冰作石犀……以厌水精”

秦朝的蜀守李冰在修建都江堰时，命人打制五头石犀作为镇水石神，这在《蜀王本纪》《华阳国志·蜀志》中都有记载。《蜀王本纪》：“江水为害，蜀守李冰做石犀五枚。二枚在府中，一枚在市桥下，二枚在水中，以厌水精，因曰石犀里也。”《华阳国志·蜀志》：“秦孝文王以李冰为蜀守……作石犀五头，以厌水精。”

李冰为什么选择以犀牛作为镇水的神兽？

古代因为科学技术落后，生产力水平低下，在强大的自然灾害尤其是水患面前，古人确有力不从心而需要把降服水患的希望寄托于一些“镇水神物”身上的心理。人们往往会以石、铁等原料打造一个个巨型动物，然后将其沉入河底，希望这镇水神兽能够保佑一方安宁。这些“镇水神物”有牛、狮子、龟等。

作为镇水神兽的牛（包括犀牛）、狮子、龟，都是比较丑陋的动物，这是因为在中国古代的五行说教中，土能克水，丑属土，故“丑（通“醜”）”能做镇水之用。古书记载，犀牛名通天犀，犀牛角有白纹，感应灵敏，所以称犀牛角为“灵犀”。在神话传说中，犀牛有分水的本领，因此常常被用来做镇水神兽。

李冰修都江堰，以分水疏导为主，岷江被一分为二。他打制五头石犀作为镇水石神，还精确地以不同方式摆放在成都的不同位置，其实就是一种典型的“神兽风水阵”，让江里石犀也在另外空间帮忙分流。这足以证明两千年前的李冰，不仅是一个优秀的“工程师”，还是一个厉害的风水师！

---

① 李学勤：《禹生石纽说的历史背景》，见《大禹及夏文化研究》，巴蜀书社1993年版，第201页。

四、考古发掘对《蜀王本纪》的证明

1929年春天，四川广汉月亮湾农民燕道诚的一个“不小心”，偶然发现了一块精美的玉石器，也碰醒了沉睡三千年的三星堆文明。1986年，考古工作者发掘了两座大型祭祀坑，出土了一千多件美妙绝伦的珍贵文物，引起了世界轰动。接着，成都十二桥、成都金沙、新津宝墩古城、温江鱼凫城……有关古蜀历史和文化的宝库一个接一个地被发现、被发掘，随着一大批精美、神秘的珍稀文物的出世，一连串历史之谜也接踵而来。

据目前的考古成果说明，三星堆遗址，是距今五千年至三千年之间的古蜀王国遗址，之后是金沙遗址；宝墩古城占地276万平方米，其规模仅次于浙江余杭良渚古城与山西襄汾陶寺古城，是中国第三大史前古城①。众多考古发现证明古蜀国作为独立的政权实体，与夏商王朝并存。殷商卜辞中有许多蜀商往来的内容，为四川成都平原大量的古蜀考古发掘提供了文献支撑。

古蜀考古发掘有许多在《蜀王本纪》《华阳国志》里找不到痕迹。这不是扬雄、常璩的错误，只能证明秦的统一文字和文化，让古蜀文化消逝得太彻底了。相反，我们还必须感谢扬雄，好在他给我们留下了《蜀王本纪》，也才有了《华阳国志》，至少，这两本古籍对古蜀的考古发掘，也还有许多的印证。

因为有许多古蜀考古发掘在《蜀王本纪》《华阳国志》里找不到痕迹，这就使有关古蜀历史与文化的研究出现了一种奇特的现象——如何去融合文献记载与考古发掘资料。

谢桃坊先生在《古蜀史料辨伪》一文中认为：古蜀史是指秦国灭蜀以前西蜀地域的历史，这同中国殷商以前的古史一样，虽然有一些传说性质的文献资料，却难以作为历史研究的事实，因而不能构成真正的信史。然而自司马迁在《史记》里记述中国“五帝”世系以来，学术界即存在视传说为信史的倾向，并得到主流文化的认同。各地域亦出现类似的情形，即为本地域寻找出悠久的文化渊源，又将它与中原文化联系②。

可以说，对古蜀历史的研究情况就完全符合谢桃坊先生的论述。

我们不能因为许多古蜀考古发掘在《蜀王本纪》《华阳国志》里找不到痕迹，就因此而完全否认《蜀王本纪》《华阳国志》中记载的关于古蜀历史的宝贵资料。

尽管古蜀“五帝”尤其是蚕丛、柏灌、鱼凫这前三帝的来源很可能就是“汉代人

---

① 《四川新津宝墩古城考古揭秘：4500年前成都政治文化中心》，《天府早报》2014年2月25日。

② 谢桃坊：《古蜀史料辨伪》，见《蜀学》第5辑，巴蜀书社2010年版。

所记蜀人传说……三四著名之酋长”，但是，经过两千余年的演化，它早已深入人心，成为古蜀历史、文化、时代的代表符号。

林向先生在《〈蜀王本纪〉与考古发现》一文中说得很好：“不妨把《蜀王本纪》《华阳国志》等记载的蜀王世系的传说，看作是对社会历史发展程度‘顺序’的一种‘记忆和传播’，它是有历史事实为依据的，但它有‘虚构夸张的’‘把许多人和事集中在一个人身上’‘有后代叠加’的成分，所以不可能是有什么准确起讫年份的‘三代’或‘五代’蜀王的王朝史，而只是反映古蜀文明化发展进程和特征……”①

（作者单位：四川省人民政府文史研究馆）

① 林向：《〈蜀王本纪〉与考古发现》，《四川大学学报》2011年第5期。

试论扬雄《酒箴》或《酒赋》一文的文体归属

沈如泉

内容提要： 扬雄传世文章中有一篇与酒相关的文章名称历来含混不清，或称《酒箴》，或作《酒赋》。从扬雄文集形成的情况看，今本扬雄文集是后人从《汉书》等史书及类书《太平御览》等文献中辑佚而成。《酒箴》之名见于《汉书·陈遵传》，比较可靠。《酒赋》之名出于类书，类书的来源也是《汉书》，题作《酒赋》可能是类书编者擅改。此外，从箴与赋两种文体特点及文体发展过程看，《汉书·陈遵传》引扬雄文仍以称《酒箴》为宜。

关键词： 扬雄；酒箴；酒赋；文体

扬雄传世文章中有一篇与酒相关的文章，其名称历来含混不清，或称《酒箴》，或作《酒赋》。如《汉书·陈遵传》引作《酒箴》，严可均《全上古三代秦汉三国六朝文》中称此文为《酒赋》（并序）。在今人所编校的几种扬雄文集中，对此文的命名依然没有统一。上海古籍出版社 1993 年出版的张震泽《扬雄集校注》将此文列入赋类，题作《酒赋并序》。2001 年四川大学出版社所出林贞爱《扬雄集校注》亦作《酒赋并序》。巴蜀书社 2000 年出版的郑文《扬雄文集笺注》则将此文收录在卷六箴文中，题作《酒箴》。文章名称虽仅一字之差，而箴与赋却是两种不同文体，可见此文究竟属于箴抑或属于赋，至今还是认识不明，故有必要加以探讨。

一、《酒箴》的出处

据史传所述，扬雄著述在生前有专书及散篇流传。不过唐前旧本早已亡佚，今人所见扬雄集是经宋人、明人辑补而成的。文渊阁四库全书本《扬子云集》前《提要》云："《扬子云集》六卷，汉扬雄撰，雄集《汉艺文志》《隋经籍志》《唐艺文志》皆著录五卷，其本久佚。宋谭愈始取《汉书》及《古文苑》所载四十余篇，仍辑为五卷，已非旧本。明万历中遂州郑朴又取所撰《太玄》《法言》《方言》三书及类书所引《蜀王本纪》《琴清英》诸条与诸文赋合编之，厘为六卷，而以逸篇之目附卷末，即此本也。"唐人修《隋书·经籍志》集部中记载有《汉太中大夫扬雄集》五卷，其中收了什么作品今天已不清楚。宋陈振孙《直斋书录解题》载："《扬子云集》五卷，汉黄门侍郎成都扬雄子云撰。大抵皆录《汉书》及《古文苑》所载。"这至少说明，宋代以来流传的《扬子云集》主要是后人从《汉书》《古文苑》及类书中重新辑出的。《古文苑》里收录了扬雄部分赋与箴类作品，但无《酒赋》或《酒箴》。类书虽征引此文，但类书成书时间均晚于《汉书》，故此文的最早出处就是《汉书》。

《酒箴》一文出自《汉书·陈遵传》，其文如下：

> 先是黄门郎扬雄作《酒箴》以讽谏成帝，其文为酒客难法度士，譬之于物，曰：子犹瓶矣。观瓶之居，居井之眉，处高临深，动常近危。酒醪不入口（《太平御览》卷七五八引文无"口"字，当属衍文），藏水满怀，不得左右，牵于纆徽。一旦叀碍，为瓽所轠，身提黄泉，骨肉为泥。自用如此，不如鸱夷。鸱夷滑稽，腹如大壶，尽日盛酒，人复借酤。常为国器，托于属车，出入两宫，经营公家。繇是言之，酒何过乎！①

如果按照《汉书》所载，这篇文章的题目应该是《酒箴》。宋人诗文及著述中提及此文也多称为《酒箴》，如苏轼《陈季常自岐亭见访郡中及旧州诸豪争欲邀致之戏作陈孟公诗一首》云："忽然载酒从陋巷，为爱扬雄作《酒箴》"；陈与义《书怀示友十首》云："赖有一言善，《酒箴》真可传"；王应麟《玉海》卷第五十九"艺文类"引此亦称《酒箴》。苏轼、王应麟都是博学之人，均从《汉书》称此文为《酒箴》。

二、《酒赋》的由来

严可均编《全上古三代秦汉三国六朝文》时称此文为《酒赋》（并序），严氏案云："《汉书》题作《酒箴》，《御览》引《汉书》作《酒赋》，各书作《酒赋》，《北堂书钞》作《都酒赋》，都酒者，酒器名也，验文当以都酒为名。"

检查《北堂书钞》（清光绪十四年孔广陶三十有三万卷堂校注重刻陶宗仪传抄宋

---

① ［汉］班固：《汉书》，中华书局1962年版，第3712—3713页。

本）卷一百四十八“酒食部”七下有《酒赋》一目，其下列引文云：“扬雄《酒赋》云：‘鸱夷滑稽，腹如大壶。尽日盛酒，人复藉酤。常为国器。’”此后为校语部分，文曰：“王石华校以本钞，‘鸱’误‘鸡’，‘稽’误‘婚’，‘尽’误‘昼’，‘日’误‘之’，‘酒’误‘水’，皆改正。今案：百三家本扬雄赋及《类聚》七十二引器下有‘托于属车’句，余同陈本，引脱‘复’字，下作‘记千属车’。”孔广陶刻本前有《叙录》部分，其间引严可均《铁桥漫稿》中数条，于中可知其时江浙地区藏家所见《北堂书钞》最早也不过为明初写本。严可均云曾费八九个月工夫校该书卷一百三十二至一百六十止，孔广陶本列校订者姓氏有严可均，可是观前引校语，此本并无严可均所云《都酒赋》之名，《全上古三代秦汉三国六朝文》中严氏所云又不知何据。严可均曾考证说《北堂书钞》“宋世绝无善本，故未能刻板，以至前明，偶存写本，删割羼越，脱讹颠倒，篇尠完章，章尠完句，世间难校之书，此为第一”。可见，即使严铁桥曾真见过某本《北堂书钞》有题作《都酒赋》的，恐怕也很可能是“明人习气，好作聪明，变乱旧章，是谓刻书而书亡”的结果，难以凭据。

《酒赋序》事实上也是不存在的。严可均称据《太平御览》补入，检查中华书局据商务印书馆影印的缩印宋本《太平御览》卷八十九“孝成皇帝”条后引“扬雄《酒赋叙》曰‘汉孝成皇帝好酒，雄作酒赋以讽之’”。这实际上是对《汉书》原文的改写。《太平御览》卷七五八器物部三“瓶”目下引文云：“《汉书》曰：扬雄作《酒赋》以讽谏成帝，其文为酒客难法度士，譬之于物曰……”除《酒赋》一名与《汉书》所载《酒箴》不同外，并无《酒赋叙》之类文字。其所引《酒赋》文字，卷七五八器物部三“瓶”目下自“子犹瓶矣”始至“不如鸱夷”止，卷七六一器物部六“滑稽”目下引文自“鸱夷滑稽”始至“托于属车”止。两处合起来尚不如《汉书》所载完整。

聂崇岐先生曾指出：“《太平御览》引书，字句往往与流行的原书不同，也有为今本所无的。……甚至有时同引一书前后不一致的。……做校勘古书工作的，遇到疑难往往取《太平御览》的引文来做对照，有时也能解决问题；但因为有上述的那种情形，也得加以分析判断才成，如果据了错误的引文而妄改原书，那就成问题了。”① 聂先生还指出《太平御览》有引用书名往往前后不一致、书名与篇目往往相混、标列的书名往往有误等缺点，可见凭《太平御览》的引文去改《汉书》文字的做法是值得商榷的。

严可均改《汉书》之《酒箴》为《酒赋》，所据材料除《太平御览》外，《初学记》《艺文类聚》《北堂书钞》也都是类书。此类大型类书通常成于众手，编抄与刊刻过程中又往往改易文字，且一书版本甚多，故据以校书必须认识到类书的局限性。

① 聂崇岐：《〈太平御览〉重印前言》，见李昉等撰《太平御览》，中华书局1960年版，第2—3页。

郑文先生在《扬雄文集笺注》一书中即以《汉书》所载《酒箴》为是，对严可均改为《酒赋》的做法则不以为然。郑先生认为："严说虽有理，然此文最早见于《汉书·陈遵传》，自应以《汉书》为准。虽各书题作《酒赋》，皆后人所拟之名，不可以代《汉书》也。"① 这种意见现在看来还是小心谨慎的。

张震泽先生在《扬雄集校注》中受严可均影响，将此文题目改为《酒赋》，但关于赋题，他也批驳了严可均提出的《都酒赋》意见。他说："据《陈遵传》云：'其文为酒客难法度士。'则可知赋文内容是设为酒客与法度士相辩难，《汉书·陈遵传》不过仅摘取其中比物一段，而此段正好有箴规之意，故题为《酒箴》；严氏又见此段专赋瓶，而曰当以《都酒》为长，是以一斑为全貌，错误是明显的。故今依各本定题为《酒赋》。后至三国曹植作《酒赋》，犹曰：'余览扬雄《酒赋》，辞甚瑰玮，颇戏而不雅。'"② 严可均发现扬雄之文内容基本是写酒瓶，这是对的。但他不知从哪本《北堂书钞》里找到《都酒赋》这个名字，与各本书引文不同，实难令人信服。张震泽先生提了一个新证据是曹植曾作《酒赋》，今传此赋前有序云："余览扬雄《酒赋》，辞甚瑰玮，颇戏而不雅，聊作《酒赋》，粗究其终始。"这样看起来似乎三国时曹植所见扬雄文即题为《酒赋》。但如果从曹子建集的流传刊刻情况看，这所谓的曹植所见《酒赋》也未必没有问题。据赵幼文先生《曹植集校注·前言》中所云，旧本曹植集大概五代散亡，宋本曹植集也是宋人从《太平御览》《艺文类聚》《北堂书钞》等类书中加以辑佚而重新编辑的。扬雄《酒赋》之称本出自类书，今引曹植《酒赋》文还是源于类书，二者同源，可见这也算不得一个过硬的证据。况且曹植的这段序文内容也颇令人起疑，既云"扬雄《酒赋》，辞甚瑰玮"，紧接着就说"颇戏而不雅"，一句之内褒贬不一，令人费解。联系古人编书好伪作序文的习惯，曹植此序的真实性也值得怀疑。

三、从文体特点看《酒箴》之名较《酒赋》为好

《文心雕龙·铭箴》云："箴者，针也，所以攻疾防患，喻针石也。斯文之兴，盛于三代，夏商二箴，余句颇存。及周之辛甲，百官箴缺，唯《虞箴》一篇，体义备焉。迄至春秋，微而未绝。故魏绛讽君于后羿，楚子训人于在勤，战代已来，弃德务功，铭辞代兴，箴文萎绝，至扬雄稽古，始范《虞箴》，作《卿尹州牧》二十五篇。及崔胡补缀，总称《百官》，指事配位，鞶鉴有征，可谓追清风于前古，攀辛甲于后代者也。"又云："箴诵于官，铭题于器，名目虽异，而警戒实同。箴全御过，故文资确切。"

① 郑文笺注：《扬雄文集笺注》，巴蜀书社 2000 年版，第 304 页。
② 张震泽校注：《扬雄集校注》，上海古籍出版社 1993 年版，第 153 页。

就文体形式而言，王更生云：“‘箴’不管是‘官箴’或‘私箴’，多半都用四言韵语，很少有形式上的突破。”[①] 就其功能言，则如刘勰所言“箴诵于官”“攻疾防患”。结合箴的起源可以看出这种文体主要功能是用于进谏君王，纠正朝政偏失的。

《汉书·陈遵传》载“黄门郎扬雄作《酒箴》以讽谏成帝”，汉成帝是一个沉湎酒色的皇帝，扬雄作箴以“攻疾防患”可谓恰当利用了箴的文体功能。而《汉书》引文皆为四言韵语，从形式上看《酒箴》也符合箴的文体特点。

但是这篇箴文写法与扬雄传世的诸多官箴格式不同。官箴一般先写某官职守，再举相关历史典故，再提出告诫，最后以某某官职，敢告某官作结。尽管本文为酒客难法度士、托物以讽的写法与扬雄《逐贫赋》接近，以文为戏的滑稽风格也相近，但扬雄既能借赋体作嘲戏之文，又安知其不可创造性地在箴文里写这类作品呢？而且《酒箴》从题目看也不是官箴，不遵守这个写作格式恐怕也无可厚非。

认为本文为《酒赋》的学者，一方面是受了类书的影响；另一方面则困于对《汉书·陈遵传》中“其文为酒客难法度士，譬之于物曰”一句的理解。如前引张震泽先生说，“据《陈遵传》云：‘其文为酒客难法度士。’则可知赋文内容是设为酒客与法度士相辩难”，因为主客问难是赋的结构特点，篇幅短小的箴文通常并不这么写，再加上受严可均等人影响，张先生遂断定此文是赋了。可是考察类书中所录本文文字，没有一处是超出《汉书》所录文字的。假如扬雄真作有《酒赋》，现在所见《酒箴》只是其中一部分的话，《汉书》之外的散篇残句后世竟荡然无存，总是比较奇怪的事情。

万光治先生曾撰《汉代颂赞铭箴与赋同体异用》一文，其中也特别提到了扬雄《酒箴》当作《酒赋》[②]，理由与严可均、张震泽先生等相同，并无新证据。但万先生此文中提出的“汉代颂赞铭箴与赋同体异用”这一观点却的确值得我们重视。他说：

> 颂是歌咏帝王、诸侯、大夫的功德以至山川、宫室、器物的赞美之辞；赞虽然也以颂扬为主，与颂有同等的功能，但又“义兼美恶”，带有品评的意思，铭既可“勒铭以致警戒”，又兼有“称述先人之德善劳烈”（《文章辨体序说》）的作用；箴则纯为自醒耳目的规戒之辞。它们所以在汉代流入赋域，原因在于颂称述功德，易于铺陈和夸张，铭篇规劝为要，不免直陈其言，或假物以寓理。它们一旦受汉代重词章华彩风气的影响，颂赞之篇，势必流入铺陈扬厉，辞采曼衍，箴铭之作，更易把寓理的物转化为写作目的，成为华美的咏物小品。这一现象，似乎暗示了文体发展过程中所受到的互渗规律的支配。当然，这里所说的“互渗”，并非不分主次，在汉文学中，赋作为充分发达和成熟了的文体，其创作意识、艺

---

① ［梁］刘勰著，王更生注译：《文心雕龙读本》，文史哲出版社2004年版，第185页。

② 万光治：《汉代颂赞铭箴与赋同体异用》，《社会科学研究》1986年4期。

术手法的扩散，不独影响于颂赞铭箴，也影响到诗歌和散文，在文学上的主导地位是不可忽视的。所以，本文虽然叙述的只是汉代赋文学中的局部现象，但已触及到文学史上一个带规律性的问题，这也是我们在研究中国古代文体特征及分类时应当予以重视的①。

据此，如从文体发展的角度看，《酒箴》的写作，受到赋的影响是无疑的，不过这并不代表《酒箴》称为《酒赋》就更合理。相反，万先生的这一理论为我们提供了想象的空间，就是《酒箴》这篇文章也许正带有赋化的特点，“把寓理的物转化为写作目的，成为华美的咏物小品”，但即使这样，也未必非要冠以赋的名称不可。

赋以“铺采摛文，体物写志”为特点，写法多铺叙、夸张，要求“写物图貌，蔚似雕画”（《文心雕龙·诠赋》），而“箴全御过，故文资确切”（《文心雕龙·铭箴》）。此文如作《酒赋》，那么应该以写酒为重点，写到和酒相关的方方面面，如后来曹植《酒赋》那样。但本文仅以酒瓶为譬喻，借物寓理，即使视作咏物小赋，也难免有文题不符的感觉。唐代柳宗元受此文影响作《瓶赋》，也说明柳宗元认为本文是以写瓶为主而非写酒为主的。严可均主张改此赋题为《都酒赋》，其实也是看出了这一问题的。曹植《酒赋序》云：“余览扬雄《酒赋》，辞甚瑰玮，颇戏而不雅，聊作《酒赋》，粗究其终始。”这段话如果真是曹植写的，“聊作《酒赋》，粗究其终始”也说明曹植认为扬雄的《酒赋》未究酒之始终乃是缺陷，换言之，如将扬雄《酒箴》当成《酒赋》来评判，那是难以算合格的赋作的。而且，如果扬雄《酒箴》真是一篇赋作，那么客难解嘲也是赋所应有的特点，才高八斗的曹子建何以会不明白而说出“辞甚瑰玮，颇戏而不雅”这样不通情理的话呢？

《汉书》所引《酒箴》文字为篇幅短小、语言整饬的四言韵文，形态近于箴，但与《逐贫赋》之类赋作语言表达方式也很接近。万光治先生说汉赋与箴等文体同体异用，如是，则更难从文句特点上看出文体归属。可如果我们从文体功能，即本文的用途看，扬雄作《酒箴》是以之讽谏成帝的，在没有更有利的证据出现之前，则万光治先生的理论反而帮我们证明此文文体更宜遵从《汉书》所记称之为《酒箴》为是。

（作者单位：西南交通大学人文学院）

---

① 万光治：《汉代颂赞铭箴与赋同体异用》，《社会科学研究》1986 年 4 期。

扬子思想研究

“西道孔子”扬雄的大一统观与儒风在巴蜀的流布

谭继和

内容提要： 民族的文化认同是统一的多民族国家形成的思想基础和精神动力。本文通过对扬雄的大一统观及其哲学基础以及儒风在巴蜀的流布的研究，阐述巴蜀文化在秦汉时期融入中华大一统文化的同一性进程和差异性进程，说明不同地域文化以“和而不同”的方式在统一体中的交流融会是中华民族多元一体文化共同体的主要特征。笔者认为扬雄是孔子思想在汉代传承的集大成者。扬雄以中和精神为内核的关于“三”的创见，是大一统思想的哲学基础，是汉文化统一进程在思维方式变革上的集中反映。它对巴蜀儒风的流布产生了深远的影响，使巴蜀成为“其学比于齐鲁”的一个全国性文化重心。

关键词： 扬雄；巴蜀文化；大一统观；文化认同；儒风

我国自古是统一的多民族国家，各族人民在创造和发展自己的历史和文化的过程中，共同缔造了统一的祖国，创造了祖国的历史。它的形成，既是历史长期发展和不断统一的结果，也是源远流长的统一和团结的精神纽带不断地把各族人民连接在一起并坚韧牢固地发展的结果。其中，儒家的大同思想和大一统理想，起着特殊重要的作用。我国大一统的历史局面的长期性、悠久性和坚韧性以及牢不可破性，在世界上是罕有其匹的。我国面积几乎与欧洲相等，欧洲民族和语言的差异比中国少，但欧洲在经历历史上的若干分合以后却形成了三十多个国家，而我国民族众多，语言差异大，却在共同奋斗中逐步形成了一个统一的多民族国家。李四光称这一现象为“破碎的欧洲，凝聚的亚洲”。中国之所以是一个历史悠久的、中央集权的统一的多民族国家，其中一个重要原因是儒家大同和大一统思想的凝聚力和向心力这一文化因素的作用。几千年来，正是这一文化因素的作用，使越来越大的不同地域、越来越多的不同民族，凝聚和统一在一起，最后形成清代的大一统版图，奠定了今天中华民族大家庭的基础。在祖国大家庭不断统一的进程中，巴蜀地域文化自古即做出了自己应有的贡献。研究儒学大一统思想在巴蜀地域的发展及其流布，是认识和了解巴蜀文化在祖国统一的多民族国家形成上的作用的一个锁钥。本文以扬雄为例，研究巴蜀文化对儒学大一统思想的承袭、改造和发展及这种思想在巴蜀的传播，这应该会为我们深化对儒家大一统思想的凝聚力和向心力巨大作用的认识带来助益。

一

巴蜀文化有悠久而独立的始源。如果从成都平原以“宝墩文化”命名的古城文明算起，至今已有四千五百年以上的历史，其渊源甚至“肇于人皇，也殊未可知”[①]。在战国晚期秦灭蜀以前，巴蜀文化虽与楚文化和秦文化乃至中原文化有密切的交流关系，但主要是独立发展的，震惊世界的三星堆青铜文明是巴蜀文化独特个性的证明。从公元前316年秦灭巴蜀开始，巴蜀区域才急遽加入中原统一的进程。对巴蜀而言，这一进程大体可分为秦国到秦朝和西汉初到武帝时期两个阶段。它的主要特征不但在于以巴蜀作为统一全国的基地，以政治和军事手段完成全国的统一，而更为主要的是在于巴蜀文化对于中原文化统一的逐步认同和融会这一更为深层次的文化因素。

战国时代，在中原、北方、齐鲁、楚、吴越、巴蜀滇、秦等七大文化圈中[②]，巴蜀滇文化圈是最先被融并到秦文化圈中的地域文化。当时人对蜀为“西僻之国而戎翟之长”[③] 的评价，表明了秦灭蜀前蜀文化作为整个西南地域文化战略高地和西南夷文化潮流先锋的独特性质。秦灭蜀后，秦文化对巴蜀文化进行了两番改造：一是用关中文化模式改造成都（“与咸阳同制”[④]），用秦田律推行于巴蜀；二是赶走巴蜀土著统治民族，蜀人被迫南迁，而用秦人迁蜀，“秦人万家实之”[⑤] 的办法，使秦文化伴随着秦国统治的政权力量直接在巴蜀地域落地生根。这两种方式都是秦文化按照自己的面貌对巴蜀文化主动性的改造。本来，我们从秦惠文王与古蜀王相遇金牛道的神话性故事已经可以体味到当时秦国对巴蜀土地和财富的强烈占有欲，以及当时古蜀王思维的闭塞和他反而嘲笑秦人为“东方牧犊儿”所体现出来的无知。从中，我们还可以看出秦文

---

① 李学勤：《蜀文化神秘面纱的揭开》，《寻根》1977年第5期。

② 李学勤：《东周与秦代文明》，文物出版社1984年版，第11—12页。

③ 《战国策·秦策》。

④ 《华阳国志·蜀志》。

⑤ 同上。

化作为以商鞅为代表的法家耕战文化的进取性、主动性和积极性，巴蜀文化作为土著地域文化的保守性、被动性和消极性。在秦灭巴蜀的进程中，正是秦蜀两种地域文化相互影响和逐步交汇开合，其中秦文化的进取性和注重向外发展的特性占主动地位，巴蜀文化则居于被动地位，被动地逐步接受了秦文化的面貌、风格乃至内涵的改造。我们从这一时期的史料看，这种改造对蜀人是被动的、沉重的，是把辉煌的有关古蜀祖先的文化记忆尘封于地底式的改造，还看不到主动式的接受和容纳①。

到西汉时期，特别是汉武帝时期，这种文化融并情况有了根本性质的不同。西汉时期是汉文化正式形成和发展的重要时期。汉王刘邦以蜀（汉中、巴蜀）为根据地统一了全国，从文化上看，刘邦是以楚文化和巴蜀文化为基础统一全国的。汉文化是以荆楚文化和巴蜀文化作为孕育的基础养料，以齐鲁地域的儒家文化作为统治思想的主导养料，综合其他地域的多元性文化养料而形成的。巴蜀文化对正统汉文化的孕育、形成和发展起了特殊的涵孕和养育的作用，尽管它未能起到主导的作用。从西汉初期文景之治到武帝时期，蜀人对中原文化表现了异常倾慕的热情，以文翁兴学为契机，蜀文化表现出热诚接受中原汉文化和其他较先进的地域文化成分影响的开放性、兼容性风格，其中今文经学阐述的孔子大一统思想和汉代大一统盛世的政治局面对蜀人意识的影响和潜移默化，占据着主要地位。

文翁兴学是巴蜀文化改变面貌的关键，也是蜀人以自己独特的文化思维方式接受和融并中原先进文化，热诚主动融入中原主流文化的证明。在先秦时期，“蜀左言，无文字”，“蜀无姓”，仅有口耳相传的从蚕丛、鱼凫到杜宇开明的祖先传说和巫术式的巴蜀图语。物质形态方面虽然有三星堆那样高度发达的青铜文明，但其精神形态方面并没有发展到理性化程度。直到汉代前期文翁兴学，首创郡国地方官学，并派遣弟子到京师学六经，为巴蜀地域引进中原文化，促进土著巴蜀文化与中原文化相融会，才使蜀地精神文化发生了质的飞跃，出现了崭新的面貌。唐卢照邻把文翁石室喻为“岷山稷下亭”，它确实起到了巴蜀“稷下学”的作用，使巴蜀学术和文化都发生了深刻的变化②。

变化之一是出现了巴蜀学习和接受中原大一统文化的先进人物、“以文辞显于世”“文章冠天下”③ 的四大家司马相如、王褒、严遵、扬雄。他们热诚讴歌统一盛世，相如以凌云之气创汉大赋和封禅书，颂汉武帝中华大一统的伟业，王褒以跋涉远道拜金

① 参见拙文：《巴蜀文化研究趋向平议》，《社会科学研究》1996 年第 2 期。

② 参见拙作：《成都城市文化的性质及其特征》，见《成都城市研究》，四川大学出版社 1989 年版，第 341—342 页。

③ 《汉书·地理志》。

马碧鸡神的热诚显示大一统帝国的气概，扬雄以模拟孔子的气概做了大同道统的最早继承人。从他们身上，我们看到了多元一体的中华文化对于巴蜀地域文化的影响，看到了地域文化加入中华民族多元一体大文化共同体的同一性进程①。

变化之二是多元一体的中华民族文化共同体中，开启了蜀学两千年来重文学、重今文经学的传统，显示了蜀文化学古而不法古，既遵循六经，又不师故辙的独特的学习方式和思维方式，显示了巴蜀多元化的地方特性的风格和加入中华大文化共同体的地域差异性进程。《汉书·地理志》说："景武间，文翁为蜀守，教民诗书法令，未能笃信道德，反以好文刺讥，贵慕权势，及司马相如游宦京师诸侯，以文辞显于世，乡党慕循其迹，后有王褒、严遵、扬雄之徒，文章冠天下，由文翁倡其教，相如为之师。"蜀中本无学士，因文翁倡教，相如为师，乡党慕循其迹，才在巴蜀地域掀起了学习儒家六经的高潮。这是巴蜀文化人士第一次对儒家经典为代表的中华大一统文化，从文化心理上显示了主动性、进取性的学习热诚和仿效的高潮。但蜀中学士学习和吸收中原文化，不是走笃信道德、模仿王道的传统经学的老路，而是按蜀人固有的文化传统和特有的发散型思维方式对传统经学加以改造，走了一条"好文刺讥，贵慕权势"的新路。"好文"指文学的铺张扬厉，用字新奇，不师故辙。"刺讥"指劝百讽一，虽多虚词滥说，然其要归之于讽谏，这都属于重文学重大赋的特色。"贵慕权势"指识时务，重利禄，务时济世。这属于讲经世致用、不崇章句的今文经学的特点。它开启了后代蜀人从谯周到廖平讲求实际，经世致用，不守章句，富于激情幻想的今文经学思潮②。

儒学文化是汉文化的核心。儒学上升为统治阶级的统治思想并定于一尊，经历了汉魏时期的长过程。儒学之所以能定于一尊，除了政治的阶级的因素外，其内涵的兼容性和外延的中和性这样的文化因素起了极大的甚至是主要的作用。巴蜀文化以扬雄和苏轼为代表，对儒学作为统治思想的确立，在文化传承和思维方式上以其特异之处做出了特殊的贡献。其中最主要的就是巴蜀重文学、重今文经学的传统，特别是扬雄的重视三分与中和的大一统思想，苏轼以《后正统论》为代表的正统思想，起着特殊的作用。

从上述两方面的变化，我们可以看出：作为中华地域文化圈之一，巴蜀文化圈是通过怎样的交流、融会的进程而并入到中华大一统文化之中去的。值得注意的是，这一融并过程有三个主要特色：一是这一融并是蜀人占了主动，蜀人显示了自觉学习、接受和容纳大一统文化和加入大一统文化共同体的热忱。二是这一融并是在儒家大一

① 参见拙文：《巴蜀文化研究趋向平议》，《社会科学研究》1996年第2期。
② 参见拙文：《郭沫若与巴蜀文化》（上），《郭沫若学刊》1996年第4期。

统思想作为主流文化，巴蜀文化作为一种非主流的地域文化向先进的主流文化靠拢和融并的自觉性的前提下完成的。三是巴蜀文化容纳和接受儒家主流文化的过程是进取性的，很快就因为蜀人的思想特质的优势站到了儒家主流文化的前列，出现了儒家主流文化"文章冠天下"的几个主要代表人物。巴蜀文化与其他地域文化一样，作为多元文化，从此以后就与儒家主流文化处于多元一体、和谐共振的进程中。它说明不同地域文化以"和而不同"的方式在统一体中的交流融会，是中华民族多元一体文化共同体的主要特征。中华民族大一统的事业是以文化认同为基础的宏伟事业。民族的文化认同是统一的多民族国家形成过程中带有深层次意义和根本性质的基础。从某种意义上说，"文化中国"的提法，可以显示出中华民族大一统思想的最根本的精神动力之所在。在中国，民族的区别从来不是以地域或种族血缘为标准，而是以文化的差异为标准。差异文化可能是地域的，也可能是民族的，它们对主流文化的认同，是统一的多民族国家形成的精神基础。在汉代的巴蜀，对这种文化认同和统一进程贡献最大的，当数我们前面提到的巴蜀四大家中的扬雄。

二

扬雄是汉代模仿孔子言行并以孔子道统传承自居的主要人物。他是继孟子、荀子之后孔子思想传承的集大成者。这一点尚不太为我们现今的研究工作者所重视。但在汉代当时，时人是很认可扬雄作为孔子道统继承人的地位的。桓谭《新论》云："张子侯曰：'扬子云，西道孔子也，乃贫如此。'吾应曰：'子云亦东道孔子也。昔仲尼岂独是鲁圣人，亦齐楚圣人也。'"[①] 扬雄是汉代的孔子，至少是汉代中国西部的孔子，这在当时是取得共识的定评。桓谭更进了一步，认为他不仅是西部的孔子，也是东部的孔子，是不应该分地域的整个中国的孔子。扬雄能成为孔子之后的汉代孔子，这是巴蜀文化融并入儒家主流文化的过程中结出的硕果，显示了孔子思想对于广阔地域的多民族国家大一统进程的巨大作用。

扬雄自幼好学，博览群书，不拘泥于章句，力求通晓其意，这显示了巴蜀今文经学传统对他思想的熏陶和孕育作用。他"好古而乐道"，刻意模仿六经，"以为经莫大于易，故作太玄；传莫大于论语，作法言；史篇莫善于仓颉，作训纂；箴莫大于虞箴，作州箴"。其模仿办法是"斟酌其本，相与放依而驰骋"[②]。换句话说，也就是遵循六经的根本原则而驰骋开放，加以创新。这里不对这些著作做全面的评价，需要重点指

---

① 桓谭：《新论·启寤第七》。

② 《汉书·扬雄传》。

出的是，扬雄对于儒家大一统思想的阐扬在这些著作中有鲜明的体现。

扬雄仿虞箴作十二州箴，体现了中国大一统的思想。这种思想是以西汉大一统盛世的政治制度和地域行政划分作为历史背景的。十二州箴的宏观构思体现出以大一统思想作为文化语境和思维方式的导引的倾向。

以大一统思想作为文化语境和思维的文本这一特点，在《太玄》一书里有鲜明的体现。《太玄》虽仿《周易》，但二者思维方式不同。《周易》的世界图式是采用阴阳二分法展开的，“易有太极，是生两仪；两仪生四象，四象生八卦”。所谓“太极”，作为宇宙本体，是由阴阳两仪构成的，故《易系辞传》曰：“一阴一阳之谓道”，“阴阳不测之谓神”。阴阳即是道，即是神。清人陈梦雷认为：“天下万有不齐之变，不外由太极而生阴阳”[①]，阴阳构成两仪，太阴太阳少阴少阳则构成四象，四象两分产生八卦，八卦复生两仪四象而构成六十四卦。这一世界图式体现了两两相对的二元论。金景芳先生认为，“易以一阴一阳自生自成自变自化谓之道，以阴阳不测之或正或反莫测端倪谓之神”，这是易的哲学基础[②]。而扬雄的《太玄》与《易》的阴阳二分法不同，是采用天、地、人三才三分法来展开的。一玄分为三方，一方为三州，三方为九州，一州为三部，九州为二十七部，一部为三家，二十七部为八十一家，这叫“三起”。很显然，这种方州部家的逻辑布局方式是按天下九州大一统的思维模式来设计的。它既反映了西汉大一统方域划分为州郡的现实，又是儒家关于社会以家庭为细胞，家的扩大是国，齐家治国平天下的大一统政治理想的体现。这里，我们看到了禹贡的九州说和汉代的方、州、部、家的大一统组合模式对于扬雄思维文本的影响。

“三起”是针对地上的九州方域的。除此之外，还有针对自然万物的“三生”，就是三分阳气，以为三重，即天、地、人三玄。三玄又各分为三，共为“九天”，象征事物的消长和一年节气变化的过程。这里，我们仍然可以看到“九天”大一统世界模式的影子。

扬雄的《太玄》也不同于老子讲的“道”。老子讲的是“道生一，一生二，二生三，三生万物”[③]。据清人王念孙的看法，“道生于一”就是《淮南子·天文训》的“道日规始于一”[④]（“日规”二字为误衍文），老子是重视“一”的，并以“道生一”作为万物的始基。正如庄子所说：“道通为一”，“道”是把阴阳二者通为一的。尽管老子也讲“三生万物”，但这个“三”是从属于“一”的，“一”才是万物的始源。扬

① 陈布雷：《周易浅述》第1册，上海古籍出版社1983年版，第11页。

② 金景芳：《易学四种》，吉林文史出版社1987年版，第112页。

③ 老子：《道德经》第42章。

④ 朱谦之：《老子校释》第42章转引。

雄的《太玄》则不同，主张“天地奠位，神明通气，有一有二有三”[①]。他认为“太玄”的“三”才是万物的始基。他既不满足老子的“道生一”的“道”，又不满意《周易》的“太极生两仪”的“太极”，而创出了以天、地、人三才为内核的“太玄”。这里，我们可以看出扬雄的“太玄”作为宇宙本体，对于老子的“道”和易的“太极”的扬弃。

需要指出的是，《太玄》不同于《周易》的阴阳两画，而是有三画：曰一曰二曰三，并创造了三种符号一、一一、一一一。如果说“一”就是浑沦之气，“二”则是浑沦之气分化出的天和地，“三”则是天绕地划出的圆形规道，称为“规”。“规”可以生为“三摹”，“三摹”可以生为“九据”[②]。显然，这里的“三”已大大超出老子的“三”。在老子《道德经》里，“三”是万物的同义词，代表多数的意思，是静止的、平面的状态。而在扬雄那里，“三”则是超出天地阴阳两端的第三种中间状态，是动态的，具有圆形规道的球体，也可称为多元一体。这种对世界本源的看法，显然比“道”和“太极”更为进步。它不仅看到了事物的对立，更看到了对立面的统一；不仅看到了事物的二元化，更看到了事物的多元复杂性。显然，这里扬雄既吸收了老子“道生一”的一，又吸收了《易》的二，而创出了以中和精神为内核的“三”。从文化学层次看，“一”是主张始源为一元化的思维模式，“二”是主张始源为两极对抗的思维模式，“三”是主张始源为多元一体的思维模式。这一思想模式由“一”向“二”向“三”的衍生进程，反映了中华文化由多种独立始源出发的多元文化，走向以主流文化为主体的文化共同体，并与之靠拢、凝聚和统一的进程。扬雄是这一文化统一进程反映在思维方式变革上的集大成者，也是孔子“春王正月，大一统也”的思想的逻辑发展。

《法言》直接承袭了孔子的仁礼忠信孝悌的思想。其中最重要的核心内涵，是扬雄集中阐扬了孔子的“中和”思想，这是大一统思想的哲学显现。《法言序》云：“立政鼓众，动化天下，莫尚于中和，中和之发在于哲民情。”他认为“中和”是周公吐哺、天下归于一统的文化根基。他把孔子的“中和”之道比喻为江河淮济“四渎”的源头，可以“经营中国，终入大海”[③]，是大一统“文化中国”的精神动力和思想内核。而其他百家的学说主张不过是“西北之流”，可以起局部“纲纪夷貉”的作用，结果无非是“入于沱，或沦于汉”，不是大流。大流者，“必也儒乎！”[④] 由此可见，在扬雄

① 扬雄：《太玄告》。
② 扬雄：《法言·君子篇》。
③ 同上。
④ 扬雄：《法言·渊骞篇》。

看来，孔子大一统思想的哲学基础“中和”，才是“经营中国，纲纪民族”的大流和主流，才是大一统的文化正道。他明确地宣称“甄陶天下”在于和，“不过不及”在于中，这是大一统的“正”道。他认为只有“非正不视，非正不听，非正不言，非正不行”，“正”才是多元能统一的基本原则①。这显然是对孔子“非礼勿视”思想的进一步推衍和发展。扬雄以“正”作为中和的核心，并用它来看中国：“或问孰为中国？曰五政之所加，七赋之所养，中于天地者为中国。”② 这里，五政、七赋、晷度天下之中的标准，皆是文化性的，透露出扬雄对于“文化中国”的一种古代思考方式。

由上述观之，扬雄对于孔子与儒家六经的刻意模仿并加以出新，恰恰体现了他对孔子大一统思想的继承和阐扬的自觉性。他是汉代大一统的“圣之时者也”的孔子的化身，也是汉朝大一统强盛时代作为历史背景的大一统文化思潮的产物。

三

如果说文翁兴学兴起了蜀地儒学的传统，那么，扬雄草《玄》著《法言》，则是儒家大一统思想承袭和弘扬的集大成者。他在汉代思想文化上的贡献，是为汉代大一统事业提供了最宝贵的精神养料和思想武器。

扬雄的著述“其意欲求文章成名于后世”③，是有着完整的主观体系的。这个体系是按大一统的观念和统体论的思想而精心构筑的。《太玄》为儒家理念的哲学基础；《法言》为政治主张的思想基础；《训纂》《方言》则是语言多元统一“悬日月不刊”的文化基础，是在战国的秦国时代“是时，蜀人始通中国，言语颇与华同”④，各地域语言与中原华夏正声初期交会的基础上，逐步构成统一华语的时代的反映。十二州箴则是大一统地理学的产物，“四赋”与《反离骚》则是大一统局面经济文化雄飞发展，太平颂歌四起，眼光开阔的时代精神的产物。由此，政治主张、理论基础到地理环境、语言环境和文化环境都渗透着统一精神的完整体系就这样构筑而成。扬雄的全部著作可以构筑为完整的理论体系，实可称为后世佳论之林薮，文义之渊海。

这一大一统的思想体系对巴蜀儒风的流布产生了深远的影响，着上了有巴蜀风味特色的印色布：一是儒风的流布，使巴蜀地区由一个原来精神文化比中原滞后的文化孤岛，一跃而为“其学比于齐鲁”的全国性文化中心之一。两汉时代，全国有齐鲁豫

---

① 扬雄：《法言·渊骞篇》。
② 扬雄：《法言·问道篇》。
③ 班固：《汉书·扬雄传》
④ 刘逵注：《蜀都赋》引《地理志》，《昭明文选》卷四〇。

兖、关中三辅、东南吴会、西南蜀地四大文化发达区域，是出书籍、出人才最多的地区。“汉征八士，蜀有四焉”，“虽鲁之咏洙泗，齐之礼稷下，未足尚矣”①。可见西蜀已成为全国的文化中心之一。二是儒家经学的传播在巴蜀区域达到鼎盛，其辐射力达到三蜀三巴和滇黔，使蜀地固有的重阴阳数术、重黄老、重文学的学术传统迅速地融入到儒学中，成为儒学一统中的有机组成部分。《华阳国志》称蜀地具有“文化弥纯，道德弥臻”的特色，出现了“以儒学教，号称洙泗，有多士”② 的盛况，就是这种儒风流布的反映。三是儒风的盛行，影响到巴蜀人士的学术结构的急剧变化。在巴蜀人士著书方面，儒家类书籍占到所出书籍总数的44.4%③，比例较其他非儒类为最高。在巴蜀人士的学风方面，则“益部多贵今文而不崇章句”的传统，占到了学术思想的主导地位。从司马相如、扬雄、谯周、秦宓到苏轼、杨升庵、廖平、郭沫若再到蒙文通，几近两千年都时隐时显地传承着，并明显地占有优势④。今文经学最重要的特征是“张三世”，定一统，这在巴蜀代有传人。

总之，作为中华文化大一统基础的孔子大一统文化理念，我们可以通过上述巴蜀地域个案的剖析，充分理解它是如何流布的，是通过什么途径和方式流布的，是在什么样的理念下，达到多元文化共一体的，“文化中国”又是在各地域文化的交流融会中怎样形成的。总之，透过这些问题，不难理解，孔子博大精深的大一统思想对于多元一体的中华民族文化凝聚的根本性作用。这对于今天的现实，也是有充分借鉴作用的，其文化价值和现实价值不可低估。

（作者单位：四川省社会科学院）

---

① 常璩：《华阳国志·蜀志》。

② 同上。

③ 卢云：《东汉时期的文化区域与文化重心》，见《中国文化研究集刊》第4辑，复旦大学出版社1987年版。

④ 参见拙文：《郭沫若与巴蜀文化》（上），《郭沫若学刊》1996年第4期。

道德仁义礼：扬雄虚实结合的“五德”观溯源

舒大刚

内容摘要： 孔子贵仁，而辅仁以“智勇”，是谓“三达德”；子思提倡“仁义礼智圣”五行，孟子提倡“仁义礼智”四端，至董仲舒而形成“仁义礼智信”五常。此一核心价值观念深入人心，影响中国社会达两千余年。后来西汉哲学家扬雄又提出“道德仁义礼”相须而行的五德说，在“仁义礼智信”之外别开一枝，独具特色。这一观念将道家之“道德”，与儒家之“仁义礼”结合起来，具有虚实结合、体用皆该等特点。若溯其渊源，盖远源于老子、孔子，中继于王褒、严遵诸人，甚至还有巴蜀志怪文献《山海经》的影响。扬雄之学，不仅是儒道合流的产物，也是对巴蜀文化的合理继承和发展。

关键词： 扬雄；核心价值；蜀学；道德仁义礼；《山海经》

桓谭在介绍上古和西汉几部哲学著作时说：“扬雄作《玄》书，以为玄者，天也，道也；言圣贤制法作事，皆引天道以为本统，而因附续万类、王政、人事、法度。故宓羲氏谓之‘易’，老子谓之‘道’，孔子谓之‘元’，而扬子谓之‘玄’。”说明中华学人哲学有一个最为根本的元点或极点：伏羲氏的“易”代表了阴阳变化的原理，老子的“道”代表了事物根本的哲学，孔子的“元”代表了正始重本的政见，扬雄的“玄”代表了天地人三才一统的玄思。在哲学上，他们都有一个独特的哲学概念或终极目标。哲学如此，思想内涵（特别是核心价值）也不例外，如孔子奉“仁智勇”为三达德，孟子奉“仁义礼智”为四端，子思奉“仁义礼智圣”为五行，董仲舒奉“仁义礼智信”为五常。扬雄也有自己的核心价值结构，是即“道德仁义礼”的五德之教。这一结构明显具有儒道合流、虚实结合等特点，同时也是对巴蜀文化合理继承的结果。

孔、思、孟、董之间，明显有一种继承和发展的关系，扬雄呢？他是否也有自己学术的师授和渊源呢？回答是肯定的。下面试探其学术渊源，以就正于大方之家。

一、“道德仁义礼”：独特的核心价值观念

扬雄针对当时“先生相与言，则以仁与义；市井相与言，则以财与利”（《法言·学行》）只重形下和功利的时尚，提出了更加独特的核心观念，是即“道德仁义礼”五德，这在《法言》《太玄》以及《剧秦美新》等文献中都有涉及。

如《法言·问道篇》说：

> 道、德、仁、义、礼，譬诸身乎？夫道以导之，德以得之，仁以人之，义以宜之，礼以体之，天也。合则浑，离则散。一人而兼统四体者，其身全乎[①]。

这里用身体来比喻“道德仁义礼”的重要性，认为他们是一个整体，缺一不可。李轨注“譬诸身乎”说：“不可无之于一。”吴祕注：“合譬一身。”都合乎扬雄本义，将“道德仁义礼”五德视为修养德行所必须。李轨又注“天也”曰：“（道德仁义礼）五者，人之天性。”将道德仁义礼视为天然所具有的人性品德。吴祕又曰：“五者之备，天命全也。”司马光曰：“天性自然，不可增损。”都将五德视为天命人性的充分而又必要的条件，不可增减一分。“道”是人的行动指南，“德”是人行而得所的保证，“仁”是善待他人，“义”是行得其宜，“礼”是行为规范。就像一个人必须兼具“五官”“四体”才是健全的人一样，“道德仁义礼”之于君子的修养，也是缺一不可、少一则残的。李轨注“兼统四体”说：“四体合，则浑成人；五美备，则混为圣。一人兼统者，德备如身全。”吴祕也说：“道统仁义礼德，故谓之‘道’；人统四体，故谓之‘人’。可合而不离，其身乃全也。韩吏部曰：‘老子之所谓道德云者，去仁与义言之也，一人之私言也。’其不全哉！”司马光曰：“阙一则不成人。”都甚合扬雄本意。

吴氏所引韩愈之言，见于韩愈《原道篇》：“博爱之谓仁，行而宜之之谓义，由是而之焉之谓道，足乎己无待于外之谓德。仁与义为定名，道与德为虚位。”“凡吾所谓道德云者，合仁与义言之也，天下之公言也。老子之所谓道德云者，去仁与义言之也，一人之私言也。”[②] 斯言与扬雄之说相近，但犹有差别。扬雄是将道德与仁义礼并列，缺一不可，不相取代；韩愈则以仁义为定名，道德为虚位，又以道德包含仁义。其结

---

① ［汉］扬雄撰，［晋］李轨、［唐］柳宗元、［宋］宋咸、［宋］吴祕、［宋］司马光注：《纂图分门类题五臣注扬子法言》（下引此本，但称“法言”）卷三《问道》，宋刘通判宅仰高堂刻本。

② ［唐］韩愈著，马其昶校注，马茂元整理：《韩昌黎文集校注》卷一《原道》，上海古籍出版社 2014 年版，第 15 页。

果，或者是只提道德，以为提道德即兼有仁义；或者提仁义不提道德，以为道德乃虚位为无用。故皆有偏颇，不合扬雄本意。

扬雄又在同书《问神篇》中说：

> 神心惚怳，经纬万方，事系诸道、德、仁、义、礼，撰《问神》①。

认为“心”和“神”具有惚恍空灵的性质，可以应对统摄万事万物。但其着眼点，则是“道德仁义礼”五者。吴祕注：“神也，心也，惚怳乎无端，以经纬于万方，而并有归趣；事系乎圣人之道，圣人之道兼德、仁、义、礼而言之也。”司马光也说：“君子之心，主此五者。”犹之乎孔子说：“君子道者三……仁者不忧，知者不惑，勇者不惧。”（《论语》）又说：“好学近乎知，力行近乎仁，知耻近乎勇。知斯三者，则知所以修身；知所以修身，则知所以治人；知所以治人，则知所以治天下国家矣。”（《中庸》）“仁智勇”就是孔子所提倡的“君子之道”（德）所必备，也是治世君子修身、治人和治国的三大法宝，缺一不可。扬雄所说的“圣人”，也应当兼具“道德仁义礼”五种德行。他在《君子篇》中说：“夫进也者，进于道，慕于德，殷之以仁、义，进而进，退而退，日孳孳而不自知倦者也。”②

另外，他又在哲学著作《太玄经·玄摛》中说：

> 虚形万物所道之谓道也，因循无革、天下之理得之谓德也，理生昆群、兼爱之谓仁也，列敌度宜之谓义也，秉道、德、仁、义而施之之谓业也③。

这里又提出“道德仁义业”的结构，并对“道德仁义”四者进行了哲学化解释，然后指出，能够秉持此四德而行事的就是真正的“事业”了，这与《礼记·曲礼上》“道德仁义，非礼不成”强调礼的重要性，在句法上是一样的。无名氏在《扬子云集序》中述《太玄》内容说：

> 揲之以三策，关之以休咎，絣之以象类，播之以人事，文之以五行，拟之以道德仁义礼知。无主无名，要合五经。苟非其事，文不虚生④。

又提出“道德仁义礼智”六事，与扬雄前文自己的表述稍有不合，扬雄重在说明《太玄》的实质是将“道德仁义”化为事业，实有其用；此处则重在说明《太玄》是融合了道家（道德）、儒家（仁义礼智）的思想，内容庞大。在此点上倒与《剧秦美新》是一致的。扬雄《剧秦美新》：

> 神明所祚，兆民所托，罔不云道、德、仁、义、礼、智⑤。

---

① 《法言》卷四《问神》。
② 《法言》卷九《君子》。
③ ［汉］扬雄著，郑万耕校释：《太玄校释》，中华书局2014年版，第256页。
④ ［汉］班固：《汉书》卷八七下《扬雄传》，中华书局1964年版，第3575页。
⑤ ［汉］扬雄著，张震泽校注：《扬雄集校注·剧秦美新》，上海古籍出版社1993年版，第211页。

这里，显然是在孟子“四端”之先，直接冠以“道德”而成“六德”搭配。这是因为该书是写给王莽看的，必然要与王莽熟知的孟子“四端”结合起来，才能获得某种合理性；同时又给仁义礼智找到道德源泉，增加其新奇感受和终极关怀。如果要究其本旨，必然以他在《法言》中两度所言“道德仁义礼”为其正式的、完整的组合。

二、“志道据德”：“五德”的历史渊源

事不孤起，必有其邻。扬雄对“道德仁义礼”的论证和组合，虽有自己的发明创造，但也是基于对前贤（如老子、孔子，以及他的本师严遵、王褒）的继承和弘扬。

首先是老子。《老子》论道：

> 故失道而后德，失德而后仁，失仁而后义，失义而后礼。夫礼者，忠信之薄而乱之首。

根据现有文献考知，是老子最先完整提出了“道德仁义礼”五个概念和五德组合，只不过老子在这里是“五德背反”，五德之间是递减或持衰的关系，不是并列的，也不是必须的。河上公注解“失道”句曰：“言道衰而德化生也。”又解“失德”句曰：“言德衰而仁爱见也。”解“失仁”句曰：“言仁衰而分义明也。”解“失义”曰：“言义衰则施礼聘、行玉帛。”解“夫礼”句曰：“言礼废本治末，忠信日以衰薄。礼者，贱质而贵文，故正直日以少，邪乱日以生。”老子这样说的前提是出于对“上德无德”的思考：“上德不德，是以有德；下德不失德，是以无德。上德无为，而无以为；下德为之，而有以为。上仁为之，而无以为；上义为之，而有以为；上礼为之，而莫之应，则攘臂而仍之。”德仁义礼，如果过分追求，过分强调，恰恰会走向反面，将适得其反。老子的五德递减说也是如此，强调了礼乃忠信之薄而乱之所由生的残酷现实的一面，但又落入非毁仁义、抛弃忠信的极端，所以韩愈才批评他去仁义而言道德，是一人之言，并非天下之公言。相比于扬雄“道德仁义礼譬诸身乎”、“合则浑，离则散”的说法，老子这组概念是完全不同的，老子、扬雄完全是两种取向。不过老子此说，正是扬雄等人借鉴和批评的对象，也是他们要重点改造的对象。所以他明确地说：“《老子》之言道德，吾有取焉耳；及搥提仁义，绝灭礼学，吾无取焉耳。”[①]

其次便是孔子了。《论语》记载孔子曰：“志于道，据于德，依于仁，游于艺。”（《述而》）孔子提出了“道、德、仁、艺”结构。何晏集解：“志，慕也，道不可体，

---

① 《法言》卷三《问道》。

故志之而已。据，杖也，德有成形，故可据。依，倚也，仁者功施于人，故可倚。艺，六艺也，不足据依，故曰游。”但是，什么是道、德、仁的含义？由于“子罕言利与命与仁”（《子罕》。何晏集解：“罕者，希也。利者，义之和也；命者，天之命也；仁者，行之盛也。寡能及之，故希言也。”）；子贡也说：“夫子之言性与天道，不可得而闻也。”（《公冶长》。何晏集解：“性者，人之所受以生也；天道者，元亨日新之道，深微，故不可得而闻也。”）或许是由于孔子汲汲于救世、“六合之外存而不论”（《庄子》）的原因，或许是由于弟子理解不一、失于记载的缘故，至今未见孔子对“道、德、仁”这些观念做出确切解释，更未对这组概念的组合原理进行说明。至于“艺”，虽然何晏解为“六艺”，但是此处的“六艺”是指“大六艺”（《诗》《书》《礼》《乐》《易》《春秋》六经），还是指“小六艺”（礼、乐、射、御、书、数六技），皆未可知。“艺”在《论语》中也是多指，从“求也艺”何晏引孔安国注：“艺，谓多才艺。”（《雍也》）何晏注“吾执御矣”引郑玄说：“闻人美之，承之以谦，‘吾执御’，欲名六艺之卑也。”是则此“艺”为礼乐射御书数“小六艺”。又孔子曰：“吾不试故艺。”何氏注引郑玄：“试，用也。言孔子自云，我不见用，故多伎艺。”前文郑解“夫子多能”的“能”曰：“孔子多能于小艺。”（《子罕》）又《宪问篇》载“冉求之艺”，都是讲技艺，亦即《周礼》之六艺（礼乐射御书数），都属于形下之器，不能与伦理修养层面的“道德仁”构成一组核心价值观。可见，孔子的核心价值仍然是“仁智勇”，他并未打算构建以“道德仁”为结构的价值体系。因而扬雄在《太玄·玄摛》中述“玄”之德说：“见而知之者，智也；视而爱之者，仁也；断而决之者，勇也。”正是对孔子“仁、智、勇”三大德的完整表述。

当然，他对董仲舒所建立的“仁义礼智信”五常之道，也不非毁，甚至还为之解释和论证。当有人问“仁、义、礼、智、信之用”，扬雄解释说：“仁，宅也；义，路也；礼，服也；智，烛也；信，符也。处宅，由路，正服，明烛，执符，君子不动，动斯得矣。”①

接下来是孟子的“仁义礼智”四端和子思的“仁义礼智圣”五行，其中“圣”即知道者，可以称为“仁义礼智道”，但把道置于仁义礼智之后，有些本末倒置的感觉。所以遭到荀子猛烈批评，以为以“仁义礼”行事即是道。思孟既将道后置于仁义礼智，又将道与仁义礼智等量齐观，完全是“略法先王而不知统”的做法。

与扬雄“道德仁义礼”结构最近似的是《礼记·曲礼上》：“道、德、仁、义，非礼不成。”这里，似乎“道、德、仁、义、礼”五德是一个整体，连排列顺序也是一致

---

① 《法言》卷二《修身》。

的。其实不然，这只是本章的第一句，接下来还有：

> 教训正俗，非礼不备；分争辩讼，非礼不决；君臣上下、父子兄弟，非礼不定；宦学事师，非礼不亲；班朝治军、莅官行法，非礼威严不行；祷祠祭祀，供给鬼神，非礼不诚不庄。是以君子恭敬、撙（趋）节、退让，以明礼。

整篇七个排比句，都是讲“礼”的重要性，没有“礼”不仅无法贯彻“道德仁义”诸德行，而且也无法有效执行君臣上下、父子兄弟，宦学事师，朝廷、军旅、百官、执法、礼祭鬼神等活动，一句话，没有礼什么都办不好！接下来又举例说：“鹦鹉能言，不离飞鸟；猩猩能言，不离禽兽。今人而无礼，虽能言，不亦禽兽之心乎？夫唯禽兽无礼，故父子聚麀（共妻），是故圣人作礼以教人，使人以有礼，知自别于禽兽。”强调如果没有礼，连人都做不成做不好，“礼”是区分“人禽”“人兽”的分水岭。

因此，孔颖达疏对本章宗旨总结说：“此一节，明礼为诸事之本。言人能有礼，然后可异于禽兽也。‘道德仁义，非礼不成’者，道者，通物之名；德者，得理之称；仁是施恩及物，义是裁断合宜。言人欲行四事，不用礼无由得成。故云‘非礼不成’也。道、德为万事之本，仁、义为群行之大，故举此四者为用礼之主，则余行须礼可知也。道是通物，德是理物，理物由于开通，是德从道生，故道在德上。”说明本章是对“礼”的强调，不是讲礼与道德仁义的结合问题；同时孔疏指明“道德仁义”具有统帅性，举其首则其余可知矣。

但是他又指出：“此经‘道’，谓才艺；‘德’，谓善行。故郑注《周礼》云‘道多才艺，德能躬行’，非是老子之‘道德’也。熊氏云：‘此是《老子》“失道而后德，失德而后仁，失仁而后义”。’今谓道德，大而言之则包罗万事，小而言之则人之才艺、善行，无问大小，皆须礼以行之。是礼为道德之具，故云‘非礼不成’。然人之才艺善行，得为道德者，以身有才艺，事得开通；身有美善，于理为得，故称道德也。”又将“道、德”定义为才艺、善行，与老子本体论的“道德”是不一样的，也与扬雄“道以导之，德以得之”的解读不一样。可见，《礼记》的“道德仁义非礼不成”只徒具形式，并无内核，不能成为扬雄观念的直接继承和祖述源头。

历史进入战国时期，诸侯力政，诸子蜂起，背信弃义，纵横公行，于是忠信问题被提上日程。《荀子·王霸篇》在继续强调“仁义”的同时，更加着力地提升“忠信”的地位，主张：“致忠信，著仁义，足以竭人矣。”① 至西汉董仲舒便形成了“仁义礼智信”的固定搭配。董仲舒也重视“信”，其《春秋繁露·楚庄王》“《春秋》尊礼而

---

① ［清］王先谦撰，沈啸寰、王星贤点校：《荀子集解》，中华书局1988年版，第215页。

重信"，《汉书·董仲舒传》"《春秋》之义，贵信而贱诈"，等等。于是形成"仁义礼智信"的价值观，称其为"仁、义、礼、智、信五常之道"①。董仲舒进而将"五常"与阴阳五行哲学联系起来，在他看来，人类有五常之行，天地有五行之理，二者互相照应，互相影响。于是他将五常与五行相配，《春秋繁露·五行相生》："东方者木，农之本，司农尚仁，进经术之士，道之以帝王之路，将顺其美，匡救其恶。……南方者火也，本朝司马尚智，进贤圣之士，上知天文，其形兆未见，其萌芽未生，昭然独见存亡之机，得失之要，治乱之源。……中央者土，君官也，司营尚信，卑身贱体，夙兴夜寐，称述往古，以厉主意。……西方者金，大理，司徒也，司徒尚义，臣死君，而众人死父，亲有尊卑，位有上下，各死其事。……北方者水，执法，司寇也，司寇尚礼，君臣有位，长幼有序。"董仲舒以"五行"释"五常"，以"天道"释"人道"，不仅将社会道德规范神秘化，更赋予其绝对权威性，从而完成了思孟学派没有完成的道德哲学化、伦理终极化的过程。

思孟学派和董仲舒对于核心价值观的构建，虽然不是扬雄"道德仁义礼"的直接继承对象，但重视核心价值的构建无疑对以扬雄为代表的蜀学人物具有重要影响。

三、"冠道德，履仁义"："五德"的蜀学渊源

在诸子百家纷纷构建核心价值体系的同时，蜀中学人也有自己的核心价值思考，那就是儒道合一的治学风格和"道德仁义礼"的价值结构。据现存文献所载，在扬雄之前最先提出这一结构的是王褒，而对其进行系统解读的则是严遵。

汉宣帝时的辞赋大家王褒在其《四子讲德论》中说："圣主冠道德，履纯仁，被六艺，佩礼文，屡下明诏，举贤良，求术士，招异伦，拔骏茂。"② 呈现出"道德""纯仁""六艺""礼文"的排列，"道、德、仁、艺、礼"的结构呼之欲出。但是限于文体，王褒没有对这一结构进行具体阐释，不过他在当年孔子"道德仁艺"基础上，又有所增加（礼文），则是十分明显的。

接着严遵在《道德指归论·上德不德篇》中系统地说：

> 天地所由，物类所以，道为之元，德为之始，神明为宗，太和为祖。道有深微，德有厚薄，神有清浊，和有高下。清者为天，浊者为地；阳者为男，阴者为女。人物禀假，受有多少，性有精粗，命有长短，情有美恶，意有大小。或为小人，或为君子，变化分离，剖判为数等。故有道人，有德人，有仁人，有义人，

---

① ［宋］陈仁子编：《文选补遗》卷一九《武帝问贤良策》，文渊阁四库全书本。

② ［汉］王褒：《四子讲德论》，见《全蜀艺文志》卷四八，线装书局2003年版，第1471页。

有礼人。敢问彼人何行，而名号殊谬以至于斯？庄子曰：虚无无为，开导万物，谓之道人。清静因应，无所不为，谓之德人。兼爱万物，博施无穷，谓之仁人。理名正实，处事之义，谓之义人。谦退辞让，敬以守和，谓之礼人。凡此五人，皆乐长生①。

这里首先提出了“道为之元，德为之始，神明为宗，太和为祖”的宇宙哲学概念，以为万事万物都是以道为元首，以德为发始的；要发挥好道德生物的作用，必须要有神明玄妙（亦即阴阳大化）作用于内，才能达到“保合太和”的和谐境界。又由于道的禀受各有深浅，德的赋予自有厚薄，神明变化互有清浊，和谐程度各有高下，故又分出君子小人、男人女人，甚至寿夭长短，性情美恶来。又因为“变化分离”，“剖判为数等”，“故有道人，有德人，有仁人，有义人，有礼人”。道德仁义礼，不过是由于人们从天道之处分禀所得的多少、厚薄、精粗、良窳不一，才分析出来的。从天道的角度讲，具有必然性；从人道的角度讲，具有合理性。这就对老子的五德递减或持衰说进行了修正，使五种德行或人格，都具有合理内涵和存在价值。

不特如此，严遵还对“道德仁义礼”五德进行了分别的说明和论证。如前所引：“虚无无为，开导万物，谓之道人；清静因应，无所不为，谓之德人；兼爱万物，博施无穷，谓之仁人；理名正实，处事之义，谓之义人；谦退辞让，敬以守和，谓之礼人。凡此五人，皆乐长生。”“道人”的特征是“虚无无为”，但又为万物之引导；“德人”是“清静”顺应天道，而又“无所不为”；“仁人”是“兼爱”“博施”；“义人”是循名责实，按道义办事；“礼人”是谦让、礼敬，处世中和。可见这是对《老子》“失道而后德，失德而后仁，失仁而后义，失义而后礼”等五德对立学说的根本性修正，也是对战国以来儒道相反状态的矫正。关键是最后一句“凡此五人，皆乐长生”，更是对老子五德排斥说的扭转。

严氏之说，不仅构建了兼融易、儒、道的“道、德、仁、义、礼”一体的核心价值观念，还对被孟子斥为“禽兽”的杨朱（为我）、墨翟（兼爱）学派的存在价值公开肯定。这一体系的构建，是由天地、阴阳、男女、厚薄、性命、情意、神明、太和等发展衍化而来，也与蜀中“天皇、地皇、人皇”之“三才”构建是一脉相承的。

这种兼儒墨、融道法的思维方式，成为后世蜀学的重要特色。如唐人赵蕤又从人行动的角度，完整地阐释了“道德仁义礼”的重要性及其相互关系。他在《长短经·量才》中也说：“故道、德、仁、义定而天下正。”② 又《定名》曰：“故称之曰道、德、仁、义、礼、智、信。夫道者人之所蹈也，居知所为，行知所之，事知所乘，动

① ［汉］严遵：《道德指归论》卷一《上德不德》，明津逮秘书本。
② ［唐］赵蕤：《长短经》卷一《量才》，文渊阁四库全书本。

知所止，谓之道。德者人之所得也，使人各得其所欲谓之德。仁者爱也，致利除害，兼爱无私谓之仁。义者宜也，明是非，立可否，谓之义。礼者履也，进退有度，尊卑有分，谓之礼。智者人之所知也，以定乎得失是非之情，谓之智。信者人之所承也，发号施令，以一人心，谓之信。”① 宋人张商英继承了赵蕤的基本理路，在其所传《黄石公素书》卷一《原始章》中说：“夫道、德、仁、义、礼五者，一体也。道者，人之所蹈，使万物不知其所由。德者，人之所得，使万物各得其所欲。仁者人之所亲，有慈慧恻隐之心，以遂其生成。义者人之所宜，赏善罚恶，以立功立事。礼者人之所履，夙兴夜寐，以成人伦之序。”② 可见，张商英对赵氏学说的继承，在对五德的具体表述和解说上，又有所推进和提升。明代杨升庵《璅语》保存了道家的思想，“仁义起而道德迁，礼法兴而淳朴散”③。来知德却承袭了蜀学自严遵以来融合儒道、会通道德仁义礼的传统，“冠道德，履仁义，衣百家，佩六艺”④。

在巴蜀文献之外，其他文献中也有列举“道德仁义礼”的现象。但这些文献的时间或在严遵、扬雄之后，或与其他诸事并列，不是过晚，就是太过泛化，缺乏核心观念的原创性。《鬼谷子·内揵》曰：“故圣人立事，以此先知而揵万物，由夫道、德、仁、义、礼、乐、计、谋，先取《诗》《书》，混说《损》《益》，议论去就，欲合者用内，欲去者用外。外内者，必明道数。”⑤ 将道家（道德）、儒家（仁义礼乐）、纵横家（计谋）等观念并列。不过苏秦、张仪虽然曾学于楚人鬼谷子，但是《鬼谷子》一书却不起于先秦。此书不见于《汉志》著录，《说苑》引有“鬼谷子”的话又不见于今本，故《四库全书总目提要》采明儒胡应麟《笔丛》之说，以为“《隋志》有《苏秦》三十一篇，《张仪》十篇，必东汉人本二书之言，荟萃为此，而托于鬼谷，若子虚、亡是之属”。馆臣又据《隋志》著录有《鬼谷子》皇甫谧注，认为“则为魏晋以来书，固无疑耳”⑥。无论是东汉所荟萃，还是魏晋所流传，都在严遵《道德指归论》之后矣。

唐玄宗时曾经主纂《三教珠英》的张说融合了儒道核心观念。《大唐封禅坛颂》：“封禅之义有三，帝王之略有七。七者何？传不云：道、德、仁、义、礼、智、信乎，顺之称圣哲，逆之号狂悖”云云⑦。明明是转引他人，他却称说“传云”，也许正是受

---

① 《长短经》卷八《定名》，文渊阁四库全书本。
② ［旧题汉黄石公撰］，［宋］张商英注：《素书》不分卷，明《汉魏丛书》本。
③ ［明］杨慎：《升庵集》卷六五，文渊阁四库全书本。
④ ［明］来知德：《来瞿唐先生日录·客问》，清道光十一年刻本。
⑤ 许富宏：《鬼谷子集校集注》，中华书局2010年版，第53—56页。
⑥ ［清］永瑢等：《四库全书总目》卷一一七《鬼谷子》提要，中华书局1965年版，第1008页。
⑦ ［唐］张说：《张燕公集》卷一二，《四部丛刊》景明嘉靖本。

《道德指归论》《太玄》《法言》以及《鬼谷子》等文献的影响。

张君房《云笈七签》卷五六《元气论》：“是知道、德、仁、义、礼此五者，不可斯须暂离，可离者，非道德仁义礼也。道则信也，故尊于中宫，曰黄帝之道。德则智也，故尊于北方，曰黑帝之德。仁则人也，故尊于东方，曰青帝之仁。义则时也，故尊于西方，曰白帝之义。礼则法也，故尊于南方，曰赤帝之礼。然三皇称曰大道，五帝称曰常道，此两者同出异名。”① 《华阳国志·蜀志》称开明王朝“未有谥列，但以五色为主，故其庙称青、赤、黑、黄、白帝也”②。可见，“青帝、赤帝、黑帝、黄帝、白帝”等“五帝”系统是蜀人的历史传统。道教创立于巴蜀，教义中吸收了许多巴蜀文化观念，如吸收蜀人“天皇、地皇、人皇”的三皇观念，创立道教的前三皇、中三皇、后三皇的鬼神和信仰体系。总的来说，《云笈七签》借鉴了巴蜀文化中“五帝”“五行”等思想内容而融会贯通。

五、凤兮凤兮：“五德”的文化土壤

以扬雄为代表的蜀中学人所构建的“道德仁义礼”核心价值观念，具有明显的虚实结合、体用合一、诸学并重的特征。一则实现了道家与儒家的和谐统一。老子言道德而贬仁义，孔子讲仁义而重礼乐，都不免各有侧重，也各有偏颇，蜀学将二者结合起来，是巴蜀地区多教并存、诸学互补文化氛围的集中反映。二则实现了形上与形下的统一。《易》曰：“形而上者谓之道，形而下者谓之器。”道主于无形，德生于有形，仁义礼乐更是身体力行的日用常行。自然无形是道家追求的终极目标，老子主张：“人法地，地法天，天法道，道法自然。”孔子则罕言命与天道，墨家更是反对天命而倡言鬼神。蜀学将形上之道德，与形下之仁义礼乐结合起来，纠正上述各家的偏执，更利于在现实中贯彻和推广。三则实现了理论与实践结合、务虚与务实结合。道德偏于理论，仁义礼偏重实践。道德如果缺乏仁义礼乐，则道德必为虚位。仁义礼乐如果缺乏道德，则仁义礼乐必沦于庸俗。蜀学将二者结合，使仁义礼乐具有道德的哲学基础，也使道德学说更具有切实可行的价值。这些特征和意义的实现，又端于蜀学儒道兼治、集杂为纯的风格。

从渊源上看，扬雄以前，虽然在巴蜀文献之外也有学人连言“道德仁义礼”，但皆未有系统解说，也不是核心价值的有意构建。从文献上看，巴蜀学人王褒、严遵等首先将“道德仁义礼”五词连言，并且严遵还对此五个概念进行了全面系统的诠释，从

---

① ［宋］张君房著：《云笈七签》卷五六《元气论》，中华书局2003年版，第1217—1218页。
② ［晋］常璩著，刘琳校注：《华阳国志新校注》，四川大学出版社2014年版，第103页。

而构建成一个价值体系，成为扬雄以下蜀人信守的价值观念。从王褒、严遵、扬雄以下，至赵蕤、张商英等人，在使用和解释这些概念时，是互相连贯，互相继承，层层推进的，具体来讲是前有所承，后出转精。蜀学核心价值观的一贯性和发展性，由此可见一斑。蜀学之所以产生“道德仁义礼”的组合，与蜀人身兼儒学、道学两种身份有关。严遵专精《大易》、耽于《老》《庄》，扬雄出入儒道、撰著《太玄》《法言》，赵蕤纵横百家，张商英涵融三教，都突出地代表了蜀学博杂、贯通百氏等特点。

扬雄学术，甚至还与蜀地独特的历史文化具有某种联系。《山海经·南山经》“丹穴之山”载：

> 有鸟焉，其状如鸡，五采而文，名曰凤皇。首文曰德，翼文曰义，背文曰礼，膺文曰仁，腹文曰信。是鸟也，饮食自然，自歌自舞，见则天下安宁①。

丹穴之山，大致在今天重庆东部地区，其山有凤凰，其羽自然成文，头上文字是“德”，翅膀文字是“义”，背上文字是“礼”，胸脯文字是“仁”，腹部文字是“信”。一鸟而兼具“德、义、礼、仁、信”五德。

又《海内经》“苗民”载：

> 有鸾鸟自歌，凤鸟自舞，凤鸟首文曰德，翼文曰顺，膺文曰仁，背文曰义。见则天下和②。

苗民自然是南方民族，其鸟身上文字，与前则稍有区别：“德、顺（孝悌）、仁、义”四德。我们这才恍然大悟，原来王褒、来知德之所以称“冠道德，履仁义（或履纯仁），佩礼文”云云，原来就是对一只凤鸟身上文字的客观描述呵！

同时也不禁想起《论语》所载楚人接舆狂歌过孔子，曰：“凤兮凤兮，何德之衰！往者不可谏，来者犹可追。已而已而，今之从政者殆而。”楚人以凤比仲尼，是因为凤鸟兼备“德义礼仁信”（或“德顺仁义”）、“见则天下和”（或“见则天下安宁”）的缘故；而楚狂之所以要讥讽他“德衰”，是因为孔子晚年追求“仁智勇”救世，已经违背了其早期“志道、据德、依仁、游艺”的远大志向，弃形上“道德”不顾，而追求形下之“仁义”的原因也！

由此看来，“道德仁义礼”（或“顺”“信”），自是南方文化（特别是巴蜀文化）的特征和产物。扬雄核心价值观的构建，无疑更应该接受的是蜀学人物（如王褒、严遵）和巴蜀文化（如《山海经》）等传统的影响。

（作者单位：四川大学国际儒学研究院）

---

① 袁珂校注：《山海经校注》卷一《南山经》，上海古籍出版社1980年版，第16页。

② 袁珂校注：《山海经校注》卷一三《海内经》，上海古籍出版社1980年版，第457页。

扬雄的文学批评观与发展意识

张思齐

内容提要： 征圣和宗经是扬雄的文学批评观之基石。扬雄的文学批评观包含三组对偶范畴：事理与文辞、温润与深沉、诗人之赋与辞人之赋。宗经是征圣的必然要求。事理与文辞在经书中实现了统一。温润与深沉成为经书文本的质地特征。诗人与辞人是两类迥然有别的作家类型，其人格特征在辞赋中表现得最为充分。辞人之赋是对经书的背离，故而必须摈弃。诗人之赋是对经书的拓展，故而应该继承。在扬雄的文学批评观中存在三条发展变化的曲线。其一是从童子到壮夫的变化曲线，其二是从辞赋到学术的变化曲线，其三是宗经与崇道交互运动的螺旋式上升的曲线。扬雄文学批评观的三条曲线端呈出他谋求发展的雄心，而扬雄最终成了一位伟大的思想家。

关键词： 文学批评；对偶范畴；扬雄个案；比较场域

一、人格与文格

扬雄（前53—18）以其丰硕的建树而堪称世界文化名人。《艺文类聚》卷二六人部十言志："汉扬雄自叙曰：雄为人简易佚宕，默而好深湛之思，清净无为，少嗜欲，不汲汲于富贵，不戚戚于贫贱，不修廉隅以徼名当世，无担石之储，晏如也。自有大度，非圣哲之书不好也。非其意，虽富贵不事也。"①这段话概括了扬雄一生的大节。虽然这段话出自扬雄《自叙》，但是它经过了欧阳询（约557—约641）在编撰《艺文类

① [唐] 欧阳询撰，汪绍楹校：《艺文类聚》上册，上海古籍出版社1999年版，第464页。

聚》时的审慎选择。上海古籍出版社《艺文类聚·前言》：“《艺文类聚》以三年的时间编成，在武德七年九月十七日（六二四年九月十七日）奏上。”[①]从扬雄去世至欧阳询奏上《艺文类聚》，其间经历了六百余年的时间。作为历史人物，扬雄的形象经受住了历史的检验。

在中国文学批评发展史上，扬雄的文学批评占有重要的地位。朱东润（1896—1988）撰《中国文学批评史大纲》共七十六章，第四章《西汉之文学批评》：“汉代文人，自相如外，当推扬雄。”[②]虽然在这一章中朱先生也论述到司马相如、司马迁和刘向，但是这几位批评家所占的篇幅都很小，而且其中的论据有的还采自扬雄的文章。在这一章中，朱东润用了百分之六十以上的篇幅来专门论述扬雄。这就说明，在朱先生看来，西汉时期的文学批评主要就是扬雄的文学批评。虽然西汉的其他文人也有文学批评方面的言论，但是他们都没有扬雄那样的量多质高，那样的直截了当，那样的鞭辟入里。这种情形恰如朱文振（1914—1993）著《英国文学史》一样，他将书名定为《英国文学史 —— 从乔叟到莎士比亚》。在朱文振先生看来，把握住乔叟和莎士比亚两位作家，就得到了绵绵两百年英国文学史的精髓。可惜由朱文振所著的这部英国文学史，仅在四川大学内部，以英文讲义的形式印行，而未能更加广泛地流布全国。

郑振铎著《文学大纲》第十章云：“扬雄，字子云，蜀郡成都人（生于公元前53年，死于公元18年）。善作赋，亦善为论文，辞意甚整练温雅，但甚喜摩拟古人，没有自己的创作精神。”[③] 乍一看，郑振铎对扬雄的文学创作不甚满意。原因在于，郑振铎的这一番话是以整个世界文学为参照系而言的。陈福康《重印〈文学大纲〉序》：“郑振铎一生著作等身。本书是他青年时代用力最勋的心血之著，也是他一生中写的最后的一本书。同时，这也是我国新文化运动前期一部非常重要而且其重要意义尚未被人充分认识的学术巨著。这样一部包罗古今中外的世界文学通史，完成于郑振铎之手，出现在上世纪20年代的中国，有着历史的必然性。”[④] 原来郑振铎著此书的时代，正是比较文学这一新兴学科波及中国学术界的时代。郑振铎敏锐地看到了比较文学学科的生命力，那就是它采取全新的研究方法来处理文学问题。比较文学教导人们学会在跨语言、跨民族、跨文化和跨学科的场域中来观察事物，庶几避免只见树木不见森林之弊。郑振铎对扬雄的评价，乃是将扬雄与维吉尔（Virgil，前70—前19）和贺拉斯（Horace，前65—前8）等世界大文豪放在一起，加以比较之后才得出来的结论。维吉

① ［唐］欧阳询撰，汪绍楹校：《艺文类聚》上册，上海古籍出版社1999年版，第2页。

② 朱东润撰，章培恒导读：《中国文学批评史大纲》，上海古籍出版社2001年版，第16页。

③ 郑振铎编：《文学大纲》，广西师范大学出版社2003年版，第220页。

④ 同上，第2页。

尔是古罗马的大诗人，所作《伊尼德》（*Aeneid*）被誉为第一部文人史诗。然而，维吉尔的《伊尼德》带有强烈的摹仿荷马史诗的痕迹。贺拉斯是古罗马的文艺理论家，他提出紫斑（purple patches）说。贺拉斯《诗艺》（*De Arte Poetica*）第14—16行：

Inceptis gravibus plerumque et magna professis

Purpureus，late qui spleandeat，unus et alter

Adsuitur pannus①.

为了厚重的事业和伟大的目标

经常将紫色的布片缀上一两条

远远就能够展示出文章的美好。（拙译）

贺拉斯认为，好文章应该有秾丽的修辞色彩，就像古罗马人所穿的长袍一样，那是要故意补缀上几块紫色布片作为装饰，才显得华贵气派而富丽堂皇的。由此而观之，郑振铎对扬雄的评价实际上很高。它告诉我们，扬雄的创作具有世界一流的文学品格，扬雄的文学批评达到了世界一流的高度。

以上论述了扬雄的文格。那么，我们不禁要问，扬雄的人格究竟是怎么样的呢？《汉书》卷八七下《扬雄传下》：

赞曰：雄之自序云尔。初，雄年四十余，自蜀来至游京师，大司马车骑将军王音奇其文雅，召以为门下史，荐雄待诏，岁余，奏《羽猎赋》，除为郎，给事黄门，与王莽、刘歆并。哀帝之初，又与董贤同官。当成、哀、平间，莽、贤皆为三公，权倾人主，所荐莫不拔擢，而雄三世不徙官。及莽篡位，谈说之士用符命称功德获封爵者甚众，雄复不侯，以耆老久次转为大夫，恬于势利乃如是。实好古而乐道，其意欲求文章成名于后世②。

西汉末年，国内阶级矛盾加深，对外一再扩充疆土，民众的生计日益困穷，社会危机四伏。有鉴于此，王莽遂以符命自立为皇帝，国号新。王莽代汉，其出发点本来不错，周谷城《中国通史》第二编《中世前期》第一章《阶级的剧烈冲突》：“因为他是贵族的外戚，故能结交权贵；因为他处境特贫故亦知民间疾苦。他凭着这等阅历经验，要来解决危机，故其所施行，在当时实是崭新的而有革命意味的政策。”③ 然而，豪民、富商与各地的县令相互勾结，他们借新政之名而行自肥之实。结果，王莽的新政彻底失败了。

---

① Arthur Palmer and A. S. Wilkins, ed., Q. Horati Flacci, with notes by Thomas Ethelbert Page,（London：Macmillan and Co., Limited，1933）185.

② ［汉］班固：《汉书》，中华书局2007年版，第872页。

③ 周谷城：《中国通史》上册，上海人民出版社1957年版，第246页。

在那些秉持传统历史观的人们看来，外戚干政是很不好的事情。何况王莽直接代汉自立，这就更被人们认为大逆不道了。在王莽新政期间扬雄得到升迁，这件事本来纯属时间上的巧合。然而，不明真相的人们便认为扬雄的人格有问题。《汉魏六朝百三家集·杨侍郎集》："《剧秦美新》，谀文也，后世劝进九锡皆权舆焉。元后诔哀思文母，盛誉宰衡，犹然美新。岂有周人申后之思乎予？尝疑子云耆老清静，王莽之世，身向日景，何爱一官，自夺玄守。"[①]《剧秦美新》是扬雄的一篇重要文章，不仅内容关乎时政，并达到了很高的艺术水准，为《昭明文选》和《艺文类聚》所收录。《剧秦美新》表现了作者的勇气和胆识，那就是敢于就国家的命运和时局，而坦然地表达对于最高统治者的期望。较诸那些写游戏文章的人，扬雄不知道要勇敢多少倍！《剧秦美新》的精华在于其序文，该序文为散体，便于直抒胸臆。扬雄作《剧秦美新》，其本意在于劝诫皇帝"以至圣之德，龙兴登庸，钦明尚古，作民父母，为天下主，执粹清之道，镜照四海"[②]。由于王莽的新政与个人的野心交织在一起，故而他无法执粹清之道而镜照四海。假如王莽听从扬雄劝诫，那么其新政的结局当完全不同。从文章的实际内容看，扬雄《剧秦美新》是一篇劝诫文，而并非谀文。篇中那些歌功颂德的语汇，属于书写同类文章而必须使用的套话，这是一种"文学惯例"（literary convention），否则就不成"体统"。这样的语汇，在维吉尔的史诗《伊尼德》中更多。其实，扬雄之所以得以升迁，真正的原因是他服务朝廷的时间太久了。他的同事们早就升迁过多次了。不予扬雄以升迁，实在说不过去。从《汉书·扬雄传》看，在官场里势利眼多，而扬雄是个老实人。既然官场势利眼多，于是扬雄索性以著文章为人生的目标，并期待以文章而流芳于后世。这个人生目标，扬雄完满地实现了。

扬雄《法言》卷二《吾子》云："古者杨、墨塞路，孟子辞而辟之，廓如也。窃自比于孟子。"[③]孔子是圣人。孟子也是圣人，号称亚圣。向孟子学习，争取达到孟子的人格高度，这是扬雄对自己的一贯要求，也是扬雄对自己的人格评价。这个评价是公允的，人，毕竟还是自己最了解自己。

二、征圣和宗经

征圣和宗经是扬雄文学批评观的两大基石。征，原作"徵"。汉许慎《说文解

---

① ［明］张溥著，殷孟伦注：《汉魏六朝百三家集题辞注》，中华书局 2007 年版，第 30 页。
② ［汉］扬雄著，张震泽校注：《扬雄集校注》，上海古籍出版社 1993 年版，第 206 页。
③ ［汉］扬雄著，韩敬注：《法言注》，中华书局 1992 年版，第 49 页。

字》："徵，凡壬之属，皆从壬。徵，召也。"[①]召，这是"徵"字的原初义，不过此义与"征圣"之"征"尚有相当的距离。清段玉裁《说文解字注》："召者，评也。《周礼》司市典祀注，乡饮酒礼注，乡射礼注，皆曰：徵，召也。按，征者，证也，验也，有证验斯有感召，有感召而事以成。"[②]一看段注，豁然贯通，原来"徵"的意思就是征验，证验。证验，即验证。征圣，以圣人为标准来验证。既要以圣人的标准来验证，就免不了时常征引圣人的著作。作为一个基本的技术手段，征圣，也就意味着征引圣人的言论。这样的理解，似乎简单了一些，但是它切中要义。圣人之道在哪里？圣人之道就在圣人的言论里。道即是言，反之亦然。

当人们有了某种看法的时候，如何知道它对与不对呢？在扬雄看来，最好的办法就是以圣人为标准来进行验证。《法言》卷二《吾子》：

> 或曰：人各是其所是而非其所非，将谁使正之？
>
> 曰：万物纷错则悬诸天，众言淆乱则折诸圣。
>
> 或曰：恶睹乎圣而折诸？
>
> 曰：在则人，亡则书，其统一也[③]。

扬雄善于运用一问一答的方式来展开论说。他假借"有人"来发问。有人说，每个人都肯定自认为正确的东西而否定自认为不正确的东西，那么谁来纠正他们的是非呢？回答如下，万千事物错综复杂，那么就由天来决定它们。众人言论无法统一，那么就由圣人来评判它们。有人又说，怎样才能见到圣人并请圣人来做评判呢？回答如下，如果圣人活着，那么就直接请教圣人。如果圣人去世了，那么就用圣人的书来做评判，因为圣人和圣人所著的书乃是统一的。扬雄认为，他自己就对圣人的思想有很好的继承。由于扬雄曾经将自己比作孟子，因此扬雄在这里所云之圣人，指的是孟子之前的诸如周公、孔子等伟大的思想家。《淮南子》卷二一《要略》："周公继文王之业，持天子之政，以股肱周室，辅翼成王。惧争道之不塞，臣下之危上也，故纵马华山，放牛桃林，败鼓折枹，搢笏而朝，以宁静王室，镇抚诸侯。成王既壮，能从政事，周公受封于鲁，以此移风易俗。孔子修成、康之道，述周公之训，以教七十子，使服其衣冠，修其篇籍，故儒者之学生焉。"[④]周公是周代文化的主要建设者，礼乐制度就是周公所制定的。孔子述而不作，他的功劳主要是阐释周公的思想。孔子有三千弟子，其中有七十二人造诣较高而被称颂为贤人。周公和孔子这样的圣人生活在轴心时期，他们

---

① ［汉］许慎撰，［清］段玉裁注：《说文解字注》，上海书店1992年版，第389页。

② 同上。

③ ［汉］扬雄著，韩敬注：《法言注》，中华书局1992年版，第46页。

④ 刘文典撰，殷光熹点校，张文勋审定：《淮南鸿烈集解》，安徽大学出版社、云南大学出版社1998年版，第728页。

距离扬雄的时代已经有了距离，他们对于后来的人们则有更大的时间距离。因为圣人早就去世了，所以谁也无法再见到他们。那么，生活在当下的人们应该怎么办呢？唯一的办法就是认真阅读圣人的书。

征圣，这是扬雄提出来的文学批评观念，它直接影响了后来时代的文学批评。到了南朝的梁代，文学批评家刘勰出现了，他撰写了文学批评的专著《文心雕龙》五十篇，该书第二篇就叫作《征圣》。刘勰《文心雕龙·征圣》："夫作者曰'圣'，述者曰'明'。陶铸性情，功在上哲。夫子文章，可得而闻，则圣人之情，见乎文辞矣。先王圣化，布在方册；夫子风采，溢于格言。是以远称唐世，则焕乎为盛；近褒周代，则郁哉可从。此政化贵文之征也。"①所谓圣，指的是具有独立的创造性的人物。所谓明，指的是那些善于继承圣人学说的人。圣人的著作能够陶冶人的性情，能够将人们的道德品质引入向上一路。我们虽然见不到孔夫子本人，但是我们能够读到他的书。孔夫子的思想和感情表现在他的文章里，古代圣王的教化存在于他们的典册中。虽然圣人去世已久，但是他们的风采还是看得见的。在圣人的精辟言论中就洋溢着他们的风采。唐尧的时代是盛世，那时的文化已然兴盛。周代文化发达，为我们留下了学习的榜样。一个时代的政治教化如何，可以从遗留下来的文章中寻觅到踪迹。

宗经，这是扬雄的文学批评观的又一基石。宗，动词，宗法。经，名词，经典。宗经，宗法经典，尊崇和效法经典。宗经与征圣，二者密不可分。周公是圣人，然而只有那些生活在周公身边的人可以直接征圣。孔子是圣人，然而也只有那些生活在孔子身边的人才能够直接征圣。即使与圣人生活在同一时代，也只有很少的人能够直接征圣。对于绝大多数人来说，征圣的办法只有一个，那就是宗经。《法言》卷二《吾子》：

观书者譬诸观山及水：升东岳而知众山之峛崺也，况介丘乎！浮沧海而知江河之恶沱也，况枯泽乎！舍舟航而济乎渎者，末矣！舍五经而济乎道者，末矣！弃常珍而嗜乎异馔者，恶睹其识味也！委大圣而好乎诸子者，恶睹其识道也②。

宗经，就是读圣人的书。那么，如何读书呢？读书是一种精神的游历活动，它在本质上与观山览水相似。

登上东岳泰山之巅，就看得见周围群山逶迤了，何况那些小土丘呢。登上巍峨的泰山而觉得周围的山峰渺小。孟子自称为孔子的私淑弟子，他曾经转述过孔子的登山感受。《孟子·尽心上》："孟子曰：孔子登东山而小鲁，登泰山而小天下。"③当孔子登

① ［梁］刘勰著，周振甫注：《文心雕龙注释》，人民文学出版社 1998 年版，第 11 页。
② ［汉］扬雄著，韩敬注：《法言注》，中华书局 1992 年版，第 35 页。
③ ［宋］朱熹：《四书章句集注》，中华书局 1983 年版，第 356 页。

上东山的时候，他便觉得鲁国小了。当他登上泰山的时候，又觉得天下也小了。杜甫也有这样的体会，《杜诗详注》卷一《望岳》：“岱宗夫如何？齐鲁青未了。造化钟神秀，阴阳割昏晓。荡胸生层云，决眦入归鸟。会当凌绝顶，一览众山小。”①开元二十四年（736），杜甫参加了科举考试。落第之后，他开始了在齐鲁大地上的漫游。当时杜甫的父亲杜闲在兖州担任司马。杜甫前往齐鲁漫游，既探望了父亲，又游览了泰山。在泰山顶上杜甫呼吸着清新的空气，看见山脚下有云朵在飘逸，看见群山小得像一个个青葱头，于是他的心情一下子就变好了。有趣的是，《圣经》中也有类似的记载，《以赛亚书》2：2—3 写道：“耶和华殿的山必坚立，超乎众山，高举过万岭，万民都要流归这山。必有许多国的民前往，说：‘来吧！我们登耶和华的山，奔雅各神的殿，主必将他的道教训我们，我们也要行他的路。因为训诲必出于锡安；耶和华的言语必出于耶路撒冷。’”②迈动双脚，攀登高山，一步一步接近真理，此事何其佳美！

在湛蓝的大海上航行就知道江河的水有多么浑浊了，何况那些干涸的小池塘呢。《历代赋汇》卷二四魏王粲《游海赋》：“乘菌桂之芳舟，浮大江而遥逝；翼惊风而长驱，集会稽而一睨。登阴隅以东望，览沧海之体势。吐星出日，天与水际。其深不测，其广无臬，章亥所不极，卢敖所不届。怀珍藏宝，神隐怪匿。或无气而能行，含血而不食；或有叶而无根，或能飞而无翼。鸟则爰居孔鹄，翡翠鹔鹴，缤纷往来，沉浮翱翔；鱼则横尾曲头，方目偃额，大者若山陵，小者重钧石。乃有贲蛟大贝，明月夜光，蠵鼊瑇瑁，金质黑章。若夫长洲别岛，棋布星峙，高或万寻，近或千里，桂林聚乎其上，珊瑚周乎其趾。群犀代角，巨象解齿，黄金碧玉，名不可纪。”③以航海喻读书的确是高妙的比方。由此而观之，“留洋”的确是必要的。进入 21 世纪后，我国已经兴起又一次出国留学的高潮，可喜可贺！没有船舶，无法渡过大江大河，正如《诗经·谷风》所云：“就其深矣，方之舟之。”④自然界中的小溪可以趟水而过，小河可以游水而过，然而大江大河，水深流急，必须凭借舟船才能够度过。知识的海洋更是如此。书籍众多，一个人无论多么努力，也是读不完的。既然如此，就必须有选择性地阅读。任何学科，真正紧要的书并不是很多。就中国文史哲诸科目而言，最重要的书就是“五经”。

与登山与览水相仿佛，没有《五经》根本就无法达到真理。放弃正常的美味而癖

① ［唐］杜甫撰，［清］仇兆鳌详注：《杜诗详注》，上海古籍出版社 1992 年版，第 3 页。
② 《圣经》（和合本·金边拇指索引），中国基督教两会 2009 年版，第 660 页。
③ ［清］陈元龙辑：《历代赋汇》，江苏古籍出版社、上海书店 1987 年版，第 102 页。
④ 程俊英、蒋见元注译：《诗经》，岳麓书社 2000 年版，第 30 页。

好稀奇的食物，那是没有办法懂得食物的味道的。一般而言，圣人的著作其水准在诸子之上，放着圣人的书不读，而只读诸子的书，那就是本末倒置，那是根本无法认识真理的。在生活中我们常常看到如下现象。由于圣人的著作难度较大，因而许多人不愿意阅读原著而只看辅导材料。其实，这样做是根本无法领略圣人著作的精髓的。

征圣和宗经又是扬雄进行文学批评活动的出发点。《法言》卷二《吾子》：

> 好书而不要诸仲尼，书肆也。好说而不见诸仲尼，说铃也。君子言也无择，听也无淫。择则乱，淫则辟。述正道而稍邪哆者有矣，未有述邪哆而稍正也①。

就数量而言，没有谁的书有书商那么多，然而很少有书商是真正的学者。喜欢读书是好事，但是读书要有所选择。那么，如何选择呢？孔子就是最好的选择标准。喜欢议论不是什么坏事，但是议论也要有个标准，否则就是胡乱地说一气，或者如铃铛一样叮当作响。那么，议论的标准是什么呢？议论就是发表意见，发表意见必须有个标准。最好的标准还是孔子，议论时以孔子为标准，就能做到正确的取舍了。自己说话和听人家说话，都要有标准，否则就造成混乱。传述正道的人也有失误的时候，尽管如此我们还是应当传述正道，而不要传述歪理邪说。这是因为，传述歪理邪说的人绝不会走上正道。

扬雄的宗经说对刘勰有直接的影响，刘勰《文心雕龙》第三篇就叫作《宗经》。

三、对偶状范畴

扬雄的文学批评有一个显著的特点，那就是他喜欢采用呈对偶状态分布的范畴来建构其文学批评的体系。

文学是语言的艺术，而语言反映了一个民族的思维特征。任何一种民族的语言，除了少数几个连词之外，其他的词都是概念。一个民族的语言包含数十万乃至上百万的单词。在建构一门学科的时候，不可能也没必要将所有这些单词都作为概念来研究。通常的做法是，将那些能够反映某一学科的普遍本质而又概括性强的概念挑选出来，作为研究的对象。这样能反映学科的普遍本质而又概括性强的概念，有个名称，叫作范畴。关于范畴，德国哲学家威廉·文德尔班（Wilhelm Windelband，1848—1915）写道：

> Wenn alles Wirkliche die Erscheinung des Geistes ist，so f? llt die Metaphysik mit der Logik zusammen，welche die sch? pferische Selbstbewegung des Geistes als eine di-

---

① ［汉］扬雄著，韩敬注：《法言注》，中华书局 1992 年版，第 41 页。

alektische Notwendigkeit zu entwickeln hat. Die Begriffe, in welche der Geist seinen eigenen Inhalt auseinanderlegt, sind die Kategorien der Wirklichkeit, die Gestalten des Weltlebens, und die Philosophie hat dies Reich der Formen nicht als gegebene Mannigfaltigkeit zu beschreiben, sondern als die Momente einer einheitlichen Entwicklung zu begreifen①.

如果一切现实的东西都是精神的表象，那么形而上学与逻辑就一致了，因为逻辑不得不作为辩证的必然性去发展精神那创造性的自我运动。在精神将其自身的内容解析开来的那些概念中，存在着这样一些现实的范畴，它们是世界生命的样态。哲学所拥有的这个关系到种种形式的王国，并非作为杂多而被描述，而是作为统一发展的要因而被把握。(拙译)

这是对黑格尔（Georg Wilhelm Friedrich Hegel，1770—1831）关于范畴的学说之概括。黑格尔还认为，文化的进步，尤其是科学的进步，会使得较高级的思维关系逐渐显露出来，并将这些关系提高到更大的普遍性，从而引起人们更密切的关注。即使是经验的和感性的科学，也是如此。这是因为，它们一般地都是在最习见的范畴之内活动的。列宁（Vladimir Ilyich Lenin，1870 — 1924）在研究黑格尔的过程中对范畴有了更深的认识。列宁写道："在这面网上，到处有牢固的纽结，这些纽结是它的（精神或主体的）生活和意识的据点和定向点 …… 如何理解这一点呢？在人面前是自然现象之网。本能的人，即野蛮人，没有把自己同自然界区分开来。自觉的人则区分开来了，范畴是区分过程中的梯级，即认识世界的过程中的梯级，是帮助我们认识和掌握自然现象之网的网上纽结。"② 在《黑格尔〈逻辑学〉一书摘要》一书中，列宁称范畴为"小阶段""纽结""环节""梯级""据点"和"定向点"。列宁指出，人对自然的认识（即观念）的各个环节，就是逻辑的范畴。由此可知，欲透彻地研究一门学科就必须把握一些重要的范畴。在对一门学科进行史的考察时，尤其如此。这是因为，史的考察要求我们注重阶段性。

虽然范畴与概念的关系密切，但是它们产生的时间先后不同。一经有了语言，概念就产生了，然而范畴的产生却要晚得多，因为范畴是高级思维关系逐渐显露的结果。学科的进步，使人们的注意力集中在一些频繁出现的概念上。随着这些概念的范围逐渐明朗化，它们所包含的内容逐渐具体而稳定，于是范畴就被确定了。由于学科的进步是无止境的，范畴按理说也可以无限的多。然而，过多过滥就会失去概括性。因而，

① Heinz Heimsoeth [Hrsg]: Wilhelm Windelband, Lehrbuch der Geschichte der Philosophie, Fünfzehnte Auflage (Tübingen: J. C. B. Mohr) 526。

② 中共中央马克思恩格斯列宁斯大林著作编译局译：《列宁哲学笔记》，人民出版社 1993 年版，第 78 页。

一门成熟的学科，其范畴一般被框定在数百个之内。同时，有的范畴经过长时期的使用就会化为常识，于是它们就会淡出人们的视野。随着学科的进步，又会有若干新的范畴形成。任何一门学科的范畴都只是一个大体稳定的体系，而不是恒定不变的语汇堆积。卓越的学者会将自己的思想凝练为范畴，并用新的范畴组织起精彩的命题来，由此推动学科前进。

中国学者提出来的范畴，有许多成对偶状态分布。这是因为，汉语具有强烈的对偶思维特征。中国人喜欢作对联。四联八句的律诗，其颔联和颈联必须对仗。百韵长律，除开首联和尾联之外，其他各联，必须对仗。日本亚洲史家宫崎市定（Miyazaki Ichisada，1901—1995）曾经风趣地说，在汉语中只有一个“濕”字找不出其对偶来，而其他的汉字都能够找出对偶。至于扬雄，他就是这样一位卓越的文学批评家。扬雄提出了三组呈对偶状态分布的范畴，简称对偶范畴。

（一）事理与文辞

扬雄将事理与文辞作为一组对偶范畴而展开了精彩的论述。《法言》卷二《吾子》：“或曰：君子尚辞乎？曰：君子事之为尚。事胜辞则伉，辞胜事则赋，事辞称则经。足言足容，德之藻矣。”[①]扬雄认为，君子重视事实而轻视虚辞。在写文章的时候，如果事胜于辞，那么就难免有率直的毛病；如果言辞超过事实，那么就难免有夸张的毛病。事实和言辞相称才合乎文章的轨范。在写文章的时候，言辞要足够，事实也要足够。所谓足够，指不多不少。这样的文章是道德丰富多彩的表现。《论语·雍也》：“子曰：质胜文则野，文胜质则史。文质彬彬，然后君子。”[②]这是孔子关于文质的言论。文，文采；质，质朴。孔子所讲的是事实与言辞的关系。扬雄说：事辞称则经。经，作为名词指经典。扬雄将名词“经”（classics）当作形容词（classic）来使用。赋，作为名词指一种文体，赋的特征是夸张和富丽。扬雄将名词“赋”（rhapsody）当作形容词（rhapsodic）来使用，这与他轻视赋的言论所透露出来的思想倾向是一致的。扬雄认为经典著作是事与辞相称的典范，这与他宗经的思想是一致的。扬雄通过文章体类的辨析而发展了孔子的文质论。

扬雄还通过不同艺术门类之间的比较来阐述他对事理与文辞关系的看法。《法言》卷五《问神》：“言不能达其心，书不能达其言，难矣哉！惟圣人得言之解，得书之体。白日以照之，江河以涤之，浩浩乎其莫之御也。面目之，辞相适，捈中心之所欲，通诸人之嚍嚍者，莫如言。弥纶天下之事，记久明远，著古昔之㖧㖧，传千里之忞忞者，莫如书。故言，心声也；书，心画也。声画形，君子小人见矣。声画者，君子小人之

① ［汉］扬雄著，韩敬注：《法言注》，中华书局1992年版，第34页。
② ［宋］朱熹撰：《四书章句集注》，中华书局1983年版，第89页。

所以动情乎！”[①] 言，指口头语言。书，指书面语言。文学属于语言艺术。口头文学注重声音的运用，书面文学注重文字的表达。至于绘画，则属于造型艺术。文学和绘画属于不同的艺术门类，尽管如此，它们都能够表现人的精神活动，诉诸人的情感。言为心声，书为心画，这是扬雄在论述事理与言辞关系的时候提出来的两个美学命题。言和书，既包括文学艺术，又包括学术著作。

尽管扬雄重视文章的内容，但是他认为言辞也是必须讲究的。《法言》卷七《寡见》：“或曰：良玉不雕，美言不文，何谓也？曰：玉不雕，玙璠不作器；言不文，《典》《谟》不作经。”[②] 扬雄用比喻来告诫作家们，在文辞上必须下功夫。未经雕琢的玉，仅仅是一种石材，而不是玉器。缺少文采的言辞，不可能完美地传达经典的内容。刘勰赞成扬雄的观点，《文心雕龙·宗经第三》：“扬子比雕玉以作器，谓五经之含文也。夫文以行立，行以文传，四教所先，符采相济，励德树声，莫不师圣。”[③]宗法经典离不开征引圣人的著作。既要征引圣人的著作，就要学习圣人对言辞的态度。《法言》卷五《问神》：“或问：圣人表里？曰：威仪文辞，表也；德行忠信，里也。”[④]为人，要有庄严的仪容。作文，要有优美的言辞。仪容和言辞都是内心的流溢。圣人们都是表里如一的。既然如此，我们也应该表里如一，努力做到仪容庄严，言辞优美。

在扬雄之前，孔子论述了事理与言辞的关系，这是文质论。在扬雄之后，六朝的批评家们进一步讨论了事理与言辞的关系，这是文笔说。扬雄既是文质论的后继者，又是文笔说的先驱者。而且，扬雄的心声心画说，不仅涉及文学作品，还涉及学术著作。扬雄之所以能够成为联系圣人与一般文学批评家之间的桥梁，乃是因为他本身也部分地具备了圣人的品格。从历史上看，扬雄未曾被尊为圣人，但是他至少算得上是一位圣徒。《圣经新约·以佛所书》3：8—9 云：“我本来比众圣徒中最小的还小，然而他还能赐我恩典，叫我把基督那测不透的丰富传给外邦人。又使众人都明白，这历代以来隐藏在创造万物之神里的奥秘，是如何安排的。”[⑤] 这是圣徒保罗奉差传播福音时讲的话。扬雄在弘扬孔子学说方面的功绩，完全比得上圣徒保罗在传播福音方面的功绩。

（二）温润与深沉

温润与深沉，这是扬雄提出来的另一组对偶范畴。《法言》卷十三《孝至》：“或问

---

① ［汉］扬雄著，韩敬注：《法言注》，中华书局 1992 年版，第 110 页。
② 同上，第 152 页。
③ ［梁］刘勰著，周振甫注：《文心雕龙注释》，人民文学出版社 1988 年版，第 19 页。
④ ［汉］扬雄著，韩敬注：《法言注》，中华书局 1992 年版，第 244 页。
⑤ 《圣经》（和合本·金边拇指索引），中国基督教两会 2009 年版，第 216 页。

泰和。曰：其在唐、虞、成、周乎？观《书》及《诗》，温温乎其和可知也。”① 和，指刚柔相济。泰，副词，指在程度上非常充分。泰和，指刚柔相济达到了非常充分的地步。唐，唐尧。虞，虞舜。成，周成王。周，周公。帝尧、帝舜、周成王和周公，都是儒家称颂的圣人。扬雄说这一番话的时候，其思路如下。唐、虞、成、周所处的时代是太平盛世的顶峰，其时代特征是泰和。《尚书》和《诗经》正是唐、虞、成、周时期的产物。既然如此，那么《尚书》和《诗经》也就体现了唐、虞、成、周时期的时代特征。质言之，在扬雄看来，《尚书》的审美特征是“和”，《诗经》的审美特征也还是“和”。扬雄对《诗经》的审美特征的判断是符合实际情况的。扬雄所言的《诗经》主要指《小雅》《大雅》和《三颂》，而不包括《国风》中那些讽刺社会现实的作品。传统的《诗经》学说认为，《小雅》中《南有嘉鱼》至《菁菁者莪》诸篇，《大雅》中的一部分作品，以及《颂》中的《周颂》，都产生于周成王和周公时期。《诗经》中的大部分作品，其文本质上都是温润和煦的。“温温”二字叠用，表示温润得恰到好处。通过叠用表示样态的形容词来表达某种审美品质恰到好处，这是扬雄的行文风格，在扬雄的文章中还有不少这样使用形容词的例子，比如《法言》卷五《问神》：“虞、夏之书浑浑尔，《商书》灏灏尔，《周书》噩噩尔。下周者，其书谁乎！”② 今存《尚书》包括四个部分，它们是《虞书》《夏书》《商书》和《周书》，分别产生于虞、夏、商、周时期。浑浑，浑厚得恰到好处。灏灏，灏，通“浩”，浩瀚得恰到好处。噩噩，噩，通“愕”，严敬得恰到好处。扬雄还说，周朝以后的各个时期就没有产生出具有那般文本质地的著作了。

和，即中和，儒家的审美观以中和为美。《诗经》的审美特征是中和美，这是没有争议的。《论语·为政》：“子曰：《诗三百》，一言以蔽之，曰：思无邪。”③无邪，即中和之意。《论语·八佾》：“子曰：《关雎》乐而不淫，哀而不伤。”④ 古人认为在一系列的事物中，排列在第一位的就是最重要的。《关雎》是《周南》的第一篇，《关雎》又是全部《国风》的第一篇，《关雎》还是整个《诗经》的第一篇，因而《关雎》是非常重要的诗篇。淫，过多。快乐的时候，当以不过头为宜，快乐过头也会招致悲伤。伤，毁伤。悲哀的时候，当以不至于毁伤身体为度。因为《关雎》的审美特征是以中和为美，所以《关雎》就向世人们昭示了《诗经》的总体审美特征。尽管在《诗经》中有些作品因辛辣地讽刺社会现实而不那么中和，但是《诗经》究其总体而言还是以

---

① ［汉］扬雄著，韩敬注：《法言注》，中华书局 1992 年版，第 352 页。
② 同上，第 106 页。
③ ［宋］朱熹撰：《四书章句集注》，中华书局 1983 年版，第 53 页。
④ 同上，第 66 页。

中和为美的。《尚书》的审美特征是否也是中和美呢？这是有争议的。韩愈《进学解》云："《周诰》《殷盘》，佶屈聱牙；《春秋》谨严，《左氏》浮夸，《易》奇而法，《诗》正而葩。"①诰，告戒，劝勉。诰是一种文章体裁，一般用于上级对下级。在《尚书》的《周书》中，有诰六篇，它们是《大诰》《康诰》《酒诰》《诏诰》《洛诰》《康王之诰》。在《尚书》的《商书》中，有含"盘"字的文献三篇，它们是《盘庚上》《盘庚中》《盘庚下》。盘庚，商王，名旬，盘庚是庙号。盘庚是汤的十世孙，祖乙的曾孙，阳甲的弟弟。《书序》云："盘庚五迁，将治亳殷。民咨胥怨，作《盘庚》三篇。"②殷、商是同一朝代的两个阶段，以迁都为划分阶段的节点。盘庚继阳甲即位，将王都从奄（今山东曲阜）迁至殷（今河南安阳小屯村一带）。《盘庚》上中下三篇是《尚书》中篇幅最长的文章，读起来费劲。《尚书》是出了名的难读，连唐代大文豪韩愈都觉得它佶屈聱牙。不过，这是就《尚书》各篇的文本质地而言的。在审美的理论主张方面，《尚书》所提倡的毕竟还是以中和为美。《尚书·舜典》："帝曰：'夔，命汝典乐，教胄子，直而温，宽而栗，刚而无虐，简而无傲。诗言志，歌永言，声依永，律和声。八音克谐，无相夺伦，神人以和。'夔曰：'於！予击石拊石，百兽率舞。'"③ 和，指各种音乐要素之间的相反相成、相辅相成。在文学发展的初期，诗歌、音乐和舞蹈尚未分化为三个独立的艺术部门，它们紧密地联系在一起，共同发挥言志和育人的作用。在这一阶段各个艺术部门之间的和是必要的。这是因为，诗歌和舞蹈都含有音乐的要素，它们只有在和的状态下才能够完美地结合。后来，诗歌、音乐和舞蹈逐渐分离为三个不同的艺术部门。尽管如此，它们之间的和还是必要的。这是因为，言志要求完美地表达思想和感情，育人的目的在于指引人群和美共处。

《尚书》的文本质地是佶屈聱牙的，而《尚书》的美学主张却是"和"。这两者之间的反差让人难以理解，于是扬雄撰文进行解释。扬雄《解难》云：

> 扬子曰："俞。若夫闳言崇议，幽微之涂，盖难与览者同也。昔人有观象于天，视度于地，察法于人者，天丽且弥，地普而深，昔人之辞，乃玉乃金。彼岂好为艰难哉？势不得已也。独不见翠虬绛螭之将登乎天，必耸身于苍梧之渊；不阶浮云，翼疾风，虚举而上升，则不能撇胶葛，腾九闳，日月之经不千里，则不能烛六合，耀八纮；泰山之高不嶕峣，则不能浡滃云而散歊烝。是以宓牺氏之作《易》也，绵络天地，经以八卦，文王附六爻，孔子错其象而象其辞，然后发天地之藏，定万物之基。《典》《谟》之篇，《雅》《颂》之声，不温纯深润，则不足以

---

① ［唐］韩愈著，钱仲联、马茂元校点：《韩愈全集》，上海古籍出版社 1997 年版，第 131 页。
② 十三经注疏委员会整理，李学勤主编：《十三经注疏·尚书正义》，北京大学出版社 1999 年版，第 223 页。
③ 同上，第 78 页。

扬鸿烈而章缉熙。盖胥靡为宰，寂寞为尸，大味必淡，大音必希；大语叫叫，大道低回。是以声之眇者不可同于众人之耳，形之美者不可混于世俗之目，辞之衍者不可齐于庸人之听。今夫弦者，高张急徽，追趋逐耆，则坐者不期而附矣；试为之施《咸池》，揄《六茎》，发《箫韶》，咏九成，则莫有和也。是故钟期死，伯牙绝弦破琴而不肯与众鼓；獿人亡，则匠石辍斤而不敢妄斲。师旷之调钟，竢知音者之在后也。孔子作《春秋》，几君子之前睹也。老聃有遗言，贵知我者希，此非其操与！"①

扬雄认为，真正的"和"是温润与深沉之间的统一。他从四个方面论述了这个道理。

其一，从自然界看，温润与深沉之间是统一的。龙有多种，有的龙有角，有的龙无角。在无角的龙中，有一种叫虯，还有一种叫螭。虯的颜色青翠，螭的颜色绛红。虯和螭飞升天宇都得凭借大风的力量。无角的龙，无论是虯，还是螭，都比一般有角的龙形体小一些。由于它们是小龙儿，所以显得温润。然而，扶摇直上九天的大风却不温润，它是积聚于深沉之处的力量之运动。

其二，从著作史看，真正的"和"是温润与深沉之间的统一。《易经》是《周易》的经文部分，它采用卦和爻来占卜和象征自然界和社会变化的吉凶。卦的基本符号是代表阳性的直线和代表阴性的断线。将这两种符号每三个配成一卦，一共得到八个"经卦"（基础卦）。将八个经卦两两相配，一共得到六十四个"别卦"（衍生卦）。每一别卦六爻，一共三百八十四爻。解释卦的语句叫卦辞，解释爻的语句叫爻辞。卦辞和爻辞一共四百五十条。卦和爻的图像叫作卦象和爻象，它们都很简单，这是《易经》温润的一面。卦辞和爻辞的语句非常艰深，这是《易经》深沉的一面。由于《易经》是经书的一种而经书的总体风格是"和"，因而我们不得不承认《易经》的审美风格是"和"。由易学史可知，"和"的确是温润与深沉的统一。《春秋》是孔子根据鲁国史官编写的《鲁春秋》，并参考周王室和各诸侯国史官的记载而作的一部编年史。《春秋》由一些条文组成，最长的条文不过四十余字，最短的条文仅有一个字。《春秋》纪事非常简约，这是温润的一面。《春秋》的内涵深奥，这是深沉的一面。然而，对于《春秋》的解释却是浩瀚的。《左传》《公羊传》和《穀梁传》本来是用来解释《春秋》的，然而在后世的人们看来，《三传》本身也十分艰深。历代以来产生过大量的阐释《春秋》和《三传》的著作，它们不仅没有把问题弄简单，反而把问题弄得更加艰深了。可是，又有谁敢说《春秋》的审美风格不是"和"呢？艰深，就是奥义的深沉。由春秋学史可知，"和"也的确是温润与深沉的统一。其他的儒家经典，诸如《尚

① ［汉］扬雄著，张震泽校注：《扬雄集校注》，上海古籍出版社1993年版，第201页。

书》和《诗经》，也同样如此。

其三，从音乐史看，真正的“和”是温润与深沉之间的统一。《咸池》《六茎》和《箫韶》均为古乐的名称。《咸池》是黄帝之乐，《六茎》是颛顼之乐，《箫韶》是帝舜之乐。按照当时奏乐的规矩，这些古乐均须演奏九遍，而每一遍的曲调都要有变化。古代的圣贤都说，古乐是最完美的音乐。聆听古乐使人心情宁静，这是古乐温润的一面。尽管如此，演奏古乐的时候却没有人唱和。这是因为，古乐中包含着深刻的难以言说的含义。不晓得一支曲子的含义，又怎么能够唱和呢？从音乐史可知，“和”同样是温润与深沉的统一。

其四，至于老子所著的《道德经》，那就能更说明“和”是温润与深沉的统一了。《道德经》七十章云：“知我者希，则我贵。”[①]希，稀疏，少。老子说，了解我的人越少，则我就越难得。老子为什么这么说呢？答案见于王弼注：“唯深，故知之者希也。知我益希，我亦无匹，故曰‘知我者希，则我者贵也’。”[②] 由于老子所讲道理深奥，了解他的人就少。“（老子）晚年过着隐居生活，‘著书言道德五千言’，即今流传的《老子》一书，分上、下两篇，共八十一章，是用韵文写的哲学诗。”[③] 这是《道德经》温润的一面。在《道德经》一书中，老子提出了以“道”为最高实体的宇宙观，以“静观”和“玄览”为方法的神秘主义认识论，以“反者道之助”为基本命题的辩证法思想。此外，在《道德经》一书中还保存了许多古代关于天文、养生、生产技术、军事理论和用兵方法的知识。《道藏》中的许多著作都是围绕《道德经》而展开的，道教经典，浩如烟海，艰深屈折，大都难读。这是《道德经》深沉的一面。从道学史可知，“和”是温润和深沉的统一。

（三）诗人之赋与辞人之赋

《汉书》卷三十《艺文志》：“传曰：‘不歌而诵谓之赋。登高能赋，可以为大夫。’言感物造耑，材智深美，可以与图政事，故可以为列国大夫也。”[④]赋这种文学体裁是古代文人的爱物，尤其是文学家的爱物。赋是一种介于文章与诗歌之间的文体。古人编文集，大都把赋列在全集之首。不过，也有相反的情形。比如，明铜活字本《唐五十家诗集》就将赋列在每一家诗集的首位。徐鹏《前言》：“此五十家诗集版式一律，线黑口、单鱼尾。鱼尾下为集名、卷、页。左右双边，每半叶九行，行十七字。版式宽疏，清朗悦目。所收均为初、盛、中唐诗集，无晚唐诗人作品。作品收诗、赋两部分，

---

① ［魏］王弼注，楼宇烈校释：《老子道德经注》，中华书局 2011 年版，第 183 页。

② 同上。

③ 萧萐父、李锦全主编：《中国哲学史》上册，人民出版社 1982 年版，第 104 页。

④ ［汉］班固：《汉书》，中华书局 2007 年版，第 342 页。

先赋后诗。”[①]较诸诗歌，赋的篇幅更长，更宜于呈才，故而许多古代文人都把作赋当成自己的基本文学训练之一。围绕赋这一文体，扬雄提出了很好的见解。在扬雄建构关于赋的文学命题时，他提出了一组对偶范畴，即诗人之赋与辞人之赋。这是扬雄提出来的第三组对偶范畴。《法言·吾子》云：

或问：景差、唐勒、宋玉、枚乘之赋也，益乎？

曰：必也淫。

淫则奈何？

曰：诗人之赋丽以则，辞人之赋丽以淫。如孔氏之门用赋也，则贾谊升堂，相如入室矣。如其不用何？[②]

针对汉赋，扬雄提出了尖锐的批评。从内容上看，汉赋失去了讽谏之指归。从形式上看，汉赋徒尚靡丽。在此基础上，扬雄提出了著名的命题："诗人之赋丽以则，辞人之赋丽以淫。"以，并列连词，意为"而且"，"而"，即英文的 and。欲透彻理解这一命题，就必须弄清楚以下五个问题。

其一，诗人之赋，其作者是怎样的人？这个问题涉及赋的流变。《文选》卷一班固《两都赋序》："赋者，古诗之流也。"[③]赋起初并不是一种文体，而是诗歌的一种表现手法，系六义之一，即不用比喻，不假象征，而直书其事。战国时期的荀子创作了《赋篇》，这是最早以"赋"名篇的作品。荀子《赋篇》兼具诗歌与散文的性质。汉代常把"辞"和"赋"统称为辞赋。辞，因为产生于楚地，故而又叫楚辞。屈原的作品是楚辞的大宗，《离骚》是其中最辉煌的篇章，因而称为骚体赋。屈原之后，写作辞赋的人越来越多。到汉代辞赋形成一种特定的体制，它讲究文采、重视韵律。一般认为，此后辞赋或骈偶化，或散文化。接近骈文的为骈赋、律赋，接近散文的为文赋。扬雄所云"诗人之赋"，主要指屈原的骚体赋，其特点是直谏。除了屈原之外，那些以赋直谏的作家都是"诗人之赋"的作者。那么，为什么称他们的作品为"诗人之赋"呢？《史记》卷八四《屈原传》："屈平正道直行，竭忠尽智以事其君，谗人间之，可谓穷矣。信而见疑，忠而被谤，能无怨乎？屈平之作《离骚》，盖自怨生也。《国风》好色而不淫，《小雅》怨诽而不乱，若《离骚》者，可谓兼之矣。"[④] 屈原的辞赋符合《诗经》的写作精神，因而被称为"诗人之赋"。简言之，诗人之赋，如果严格地施予新式标点，那么当写成"《诗》人之赋"。

---

① 上海古籍出版社编：《唐五十家诗集》，上海古籍出版社 1989 年版，第 2 页。
② ［汉］扬雄著，韩敬注：《法言注》，中华书局 1992 年版，第 27 页。
③ ［梁］萧统编：《文选》，上海书店 1988 年版，第 1 页。
④ ［汉］司马迁著：《史记》，中华书局 2006 年版，第 505 页。

其二，辞人之赋，其作者是怎样的人？《史记》卷八四《屈原传》：“屈原既死之后，楚有宋玉、唐勒、景差之徒者，皆好辞而以赋见称。然皆祖屈原之从容辞令，终莫敢直谏。其后楚日以削，数十年竟为秦所灭。”①扬雄点名批评了宋玉、唐勒、景差、枚乘。这四人中，前三位并非汉代人，而是战国时期的楚人，只有枚乘是汉代人。不过，缺少直谏精神的汉赋却是模仿他们四人辞赋的结果。虽然此四人都学习屈赋，但是他们没有学到屈赋的精神，而是仅得其皮毛。学习屈赋而弃其精神，其结果必然滑稽可笑。《法言·吾子》有云：“或曰：有人焉，自云姓孔而字仲尼，入其门，升其堂，伏其几，袭其裳，则可谓仲尼乎？曰：其文是也，其质非也。敢问质？曰：羊质而虎皮，见草而说，见豺而战，忘其皮之虎矣。圣人虎别，其文炳也。君子豹别，其文蔚也。辩人狸别，其文萃也。狸变则豹，豹变则虎。好书而不要诸仲尼，书肆也。好说而不见诸仲尼，说铃也。君子言也无择，听也无淫。择则乱，淫则辟。述正道而稍邪哆者有矣，未有述邪哆而稍正也。孔子之道，其较且易也。”②所谓汉赋属于辞人之赋，这是就汉代多数辞赋作家而言的。在汉代的辞赋作家中，也有少数人相当优秀。他们当属于写作“诗人之赋”的那些作家之列。比如，贾谊和司马相如就是如此。贾谊的辞赋以《鹏鸟赋》和《吊屈原赋》最有名，且具有一定的讽喻作用。司马相如的辞赋以《子虚赋》《上林赋》《大人赋》和《长门赋》最有名。司马相如作赋，目的明确，即用以讽谏。那么，我们不仅要问，扬雄自己的赋，属于哪一类赋呢？扬雄的辞赋有四大名篇，即《甘泉赋》《羽猎赋》《长杨赋》和《河东赋》，它们均为讽喻汉成帝广建宫室、沉溺游猎而作。扬雄的四大名赋以皇帝的奢侈腐化生活为讽喻的对象，较诸司马相如的赋作，它们显然具有更大的讽喻意义。由此而观之，扬雄的辞赋属于诗人之赋。

其三，辞赋的共同特征是什么？《文选》卷五二曹丕《典论论文》：“奏议宜雅，书论宜理，铭诔尚实，诗赋欲丽。此四科不同，故能之者偏也，唯通才能备其体。”③由于赋是从古诗中变化衍生出来的，所以诗歌和辞赋都有追求华丽的趋向，只不过辞赋在此方面更加突出罢了。《文选》卷四五皇甫谧《三都赋序》：“玄晏先生曰：古人称不歌而颂谓之赋。然则赋也者，所以因物造端，敷弘体理，欲人不能加也。引而申之，故文必极美，触类而长之，故辞必尽丽。然则美丽之文，赋之作也。”④皇甫谧（215—282），字士安，号玄晏先生，是生活在魏晋之间的文学批评家。美丽之文，赋之作也。

① ［汉］司马迁：《史记》，中华书局2006年版，第507页。
② ［汉］扬雄著，韩敬注：《法言注》，中华书局1992年版，第39页。
③ ［梁］萧统编：《文选》，上海书店1988年版，第720页。
④ 同上，第640页。

这是皇甫谧对赋的界定。将这句话稍加整理，即可得到其现代汉语之表达：赋是美丽之文。皇甫谧抓住了赋这一文体的突出特征：丽。“丽”有多种，包括富丽、华丽、艳丽、秾丽、靡丽等。这些美质在各家的赋中均有所体现。其中，富丽最得赋的文学体征之精髓。朱熹《诗集传》卷第一《葛覃》一章注：“赋者，敷陈其事而直言之者也。”①敷陈，铺叙和陈述，简言之，即铺陈。铺陈是赋的另一形式特征，而“富丽”一语可将“美丽”与“铺陈”统合起来。

其四，辞赋的功用应该是什么呢？《文选》卷四五皇甫谧《三都赋序》：“昔之为文者，非苟尚辞而已，将以纽之王教，本乎劝戒也。”②根据先王的教导对社会上的负面现象进行讽刺，本诸忠臣之心对君主的不当行为进行劝戒，这两方面结合起来就是讽谏。如果辞赋作家一味堆垒华丽的辞藻，那么他充其量只是一介善于呈才之士，这样的辞赋作家对于社会是没有多少作用的。只有那些通过写作辞赋而进行讽谏的作家，才能够有益于社会，才能够尽忠于君主。这是因为赋的社会功能就是讽谏。从历代辞赋的具体情形看，对君主进行劝戒的作品多于对社会负面现象进行讽刺的作品。那么，赋这一文体实现了讽谏的双重功能了吗？答案是肯定的。这是因为，君主是国家的象征，劝戒了一国之君，也就同时实现了对社会的负面现象进行讽刺这一工作。国君得到劝戒之后，便会勤于政事，设法去消弭社会上的各种负面现象，而这正是政事之一项。

其五，两类辞赋的差异在哪里呢？诗人之赋与辞人之赋，其共同点为“丽”。这是因为，辞藻华丽是赋这一体裁的文体规定性，它具有范畴的力量。如果某位辞赋作家写出一篇文字来，而其文辞不华丽，那么很显然这篇文字就不是赋了。即使这篇文字很好，也只能算是其他体裁的文章，而绝不是赋。诗人之赋与辞人之赋，其间的差别在哪里呢？就在一个“则”字上。则，法则、法度。诗人之赋有法则，有法度。辞人之赋缺少法则，没有法度。因为缺少法则，没有法度，所以就造成华丽辞藻的过多堆积，这就叫作“淫”。辞人作赋，没有原则，一味呈才，烦冗、泛滥，而又放荡，这是不好的。人们常说“妙语连珠”，其实这并不是文章的高境界。上好的文章不当妙语连珠。连珠般滚落出来的辞藻，往往带来过度甜熟的滑稽的效果。中国文章学史告诉我们，入宋以后辞藻华丽的赋实际上逐渐走向衰落，代之而起的是文赋。文赋的突出特征是辞藻不华丽，而以平淡出之。所以如此，原因有二：一方面，是宋代文坛领袖欧阳修（1007—1072）大力提倡平易文风。宋吴充《欧阳修行状》：“嘉祐初公知贡举时，举者为文以新奇相尚，文体大坏。公深革其弊，前以怪僻在高第者，黜之几尽，

① ［宋］朱熹注，王宝华整理：《诗集传》，凤凰出版社2007年版，第3页。
② ［梁］萧统编：《文选》，上海书店1988年版，第640页。

务求平澹典要。"[①] 欧阳修一向主张为文流畅自然，他强烈反对古奥艰深的文风。虽然扬雄与欧阳修相距千余年，但是他天才地预见了辞赋在体制上发生的根本性的变化。另一方面，长时期的过多的华丽辞藻之堆积造成了人们的审美疲劳。换言之，"淫"使人受不了。由此而观之，以"丽以淫"为特征的辞人之赋实在要不得，扬雄之反对辞人之赋，不仅正确，而且具有历史的远见。

四、发展的曲线

扬雄是一位具有发展意识并且能够以发展的眼光来审视文坛上的各种现象的文学批评家。扬雄的文学批评观，其发展意识主要体现在三条变化的曲线之上。

（一）从童子到壮夫

扬雄从辞赋家转型为哲学家的过程，同时也是一个身心成长的过程。扬雄把昔日的"吾子"称为"童子"，把新生的"吾子"称为"壮夫"。这样的认识，颇类似陶渊明的人生观。晋陶渊明《归去来兮辞》云："归去来兮！田园将芜胡不归？既自以心为形役，奚惆怅而独悲？悟已往之不谏，知来者之可追。实迷途其未远，觉今是而昨非。"[②] 扬雄的一生，是不断地追求进步的一生，是不断地寻找变革的一生，是不断地谋求发展的一生。《法言》卷二《吾子》：

> 或问：吾子少而好赋？
>
> 曰：然。童子雕虫篆刻。俄而曰：壮夫不为也。
>
> 或曰：赋可以讽乎？
>
> 曰：讽则已；不已，吾恐不免于劝也。
>
> 或曰：雾縠之组丽。
>
> 曰：女工之蠹矣。
>
> 《剑客论》曰：剑可以爱身。
>
> 曰：狴犴使人多礼乎？[③]

吾子，本义"我的先生"，这是扬雄的自称，带有调侃的语气。通过吾子和某位对话人之间的问答，扬雄讲述了他的身心之成长历程。

少年扬雄喜欢作赋，后来他认识到这好比雕章琢句罢了，只是一种小本领。待到成长为壮夫之后，他就不喜欢作赋了，因为他决心干一番更大的事业。有人问：赋不

---

① ［宋］欧阳修著：《欧阳修全集》下册，中国书店 1986 年版，第 1339 页。

② ［晋］陶潜著，龚斌校笺：《陶渊明集校笺》，上海古籍出版社 1990 年版，第 391 页。

③ ［汉］扬雄著，韩敬注：《法言注》，中华书局 1992 年版，第 25 页。

是可以用来讽谏吗？回答说：赋本来可以用来讽谏，但实际情况表明，赋所起的作用其实是怂恿而非讽谏。有人说：薄雾般柔曼的轻纱漂亮得很呢！回答说：正因为织品漂亮才阻碍了纺织女工的进步，人心毕竟易于满足啊。有人说：《剑客论》这本书讲过，刀剑可以用来护身。回答说：突刺和推挡，只会招来杀身之祸。君不见，刀客刀下死，剑客剑下亡么？可以说，这一番论辩发自扬雄的肺腑，可谓他的心声。扬雄酣畅淋漓地嘲笑自我，他在嘲笑自我之中得到了灵魂的升华。

扬雄身心的成长历程对大诗人杜甫也有所启迪。《杜诗详注》卷九《堂成》："背郭堂成荫白茅，缘江路熟俯青郊。桤林碍日吟风叶，笼竹和烟滴露梢。暂止飞乌将数子，频来语燕定新巢。旁人错比扬雄宅，懒惰无心作《解嘲》。"[①] 杜甫《堂成》诗作于上元元年（760）末。这一年杜甫四十九岁，他携带家人从秦州（今甘肃天水）经由同谷（今甘肃同谷）来到成都。在亲朋好友的帮助下，杜甫在成都西郊的浣花溪畔建成草堂一座。在长期的漂泊中，杜甫的身心经历了一番变化，他早已从青年时代对朝廷充满希望变成了而今的能够洞察社会现实了。《堂成》一诗，与其说为庆贺草堂建成而作，不如说为其身心之已然筑基而作。扬雄写作《太玄经》后，本该有所封赏，但是他并未得到什么禄位，于是他遭到人们一阵又一阵的嘲笑。在此情况下，扬雄挥笔写下了《解嘲》一文，声言他虽然未获得禄位，但是获得了淡泊不动的心境。在成都建成草堂的杜甫也具有这样的心境。

杜甫常常将自己与扬雄做比较，《杜诗详注》卷一《奉赠韦左丞丈二十二韵》：

> 纨袴不饿死，儒冠多误身。丈人试静听，贱子请具陈。甫昔少年日，早充观国宾。读书破万卷，下笔如有神。赋料扬雄敌，诗看子建亲。李邕求识面，王翰愿卜邻。自谓颇挺出，立登要路津。致君尧舜上，再使风俗淳。此意竟萧条，行歌非隐沦。骑驴三十载，旅食京华春。朝扣富儿门，暮随肥马尘。残杯与冷炙，到处潜悲辛。主上顷见征，欻然欲求伸。青冥却垂翅，蹭蹬无纵鳞。甚愧丈人厚，甚知丈人真，每于百寮上，猥诵佳句新。窃效贡公喜，难甘原宪贫。焉能心怏怏，只是走踆踆。今欲东入海，即将西去秦。尚怜终南山，回首清渭滨。常拟报一饭，况怀辞大臣。白鸥没浩荡，万里谁能驯？[②]

韦左丞，指韦济。丈，这是对比自己年长的男子之尊称。韦济（688—754），唐京兆杜陵人，宰相韦嗣立第三子，于天宝九载（750）迁尚书左丞。此诗作于天宝十一载（752），杜甫时年四十一岁。杜甫在诗中感谢韦济对自己的推奖，并直抒个人抱负，故而诗中充满了壮志难酬的郁愤。在诗中杜甫对自己的文学才华做了评估：其辞赋与扬

① ［唐］杜甫撰，［清］仇兆鳌详注：《杜诗详注》，上海古籍出版社1992年版，第291页。
② 同上，第33页。

雄匹敌，其诗歌与曹植接近。杜甫的人生理想是“致君尧舜上，再使风俗淳”，即在国级官员的层次上干一番宏大的事业。宋蔡梦弼撰《杜工部草堂诗话》卷二：“葛常之《韵语阳秋》曰：子美高自称许，有乃祖之风。上书明皇云：臣之述作，沈郁顿挫，扬雄、枚皋可跂及。《壮游》诗则自比于崔、魏、班、扬，又云：‘气劘屈贾垒，目短曹刘墙。’《赠韦左丞》则曰：‘赋料扬雄敌，诗看子建亲。’甫以诗雄于时，自比诸人，诚未为过。至窃比稷与契，则过矣。唐史氏称甫好论天下大事，高而不切，岂自比稷契而然耶？至云‘上感九庙焚，下悯万民疮，斯时伏青蒲，廷争守御床’，其忠荩亦可嘉也。”[①]杜甫七岁时就会作诗了，算是优秀的童子。不过，童子毕竟还不是壮夫。欲有贡献，须炼身心，以成壮夫，方有作为。杜甫的个人抱负与扬雄类似，其遭际也与扬雄类似。不仅如此，在史籍都有一些贬损他们的话。理解伟大的人物需要时间。尽管在生时遭人误会，但是扬雄最终成了伟大的哲学家。尽管在生时历尽磨难，但是杜甫最终成了伟大的诗人。他们都经历了从童子到壮夫的华丽转身。

（二）从辞赋到学术

就世界文学史而观之，作家们在青年时代大都偏好辞藻富丽的风格。英国大诗人莎士比亚（William Shakespeare，1564—1616）就是如此。莎士比亚一生中创作过两部长诗，它们都以辞藻富丽而著称，并带有浓厚的模仿风格。莎士比亚于1592—1593年间创作了第一部长诗《维纳斯与阿都尼》（*Venus and Adonis*），此诗长达1194行，是一本书的规模。关于此诗，牛津版《莎士比亚全集》之主编写道：It is an early example of the Ovidian erotic narrative poems that were fashionable for about thirty years from 1589; the best known outside Shakespeare is Christopher Marlowe’s *Hero and Leander*, written at about the same time[②]。（这是一部奥维德式的性爱叙事诗的早年的例子，奥维德式性爱诗从1589年起风行了大约三十年。除了莎士比亚之外，这类诗歌中最著名的是克里斯托弗·马洛的《海洛与勒安得尔》，它写于同一时间。——拙译）奥维德（Publius Ovidius Naso，前43—17）是古罗马大诗人，著有《恋情集》（*Amores*）、《爱的技巧》（*Ars amatoria*）和《情伤良方》（*Remedia amoris*）等长诗。维纳斯是罗马神话中专司爱与美的女神。阿都尼是美少年，他渴望得到爱情，但却莽撞冲动，一再贻误“战机”。海洛是一位女祭司。勒安得尔是海洛的情夫，为了见到海洛，他每晚横渡达达尼尔海峡。

莎士比亚复于1593—1594年间创作了第二部长诗《卢克丽丝受辱记》（*The Rape of Lucrece*），此诗长达1855行，更是一部书的规模。牛津版《莎士比亚全集》之主编写

① 张忠纲编注：《杜甫诗话六种校注》，齐鲁书社2002年版，第166页。

② Stanley Wells, Gary Taylor ed., William Shakespeare: *The Complete Works*, second edition (Oxford: Clarendon Press, 2005) 223。

道：Like *Venus and Adonis*, *The Rape of Lucrece* is an erotic narrative based on Ovid, but this time the subject matter is historical, the tone is tragic[①]。（与《维纳斯与阿都尼》一样，《卢克丽丝受辱记》也是一部以奥维德的作品为基础而创作的性爱叙事诗，只不过这一次的题材是历史的了，而叙事的口吻却是悲剧的。——拙译）此诗的本事为发生在古罗马的一个历史事件。公元前509年，优雅的少女卢克丽丝被皇子强奸，之后她因羞愧而自杀。此事件引起公愤，民众奋起，推翻了暴君的统治。

扬雄也是如此。青年扬雄，喜爱辞赋。他羡慕司马相如赋"弘丽温雅"的美质，并且以之为典范来进行模仿。《汉书》卷八七下《扬雄传下》：

> 雄以为赋者，将以风也，必推类而言，极丽靡之辞，闳侈巨衍，竞于使人不能加也，既乃归之于正。然览者已过矣。往时武帝好神仙，相如上《大人赋》，欲以风，帝反缥缥有凌云之志。繇是言之，赋劝而不止，明矣。又颇似俳优淳于髡、优孟之徒，非法度所存，贤人君子诗赋之正也，于是辍不复为[②]。

优秀的辞赋以讽谏为旨归，司马相如的四大名赋，如此。扬雄的四大名赋，亦如此。然而，这些辛苦写出来的辞赋，在讽谏方面竟然收效甚微。《汉书》卷五七下《司马相如传》赞曰："扬雄以为，靡丽之赋，劝百而讽一，犹骋郑卫之声，曲终而奏雅，不已戏乎！"[③] 那些受到辞赋家批判的东西，反而受到帝王和贵戚之流的追捧。原因在哪里呢？原因在于辞赋这种文体使用大量的美丽辞藻和对偶句式来修饰，并通过尽可能的夸张来叙事。就一篇辞赋来说，往往百分之九十九的篇幅被用来描写和铺叙那些受批判的对象。其结果就是该受批判的东西反而占据了主位，而应当提倡的东西只是轻轻一笔带过。辞赋家创作的原来意图被阉割了，批判的武器受到了武器的批判，辞赋家们一个个成了教唆犯。扬雄的神思，回到了翩翩少年时。自己年轻时，曾经那么虔诚，虔诚地学习司马相如的赋。然而，学来的本领，不仅无用，反而有害。每当想到这些，他就禁不住一阵心酸。于是，他下定决心，不再作赋了。此后，扬雄转向学术研究，他写出了一系列学术专著。仿《论语》，扬雄作《法言》，凡十三卷。仿《尔雅》而又别开生面，扬雄作《方言》，原本十五卷，今本十三卷。仿《周易》，扬雄作《太玄》，此书又称《太玄经》，凡十卷。从辞赋家到学问家，扬雄实现了华丽的转身。

（三）宗经抑或崇道

诚如莎士比亚所言：存在抑或不存在，这就是问题之所在。（To be or not to be,

---

① Stanley Wells, Gary Taylor ed., William Shakespeare: *The Complete Works*, second edition (Oxford: Clarendon Press, 2005) 237。

② ［汉］班固：《汉书》，中华书局2007年版，第870页。

③ 同上，第585页。

that is the question. — *Hamlet*, III. i. 57)① 宗经抑或崇道，这就是理解扬雄之奥妙。扬雄的思想是在宗经与崇道这两极之间往复运动并螺旋式上升的。

在中国文学发展史上扬雄是一个人物。这表现在扬雄天才地认识到辞赋这一文体必然发生变化的趋势之上。在这一方面，扬雄严格地区分了诗人之赋与辞人之赋，并高扬前者而抑制后者。除此之外，扬雄还有一个大动作，即写作《反离骚》《广骚》和《畔牢愁》。扬雄《反离骚·序》云："雄怪屈原文过相如，至不容，作《离骚》，自投江而死。悲其文，读之未尝不流涕也。以为君子得时则大行，不得时则龙蛇，遇不遇命也，何必湛身哉？乃作书，往往摭《离骚》文而反之，自岷山投诸江流，以吊屈原，名曰《反离骚》。又旁《离骚》作重一篇名，曰《广骚》。又旁《惜诵》以下至《怀沙》一卷，名曰《畔牢愁》。"②那么，我们应当怎样看待扬雄的这个大动作呢？笔者以为，写作《反离骚》《广骚》和《畔牢愁》是扬雄革新辞赋文体的举措。它有三方面的进步意义。

其一，在《离骚》的基础上发展辞赋。《离骚》可不可以反？扬雄给出了明确的答案：可以反。扬雄《反离骚》共100句，层次分明。具体的分段和小标题如下。

第一部分，一段：1—12句，写作缘起。

第二部分，一共九段：

13—32句，缺乏远见；

33—40句，遭人嫉妒；

41—48句，霜打零落；

49—56句，不知避害；

57—64句，行动矛盾；

65—72句，不从吉占；

73—76句，自沉无益；

77—84句，心情矛盾；

85—88句，夸张失实。

第三部分，一段：89—100句，反骚理由。

扬雄在述说写作的缘起之后，针对屈原《离骚》，分九个方面而逐一反之，最后讲述他何以反《离骚》的理由。扬雄写道："夫圣哲之不遭兮，固时命之所有。虽增欷以于邑兮，吾恐灵修之不累改。昔仲尼之去鲁兮，婓婓迟迟而周迈。终回复于旧都兮，

---

① Stephen Greenblatt, ed., *The Norton Shakespeare*, second edition (New York: W. W. Norton & Company, Inc., 2008) 1733.

② [汉] 扬雄著，张震泽校注：《扬雄集校注》，上海古籍出版社1993年版，第157页。

何必湘渊与涛濑！溷渔父之餔歠兮，洁沐浴之振衣。弃由、聃之所珍兮，跖彭咸之所遗！"[①]扬雄《反离骚》的最后十二句讲述了他反对屈原《离骚》的理据：屈原违背了圣人孔子的教导。孔子热爱自己的邦国，他既能够离去，又能够回归。孔子知道君子须因时而动，然而屈原只慕高洁而不知个人理想的实现有待于时机成熟。自沉汨罗江这一行动，虽然高洁，却违背了"明哲保身"的道理。《诗经·大雅·烝民》："肃肃王命，仲山甫将之。邦国若否，仲山甫明之。既明且哲，以保其身。夙夜匪解，以事一人。"[②]扬雄的思路是这样的。《诗经》是儒家经典《十三经》之一，相传经过孔子的删定，其中的道德教训理应遵循。《诗经》教导人们明哲保身，然而屈原却没有做到这一条，他违背了圣人的教训。鉴于以上理由，扬雄认为《离骚》可以反。

其二，在《离骚》的基础上拓展骚体赋。除了《反离骚》之外，扬雄还作有《广骚》。从标题看，扬雄作《广骚》，其目的在于发展《离骚》。中国的诗歌传统有两大源头，统称风骚。风，《国风》，代表《诗经》。骚，《离骚》，代表楚辞。扬雄之所以反《离骚》，目的在于扬《离骚》，本质在于发展中国的诗歌传统。可惜《广骚》文多不载，我们无法窥见扬雄高扬《离骚》的那一面。有趣味的是，尽管朱熹对扬雄颇多微词，可是在《楚辞集注》一书中，他还是收录了扬雄的《反离骚》，将它列于《楚辞后语》卷二。须知，朱熹的审美标准是定得很高的。由此可知，扬雄《反离骚》是一篇具有高度成就的作品。

其三，在屈赋的基础上拓宽表现人类情感世界的范围。除了《反离骚》，扬雄还创作了《畔牢愁》。人的情感世界是丰富多彩的。屈原《离骚》较为详尽地描写了他在自我流放的途程中的悲愤心情，尽管如此，我们不能说屈原已经将人类的情感世界描写穷尽了。辛弃疾《丑奴儿·书博山道中壁》："少年不识愁滋味。爱上层楼。爱上层楼，为赋新词强说愁。　　而今识尽愁滋味，欲说还休。欲说还休，却道天凉好个秋。"[③]即使是"愁"这样的感情，也是述说不尽的。《反离骚·序》告诉我们，扬雄是根据屈原《惜诵》至《怀沙》部分来写作《畔牢愁》的。扬雄的创作意图非常明显，他就是要广大屈赋，发展屈赋。可惜《畔牢愁》文多不载，我们无法窥见扬雄在《畔牢愁》中对人的情感世界所做的发展式描写的那一面。

扬雄作《反离骚》是一个值得肯定的创作行为。试想，如果一部优秀作品产生之后，人们永远找不出其缺失，那么文学还能发展吗？屈原《离骚》是一部长达372句的政治抒情诗。扬雄《反离骚》，其篇幅不及屈原《离骚》的三分之一。除了开头和

---

① ［汉］扬雄著，张震泽校注：《扬雄集校注》，上海古籍出版社1993年版，第171页。

② 程俊英、蒋见元注译：《诗经》，岳麓书社2000年版，第302页。

③ 邓广铭笺注：《稼轩词编年笺注》，中华书局1962年版，第137页。

结尾，扬雄《反离骚》只用了76句来反《离骚》。扬雄有概括事物的高超本领，这得益于他的哲学修养。

在中国哲学发展史上扬雄是一个人物。扬雄的贡献在于，他建构了一个以“玄”为中心的宇宙生成模式。扬雄以玄为中心的宇宙生成模式包含五方面的内容：其一，玄就是道。《太玄经·玄图》：“夫玄也者，天道也，地道也，人道也，兼三道而天名之君臣、父子、夫妻之道。”[①]质言之，扬雄所云玄，就是老子所云道。扬雄将书名定为《太玄》，修饰语“太”，意谓至高（the supreme）。其二，玄是本体。《太玄经·玄攡》：“玄者，幽攡万类而不见形者也。资陶虚无而生乎规。关神明而定摹，通同古今以开类。天日回行，刚柔接矣。还复其所，终始定矣。一生一死，性命莹矣。”[②]扬雄以玄为中心建构其宇宙生成论。天地人三才均由玄生出。天地人的运动和变化也由玄来加以规定。其三，息消贵贱。《太玄赋》：“观大易之损益兮，览老氏之倚伏；省忧喜之共门兮，察吉凶之同域。”[③]扬雄认为，事物总是处于运动变化之中，此消彼长，对立面之间具有统一性。其四，戒盈防满。《太玄经·从锐至事》：“锐，阳气岑以锐。……陵峥岸峭，锐极必崩也。”[④]在此方面，扬雄与老子的观点完全一致。此外，扬雄《解嘲》亦云：“且吾闻之，炎炎者灭，隆隆者绝；观雷观火，为盈为实，天收其声，地藏其热。高明之家，鬼瞰其室。攫拏者亡，默默者存；位极者宗危，自守者身全。是故知玄知默，守道之极；爰清爰静，游神之庭；惟寂惟寞，守德之宅。”[⑤]老子重生，扬雄亦然。始建国二年（10），扬雄六十三岁，在天禄阁校书。治狱使者欲逮捕扬雄。扬雄吓坏了，纵身跳楼。不过，扬雄居然没有摔死。痊愈之后，扬雄复见召为大夫。这与扬雄平时注意养生有关。其五，因循革化。《太玄经·玄莹》：“夫道有因有循，有革有化。因而循之，与道神之。革而化之，与时宜之。故因而能革，天道乃得。革而能因，天道乃驯。夫物不因不生，不革不成。”[⑥]扬雄认为，运动发展是道的重要特征，因而他重视事物的变化发展。老子认为，道生万物，而万物复归于道。由此可见，老子陷入了循环论。扬雄则不然，他认为万物始终处于变化发展之中，因而世界是前进的。就此而言之，扬雄超越了老子。

在中国道教发展史上扬雄更是一个人物，他具有崇道思想。扬雄爱道、好道、崇道，这不仅丰富了道学的内涵，而且拓宽了儒学的范围，增强了儒学在话语样态上的

---

① 浙江古籍出版社编：《百子全书》上册，浙江古籍出版社 1998 年版，第 625 页。
② 同上，第 619 页。
③ ［汉］扬雄著，张震泽校注：《扬雄集校注》，上海古籍出版社 1993 年版，第 138 页。
④ 浙江古籍出版社编：《百子全书》上册，浙江古籍出版社 1998 年版，第 602 页。
⑤ ［汉］扬雄著，张震泽校注：《扬雄集校注》，上海古籍出版社 1993 年版，第 191 页。
⑥ 浙江古籍出版社编：《百子全书》上册，浙江古籍出版社 1998 年版，第 621 页。

思辨性。《太玄经》以道学为主，并融合了儒学和阴阳家思想的精华，具有深刻的辩证法因素。扬雄著、司马光集注《太玄经集注》六卷，收入正统道藏太清部。《太玄》和《法言》均作于西汉哀帝（前7—前1在位）时期，不过两书的内容各有侧重。《太玄》是纯粹的哲学著作，而《法言》侧重讲修身立命。《太玄》为道学名著，而《法言》以儒家为主，兼采道家。《太玄》的思辨性明显高于《法言》。此外，作为儒者，扬雄在生平行事方面遭受过不少非议。作为道家，扬雄未见訾议。这就是扬雄，其为人重生命，俨然一代大家；这就是扬雄，其著作立太玄，巍然一座丰碑。由此而观之，扬雄的思想底蕴主要属于道家。尽管如此，我们却不能说，他经历过由儒入道的转型。这是因为，扬雄的思想，其运动之轨迹，并非由宗儒家之经典，朝着崇道家之秘要，一路延伸。扬雄的思想具有很高的自由度，它总是在宗经与崇道这两极之间飞翔。然而，其飞翔的路线并非平行地往复来回，而是螺旋地上升的。扬雄的思想越飞越高，最后飞进了大思想家的畛域。

（作者单位：武汉大学文学院）

再论扬雄的哲学思想

金生杨

内容提要： 扬雄作为汉代不囿于今古文经学、谶纬神学而具独立思想的哲学家，在哲学领域建构起了以“玄”为本的哲学体系。他继承其师严遵，借鉴吸收了老庄之学，但又不失儒家立场，以孟子后继者自居，融会儒道，自立新说。扬雄的哲学具有重要的历史地位和深远的历史影响。

关键词： 扬雄；哲学；以“玄”为本

扬雄作为汉代不囿于今古文经学、谶纬神学而具独立思想的哲学家，在哲学领域建构起了以“玄”为本的哲学体系。他继承其师严遵，借鉴吸收了老庄之学，但又不失儒家立场，以孟子后继者自居，融会儒道，自立新说。扬雄的哲学具有重要的历史地位和深远的历史影响。

一、宗经拟圣，度越诸子

扬雄（前53—18）从小喜好学习①，博览无所不见，为人“简易佚荡，口吃不能剧谈，默而好深湛之思”②，不为章解句析之学，而以通晓大义为要。扬雄的后半生正处在西汉与新莽交替之际，社会黑暗，阿谀奉迎以得高官爵位者不计其数，而他淡然处之，历经成、哀、平三帝而未曾升迁。王莽代汉以后，受刘歆等人谋反之事牵连，

① 《文选注》引《七略》：“子云《家牒》言以甘露元年生也。”《艺文类聚》卷四〇引扬雄《家牒》：“子云以天凤五年卒。”

② ［汉］班固：《汉书》卷八七上《扬雄传上》，中华书局2007年版，第3514页。

正在天禄阁校书的扬雄吓得跳阁自杀而未遂。王莽知其为人，“有诏勿问”，他才得以病免官。

就扬雄的学术特色来看，他首先以模仿见长，其赋模仿司马相如，自称“能读千赋则善为之矣”[①]，又曾“摭《离骚》文而反之，作《反离骚》”，仿虞箴作《州箴》等；其学术著作《太玄》《法言》则模仿《周易》《论语》，又仿《尔雅》作《方言》，仿《仓颉》作《训纂》，在历史上留下了深远的影响。扬雄拟经，后人以为有僭越之嫌，实际是其宗主儒家经典、效法圣人的表现。但他又有所超越，并不以圣人自限，成为后世拟经的始祖和典范。其次，扬雄好古文，曾经师从善古学的林闾、严遵学习古文字，学者以为他与司马相如《凡将篇》一道，对古巴蜀语言文字之学有所传承和弘扬。在《太玄》一书中，扬雄使用了许多古僻的文字，“字书多收不尽”[②]，正说明了这一点。再次，在经历黄老和法家对儒家思想的渗透之后，扬雄以孟子自况，站在儒学的立场上，在借鉴吸收以黄老思想为主的诸子百家思想基础上，致力于恢复孔、孟之道，为唐宋学者“扬孟抑荀”埋下了伏笔。宋代孙复、曾巩、王安石、司马光等都推崇扬雄，甚至以之为宗。最后，扬雄反对神学目的论，对桓谭、王充等人反谶纬神学起到了前导和鼓舞的作用。“当时在自然观方面明确地打击神秘主义和宗教迷信的哲学家是扬雄。”[③] 此外，扬雄接受黄老尤其是严遵思想的影响[④]，创立了以“玄”为本体的哲学思想体系，对魏晋玄学思想产生了一定的影响，“溯自扬子云以后，汉代学士文人即间尝企慕玄远”[⑤]。但由于其政治、思想的局限性，到道学成立时，程颐斥“扬子，无自得者也，故其言蔓衍而不断，优柔而不决”[⑥]，朱熹著《通鉴纲目》，大书“莽大夫扬雄死”，其历史地位逐渐下降。

扬雄以儒家经典为宗，在形式上效法摹仿，在思想内容上融会儒道，超越进取，具有强烈的理性精神，汉桓谭以为“扬子之书文义至深，而论不诡于圣人，若使遭遇时君，更阅贤知，为所称善，则必度越诸子矣”[⑦]，桓评为后来的历史所证明，成为不二之论。

---

① ［唐］欧阳询：《艺文类聚》卷五六《杂文部二》引桓谭《新论》，上海古籍出版社 1965 年版，第 1013 页。

② ［汉］扬雄著，［宋］司马光集注：《太玄集注》，中华书局 1998 年版。

③ 冯友兰：《中国哲学史新编》中卷，人民出版社 1998 年版，第 247 页。

④ 关于扬雄《太玄》学与黄老、蜀学的关系，魏启鹏《〈太玄〉·黄老·蜀学——读〈玄〉札记之一》一文有详细论述，见《道家文化研究》第十二辑，生活·读书·新知三联书店 1998 年版，第 236—252 页。

⑤ 汤用彤撰，汤一介等导读：《魏晋玄学论稿》之《魏晋玄学流别略论》，上海古籍出版社 2001 年版，第 43 页。

⑥ ［宋］程颢、程颐：《河南程氏遗书》卷二五《二程集》，中华书局 1981 年版，第 325 页。

⑦ ［汉］班固：《汉书》卷八七下《扬雄传下》，中华书局 2007 年版，第 3585 页。

《周易》强调“二分”，阴阳五行重视“五分”，而扬雄受老子思想的影响，突出“三分”，并做了创造性的发挥，不仅分天、地、人三玄，又别分始中终、下中上、思福祸，以为“通天、地、人曰儒”，在人性论上批判孟子性善、荀子性恶的两极说，而提出善恶混的新说，赞赏“进而未极，往而未至，虚而未满”的玄道，去极端而倡中和，因时行藏，在哲学上尤有独特的贡献①。

二、以“玄”为高的本体论

扬雄深受其师严遵的影响，继承《老子》《易传》思想，以“玄”作为其宇宙观中的最高范畴。《老子》说：“常无，欲以观其妙；常有，欲以观其徼。此两者同出而异名，同谓之玄。”“玄”是有与无的统一，是与“道”等同的哲学范畴。《易传》则称“易有太极，是生两仪”，由易、太极、两仪、四象、八卦而生成万事万物。扬雄充分发挥《易》《老》之说，仿《周易》而制《太玄》，有取于《老子》“玄之又玄，众妙之门”，以“玄”代替儒家的“易”与老子的“道”。王充《论衡》说：“《易》之乾坤，《春秋》之元，扬氏之玄，卜气号不均也。”桓谭《新论》也说：“扬雄作《玄》书，以为玄者，天也，道也。……宓牺氏谓之易，老子谓之道，孔子谓之元，而扬雄谓之玄。”扬雄所谓的“玄”，正与老子所说的“道”、《周易》所言的“易”“乾坤”、《春秋》所称的“元”是同实而异名的宇宙本体。可以说，《太玄》就是扬雄继承老、《易》以阐发其“玄”学思想的著作。故扬雄在《太玄赋》中说：“观《大易》之损益兮，览老氏之倚伏。”“岂若师由聃兮，执玄静于中谷。”

老子形容道体“玄之又玄，众妙之门”，大道玄妙莫测，是万物本体，是开启万物的大门，是天地的根源，即“玄牝之门，天地之根”。《坤文言》称“天玄而地黄”，《周易》的“玄”乃是天的特点。扬雄界定“玄”道：“玄也者，天道也，地道也，人道也。兼三道而天名之。”②“玄”兼具天、地、人之道，也就是宇宙的根本和世界的最高本原。就“玄”本身而言，扬雄认为玄是无形的，但又是万物的根源。玄无处不在，“浑行无穷”③，在上下前后各个方位存在着，“仰而视之在乎上，俯而窥之在乎下，企而望之在乎前，弃而忘之在乎后”④。玄神秘莫测，让人难以捉摸，“夫玄，晦其

---

① 庞朴在《一分为三论》一书中有《太玄》一小节，称“扬雄的‘玄’说，确已摸到了这一由二分迈入三分的门槛”（上海古籍出版社2003年版，第102页），惜未能通贯扬雄的整体思想，对其阴阳、人性、祸福、人生观等方面的中和思想揭示不够。

② 《太玄集注》卷一〇《玄图》，第212页。

③ 《太玄集注》卷一《玄首序》，第1页。

④ 《太玄集注》卷七《玄摛》，第186页。

位而冥其畛，深其阜而眇其根，攘其功而幽其所以然者也。故玄卓然示人远矣，旷然廓人大矣，渊然引人深矣，渺然绝人眇矣！”① 扬雄还从矛盾的对立统一的角度阐释“玄”兼具阴阳、止行、明晦，而又超乎其上，“阳知阳而不知阴，阴知阴而不知阳。知阴知阳，知止知行，知晦知明者，其唯玄乎！”② 阴阳、止行、明晦只是作为宇宙本体的“玄”的一个方面，而玄则将二者统一在一起，无有间隔，超越了阴阳、止行、明晦的对立。

虽然扬雄将“玄”讲得十分玄妙，但他反对神学目的论，反对宇宙中有主宰一切的造物主。《法言·重黎》说：“神怪茫茫，若存若亡，圣人曼云。”他驳斥神仙方术之士的长生不老之说，认为“有生者必有死，有始者必有终，自然之道也”③，那种“耻一日之不生”的“仙人”，其实“名生而实死”④。因此，扬雄既继承了孔子“不语怪力乱神”的思想，又改造了老子“道法自然”的观点，将自然、社会看作是一种“无为之为”的“自然之道”。

扬雄以“玄”为最高本体，除了受到其师严遵的影响外，司马相如的思想也是其渊源之一。扬雄推崇司马相如之赋，“学相如赋而弗逮”，以为“长卿赋不似从人间来，其神化所至邪？”⑤ 司马相如之赋达到了汉赋的最高成就，除了具有外在的“合纂组以成文，列锦绣而为质，一经一纬，一宫一商”的“赋之迹”，有极强的文学修养功力外，最重要的还在于司马相如在哲学思想上已经达到了一个高峰，故能“控引天地，错综古今”，而称“赋家之心，苞括宇宙，总览人物，斯乃得之于内，不可得而传”⑥之说。赋家之心能包括宇宙、总览人物，则自然、社会皆在其掌控之内，实际上就是对宇宙的最高本体有了把握，同时心在此间又起到了重要作用。扬雄长期模仿司马相如之赋，对此显然心领神会，所以站在哲学的高度上，总括天、地、人，而提出“玄”这样的最高本体，并对心、对思十分看重，认为人心能认识自然、社会，而思虑则能加深对自然、社会的认识。

---

① 《太玄集注》卷七《玄摛》，第185页。

② 《太玄集注》卷七《玄摛》，第186页。

③ ［汉］扬雄：《法言·君子》，见汪荣宝《法言义疏》，中华书局1987年版，第521页。

④ 同上，第517—518页。

⑤ ［汉］刘歆撰，［晋］葛洪集：《西京杂记》卷三《长卿赋有天才》，见上海古籍出版社编：《汉魏六朝笔记小说大观》，上海古籍出版社1999年版，第99页。

⑥ ［汉］刘歆撰，［晋］葛洪集：《西京杂记》卷二《百日成赋》，见上海古籍出版社编：《汉魏六朝笔记小说大观》，上海古籍出版社1999年版，第89页。

三、“幽摛万类”的宇宙生成论

从宇宙生成的角度讲，扬雄认为万事万物均为玄的运动作为产生。他说：“玄者，幽摛万类而不见形者也。”① 玄是宇宙生成的本原，天地万物皆由玄所进行的分化运动产生出来。这种分化运动就是无形之“玄”通过“幽摛”之行为而产生的，也就是说，“玄”不见其形却又规定着万物的发生、运动。

扬雄认为玄的运动变化，生成万物，初始于元气，再通过阴阳的发散凝聚、参互运动而完成。其《核灵赋》称“自今推古，至于元气始化”，在《解嘲》中则说“大者含元气，纤者入无伦”。“元气”不是“玄”，但根源于“玄”，最接近于“玄”，是“玄”开始演化的元初状态。这元气也就是宇宙起源之初的混沌虚无状态，亦即《檄灵赋》所说的“太易之始，太初之先，冯冯沉沉，奋搏无端”。扬雄虽然在对待玄与元气范畴上有些矛盾之处，但他以玄为最高范畴，与《淮南子》“虚廓生宇宙，宇宙生元气”之说不同，“实现了前人虚无创世说与元气肇始说的结合”②，确是一大进步。扬雄进一步说，玄“摛措阴阳而发气，一判一合，天地备矣”③，又说“驯乎玄，浑行无穷正象天。阴阳坒参，以一阳乘一统，万物资形”④。“玄”浑然运行，无穷无尽，如同“天”之运转，它兼备阴阳，以阳为主，阴阳判合聚散，万类因之而成形。

元气、阴阳的进一步运行与作用，就逐渐产生了万事万物。扬雄于是提出一个世界演化发展的模式。他说：“一玄都覆三方，方同九州，枝载庶部，分正群家。”“玄有二道，一以三起，一以三生。以三起者，方州部家也；以三生者，参分阳气，以为三重，极为九营。”⑤ 扬雄采用三分法的式，以一玄分为天、地、人三方；一方分为三州，共九州；一州分为三部，共二十七部；一部分为三家，共八十一家。此即一以三起，由一玄而起方州部家。一家始生，三分之以为三表，共二百四十三表；再三分之为九营，即九赞，共七百九十二赞。此即一以三生，由家而表、赞。方、州、部、家协同配合，辅以图像符号，形成八十一首。《周易》每卦，后人以上下二体来注释其卦象，如《乾卦》注以“乾上乾下”，而后人也通过方州部家四重来注《太玄》每一首，如以“一方一部一州一家”注《中首》。因此，单就《太玄》八十一首的符号体系来看，它其实是按照 1111《中》、1112《周》、1113《礥》、1121《闲》……，直到 3331

---

① 《太玄集注》卷七《玄摛》，第 184 页。
② 王葆玹：《正始玄学》，齐鲁书社 1987 年版，第 193 页。
③ 《太玄集注》卷七《玄摛》，第 184 页。
④ 《太玄集注》卷一《玄首序》，第 1—2 页。
⑤ 《太玄集注》卷一〇《玄图》，第 211、212 页。

《难》、3332《勤》、3333《养》为止的三进位制法则制定并排列的。《太玄》拟《易》而作，虽然《易传》有“易有太极，是生两仪，两仪生四象，四象生八卦”的二进位制论述，但传世的《周易》六十四卦卦序并没有这样规则的排列方式，直到宋代邵雍建构“先天学”，重新排列八卦、六十四卦次序，制出“先天八卦次序图”“先天六十四卦次序图”，《周易》六十四卦卦象的二进位制才明确起来。所以，扬雄以三分法来论述世界图式，是一种超越了《周易》模式的创举。《玄莹》说：“一辟、三公、九卿、二十七大夫、八十一元士，少则制众，无则治有，玄术莹之。”结合扬雄受到老子思想的影响，我们认为扬雄的三分法乃是他继承《老子》“道生一，一生二，二生三，三生万物”思想，发挥《礼记·王制》《淮南子·泰族训》《春秋繁露·官制象天》等仿天象以定官制，天子、三公、九卿、二十七大夫、八十一元士等传统认识的结晶，与传世的《周易》卦序没有直接关系。

从扬雄《太玄》八十一首拟《周易》各卦的角度来看，八十一首的排列次序又是模拟汉代流行的卦气说而作的。《易纬》称“卦气起《中孚》”，《太玄》第一首《中》就是拟《中孚》而成，而与《周易》以《乾》《坤》二卦为首的次序又不一样。所以，朱熹说：“扬雄也是学焦延寿推卦气。……今人说焦延寿卦气不好，是取《太玄》，不知《太玄》却是学它。”[①] 清朝焦循说：“《太玄》所准者卦气也，非《易》也。”扬雄依据卦气说将《太玄》八十一首代表一年四时的气候变化。《太玄》八十一首，每首九赞，共七百二十九赞，每二赞合为一日，一赞为昼，一赞为夜，凡三百六十四日半，益以《踦》《嬴》二赞，凡得三百六十五又四分之一日，“与《泰初历》相应，亦有颛顼之历”[②]。八十一首七百三十一赞象征着一元之气顺四时而运行变化的情况，也正反映了元气的顺时产生万物的情况。一年之中，春夏阳息阴消，秋冬阴息阳消，两者气候相反而相乘，所以扬雄在《玄冲》中亦将八十一首分为前后两个部分。第1首《中》至第40首《法》为阳息阴消，第41首《应》至80首《勤》为阴息阳消，前后阴阳变化恰好相应，故《玄冲》以前后每两首自《中》与《应》一一配对，以明其相应关系，而第81首《养》既成终又成始，无所对而“受其余”。

扬雄又将八十一首划分为九个阶段，称为“九天”或“九行”，以示一年气候变化的阶段性与复杂性。“九天”用每一“天”中的第一首首名命名。《玄数》称：“九天：一为中天，二为羡天，三为从天，四为更天，五为睟天，六为廓天，七为减天，八为沈天，九为成天。”八十一首以《中》代表十一月开始，至《养》代表十月为止，每首代表四日半，九首就代表四十日半，所以《玄图》称“始于十一月，终于十月，

① 《朱子语类》卷六七，第1674页。

② ［汉］班固：《汉书》卷八七下《扬雄传下》，中华书局2007年版，第3575页。

罗重九行，行四十日”。“四十日”乃四十日半的约数或者说整数，这样，“九天”而一年之日数尽，“八十一首，岁事咸贞”①。九天的划分由三分阳气，极为九营而成。在《玄图》中，扬雄通过对“九天”各阶段阴阳二气的消长变化及万物盛衰状况的描述，说明了九天的变化过程。中天是以《中》首为始的第1首至第9首，指阳气“诚有内”，潜萌待发；羡天是以《羡》首为始的第10首至第18首，此时阳气“宣而出”，发散流行；从天是以《从》首为始的第19首至第27首，此时阴阳气协调互动，“云行雨施”，气候适宜；更天是以《更》首为始的第28首至第36首，此时阳气更加增长，阴阳二气之势有变易之态，故为“变节易度”；睟天是以《睟》首为始的第37首至第45首，此时阳气光耀，“珍光淳全”；廓天是以《廓》首为始的第46首至第54首，此时阳气依然光耀于外，但内在阴气虚微，故有“虚中弘外”之貌；减天是以《减》首为始的第55首至第63首，阳气在此时已由最盛转入消退，阴气渐长，“削退消部”；沈天是以《沈》首为始的第64首至第72首，此时阳气潜藏，万物成熟，故“降坠幽藏”；成天是以《成》首为始的第73首至第81首，此时阳气微弱，仅存一线，事物终成，故“考终性命”。

扬雄的九阶段论以一首九赞、八十一首分为九天、九行为基础，同时又进一步将其推延开去，于是地有“九地”，人有“九等”，人体有“九体”“九窍”，宗族关系有“九属”，等等，如《说卦》之论八卦之象，它们可以代表万事万物，一切自然、社会现象。其实，九赞、九行等“九”是以一至九九个数字结合五行生成关系来论述其各自的特性。《玄莹》称：“鸿本五行，九位施重，上下相因，丑在其中，玄术莹之。”这就指明一首九赞与五行相应。就五行对应关系而言，一二三四为五行生数，六七八九为五行成数。《玄数》称“一六为水”，“二七为火”，“三八为木”，“四九为金”，“五五为土”，所以《玄图》又说“一与六共宗，二与七共朋，三与八成友，四与九同道，五与五相守”，而与宋人所言的“河图”“洛书”并没有关系。从阴阳的关系看，一至四为阳息阴消，六至九为阴息阳消，而五则成分阴阳态势转化的分界线。正因为九数有如此特性，如同“玄”的一个小循环，所以扬雄以之象征万事万物，用以解析自然与社会的一切现象。

如果说扬雄以八十一首结合历法、物候，模拟卦气说而描绘的万物生成变化过于复杂的话，那么他拟《乾卦》“元亨利贞”四德，结合《乾文言》，在《玄文》中提出《太玄》有“罔、直、蒙、酋、冥”五德，则是简洁化的以方位、气候相结合而说明万物生长变化的模式。扬雄解释说：“罔，北方也，冬也，未有形也。直，东方也，春

① ［宋］司马光：《太玄集注》卷一《玄首序》，第2页。

也，质而未有文也。蒙，南方也，夏也，物之修长也，皆可得而戴也。酋，西方也，秋也，物皆成象而就也。有形则复于无形，故曰冥。”罔即无，即万物发生于无形；直即殖，谓万物始生质朴而无文饰；蒙即覆，乃万物生长茂盛；酋即就，谓万物生成成熟；冥指混沌无形，谓万物复归于无形状态。由此来看，扬雄又以“罔、直、蒙、酋、冥”五德作为“玄”的另一种循环模式。

总之，扬雄通过三分法的模式，又加入九段式、五段式的划分，结合历法、物候等，以玄通过元气之后的阴阳二气的判合聚散，参互作用，而描述了世界万事万物的演化发展与变化的情景，反映了他朴实的自然哲学观念。有学者认为：“这个宇宙形成论是对汉初黄老之学气论学说的进一步阐发，从而使中国古代的‘元气说’基本确立起来。”[①] 就扬雄以“玄”为最高本体，而在其体系下论述“气”的运行变化来说，这是值得肯定的。但扬雄是以“玄”为第一性的，并由此巧妙地实现了虚无本体与元气本体的结合。同时，扬雄引入“阴阳家的神秘主义”即“历数”，乃至在天文上否定盖天说，引入浑天说，但也始终通过五行、阴阳等法则，将其熔铸于“玄”的大体系之下，所以，扬雄不存在“二元论思想”[②]。

四、儒道兼采的社会哲学

在社学哲学方面，扬雄的思想也是极为复杂的。他既坚持儒家的伦理思想，又采用了道家的处世哲学，在人性论上则自出新意。

（一）“折诸圣”的儒家伦理思想

在伦理纲常上，扬雄以孔子儒学为标准，主张治理天下当以礼文、五常为教，以为“允治天下，不待礼文与五教，则吾以黄帝、尧、舜为疣赘”[③]。扬雄重视五常，以为“仁宅也，义路也，礼服也，智烛也，信符也”，要“处宅，由路，正服，明烛，执符”，如此，“君子不动”则已，“动斯得矣”[④]。他甚至以是否合乎礼义作为为人的标准，以为“取四重，去四轻，则可谓之人”[⑤]，只有在语言、行为、表情、爱好四个方面庄重而不轻浮，合乎礼义，才有做人的资格。扬雄批评黄老神仙之说，以为人立身处世，应当讲求忠孝。当有人问他“仙之实”，他就以“无以为也。有与无，非问也。

---

① 郑万耕：《扬雄自然哲学述要》，见《道家文化研究》第四辑，上海古籍出版社 1994 年版，第 214 页。

② 按：侯外庐、赵纪彬、杜国庠、邱汉生《中国思想通史》即以扬雄思想为二元论思想。

③ 《法言·问道》，《法言义疏》，第 117 页。

④ 《法言·修身》，《法言义疏》，第 92 页。

⑤ 同上，第 96 页。

问也者，忠孝之问也。忠臣孝子，偟乎不偟”[①] 作答，否定离世出俗，而以忠孝为立身。扬雄认为“惠以厚下，民忘其死；忠以卫上，君念其赏”[②]，所以，与司马迁不同，扬雄斥陈胜、吴广揭竿起义为“乱”，而赞扬霍光“拥少帝之微，摧燕、上官之锋，处废兴之分”为“堂堂乎忠，难矣哉”[③]。在刑德方面，扬雄赞同儒家的德治，而慎用刑罚，以为“民可使觌德，不可使觌刑。觌德则纯，觌刑则乱”[④]。因此，扬雄注重教化，反对法家的重刑思想，以为申、韩之术极为不仁，不把人当作人看待。

站在儒家伦理的立场上，扬雄以继孟子自任，对诸子异说进行了尖锐的批评。他批评老子之说，以为其“言道德”有可取之处，但“搥提仁义，绝灭礼学”[⑤]，则并不可取。对于庄子、杨朱、墨子、晏子、申不害、韩非、邹衍之徒，扬雄认为他们的行为举止不合于儒家的纲常伦理，各有所弊，“庄、杨荡而不法，墨、晏俭而废礼，申、韩险而无化，邹衍迂而不信”[⑥]。孔子以为“去异端，斯害也已”[⑦]，扬雄则以孟子为榜样，以其后继者自居，称“古者杨、墨塞路，孟子辞而辟之，廓如也。后之塞路者有矣，窃自比于孟子”[⑧]。扬雄坚持儒家的伦理学说，拔《孟子》于诸子之上，以为不异于孔子，因此唐代的韩愈称“因雄书而孟氏益尊”[⑨]。

（二）“善恶混”的人性学说

对于孔子提出的“性相近，习相远”、孟子提出的人性善、荀子提出的人性恶的论题，扬雄也有自己独到的见解，从而形成人性论史中十分重要的一家之说。他说：“人之性也，善恶混。修其善则为善人，修其恶则为恶人。”[⑩] 人的本性有善有恶，混淆在一起，而后天善恶的关键在于人的修为如何。学习就是修养人性的重要方法，只要对性所有的视、听、言、貌、思加以学习，就可以端正人性，而不至于邪妄。所以，“习乎习！以习非之胜是，况习是之胜非乎？”[⑪]

扬雄之说明显本于孔子“性相近，习相远”之说，但鲜明地分辨其善恶，就有违于孔子之说，而与孟子性善论、荀子性恶论相争。这种有别于孔孟正统的善恶混的人性论在宋代重新确立人性本善论后，同荀子性恶论一道遭到了强烈的批判。

---

① 《法言·君子》，《法言义疏》，第518页。
② 《法言·问道》，《法言义疏》，第241页。
③ 《法言·重黎》，《法言义疏》，第382页。
④ 《法言·先知》，《法言义疏》，第300页。
⑤ 《法言·问道》，《法言义疏》，第114页。
⑥ 《法言·五百》，《法言义疏》，第280页。
⑦ 《论语·为政》。
⑧ 《法言·吾子》，《法言义疏》，第81页。
⑨ ［唐］韩愈撰，马其昶校注：《韩昌黎文集校注》卷一《读荀》，上海古籍出版社1986年版，第36页。
⑩ 《法言·修身》，《法言义疏》，第85页。
⑪ 《法言·学行》，《法言义疏》，第21页。

（三）中和达观、因时行藏的处世哲学

扬雄辩证地看待社会，将社会的变化看作是两极的辩证发展。他说："夫道有因有循，有革有化。因而循之，与道刘之；革而化之，与时宜之。故因而能革，天道乃得；革而能因，天道乃驯。"①"道"有因袭相循的一面，也有革新变化的一面，是因革的对立统一体。就社会历史而言，扬雄认为是一代胜过一代，所以他主张"世异事变""为政日新"，要求"新则袭之，敝则益损之"②。同样，社会、事物发展中的对立面都会相互转化，"盛则入衰，穷则更生；有实有虚，流止无常"。其条件是"极"，"阳不极则阴不萌，阴不极则阳不牙"③。在《太玄赋》中，扬雄"观《大易》之损益"，"览老氏之倚伏"，"省忧喜之共门"，"察吉凶之同域"，感叹于"皦皦著乎日月兮，何俗圣之暗烛。岂愒宠以冒灾兮？将噬脐之不及。若飘风不终朝兮，骤雨不终日。雷隆隆而辄息兮，火犹炽而速灭。自夫物有盛衰兮，况人事之所极"④，对事物现象的辩证法看得十分透彻，以为一切事物现象都在变化发展，对立的两个方面互相转化，又互相联系，统一在一起，执着其中的一个方面，必然会导致相反的结果产生。

扬雄在《太玄》《法言》乃至其诸赋文中，都列举了许多的对立，并看到了它们相互转化、彼此相代的情景。他为此忧心，在处理世事、面对社会时，便接受了老庄清静无为、孔子贵时的思想，强调以静默应世，因时行藏，"贵将近，贱始退"，提出了一套独特的中和达观的处世哲学。扬雄"清静无为，少嗜欲，不汲汲于富贵，不戚戚于贫贱，不修廉隅以徼名当世"。面对乱世，他不赞成屈原投江自杀，而自惜其生命，以为"君子得时则大行，不得时则龙蛇，遇不遇命也，何必湛身哉！"⑤在西汉末年政局动荡、王莽篡权之际，扬雄宁愿写《剧秦美新》来保全其生命，也不死忠于汉朝。他师从严遵，以为严氏"不作苟见，不治苟得，久幽而不改其操"⑥，赞赏其处世之方，在乱世中将自己的毕生精力贡献于对知识、大道的追求上，"默而好深湛之思"，"博览无所不见"，"自有大度，非圣哲之书不好也；非其意，虽富贵不事也"。

在扬雄看来，"玄"有着"进而未极，往而未至，虚而未满"的中和特性，如同"冬至及夜半以后"阳气始进而未极的状态。众人好善而不足，众人丑恶而有余，作为君子，应以中和玄道自处，"日强其所不足，而拂其所有余"⑦，应"内正而外驯，每

---

① ［宋］司马光：《太玄集注》卷七《玄莹》，第190页。
② 《法言·问道》，《法言义疏》，第127页。
③ ［宋］司马光：《太玄集注》卷七《玄摛》，第187页。
④ ［宋］章樵：《古文苑》卷四，文渊阁四库全书本。
⑤ ［宋］班固：《汉书》卷八七上《扬雄传上》，中华书局2007年版，第3515页。
⑥ 《法言·问明》，《法言义疏》，第200页。
⑦ ［宋］司马光：《太玄集注》卷七《玄摛》，第186、188页。

以下人”，内怀正道而外表谦顺，常常处于人下。在《解嘲》中，他分析“炎炎者灭，隆隆者绝；观雷观火，为盈为实，天收其声，地藏其热。高明之家，鬼瞰其室。攫挐者亡，默默者存；位极者宗危，自守者身全”的两极状态，认为皆不得中和玄道，因此强调“知玄知默，守道之极；爰清爰静，游神之廷；惟寂惟寞，守德之宅”①，以此来处理人事之务。在《玄文》中，扬雄对比君子、小人应对世务的不同法则，以为“君子在玄则正，在福则冲，在祸则反；小人在玄则邪，在福则骄，在祸则穷。故君子得位则昌，失位则良；小人得位则横，失位则丧”，进一步指出了玄默处中、以谦退为德的处世之道。

扬雄的处世哲学有着浓郁的老庄道家色彩，宋代朱熹以为“西汉时儒者说道理，亦只是黄老意思，如扬雄《太玄经》皆是”②，元代郝经更直称扬雄“虽名儒学，乃以老氏之说拟《易》”③。然而扬雄对社会的认识富有辩证法的因素，而其处世更有着儒家知时而行藏的内涵，仅仅是因社会现实的黑暗和个人不为人知的境遇，最终在处世之道上给人以沉溺老庄哲学的观感。

正如汤用彤以桓谭之论为据所指出的那样，扬雄在社会哲学上确也有不足之处。他“以为玄者天也，道也”，有着排斥神仙图谶之说，独倡以玄为高的本体、生成论，但其“言圣贤著法作事，皆引天道以为本统，而因附属万类王政人事法度”，又“不免本天人感应之义，由物象之盛衰，明人事之隆污，稽察自然之理，符之于政事法度”，而“未超于象数”④。

五、“强学而力行”的认识论

扬雄认为世界是可知的。当有人问他“先知”是否存在时，他含蓄而巧妙地回答说“不知”，从而否定了生而知之的“先知”的存在。《法言·问神》：“或问神。曰：心。请问之，曰：潜天而天，潜地而地。天地，神明而不测者也。心之潜也，犹将测之，况于人乎？况于事伦乎？”天、地、人都是可知的，事物的条理秩序也是可知的。

扬雄不仅认为自然、社会可知，而且认为人有认识客观事物及其规律的能力。他说：“通天、地、人曰儒，通天、地而不通人曰伎。”⑤ 了解自然规律、懂得人类生活的

---

① ［汉］班固：《汉书》卷八七下《扬雄传》，中华书局2007年版，第3571页。

② 《朱子语类》卷一二六，第3011页。

③ ［元］郝经：《续后汉书》卷八三下《诸子》，文渊阁四库全书本。

④ 汤用彤撰，汤一介等导读：《魏晋玄学论稿》之《魏晋玄学流别略论》，上海古籍出版社2001年版，第43页。

⑤ 《法言·君子》，《法言义疏》，第514页。

人就是儒者，而只懂得自然规律而不懂人类社会则是伎。显然，人可以认识自然、社会，而不同的人其认识能力又是不一样的。扬雄分析圣人与史的差别，就以二者的认知水平作了区分。“或问：‘圣人占天乎？’曰：‘占天地。’‘若此，则史也何异？’曰：‘史以天占人，圣人以人占天。’”① 很明显，扬雄在强调人的认知能力时，又过分夸大了圣人的认识，认为圣人的心“能常操而存”②，所以能无所不知，无所不晓。

在认知方法方面，扬雄的论述特别多。对世界的认知，扬雄提倡“强学而力行”③。《老子》说“绝学无忧”，否认学习的必要性。扬雄不然，以为“人而不学，虽无忧，如禽何？”④ 不学固然无忧，但与禽兽也就没有什么区别了。后天学习的重要性还在于使感官知觉等都符合天性，得其正道，而不入邪途，因为“学者，所以修性也。视、听、言、貌、思，性所有也。学则正，否则邪”⑤。扬雄沉静玄默，好深沉之思，因此他强调不但要学习，而且还要思考，要“学以治之，思以精之”⑥，认为人应当“尚智”。徐复观先生探讨扬雄的思想成就与行为追求，以为“智性是扬雄真正的立足点”，视扬雄为“知识型的性格”⑦。

扬雄将学与行统一起来，以为学之后还要行之、言之、教人。他说：“学行之，上也；言之，次也；教人，又其次也；咸无焉，为众人。”⑧ 学习是首先的，但学得知识之后还要践行，学行要统一。扬雄也不放弃言和教，但他认为这是其次的，最重要的还是践履实行。扬雄还切实地推行自己的思想。其初，孝成帝“迹殷周之墟，眇然以思唐虞之风”，扬雄则认为“临川羡鱼，不如归而结网”，因此在回到京城后，便作《河东赋》以劝成帝。

扬雄主张“言必有验”。他说：“君子之言，幽必有验乎明，远必有验乎近，大必有验乎小，微必有验乎著。无验而言之谓妄。君子妄乎？不妄。”⑨ 这就要求通过事物的对立面加以验证，如幽以明为验，远以近为验，大以小为验，微以著为验，做到言辞与事实相符。正是因为有言必有验的思想认识，所以扬雄对西汉流行的神学思想有所批判，对圣人之说敢于提出质疑，这显然是积极进步的思想。扬雄甚至质疑孟子提出的“五百岁而圣人出”的神学迷信思想，通过对前世圣人生活时代的重新检验，以

---

① 《法言·五百》，《法言义疏》，第264页。
② 《法言·问神》，《法言义疏》，第140页。
③ 《法言·修身》，《法言义疏》，第89页。
④ 《法言·学行》，《法言义疏》，第26页。
⑤ 同上，第16页。
⑥ 同上，第12页。
⑦ 徐复观：《两汉思想史》第二卷，华东师范大学出版社2001年版，第318、286页。
⑧ 《法言·学行》，《法言义疏》，第5页。
⑨ 《法言·问神》，《法言义疏》，第159页。

为“因往以推来，虽千一不可知也”①。

扬雄的模拟之说，其实也是学习的一种重要方式。孟子提出“由尧、舜至于汤”，“由汤至于文王”，“由文王至于孔子”②，这样一个儒学传承序列，而自称“乃所原，则学孔子”③。扬雄继承孟子之说，对儒学的传承也提出了自己的一个传承序列，即由文王、周公而孔子，由孔子而颜渊，由颜渊而孟子，而“窃自比于孟子”，与孟子之说一道，成为宋代道统学的远源。扬雄说：“孔子习周公者也，颜渊习孔子者也。”④ 又说：“仲尼潜心于文王矣，达之。颜渊亦潜心于仲尼矣，未达一间耳。”⑤ 他甚至认为孔子有意专门培养颜渊，称“孔子铸颜渊矣”⑥。在这样的论述中，扬雄仍重视学习与效法，故有“睎颜之人，亦颜之徒”⑦ 之说。

扬雄强调“强学而力行”“言必有验”，他又强调圣人经典的作用，认为五经和孔子是获取大道的途径和门户，舍此末由。他说：“舍《五经》而济乎道者，末矣。”“孔氏者，户也。”⑧ 判断是非的标准也在于圣人，“万物纷错则悬诸天，众言纷乱则折诸圣”⑨，纷纭复杂的万事万物以天道自然为其是非标准，而混淆不清的贤愚之说则要以圣人之言行作为标准加以检验。这样的主张就使得扬雄检验知识、是非的标准脱离不了儒家的立场，从而离开了唯物主义。

（作者单位：西华师范大学历史文化学院）

① 《法言·五百》，《法言义疏》，第247页。
② 《孟子·尽心下》。
③ 《孟子·公孙丑上》。
④ 《法言·学行》，《法言义疏》，第13页。
⑤ 《法言·问神》，《法言义疏》，第137页。
⑥ 《法言·学行》，《法言义疏》，第15页。
⑦ 《法言·学行》，《法言义疏》，第28页。
⑧ 《法言·吾子》，《法言义疏》，第67、68页。
⑨ 同上，第82页。

扬雄德政思想述论

官性根

内容提要： 在异常困难的时局之下，西汉大儒扬雄殚精竭力思索摆脱困境之路，形成了自己的德政思想。其主要内容包括为政以德、立身为本、以行为重和动谨于时四个方面，构成了一个完整的思想体系。这是在吸收道家思想的基础上，对孔子德政思想的继承和发展，在中华民族思想的演变过程中，占有一定的历史地位。尽管扬雄德政思想的具体论述中存在着一定的局限性，但就整个思想体系而言，无疑具有与时推移而又常变常新的合理内核，给后世以深刻的启示。

关键词： 扬雄；为政以德；立身为本；以行为重；动谨于时

扬雄（前53—18），字子云，西汉蜀郡成都（今成都郫都区）人。少好学，博览群书，长于辞赋，成为继司马相如之后西汉最著名的辞赋家，有《太玄》《法言》和《方言》等著作传世，赢得了“西道孔子”之美誉。扬雄仿《论语》作《法言》，模仿《周易》作《太玄》，影响深远，“在扬雄所有的著述中，成就最高、影响最大的是《太玄》和《法言》”①。其德政思想主要包括为政以德、立身为本、以行为重和动谨于时四个方面。

一、为政以德

所谓“为政以德”，就是指要用道德原则来治理国家。只有“为政以德”，才能长

① 纪国泰：《试论扬雄的“幸”与“不幸”》，《西华大学学报》2009年第5期。

久统治，“天胙光德而陨明忒。昔在有熊、高阳、高辛、唐、虞、三代，咸有显懿，故天胙之，为神明主，且著在天庭，是生民之愿也，厥飨国久长”[①]。虞舜和大禹均因拥有道德而得到天下，“由其德，舜、禹受天下不为泰。不由其德，五两之纶，半通之铜，亦泰矣”[②]。特别是在天下大乱，百姓遭受深重灾难之后，道德的积极作用更加彰显，“乱不极，则德不形。是其拯天下之大危，解天下之倒悬，出民于涂炭，由于难而后仁者也，此元之德也。天下既定，必得礼以总制之，使君臣、父子、兄弟、夫妇、尊卑、上下之分不相错乱，此亨之德也”[③]。对于国家的巩固而言，道德水平的高低，更具有决定性意义，“魏武侯与吴起浮于西河，宝河山之固。起曰：‘在德不在固。’”[④]

在治理天下的过程中，如果忽视道德的作用，即使是古代的圣王，也无济于事。扬雄认为，“允治天下，不待礼文与五教，则吾以黄帝、尧、舜为疣赘”[⑤]。面对气势汹汹的强敌，不可意气用事，而要以柔克刚，德服天下。扬雄说道：“北方之国，五帝所不能臣，三王所不能致，故其不服，中国未得高枕安寝也。何者？天性忿鸷，形容魁健，其强难屈，其和难得，真中国之雄敌也。矧苞桑之系，安不忘危，兵家之胜，贵于不战。今守文继统，欲致太平，法尧、舜之垂衣，体禹、汤之罪己，好生恶杀，务德化顽，事有损一毫以利天下者，又可不思制变，而与不识礼义之俗，争先后、角气力哉？”[⑥] 道德缺失，往往就会唯利是图，“利逃饼跰，盗德婴城”[⑦]。饮酒作乐，招致失败，“酒作失德，不能将也”[⑧]。于是，政治的败坏不可避免，“敛利小刑，其政退也”[⑨]。所以，扬雄认为，“德治是治理国家的纲纪”[⑩]。因为它有利于百姓生活的改善，“扬雄反对酷吏苛政峻法，主张实行仁义、和乐的善政，而不苦民、害民”[⑪]。

实行德政，就要反对暴力。扬雄指出：“鼓之以道德，征之以仁义，舆尸、血刃，皆所不为也。”[⑫] 暴力执政，是道德缺失的重要体现，“怀威满虚，道德亡也”[⑬]。其实，从根本上说，没有道德支撑的暴力，也是乏力的，“兵无刃，德服无方也”[⑭]。放弃德

---

① 《法言·重黎》。
② 《法言·孝至》。
③ ［宋］胡瑗：《周易口义·屯震下坎上》。
④ 《法言·寡见》。
⑤ 《法言·问道》。
⑥ ［宋］李焘：《续资治通鉴长编》卷四四真宗咸平二年二月癸亥。
⑦ 《太玄·逃·次九》。
⑧ 《太玄·剧·次三》。
⑨ 《太玄·敛·次四》。
⑩ 黄开国：《一位玄静的儒学伦理大师——扬雄思想初探》，巴蜀书社1989年版，第167页。
⑪ 姜国柱、辛旗：《中国思想通史（秦汉卷）》，武汉大学出版社2011年版，第321页。
⑫ 《法言·渊骞》。
⑬ 《太玄·毅·初一》。
⑭ 《太玄·众·次二》。

政，就会丢失天下，“不终其德，三岁见代”①。确实，“在德与刑的关系问题上，扬雄基本坚持儒家的原则立场，主张实行德政或仁政，以德教为主，刑罚为辅”②。这是扬雄外王思想最核心的观点，“强调道德对社会政治，历史最终的决定作用，是扬雄外王理论的根本观点”③。要实现“为政以德”，就应该树立“立身为本”的基本理念。

二、立身为本

所谓“立身为本”，就是指任何统治者都应以人们道德水平的提高，作为立政之本。一切政治活动的主体是人，人的道德水平提高了，德政的推行才有坚实的基础。扬雄认为：“政之本，身也，身立则政立矣。”④ 因为只有“先自治”，才能“后治人”，“扬雄所谓‘大器犹规矩准绳’，先自治而后治人者是也”⑤。政治是人的政治，人的道德素质决定政治的好坏与高低，“郸闻以德诎人矣，未闻以德诎于人也”⑥。不断提升人们的道德水准，是行政工作的重要内容，“使之利其仁，乐其义，厉之以名，引之以美，使之陶陶然之谓日新”⑦。放弃道德修养，就是道德滑坡的开始，“丧其芳也，德以衰也”⑧。道德水平的严重滑坡，违法乱纪的行为不可避免，“藐德之失，不知畏微也”⑨。抛去道德，必将走向失败，“去其德贞，终死丑也”⑩。

道德修养的范围是广泛的，人们的一言一行，都能体现道德水平的高低。扬雄指出：“夫道以导之，德以得之，仁以人之，义以宜之，礼以体之，天也。合则浑，离则散，一人而兼统四体者，其身全乎！”⑪ 在道德修养问题上，不进则退，“夫进也者，进于道，慕于德，殷之以仁义。进而进，退而退，日孳孳而不自知倦者也”⑫。道德具有宇宙论意义上的最高价值，“黄心在腹，上德天也”⑬。因此，道德修养不能搞形式主义，而应该就像春雨一般地随风潜入夜，润物细无声，“匍匐冥德，若无行也”⑭。这样

① 《太玄·更·上九》。
② 杨福泉：《扬雄的历史哲学与人物评论》，《绍兴文理学院学报》2007 年第 1 期。
③ 黄开国：《一位玄静的儒学伦理大师——扬雄思想初探》，巴蜀书社 1989 年版，第 163 页。
④ 《法言·先知》。
⑤ ［宋］朱熹：《四书章句集注》卷二《八佾第三》。
⑥ 《法言·渊骞一》。
⑦ 《法言·先知》。
⑧ 《太玄·务·次七》。
⑨ 《太玄·失·次二》。
⑩ 《太玄·去·次七》。
⑪ 《法言·问道》。
⑫ 《法言·君子》。
⑬ 《太玄·养·次五》。
⑭ 《太玄·狩·初一》。

一来，必将厚积而薄发，“冥德之徯，昌将日也”[①]。顺应自然，更是一种深厚的道德修养，“作不恃，称玄德也”[②]。如果闭目塞听，就会失去道德存在的依据，“沈耳于闺，失德体也”[③]。

在道德修养中，礼义居于核心地位。扬雄说道：“事非礼义为小。”[④]其中，“礼”的重要性更加突出，“礼，体也。人而无礼，焉以为德?”[⑤] 这是天经地义的事情，“天之肇降生民，使其目见耳闻，是以视之礼，听之乐。如视不礼，听不乐，虽有民，焉得而涂诸”[⑥]。不懂礼貌，必定遭人唾弃，“出礼不畏，人所弃也”[⑦]。人们的道德修养，可以区分为众人、贤人和圣人三个层次，体现出低、中、高三种道德水平，“天下有三好：众人好己从，贤人好己正，圣人好己师。天下有三检：众人用家检，贤人用国检，圣人用天下检。天下有三门：由于情欲，入自禽门；由于礼义，入自人门；由于独智，入自圣门”[⑧]。

圣人将道德修养作为自己的最高追求。扬雄认为：“圣人德之为事，异亚之。故常修德者，本也；见异而修德者，末也。本末不修而存者，未之有也。”[⑨]圣人以欺骗他人为耻，“诈人也，圣人恶诸”[⑩]。并且将道德规范作为治理天下的根本措施，“圣人之治天下也，碍诸以礼乐，无则禽，异则貊”[⑪]。颜回对道德的追求，超越了对一切政治地位的获取，“颜不孔，虽得天下，不足以为乐”[⑫]。孟子主张，为了追求高尚的道德，应该将个人的荣辱、贫富、生死置之度外，即使赴汤蹈火，也在所不辞，“勇于义而果于德，不以贫富、贵贱、死生动其心，于勇也，其庶乎!”[⑬] 上古时期的虞舜、大禹和皋陶，就是道德修养的楷模，“舜以孝，禹以功，皋陶以谟，非绝德邪?”[⑭]因此，国君们尤其应该不断地提高自己的道德修养水平，“日常其德，君道也”[⑮]。

处于中间层次的贤人君子，对于道德修养的要求，也是相当高的。扬雄主张：“言

① 《太玄·徯·次二》。
② 《太玄·盛·次二》。
③ 《太玄·沈·初一》。
④ 《法言·五百》。
⑤ 《法言·问道》。
⑥ 同上。
⑦ 《太玄·礼·次七》。
⑧ 《法言·修身》。
⑨ 《法言·孝至》。
⑩ 《法言·渊骞》。
⑪ 《法言·问道》。
⑫ 《法言·学行》。
⑬ 《法言·渊骞》。
⑭ 同上。
⑮ 《太玄·常·次三》。

天、地、人经，德也；否，愆也。愆语，君子不出诸口。”[①]应当努力提升自己的道德水准，而不要像小人那样横行霸道，“君子强梁以德，小人强梁以力”[②]。不断地完善自己的道德修养，“耕道而得道，猎德而得德，是获、飨已。吾不睹参辰之相比也，是以君子贵迁善”[③]。特别是要遵循礼仪规范，“君子动则拟诸事，事则拟诸礼”[④]。力争成为道德完人，“是以君子全其德”[⑤]。

对于普通百姓，统治者要多用道德去感化，不要轻易使用严刑峻法，进行威吓。扬雄认为，“民可使觌德，不可使觌刑。觌德则纯，觌刑则乱”[⑥]。当然，道德不能包医百病，道德只关注当然之前。对于已然之事，则仍然需要运用司法手段加以处理，“君子为国，张其纲纪，谨其教化。导之以仁，则下不相贼；莅之以廉，则下不相盗；临之以正，则下不相诈；修之以礼义，则下多德让。此君子所当学也。如有犯法，则司狱在”[⑦]。确实，“扬雄则在继承孔孟‘修身’说的基础上，进一步强调个体自身修养的意义”[⑧]。扬雄的德政思想主张“立身为本”，同时也强调“以行为重”。

三、以行为重

所谓“以行为重”，是指道德行为比道德修养具有更加重要的现实意义。施行德政的关键，就在于一定要把道德修养落实到具体行动中去，“重言，重行，重貌，重好。言重则有法，行重则有德，貌重则有威，好重则有观”[⑨]。勤于政事，忘我工作，是执政者优良品质的生动体现，“勤力忘食，大人德也”[⑩]。保障民生，就是统治者关心百姓的具体表现，“食其委，蒙厥德也”[⑪]。此外，朝廷推行德政，还要对周边少数民族形成巨大的感召力，使其自愿归顺，这恰恰是武力征服难以达到的良好效果，“芒芒圣德，远人咸慕，上也；武义璜璜，兵征四方，次也；宗夷猾夏，蠢迪王人，屈国丧师，无

① 《法言·问神卷第五》。
② 《太玄·强·次五》。
③ 《法言·学行》。
④ 《法言·孝至》。
⑤ 《法言·君子》。
⑥ 《法言·先知》。
⑦ 同上。
⑧ 张兵：《儒主道辅　本道兼儒——论扬雄〈法言〉的思想特征》，《管子学刊》2005 年第 1 期。
⑨ 《法言·修身》。
⑩ 《太玄·勤·次四》。
⑪ 《太玄·灶·次八》。

次也”[①]。帝尧就是德服天下的光辉典范，“尧亲九族，协和万国”[②]。反之，不能惠及全民，实现社会全覆盖，就是公平正义有所缺失带来的问题，“盖偏不覆，德不均也”[③]。身居高位而政绩平庸，则是道德水平低下的必然结果，“位高事庳，德不能也”[④]。

在实行德政方面，汉朝取得了巨大成就。扬雄指出：“汉兴二百一十载而中天，其庶矣乎！辟雍以本之，校学以教之，礼乐以容之，舆服以表之。复其井、刑，勉人役，唐矣夫。”[⑤]在历史上也是非常难得的，“汉德其可谓允怀矣。黄支之南，大夏之西，东鞮、北女，来贡其珍。汉德其可谓允怀矣，世鲜焉”[⑥]。其中，优秀的文臣武将是推行德政的重要保障，“若张子房之智，陈平之无悟，绛侯勃之果，霍将军之勇，终之以礼乐，则可谓社稷之臣矣”[⑦]。在改善民族关系方面，扬雄也有自己的贡献，“汉宣帝黄龙元年正月，匈奴单于来朝，二月归国，十二月帝崩。元帝竟宁元年正月，又来朝，五月帝崩。故哀帝时，单于愿朝，时帝被疾，或言匈奴从上游来厌人。自黄龙、竟宁时，中国辄有大故，上由是难之。既不许矣，俄以扬雄之言，复许之”[⑧]。实现民族关系的和谐发展，正是扬雄的一大宿愿，“扬雄谓宁亲莫大于得四海之欢心者，此也”[⑨]。确实，“扬雄认为，不管看起来多么高深的理论，多么远大的志向，如果不能落实到行动上，等于是空话”[⑩]。要真正实现“以行为重”的基本理念，还须做到“动谨于时”。

四、动谨于时

所谓“动谨于时”，就是指要紧密结合客观实际情况，积极推行德政，扎实开展各项工作。这是人类独特性和创造性的根本体现，“兼才尚权，右计左数，动谨于时，人也”[⑪]。圣贤之人是非常重视“动谨于时”的，特别善于与时俱化，“圣言圣行，不逢其时，圣人隐也。贤言贤行，不逢其时，贤者隐也。谈言谈行，而不逢其时，谈者隐也。昔者箕子之漆其身也，狂接舆之被其发也，欲去而恐罹害者也。箕子之《洪范》，

---

① 《法言·孝至》。
② 《法言·先知》。
③ 《太玄·昆·次七》。
④ 《太玄·亲·次七》。
⑤ 《法言·孝至》。
⑥ 同上。
⑦ 《法言·渊骞》。
⑧ ［宋］洪迈：《容斋随笔》卷第二《单于朝汉》。
⑨ ［明］邱濬：《大学衍义补》卷五八《宗庙飨祀之礼（上）》。
⑩ 郭君铭：《扬雄〈法言〉思想研究》，巴蜀书社2006年版，第114页。
⑪ 《法言·重黎》。

接舆之歌凤也哉！”[1] 要随机应变，“时飞则飞，时潜则潜，既飞且潜，食其不妄”[2]。伺机而动，既不可急于求成，也不能坐失良机，“扬子《太玄》曰：阴不极，则阳不生；乱不极，则德不形。君子修德以俟时，不先时而起，不后时而缩。动止微章，不失其法者，其唯君子乎！”[3] 如果时机不到，任何希望都只能是一种奢望，“非其时而望之，非其道而行之，亦不可以至矣”[4]。因此，要顺时而为，不能错失机遇。

首先，要顺时而为。顺时而为，是人类历史发展的客观要求，“《易》始八卦，而文王六十四，其益可知也。《诗》、《书》、《礼》、《春秋》，或因或作而成于仲尼，其益可知也。故夫道非天然，应时而造者，损益可知也”[5]。积极进取，是一件非常必要而又重要的事情，“锐于时，得其适也”[6]。积极主动地把握时机，“君子谨于言，慎于好，亟于时”[7]。特别要抓紧农时开展生产，“畜盘茧纯，不夺时也”[8]。顺时而为，就会达到成功的彼岸，“潜升在己，用之以时，不亦亨乎”[9]。这是一件非常快乐的事情，“乐不可支，以时岁也”[10]。

然后，不能错失机遇。违背时势，是一种原则性的错误，“不丁言时，何可章也”[11]。错失时机，就可能遭受灾害，“缩失时，或承之菑”[12]。与时间作对，是一件危险的事情，“敛于时，利圉极菑”[13]。

任何行动都要恰当地把握时机，才能够获得成功。这是与其老师的影响密切相关的，“从扬雄一生的哲学观念来看，受严君平‘随时循理，曲因其当’思想的影响最深”[14]。确实，“扬雄的人生观就兼有儒家、道家两种成分”[15]。其中以儒家思想为主，“强调时机的同时，扬雄始终没有放弃儒家的原则和立场”[16]。正如扬雄自己所说的那样，“老子之言道德，吾有取焉耳。及搥提仁义，绝灭礼学，吾无取焉耳”[17]。特别是对

① 《法言·渊骞》。
② 《法言·问神》。
③ ［清］惠栋：《周易述》卷二〇《易微言上》。
④ 《法言·寡见》。
⑤ 《法言·问神》。
⑥ 《太玄·锐·次四》。
⑦ 《法言·问明》。
⑧ 《太玄·敛·次五》。
⑨ 《法言·问明》。
⑩ 《太玄·乐·次二》。
⑪ 《太玄·饰·次七》。
⑫ 《太玄·爽·次六》。
⑬ 《太玄·敛·上九》。
⑭ 纪国泰：《“西道孔子”——扬雄》，巴蜀书社 2012 年版，第 16 页。
⑮ 黄开国：《一位玄静的儒学伦理大师——扬雄思想初探》，巴蜀书社 1989 年版，第 154 页。
⑯ 郭君铭：《扬雄〈法言〉思想研究》，巴蜀书社 2006 年版，第 142 页。
⑰ 《法言·问道》。

先秦儒家德治与仁政学说的继承与发展，“扬雄的德治学说包含着给人民一定的生活保障的进步主张，也有对当时社会黑暗的揭露，有着积极的社会意义。它是先秦儒家德治、仁政学说的继承和发展”[①]。在吸收部分道家思想的基础上，扬雄将先秦儒家的德政思想推向了一个新的阶段，成了儒学发展史上的一座丰碑。

后世对扬雄的评价褒贬不一。有的人评价非常高，如北宋史学家司马光所说的“扬子云真大儒者也！孔子既没，知圣人之道者，非子云而谁？”[②] 有的人评价却很低，如朱熹所批的“莽大夫扬雄死”[③]。这是与扬雄生活在多事之秋的西汉末期而自有其不幸之处密切相关的，“抱关击柝，栖惶奔走，孟子之战国，扬雄之新室，有不幸其时者矣”[④]。对王莽托古改制的过分期待和时局压迫之下的生存窘境，扬雄违心地写下了《剧秦美新》之作，无疑是一件令人遗憾的事情。但是，更多的人对扬雄进行的高度评价，充分说明了扬雄的历史影响不容忽视。

扬雄的德政思想主要包括为政以德、立身为本、以行为重、动谨于时四个方面，四者之间相互贯通，相辅相成，相得益彰，共同构成一个完整的思想体系。虽然其中的思想有些杂糅，但确实也是比较积极的，“从总体上说，扬雄思想是一个杂糅的体系。而从总的倾向上看，时代赋予了这位具有文学气质的思想家以独特的视野，从内心深处迸发出了探索宇宙、人生和社会的激情，积极意义上的思考成为扬雄思想的主导方面”[⑤]。扬雄的德政思想，无疑是对孔子德政思想的继承和发展，在中华民族思想的演变过程中，占有一定的历史地位。尽管扬雄德政思想的具体论述中存在着一定的局限性，但就整个思想体系而言，无疑具有与时推移而又常变常新的合理内核，给后世以永远的启迪。

（作者单位：西华大学人文学院）

① 黄开国：《扬雄》，载贾顺先、戴大禄主编的《四川思想家》，巴蜀书社 1988 年版，第 57 页。
② ［宋］邵博：《邵氏闻见后录》卷三，中华书局 1983 年版，第 25 页。
③ ［宋］朱熹：《通鉴纲目·汉纪》。
④ ［宋］欧阳修：《欧阳修集》卷六七《投时相书》。
⑤ 陈强：《略论扬雄思想的理论来源》，《青海社会科学》2007 年第 5 期。

推尊孟子以明圣道

——扬雄的孟子学及其意义①

吴龙灿

内容提要： 扬雄推尊孟子为圣人，学习孟子辟杨墨的批评精神，并自比孟子，担当其批判诸子异端、维护儒家仁义之道的时代使命，著《法言》在形式上模拟《论语》，在实质上也是模拟《孟子》，并发展了孟子诸多核心思想。扬雄建构的道统论，启导和奠定后世道统论规模和孟子在道统谱系中的关键传承人地位。扬雄是历史上第一个推尊孟子的儒家思想家，是孟子升格运动的真正起点。

关键词： 孟子；扬雄；孟子学

孟子在先秦为诸子，在西汉文帝时立为官学，升格为传记博士。武帝废传记博士而立五经博士，孟子复为诸子。尽管董仲舒倡“推明孔氏”，然而其论述人性论时对孟子性善论持批评态度，《史记》为孟子作传仅137字。武帝之后的《盐铁论》是最早大量引用、化用《孟子》原文和推尊孟子的传世历史文献，但是首次正式以大儒、哲学家身份表彰孟子的却是扬雄，在汉至北宋处于圣人地位的扬雄，其推尊孟子的论述言行也因此成为《孟子》升格真正的起点和推尊理据。

一、以孟子自任

（一）学习孟子学术精神

扬雄（前53—18），字子云，西汉蜀郡成都（今成都郫都区）人，西汉著名经学

① 基金项目：国家社科基金一般项目“扬雄《太玄》集释与诠释史研究”（16BZX049）、四川省哲学社会科学重点研究基地思想家研究中心一般项目“严遵学术思想研究”（SXJZX2016-005）、四川省社会科学高水平研究团队“现代新儒家及其文化影响研究”、贵州省2017年度哲学社会科学规划国学单列课题等的阶段性成果。

家、辞赋家。《太玄》《法言》和《方言》等三部经学诠释著作，确立了扬雄在中国学术史上的重要地位，对当时和后世学术产生了重要影响。尤其值得注意的是，其在学术精神上推尊孟子，且以孟子自任，以孟子批评精神批评当时学术状况，重述儒家真精神。

扬雄学术态度，是作有意义的真学问，探求圣人真义。他淡迫名利，修身俟命，有着“好古而乐道”“求文章成名于后世”的节操和志向。“自有大度，非圣哲之书不好也；非其意，虽富贵不事也。”（《汉书·扬雄传》）扬雄博览群书，好学不倦，对当时盛行的经学教育利禄之路，却终身不为所动，对所流行的经学师法、家法乃至章句之学，从不沾染。“雄少而好学，不为章句，训诂通而已，博览无所不见。”（《汉书·扬雄传》）“雄少不师章句，亦于五经之训所不解。”其所好者，“默而好深湛之思”（《汉书·扬雄传》），颇有古希腊哲人沉思之风。

扬雄学习继承孟子“士志于道”的思想。“有意哉！孟子曰：夫有意而不至者有矣，未有无意而至者也。”（《法言·修身篇》）今传《孟子》七篇中无此语，可能扬雄从孟子外书中引用。有意，吴秘注“谓志于道”可谓恰切。扬雄本好赋，但一旦悟到赋无政治讽谕劝善实效，且品格比于俳优，遂毅然辍不复为。扬雄作《太玄》时，面对当时人们的不理解，曾作《太玄赋》《解嘲》《解难》来自我辩护。人们嘲笑《太玄》无用，扬雄“默然独守吾《太玄》”（《汉书·扬雄传》）。刘歆奚落其“空自苦”，扬雄“笑而不应”。“雄见诸子各以其知舛驰，大氐诋訾圣人，即为怪迂。析辩诡辞，以挠世事，虽小辩，终破大道而或众，使溺于所闻而不自知其非也。及太史公记六国，历楚、汉，讫麟止，不与圣人同，是非颇谬于经。”（《汉书·扬雄传》）为了纠正诸子及时人对孔子思想的误解和歪曲，扬雄模拟《论语》而作《法言》，以明圣人真义。“其事则述、其书则作”（《法言·问神》），扬雄《法言》的诠释形式虽为模拟《论语》而新创，但继承的是孟子辟杨墨的批评精神，针砭时弊，传承前圣时贤的真精神。

（二）自比孟子

扬雄拟《论语》作《法言》，乃拟圣立法，自觉担当儒家圣人之道德传承。“传莫大于《论语》，作《法言》。”（《汉书·扬雄传》）西汉经学正统地位确立之后，今文经学严守师法家法，无人敢自拟圣人而立经立法，故扬雄作《太玄》拟经阐《易》而被时人讥为僭越经典。而作扬雄仿《论语》作《法言》则无所批评，一者，虽《论语》为孔子立言之书，毕竟在当时还是传而不是经；二者，扬雄拟圣立法，乃继承儒家圣贤精神的自觉担当，历代圣贤皆然。孔子曰：“文王既没，文不在兹乎？”（《论语·子罕》）孔子：“当仁不让于师。”（《论语·卫灵公》朱熹集注：“当仁，以仁为己任也。"）此为儒家学派创立者孔子所立的典范。而孟子亦孔子之后扬雄所服膺者。孟子的担当精神更为豪迈："如欲平治天下，当今之世，舍我其谁也？"（《孟子·公孙丑下》）孟子担当圣道明于当世的精神感召着扬雄：

> 世衰道微，邪说暴行有作，臣弑其君者有之，子弑其父者有之。孔子惧，作春秋。春秋，天子之事也；是故孔子曰："知我者其惟春秋乎！罪我者其惟春秋乎！"
>
> 圣王不作，诸侯放恣，处士横议，杨朱、墨翟之言盈天下。天下之言不归杨，则归墨。杨氏为我，是无君也；墨氏兼爱，是无父也。无父无君，是禽兽也。公明仪曰："庖有肥肉，厩有肥马；民有饥色，野有饿莩，此率兽而食人也。"杨墨之道不息，孔子之道不著，是邪说诬民，充塞仁义也。仁义充塞，则率兽食人，人将相食。吾为此惧，闲先圣之道，距杨墨，放淫辞，邪说者不得作。作于其心，害于其事；作于其事，害于其政。圣人复起，不易吾言矣。
>
> 昔者禹抑洪水而天下平，周公兼夷狄，驱猛兽而百姓宁，孔子成春秋而乱臣贼子惧。《诗》云："戎狄是膺，荆舒是惩，则莫我敢承。"无父无君，是周公所膺也。我亦欲正人心，息邪说，距诐行，放淫辞，以承三圣者；岂好辩哉？予不得已也。能言距杨墨者，圣人之徒也。（《孟子·滕文公下》）

孟子言比成尧舜，努力学习孔子、私淑孔子，把"距杨墨"作为承继三圣尤其是孔子作《春秋》批判精神的神圣使命。扬雄亦以孟子为榜样：

> 是故钟期死，伯牙绝弦破琴而不肯与众鼓；人亡，则匠石辍斤而不敢妄斫。师旷之调钟，俟知音者之在后也；孔子作《春秋》，几君子之前睹也。老聃有遗言，贵知我者希，此非其操与！（《汉书·扬雄传》）
>
> 是故驺衍以颉亢而取世资，孟轲虽连蹇，犹为万乘师。（《汉书·扬雄传》）
>
> 古者杨墨塞路，孟子辞而辟之，廓如也。后之塞路者有矣，窃自比于孟子。（《法言·吾子》）

扬雄以自己所敬仰的孔子和孟子为知音，且自比为孟子，学习孟子自比孔子作《春秋》而辟杨墨的勇于担当道义、针砭时弊的社会批判精神，批判诸子背离孔孟之道的时代歪风，正本清源，为当时立法，亦为后世立法。因此同时代的桓谭著《新论》曾称扬雄为"西道孔子"。

（三）以《法言》比拟《孟子》

赵岐《孟子题辞》把《论语》看成是"五经之錧辖，六艺之喉衿"，《孟子》又是"拟圣而作"，视《孟子》为经书的传记，其实在西汉文帝时《孟子》就被立为传记博士了。当时在扬雄之前的思想家，从荀子《非十二子》、韩非子《显学》到董仲舒

《春秋繁露》，对孟子及其学说均持批判态度。

扬雄是孟学史上第一个在著作中推尊孟子的儒家大思想家。他把模拟《论语》而作的《法言》，与《孟子》相提并论："孟子疾过我门而不入我室。或曰：'亦有疾乎?'曰：'摭我华而不食我实。'"（《法言·问明》）宋咸注："门与华，谓《法言》，室与实，谓《太玄》。言《孟子》七篇，与《法言》为教一也，但无《太玄》尔。"（司马光:《法言集注》）吴秘注云："孟子与子云俱游于圣人之门，而不与同入室。孟子不言《易》，而子云准《易》，是以谓之。夫《易》者，礼法之所宗，仁义之所本。孟子言其教，故曰摭我华；不言其《易》，故曰不食我实。孟之时，力言仁义，时君犹谓迂阔，何暇言《易》乎？今扬讥之，示人之宗本耳。"（司马光：《法言集注》）宋咸、吴秘两注说明了扬雄把《法言》比拟为《孟子》之本意，两书都是"要合六经"，阐发圣人之教。但同时"夫《易》者，礼法之所宗，仁义之所本也"，此孟子因乱世设教的当务之急而未及作，故自许《太玄》准《易》而入于圣人之室。

据《宋史·艺文志》："四注孟子十四卷，扬雄、韩愈、李翱、熙时之四家注。"果若其然，扬雄著《孟子注》，就是历史上第一个注《孟子》的人。

（四）认孟子为圣人

孟子在《汉书·艺文志》中尚列《诸子略》儒家诸子，因班固《艺文志》是删录刘歆《七略》而成，故与扬雄同时代的刘歆仍然把孟子视为诸子。而扬雄则已经超前地在著作中论证孟子为圣人了。

> 或问："孟子知言之要，知德之奥。"曰："非苟知之，亦允蹈之。"或曰："子小诸子，孟子非诸子乎?"曰:"诸子者，以其知异于孔子者也。孟子异乎？不异。"（《法言·君子》）
>
> 或曰："孙卿非数家之书，侻也；至于子思、孟轲，诡哉!"曰："吾于孙卿，与见同门而异户也，惟圣人为不异。"（《法言·君子》）
>
> 或问"勇"。曰："轲也。"曰："何轲也?"曰："轲也者，谓孟轲也。若荆轲，君子盗诸。""请问孟轲之勇。"曰："勇于义而果于德，不以贫富、贵贱、死生动其心，于勇也，其庶乎!"（《法言·渊骞》）

扬雄对孟子推崇备至，以其"勇于义而果于德""不异于孔子"，把孟子与所批评的诸子区别开来，把孟子列为与大禹、周公、孔子一样的圣人。"孟轲虽连蹇，犹为万乘师。"（《汉书·扬雄传》）孟子不遇而为万乘师，扬子也不遇，自有为王者师的理想。孟子自觉承担道义，继承大禹、周公、孔子三圣，辟杨墨以明道，而扬雄在孔子经学大义被遮蔽的时代，则欲继承四圣（三圣加上孟子），辟诸子而明道，其意一也。在学术史上，扬雄是第一个推尊孟子为圣人的儒家思想家。

二、建构道统论推尊孟子

道统论本来是唐宋为了抗衡外来佛教、挺立中华文化主体性而提出来的，但是道统论的萌芽是孔子和孟子，而其最初建构者应该算是扬雄，从此孟子都是中华道统论的关键人物。

孔孟道统论是中华道统论的萌芽状态。孔孟言必称尧舜，尧舜之道是道统的传承内涵。“咨！尔舜！天之历数在尔躬，允执其中。四海困穷，天禄永终。”舜亦以命禹。曰：“予小子履，敢用玄牡，敢昭告于皇皇后帝：有罪不敢赦。帝臣不蔽，简在帝心。朕躬有罪，无以万方；万方有罪，罪在朕躬。”周有大赉，善人是富。“虽有周亲，不如仁人。百姓有过，在予一人。”（《论语·尧曰》）孔子虽说把“允执其中”作为尧舜之道的内涵，但通过传承转化已经用“仁”道来说明和替代，其道统代表人物从尧、舜开始，一直到在《礼记·礼运》提到的小康“六君子”（禹、汤、文、武、周公、成王），更是以接续周公道统为己任。孟子以“仁义之道”和“仁政王道”为道统传承内涵，在大体承认孔子道统代表人物的情况下，以大禹、周公、孔子为三圣，并表彰孔子弟子颜回、曾子，推尊孔子孙子、太老师子思，并以接续孔子道统为己任。

扬雄是道统论建构奠定人，是韩愈和朱子道统论走向成熟的启导。“孟子辞而辟之，廓如也。后之塞路者有矣，窃自比于孟子。”（《法言·吾子》）在政治昏乱、学术异化的两汉之际，扬雄自比孟子，继承孟子以其辟杨墨的批评精神，针砭时弊，拟经拟圣，自觉维护和担当儒家思想正统之传承，建构儒家正统传承谱系，对后世建立道统论的发展和推尊孟子为道统关键传承人深刻影响。“学之为王者事，其已久矣。尧、舜、禹、汤、文、武汲汲，仲尼皇皇，其已久矣。”（《法言·学行》）“孔子习周公者也，颜渊习孔子者也。”（《法言·学行》）“是以法始乎伏羲而成乎尧。匪伏非尧，礼义哨哨，圣人不取也。”（《法言·问道》）“允治天下，不待礼文与五教，则吾以黄帝、尧、舜为疣赘。”（《法言·问道》）扬雄还在大体肯定的意义上提到子思、荀子、董仲舒，这样就排列出故圣王之道传承谱系：伏羲、黄帝、尧、舜、禹、汤、文、武、周公、孔子、颜回、子思、孟子、荀子、董仲舒。扬雄拟《易经》《论语》而作《太玄》《法言》，自觉传承孔孟之道，他以承继孟子道统自任是不言而喻的。

中唐儒学复兴领袖韩愈的道统谱系与扬雄所说基本一致。韩愈在佛老势焰嚣张、中华传统文化的正统地位备受侵夺而被边缘化之时，挺立中华文化主体性，复兴孔孟所传承的中华传统文化，故以孟子辟杨朱的批评精神排佛老，提出“非向所谓老与佛之道也”的“先王之教”，以“仁、义、道、德”作为道统精神：“博爱之谓仁，行而宜之之谓义，由是而之焉之谓道，足乎己无待于外之谓德。”其传承谱系为：“尧以是传之舜，舜以是传之禹，禹以是传之汤，汤以是传之文武周公，文武周公传之孔子，孔子传之孟轲。轲之死，不得其传焉。”[①] 韩愈明确提出儒家有一个始终一贯的有异于佛老的“道”，即以“仁义道德”为内核、“尧舜之道”为号召的儒家思想，像佛教宗派判教中的法统和道教三洞六辅经教体系中的仙道谱系一样，也有一个自古以来的传承统系，即尧、舜、禹、汤、文、武、周公、孔子、孟轲，孟子之后道统断了。又说：“今夫二氏行乎中土也，盖六百年有余矣。其植根固，其流波漫，非所以朝令而夕禁也。自文王没，武王、周公、成、康相与守之，礼乐皆在，及乎夫子，未久也；自夫子而及于孟子，未久也；自孟子而及乎扬雄，亦未久也，然犹其勤若此，其困若此，而后能有所立，吾其可易而为之哉？……己之道，乃夫子、孟轲、扬雄所传之道也。”[②] 可见韩愈之道统说虽在《原道》中未列扬雄，然而他处承认自己所说的道，乃扬雄所传承之道，并直接继承扬雄的儒家正统传承谱系而来。扬雄之时，佛道二教初立，儒家作为文化主流尚守中华文化正统，扬雄尚且毕其力补偏救弊弘扬孔孟真传，是以韩愈私淑以自勉。北宋之时，孙复云：“吾之所谓道者，尧、舜、禹、汤、文、武、周公、孔子之道也，孟轲、荀卿、扬雄、王通、韩愈之道也。”（《信道堂记》）王禹偁说：“书契以来以文垂教者，首曰孔孟之道……孟轲氏没，扬雄氏作……扬雄氏丧，文中子生……文中子灭，昌黎文公出，师戴圣人之道，述作圣人之言。”（《投宋拾遗书》）正是扬雄确定的儒家正统传承谱系，也顺着韩愈的道统说提法，在孟子之后增加了扬雄、王通、韩愈。

“道统”一词，最早由南宋大儒朱熹完整提出。韩愈与朱子皆致力于弘扬中华文化正统儒家而排斥佛老异端，自觉担当道统传承人，树立中国文化主体性，复兴中华文化传统。只是朱子构建的道统论对韩愈的有所发展，对儒家之道的解释更加具体精微，传承内容直接建基于程朱更加明确地予以表彰的儒家核心经典文献“四书”，传承谱系前后延伸和精细化，前面增加了伏羲、神农、黄帝，孔孟之间插入了颜回、曾子、子思三人，在孟子之后接上二程和朱子自己。朱子云：“《中庸》何为而作也？子思子忧道学失其传而作也。盖自上古圣神继天立极，而道统之传有自来矣。”（《四书集注·中庸章句序》）至于道统传承的内容和谱系，朱熹在《大学章句序》和《中庸章句序》中详细论述，道统传承内容的精神是圣人通过教化复其“仁义礼智之性”，传承谱系则为“此伏羲、神农、黄帝、尧、舜所以继天立极”，后“时则有若孔子之圣，而不得君师之位以行其政教，于是独取先生之法，颂而传之以诏后世”（《大学章句序》）。而

---

① ［唐］韩愈，严昌校点：《原道》，见《韩愈集》，岳麓书社 2000 年版，第 147 页。

② ［唐］韩愈，严昌校点：《重答张籍书》，见《韩愈集》，岳麓书社 2000 年版，第 194—195 页。

“曾氏之传独得其宗”，即曾子是孔子之后的第一个道统传承人。“及孟子没而其传泯焉，则其书虽存，而知者鲜矣！”（《大学章句序》）即孟子是宋代之前的最后一个道统传承人。“于是河南程氏两夫子出，而有以接乎孟氏之传。”（《大学章句序》）二程则直接孟子道统。“虽以熹之不敏，亦幸私淑而与有闻焉。”（《大学章句序》）朱子也以接续二程道统自任。在《中庸章句序》中，朱子以《论语·尧曰》为据，提出“十六字心传”（人心惟危，道心惟微，惟精惟一，允执厥中）为尧舜禹以心传心的道统内核，并把圣圣相承进一步扩充：“若成汤、文、武之为君，皋陶、伊、傅、周、召之为臣，既皆以此而接夫道统之传，若吾夫子，则虽不得其位，而所以继往圣、开来学，其功反有贤于尧舜者。然当是时，惟颜氏、曾氏之传得其宗。及曾氏之再传，而复得夫子之孙子思，则去圣远而异端起矣。……自是而又再传以得孟氏，为能推明是书，以承先圣之统，及其没而遂失其传焉。……然而尚幸此书之不泯，故程夫子兄弟者出，得有所考，以续夫千载不传之绪；得有所据，以斥夫二家似是之非。”（《中庸章句序》）伏羲、神农、黄帝、尧、舜、成汤、文、武、皋陶、伊、傅、周、召、孔子、颜回、曾子、子思、孟子、二程、朱子，这是朱子建构的成熟形态的道统论传承谱系。

综上所述，从孔、孟到扬雄、韩愈、朱熹，他们均在中华文化传统面临主体性异化危机时，提出前后相继、不同形态的道统论，并以当代道统传承人自任，自觉承担历史文化传统复兴使命，正本清源，攻乎异端，拨乱反正，为中华文化传统存续并发扬光大做出了里程碑式的历史贡献。其中扬雄的道统论建构是韩愈和朱子道统论的启导和范型，韩朱且皆仿效扬雄成规，继承孟子辟杨墨的批评精神排佛老，并把孟子作为最关键的、甚至需要直接承续的道统传承人。

三、继承和发展孟子思想

（一）重述儒家价值系统

扬雄继承了自孔子到孟子再到西汉的董仲舒所逐步发展的五常价值系统，在承继其价值条目和话语体系的同时，又有所创新。

> 或问“仁、义、礼、智、信之用”。曰：“仁，宅也；义，路也；礼，服也；智，烛也；信，符也。处宅，由路、正服，明烛，执符，君子不动，动斯得矣。”（《法言·修身》）

扬雄所说的“五常”，是孟子“四端”加上“信”，也是董仲舒基于孔孟之道提出的“五常”。晋李轨注云：“仁如居宅，可以安身；义如道路，可以安行；礼如衣服，可以表仪；智如灯烛，可以照察；信如符契，可以致诚。”（司马光：《法言集注》）扬雄五常譬喻，近乎孟子。所论述的话语，“仁，宅也；义，路也；礼，服也”，本是孟子的发明：

夫仁，天之尊爵也，人之安宅也。莫之御而不仁，是不智也。（《孟子·公孙丑上》）

夫义，路也；礼，门也。惟君子能由是路，出入是门也。（《孟子·万章下》）

王子垫问曰：“士何事？”孟子曰：“尚志。”曰：“何谓尚志？”曰：“仁义而已矣。杀一无罪非仁也，非其有而取之非义也。居恶在？仁是也。路恶在？义是也。居仁由义，大人之事备矣。”（《孟子·尽心上》）

扬雄只是把“礼门”之喻换成“礼服”之喻，有异曲同工之妙。“智，烛也；信，符也”，则根据智、信的义理比附前面三喻敷衍而成。

道、德、仁、义、礼，譬诸身乎？夫道以导之，德以得之，仁以人之，义以宜之，礼以体之，天也。合则浑，离则散，一人而兼统四体者，其身全乎！（《法言·问道》）

“老子之言道德，吾有取焉耳。及捶提仁义，绝灭礼学，吾无取焉耳。”（《法言·问道》）

扬雄提出了“道、德、仁、义、礼”新五常价值系统，去智、信而加冠道、德，有取于老子《道德经》，但周公“以德配天”，孔子“天生德于予”“为政以德”和“道不行，乘桴浮于海”，孟子“尊德乐道”等，足证归宗儒学、援道入儒的扬雄，所称“道、德”仍然是儒家既有价值系统范畴，但以道家之道、德来加强儒家价值系统的形而上学根据和义理自洽，而舍弃道家贬低仁、义、礼、智的价值取向。“一人而兼统四体者”既指“道统仁义礼德”，略别于后来宋儒“仁包（统/主）四德（五常）”的说法，其“四体”之比喻，也来自孟子：

人之有是四端也，犹其有四体也。（《孟子·公孙丑上》）

士庶人不仁，不保四体。（《孟子·离娄上》）

君子所性，仁义礼智根于心，其生色也睟然，见于面，盎于背，施于四体，四体不言而喻。（《孟子·尽心上》）

扬雄将五常、新五常并提，其儒家价值体系和话语体系，仍然与周孔孟一脉相承，并有进一步提升儒家价值系统的形而上学论证和理论自洽的努力，这一努力在《太玄》中体现得更加充分。

（二）重建儒家经典系统

孟子关于“知人论世”的论述中提到读古书的必要性：

孟子谓万章曰：“一乡之善士斯友一乡之善士，一国之善士斯友一国之善士，天下之善士斯友天下之善士。以友天下之善士为未足，又尚论古之人。颂其诗，读其书，不知其人，可乎？是以论其世也。是尚友也。”（《孟子·万章下》）

孟子强调善士除了友当代之善士，还要崇尚古代圣贤，这就要“颂其诗，读其书”，通过“知人论世”的方式学习和传承古圣贤的优秀传统文化精神。这就要重建古代经典系统。孟子所要读的诗书，首先必定是孔子删述之六经（《诗》《书》《礼》《乐》《易》《春秋》），其次是《论语》《孝经》和孔子后学、七十子之徒所作的《礼记》类著述。

扬雄承继孟子的古圣贤著述重要性的思想，认为圣人之言、经典之书应当崇尚和传承。

天之道，不在仲尼乎？仲尼驾说者也，不在兹儒乎？如将复驾其所说，则莫若使诸儒金口而木舌。（《法言·学行》）

或曰：“书与经同，而世不尚，治之可乎？”曰：“可。”（《法言·学行》）

或曰：“人各是其所是而非其所非，将谁使正之？”曰：“万物纷错则悬诸天，众言淆乱则折诸圣。”或曰：“恶睹乎圣而折诸？”曰：“在则人，亡则书，其统一也。”（《法言·吾子》）

圣人之言远如天，贤人之言近如地。（《法言·五百》）

好书而不要诸仲尼，书肆也。好说而不要诸仲尼，说铃也。君子言也无择，听也无淫，择则乱，淫则辟。述正道而稍邪哆者，有矣，未有述邪哆而稍正也。（《法言·修身》）

或曰：“经可损益与？”曰：“《易》始八卦，而文王六十四，其益可知也。《诗》、《书》、《礼》、《春秋》，或因或作而成于仲尼，其益可知也。故夫道非天然，应时而造者，损益可知也。”（《法言·问神》）

扬雄强调圣人之言为天经地义，是判断天下事物言论是非曲直的准绳。圣人在的时候，是非由圣人本人亲自去裁定，圣人去世之后，则是非以记录圣人之言的书为标准去衡量。古代流传下来并经孔子或因或作的六经，是圣人之言的记录，在扬雄所在的西汉后期已经给予足够的重视，但诸如文帝时立过传记博士的《论语》《孝经》《尔雅》《孟子》和以曾子、子夏、子思等七十子之徒所作的《礼记》类文献，都是学习和弘扬孔子思想的书，则尚未给予应有的重视。故扬雄强调“书与经同”，即是倡导重建以孔子思想宗旨及其传承为中心的经典系统。而扬雄《太玄》拟《周易》，《法言》拟《论语》和《孟子》，《方言》拟《尔雅》，同样也不外乎此经典系统的。扬雄的“书与经同”思想，对开启后世思想家积极著述之风，以及唐宋“四书系统”的形成和发展，都有着重要的示范和启导作用。

（三）人性论

儒家人性论，从先秦的孔子、孟子、荀子，到西汉的董仲舒，有了比较完善的发展。孔子的人性论对性没有严格规定，但强调后天的作用："性相近也，习相远也。"（《论语·阳货》）孟子的性善论，要在扩充先天四端之心，强调反省求其本心。荀子的性恶论，人性先天粗劣，需要圣人化性起伪，强调后天教化。董仲舒各有所取，而根据当时现实政治社会治理需要予以转化，提出中民之性、性待德教而化善。扬雄则综合了前儒的人性论思想，发展出"性善恶混"说。

> 人之性也善恶混。修其善则为善人，修其恶则为恶人。气也者，所以适善恶之马也欤？（《法言·修身》）

> 孟子以为人性善，其不善者，外物诱之也。荀子以为人性恶，其善者，圣人教之也。是皆得其一偏，而遗其本实。夫性者，人之所受于天以生者也，善与恶必兼有之，犹阴之与阳也。是故虽圣人不能无恶，虽愚人不能无善，其所受多少之间则殊矣。善至多而恶至少，则为圣人。恶至多而善至少，则为愚人。善恶相半，则为中人。圣人之恶不能胜其善，愚人之善不能胜其恶，不胜则从而亡矣。故曰：惟上智与下愚不移。虽然，不学则善日消而恶日滋，学焉则恶日消而善日滋。故曰：惟圣罔念作狂，惟狂克念作圣。必曰：圣人无恶则安用学矣？必曰：愚人无善则安用教矣？譬之于田稻粱藜莠相与并生，善治田者，薅其藜莠而养其稻粱；不善治田者，反之。善治性者，长其善而去其恶；不善治性者反之。孟子以为仁义礼智皆出乎性者也，是岂可谓之不然乎？然殊不知暴慢贪惑亦出乎性也。是信稻粱之生于田，而不信藜莠之亦生于田也。荀子以为争夺残贼之心，人之所生而有也，不以师法礼义正之，则悖乱而不治，是岂可谓之不然乎？然殊不知慈爱羞恶之心，亦生而有也。是信藜莠之生于田，而不信稻粱之亦生于田也。故扬子以人之性善恶混。混者，善恶杂处于心之谓也。顾人所择，而修之何如耳？修其善则为善人，修其恶则为恶人，斯理也，岂不晓然明白矣哉？如孟子之言，所谓长善者也，如荀子之言，所谓去恶者也，扬子则兼之矣。韩文公解扬子之言，以为始也混，而今也善恶，亦非知扬子者也。（司马光：《法言集注》）

司马光详解扬雄人性论上继孔子、兼取孟子和荀子，可谓解人。然其未能道出扬雄人性论有取于董仲舒中民之性待教而善。扬雄言"气也者，所以适善恶之马也欤？"形象地把后天之气比喻为在善恶选择之途上奔腾的马，而后天教化是骑在马上之人的意志，修善则如人骑马在善性之道上，修恶则如人骑马在恶性之道上，这确实是吸收了董仲舒中民之性待教而善的思想成果。但董仲舒的人性论比较消极，除了继承孔子"上智与下愚不移"思想而不给予"斗筲之性"成善的可能性之外，其待教而善具有荀子那样化性起伪、被动受教的特征。扬雄的性善恶混，则一方面把人性之初给予客观的配置，或者说悬置了人性本善、本恶的独断论，把人性善恶的主动选择权交到每一个具体的人手中。

或问："世言铸金，金可铸与？"曰："吾闻觌君子者，问铸人，不问铸金。"或曰："人可铸与？"曰："孔子铸颜渊矣。"或人踧尔曰："旨哉！问铸金，得铸人。"（《法言·学行》）

学者，所以修性也。视、听、言、貌、思，性所有也。学则正，否则邪。（《法言·学行》）

或问"礼难以强世"。曰："难故强世。如夷俟、居肆，羁角之哺果而啖之，奚其强？或性或强，及其名一也。"（《法言·五百》）

天下通道五，所以行之一，曰勉。（《法言·孝至》）

在扬雄的人性论论述中，每一个人的出身和禀性都是次要的，因为没有一个人是"生而知之"。一个人是否具有"五常"的德，都是个人"学而知之"，"勉而行之"，通过努力而学至、行至，圣贤都是后天学习造就的，而性恶是因为不学以修性导致的。扬雄把人性论提升到道德自我的主体性和道德选择的自主能动性高度，这是扬雄超迈前儒的独特贡献。

结　语

扬雄继承和发展孟子的思想还有很多方面，难以一文而尽之，本文仅举其大者数端而管窥扬雄推尊孟子之功绩和受孟子影响之深刻。

始吾读孟轲书，然后知孔子之道尊，圣人之道易行，王易王，霸易霸也。以为孔子之徒没，尊圣人者，孟氏而已。晚得扬雄书，益尊信孟氏，因雄书而孟氏益尊，则雄者亦圣人之徒欤！圣人之道，不传于世。周之衰，好事者各以其说干时君，纷纷藉藉相乱，六经与百家之说错杂，然老师大儒犹在。火于秦，黄老于汉，其存而醇者，孟轲氏而止耳，扬雄氏而止耳。（韩愈《读荀子》）

韩愈所说"因雄书而孟氏益尊"，经上文考察是非常准确的。与荀子、董仲舒等前儒不同，扬雄是首个正式在著述中推尊孟子的大儒、思想家。从此之后，王充《论衡·非孟》中名"非孟"而实推尊孟子。两汉注释《孟子》的开端，自扬雄《孟子注》开始，其后有程曾《孟子章句》、郑玄《孟子注》、高诱《孟子章句》、刘熙《孟子注》和赵岐《孟子章句》等，今存赵岐《孟子章句》可知东汉推尊孟子地位之高，不能不说是因为受到扬雄推尊孟子的直接影响。而扬雄影响王通拟经、影响韩愈道统论和推尊孟子，则为唐宋孟子升格运动之滥觞。因此可以说，扬雄推尊孟子是孟子升格运动真正的起点。

扬雄推尊孟子以及其思想发明，是中国学术史、思想史和孟学史不可或缺的重要一环。扬雄既是推尊孟子的关键思想家，也是儒学思想发展的重要人物。到司马光为止，扬雄一直处于与孔、孟比肩的圣人地位，这与扬雄推尊孟子并发展孔孟思想是分不开的。程朱以推崇思孟学派为道统正脉，其实也和孟子、扬雄一样，同样是为了挺立中国文化的主题性和维护孔子之道的正统地位，只是为了对抗佛教心性学而特别突出思孟学派的心性学，从而把荀子和汉唐诸儒排除在道统之外，实质上其道统论和儒家经典系统的建构范式却是由扬雄奠定的。以孟子为道统论关键传承人，以孔子、曾子、子思、孟子为先秦儒门四圣，都是扬雄最早在著述中提出的孤明独发。自扬雄之后，孟子成为仅次于孔子的儒家思想家，尤其是宋明理学，可谓舍孟子而无所由。然而宋代以来，人们在深得孟子滋养的同时，却忘却了扬雄推尊孟子和发明儒门胜义的功绩，大有深刻反思之必要。扬雄的《太玄》和《法言》这两部拟圣拟经之经典，势必有重新诠释和尊视之必要。

（作者单位：宜宾学院四川思想家研究中心）

扬雄的“沉郁顿挫”

方新蓉

内容提要： 扬雄的“沉郁顿挫”是杜甫提出的。这种风格主要是指扬雄著作在内容上的主题深刻、反思不断、情感盘曲，在形式上起伏抑扬的情绪节奏、回旋转折的布局结构。

关键词： 扬雄；沉郁；顿挫

杜甫是唐代最为集大成者的诗人，非常善于学习前人的经验。扬雄就是他学习的前辈之一，因此在其作品中屡屡提到，如《奉寄河南韦尹丈人》“谬惭知蓟子，真怯笑扬雄”①，《赠献纳使起居田舍人澄》“扬雄更有河东赋，唯待吹嘘送上天”②，《堂成》“旁人错比扬雄宅，懒惰无心作解嘲”③，《奉赠韦左丞丈二十二韵》“赋料扬雄敌，诗看子建亲”④，《夏日杨长宁宅送崔侍御、常正，字入京得深字》“醉酒扬雄宅，升堂子贱琴”⑤。通过学习，杜甫认为扬雄的风格是沉郁顿挫，并且自己差可以与之比肩，“臣之述作，虽不能鼓吹六经，先鸣数子，至于沉郁顿挫，随时敏捷，而扬雄、枚皋之徒，庶可企及也”⑥。

---

① 萧涤非主编：《杜甫全集校注》卷一，人民文学出版社2013年版，第161页。
② 同上，第563页。
③ 萧涤非主编：《杜甫全集校注》卷七，人民文学出版社2013年版，第1926页。
④ 萧涤非主编：《杜甫全集校注》卷二，人民文学出版社2013年版，第276页。
⑤ 萧涤非主编：《杜甫全集校注》卷一九，人民文学出版社2013年版，第5500页。
⑥ 萧涤非主编：《杜甫全集校注》卷二一，人民文学出版社2013年版，第6271页。

一、沉郁

“沉郁”这个词最早就是朋友刘歆对扬雄的褒扬，刘歆《与扬雄书》云：“子云淡雅之才，沉郁之思。”① 班固《扬雄传》也有类似的用语，“默而好深湛之思”②，“用心于内，不求于外”③。也正因如此，扬雄写出来的作品深刻并且用心。不仅刘歆对其敬重，桓谭更深赞其文，“唯刘歆及范逡敬焉，而桓谭以为绝伦”④。桓谭曰：“文义至深，论不诡于圣人。”⑤ 刘勰《文心雕龙》也曰“子云沉寂，故志隐而味深”，“子云属意，辞人最深，观其涯度幽远，搜选诡丽，而竭才以钻思，故能理赡而辞坚也”⑥。

（一）深刻的主题

扬雄读书“不为章句，训诂通而已，博览无所不见”，虽然不研究章句只通晓字词解释，虽然博览群书无所不读，但是仍然是有所选择的，“非圣哲之书不好也”⑦。扬雄也在其作品中体现了圣哲之道。扬雄的圣哲之道就是儒家思想，“舍舟航而济乎渎者，末矣。舍五经而济乎道者，末矣”⑧。他模仿《论语》作的《法言》认为孔子是最大的圣人，其经典是入学的关键，“山径之蹊，不可胜由矣；向墙之户，不可胜入矣。曰：恶由入？曰：孔氏。孔氏者，户也”⑨。孔子死后，其圣道的发展与传播受到“塞路者”的干扰，“古者杨墨塞路，孟子辞而辟之，廓如也。后之塞路者有矣，窃自比于孟子”⑩。扬雄抬高孟子地位，以孟子继承人自居，为儒学发展开辟道路。扬雄批判地继承了先秦其他家思想云：“老子之言道德，吾有取焉耳。及搥提仁义，绝灭礼学，吾无取焉耳”⑪，“庄杨荡而不法，墨晏俭而废礼，申韩险而无化，邹衍迂而不信”⑫。

深刻的主题是扬雄主动的追求。《答刘歆书》云：“雄为郎之岁，自奏少不得学，而心好沈博绝丽之文，愿不受三岁之奉，且体脱直事之繇，得肆心广意于以自克就。”⑬

---

① 张震泽校注：《扬雄集校注》，上海古籍出版社 2009 年版，第 273 页。
② ［汉］班固：《汉书·扬雄传》，中华书局 1962 年版，第 3514 页。
③ 同上，第 3583 页。
④ 同上，第 3583 页。
⑤ 同上，第 3585 页。
⑥ 周振甫：《文心雕龙注释》，人民文学出版社 1988 年版，第 503 页。
⑦ ［汉］班固：《汉书·扬雄传》，中华书局 1962 年版，第 3514 页。
⑧ 韩敬注：《法言注》，中华书局 1992 年版，第 35 页。
⑨ 同上，第 37 页。
⑩ 同上，第 45 页。
⑪ 同上，第 77 页。
⑫ 同上，第 193 页。
⑬ 张震泽校注：《扬雄集校注》，上海古籍出版社 2009 年版，第 264 页。

扬雄自称做郎官时，上奏说年少时没能学习，而内心喜欢思想内容深刻博大、文采绝丽的文章，愿意三年不拿俸禄，免于值任公事的劳役，期待能够随心所欲地学习。汉成帝答应了，“有诏可不夺奉，令尚书赐笔墨钱六万，得观书于石室”①。扬雄的赋都有其产生的历史背景。《汉书》中出现的赋后都用了“风”或“劝”字表明其思想的深刻。如《甘泉赋》“从上甘泉还，奏《甘泉赋》以风”②，“雄聊盛言车骑之众，参丽之驾，非所以感动天地，逆厘三神”，“屏玉女，却宓妃，以微戒齐肃之事”③；如《河东赋》“将祭后土，上乃帅群臣横大河，凑汾阴。既祭，行游介山，回安邑，顾龙门，览盐池，登历观，陟西岳以望八荒，迹殷周之虚，眇然以思唐虞之风。雄以为临川羡鱼不如归而结罔，还，上《河东赋》以劝”④。成帝行幸河东，远祠后土，沿途历观殷周圣迹，扬雄认为与其兴师动众，祈求神灵，不如踏踏实实地勤己修政，还可望实现天下大治。如《校猎赋》“其十二月羽猎，雄从。……游观侈靡，穷妙极丽。虽颇割其三垂以赡齐民，然至羽猎田车戎马器械储偫禁御所营，尚泰奢丽夸诩，非尧、舜、成汤、文王三驱之意也。又恐后世复修前好，不折中以泉台，故聊因校猎，赋以风”⑤。扬雄认为武帝广建离宫别馆，模仿传说中的蓬莱、方丈、瀛洲，已经侈靡。举行羽猎活动就更加奢华夸大了，完全没有古贤王射猎三等之意，于是上《校猎赋》说宫观乃先帝所为，成帝不可再修，居之是可以的。如《长杨赋》“上将大夸胡人以多禽兽，秋，命右扶风发民入南山，西自褒斜，东至弘农，南驱汉中，张罗罔罝罘，捕熊罴、豪猪……载以槛车，输长杨射熊馆。以罔为周阹，纵禽兽其中，令胡人手搏之，自取其获，上亲临观焉。是时，农民不得收敛。雄从至射熊馆，还，上《长杨赋》，聊因笔墨之成文章，故借翰林以为主人，子墨为客卿以风”⑥。元延三年秋，汉成帝为了在胡人面前炫耀汉家富有禽兽，不让农民去收割庄稼，大量征发农民大规模围山，张开罗网罝罘捕捉熊豪猪虎等物，抓住后运到长杨射熊馆，供胡人徒手搏斗、皇上观看用。此时，扬雄跟着到射熊馆，回来后，献上《长杨赋》，假借翰林主人与子墨客卿对话，来反思“扰于农民，三旬有余”“外之则以为娱乐之游，内之则不以为干豆之事，岂为民乎哉!”⑦ 以上赋，我们都可以看到扬雄的情感基调是“忧”，即忧政、忧国、忧民。

正因为扬雄对儒家思想的信奉，人们都以此来评价他。桓谭《新论》：“扬子云才

① 张震泽校注：《扬雄集校注》，上海古籍出版社2009年版，第264页。
② 同上，第43页。
③［汉］班固：《汉书·扬雄传》，中华书局1962年版，第3535页。
④ 张震泽校注：《扬雄集校注》，上海古籍出版社2009年版，第71页。
⑤ 同上，第84页。
⑥ 同上，第114页。
⑦ 同上，第117页。

智开通，能入圣道，卓绝于众。汉兴以来，未有此人。”[①] 宋人更是如此，如曾巩《筠州学记》说汉代学术“惟知经者为善矣，又争为章句训诂之学，以其私见，妄臆穿凿为说。故先王之道不明，而学者靡然溺于所习。当是时，能明先王之道者，扬雄而已”[②]。又如范涞入蜀主持四川民政大事时，恢复扬雄故宅，其《新修扬子云草玄堂记》：“唯扬子云深沉圣学，休撰契神。其诸赋尚且勿论，论其大者为《法言》，又为《太玄经》三摹九据，悉根于性命天道，泄羲、文、周、孔所未泄。”司马光《读玄》更推尊他为孔子之后，超荀子越孟子的一代大儒，“孔子既殁，知圣人之道者，非扬子而谁？孟与荀殆不足拟”。也就在宋代，扬雄被请进文庙，陪祀孔子。

（二）不断的反思

扬雄在学习前人的基础上不断反思。如他对司马相如的学习。《汉书·扬雄传》云：“先是时，蜀有司马相如，作赋甚弘丽温雅，雄心壮之，每作赋，常拟之以为式。”[③] 也正因为学司马相如，他受到了汉成帝的征召。扬雄《答刘歆书》说他刚能作文章时，其作的《县邸铭》《王佴颂》《阶闼》《成都四隅铭》让蜀人杨庄吟诵给成帝听，成帝很喜欢，认为很像司马相如作的，于是召见了他。汉赋讲究“弘丽温雅”，不仅要内容博大，写法铺张扬厉，气势磅礴，富有文采，而且要温和含蓄，盛陈典故。一句话，一篇好赋，往往集作者辞章、才气、哲思与数典于一体，它是文人才学识德等素质的综合呈现。扬雄虽然才思敏捷，但毕竟也要搜肠刮肚，冥思苦想，为收集典故和谋篇布局，耗费大量精力，也是辛苦。桓谭《新论》所云就是明证，“子云亦言……至甘泉，诏使作赋，为之卒，暴倦卧，梦具五脏出地，以手收之，觉大少气，病一岁徐”[④]。扬雄奉诏作《甘泉赋》成，疲倦困卧，梦中五脏剧痛，几乎全要脱体而出，醒来大病了一年。可见其用思之专。后来，扬雄也慢慢认识到赋体劝十讽一的局限，作者写赋必搜罗奇事妙语，渲染得无以复加，磅礴宏大，然后才归结到稍事讽谏的正道上来，因此讽谏之辞并不突出，全靠统治者细心领会。如果没有领会，就会“览者过矣”，“劝而不止”，如汉武帝好神仙，司马相如上《大人赋》“欲以讽”，但武帝读后反而“飘飘有凌云之志”，“于是言之，赋劝而不止，明矣”[⑤]。王充《论衡·谴告》在评“孝武皇帝好仙，司马长卿献《大人赋》，上乃仙仙有凌云之气”后也说到扬雄赋作的实际效果，“孝成皇帝好广宫室，扬子云上《甘泉颂》，妙称神怪，若曰非

---

① ［汉］桓谭：《新论》，上海人民出版社 1977 年版，第 61 页。

② 启功等编：《唐宋八大家全集　曾巩集》，国际文化出版公司 1997 年版，第 234 页。

③ ［汉］班固：《汉书·扬雄传》，中华书局 1962 年版，第 3515 页。

④ ［汉］桓谭：《新论》，上海人民出版社 1977 年版，第 61 页。

⑤ ［汉］班固：《汉书·扬雄传》，中华书局 1962 年版，第 3575 页。

人力所能为，鬼神乃可成。皇帝不觉，为之不止”①。况且，既是应命制作，是文学弄臣多为讨皇帝欢心而说许多违心的话，达不到真正劝说的目的，“颇似俳优淳于髡、优孟之徒，非法度所存、贤人君子诗赋之正也”②。鉴于以上种种原因，成帝末年，扬雄抛弃了对赋的崇拜，在多处表示对大赋的不喜欢及其后悔曾经的迷恋，“辍不复为”了。如《法言》中反省道：“或问：吾子少而好赋？曰：然，童子雕虫篆刻。俄而曰：壮夫不为也。或曰：赋可以讽乎？曰：讽乎！讽则已，不已，吾恐不免于劝也。”③ 这是思想成熟的表现。又如他对屈原的思考。《汉书》曰：“又怪屈原文过相如，至不容，作《离骚》，自投江而死，悲其文，读之未尝不流涕也。以为君子得时则大行，不得时则龙蛇，遇不遇命也，何必湛身哉！乃作书，往往摭《离骚》文而反之，自岷山投诸江流以吊屈原，名曰《反离骚》；又旁《离骚》作重一篇，名曰《广骚》；又旁《惜诵》以下至《怀沙》一卷，名曰《畔牢愁》。”④ 扬雄称奇屈原之文远过相如，对屈原不遇明君，自沉于江的遭遇深表同情，悯其人，“悲其文，读之未尝不流涕也”。不过扬雄认为屈原不应自杀，“以为君子得时则大行，不得时则龙蛇，遇不遇命也，何必湛身哉?”认为其不智，认为其逞才惹怒，自找麻烦，于是作《反离骚》《广骚》《畔牢愁》。

扬雄的反思让他实现了对个体生命的超越，就其作品而言虽有歌功颂德，虽有模拟司马相如，但是每作都有自己的特色，积极求变求新，最终成为与司马相如并肩的大家。班固说：“（扬雄）四赋皆斟酌其本，相与放依而驰骋云。”⑤ 洪迈说：“东方朔《答客难》自是文中杰出，扬雄拟之为《解嘲》，尚有驰骋自得之妙。”⑥ 范文澜说：“（扬雄）用思构辞，还保留有自己的特殊性。西汉辞赋家扬马并称，就在于扬雄的模拟不同于一般庸者陈陈相因的模拟。”

（三）盘曲的情感

扬雄的作品富有感情。他在《法言·问神》中提倡：“言，心声也；书，心画也。”⑦ 既然言为心声，那么其作品都是感情的自然流露。刘勰在《文心雕龙·书记》中评扬雄《答刘歆书》说：“子云之《答刘歆书》，志气盘桓，各含殊采；并杼轴乎尺素，抑扬乎寸心。”③ 认为它可以与司马迁《报任安书》、杨恽《报孙会宗书》相提并论。

---

① ［汉］王充：《论衡》，中华书局 1990 年版，第 641—642 页。
② ［汉］班固：《汉书·扬雄传》，中华书局 1962 年版，第 3575 页。
③ 韩敬注：《法言注》，中华书局 1992 年版，第 25 页。
④ ［汉］班固：《汉书·扬雄传》，中华书局 1962 年版，第 3515 页。
⑤ 同上，第 3583 页。
⑥ ［宋］洪迈：《容斋随笔》，上海古籍出版社 1978 年版，第 88 页。
⑦ 韩敬注：《法言注》，中华书局 1992 年版，第 110 页。
⑧ 周振甫注：《文心雕龙注释》，人民文学出版社 1988 年版，第 277 页。

扬雄《法言》虽仿《论语》，但风格大不相同，中有奇字、新句。《法言》表面上强调“宗经”“征圣”的儒家正统道德观，实际上从侧面否定和批判那些轻道重禄、唯利是图之徒，用曲折的手法表达自己愤懑之情。如《法言·学行》云：

或曰：“使我纡朱怀金，其乐不可量也。”曰：“纡朱怀金者之乐，不如颜氏子之乐。颜氏子之乐也，内；纡朱怀金者之乐也，外。”或曰：“请问屡空之内。”曰：“颜不孔，虽得天下，不足以为乐。”“然亦有苦乎？”“颜苦孔之卓之至也。”或人瞿然，曰：“兹苦也，祗其所以为乐也与。”[1]

扬雄认为做身佩朱绶、怀藏金印的大官的快乐比不上颜渊的快乐，因为后者的快乐是内在的，前者的快乐是外在的。可问题又来了，像颜渊那种穷困不堪的内在之乐是什么？扬雄认为内在乐在于颜渊能够做孔子的学生以学儒道。那么颜渊有苦吗？扬雄认为有苦，苦于无法达到像孔子一样的境界，颜渊的苦实际上就是其乐。在这里，扬雄说了这么多，最终目的就在于说明在事新莽之后的苦闷，只好以苦作乐。

《逐贫赋》是扬雄自我心志的吐露，有如杜甫的《咏怀五百字》。它真实、生动地展现了扬雄由甘贫、怨贫、排贫到安贫的心理历程。扬子离俗独处，是他自己的选择，“扬子遁居，离俗独处”。但独处后的生活却非常辛酸，“左邻崇山，右接旷野，邻垣乞儿，终贫且窭”[2]，与乞儿为伍，见不到任何高尚的人，于是伤感失意，“惆怅失志”，开始埋怨贫儿。虽说埋怨，但“呼贫与语”中的“呼”字也充满了气势。贫儿本在六种极不幸的事中，被人们扔在很远的地方，“汝在六极，投弃荒遐”[3]，经常跟着戍边的兵卒。现在却紧跟着扬子来了。扬子到了食不果腹、衣不蔽体的地步了，“人皆文绣，余褐不完，人皆稻粱，我独藜飱”[4]。为了生计，完全一农民，“身服百役，手足胼胝；或耘或耔，沾体露肌”[5]。为了逐贫，扬子到处躲。一连用了三个“舍尔”表决心。可他无论到哪里，贫儿总是紧紧跟随，一连用了三个“尔复”表示紧跟。实在没有办法了，扬子质问贫儿为何总是跟着自己，赶快走，“岂无他人，从我何求？今汝去矣，勿复久留！”[6] 可贫儿却嘲笑扬子是身在福中不知福。因为贫儿从先祖以来，就是美德的体现，“昔我乃祖，宣其明德，克佐帝尧，誓为典则”[7]，就像茅茨盖的房顶不需要任何修饰。只不过到了末世，放纵了。贫得无厌的人得到了富贵，鄙视贫穷，以富傲人。

---

① 韩敬注：《法言注》，中华书局1992年版，第22页。
② 张震泽校注：《扬雄集校注》，上海古籍出版社2009年版，第146页。
③ 同上。
④ 同上。
⑤ 同上。
⑥ 同上。
⑦ 同上。

因此贫儿就离开了。贫儿经常反省自己并无过错。贫儿现在来到扬子家里，是扬子的福气，“处君之家，福禄如山”①，扬子却“忘我大德，思我小怨”②，殊不知扬子过得是如何幸福，“堪寒能暑，少而习焉。寒暑不忒，等寿神仙。桀跖不顾，贪类不干。人皆重蔽，予独露居；人皆怵惕，予独无虞”③，从小就经得住寒暑的侵袭，等同于不会死的神仙。盗贼和贪官从来不找，敢在露天下睡，完全不像别人需要几重门锁着才敢睡。别人过得提心吊胆的，扬子却从来都没有担忧。是多么让人羡慕。扬子你既然不要贫儿，那贫儿就离开，“摄齐而兴，降阶下堂。誓将去汝，适彼首阳。孤竹二子，与我连行”④。扬子听后，于是恭敬地说“请不贰过，闻义则服。长与汝居，终无厌极”⑤，表明终生与贫儿在一起，永无满足。贫儿于是就没有离开，与扬子交游歇息。贫儿把扬雄困苦的生活完全美化，认为富贵生活的不足，展现了扬雄对清贫自守、道德操守的肯定。既然是肯定的，那么这也是一种旷达。同时，我们还看到扬雄不仅把“经济上的贫富贵贱和政治上的兴衰治乱结合了起来，而且把个人的富、贫和国家的盛、衰联系在一起，提出了发人深省的不可忽视的时代课题”⑥。

二、顿挫

顿挫这个词最早是用于说“箴”这种文体，陆机《文赋》“铭博约而温润，箴顿挫而清壮”。箴是规诫性的韵文。既然是规劝、告诫，那么就要讲方法，伸之以情，晓之以理，于是语气上也就波浪起伏、反复低回。《后汉书·郑孔荀传赞》注：“顿挫犹抑扬也。”

（一）起伏抑扬的情绪节奏

扬雄上书《谏勿许匈奴朝》一开篇，就提出了一个理论：“六经之治，贵于未乱，兵家之胜，贵于未战。二者皆微，然而大事之本，不可不察也。”⑦ 六经的宏道大论贵在有条不紊，未乱之前有预见。兵事也是贵在未战之前有能胜之策，不战而胜。然后，从历史说起。历史上匈奴屡开战事。秦始皇到汉武帝都是大战匈奴，匈奴和亲。花了那么多钱，役了那么人民，是为了求得战争的痛快吗？不是的，是为了长期安佚，“且

---

① 张震泽校注：《扬雄集校注》，上海古籍出版社 2009 年版，第 147 页。
② 同上。
③ 同上。
④ 同上。
⑤ 同上。
⑥ 林贞爱校注：《扬雄集校注》，四川大学出版社 2001 年版，第 11 页。
⑦ 张震泽校注：《扬雄集校注》，上海古籍出版社 2009 年版，第 276 页。

夫前世岂乐倾无量之费，役无罪之人，快心于狼望之北哉？以为不一劳者不久佚，不暂费者不永宁，是以忍百万之师以摧饿虎之喙，运府库之财填庐山之壑而不悔也”[①]。现在匈奴又在起兵了，“至本始之初，匈奴有桀心，欲掠乌孙，侵公主，乃发五将之师十五万骑猎其南，而长罗侯以乌孙五万骑震其西，皆至质而还。……中国未得高枕安寝也”[②]。幸好，匈奴“五单于争立，日逐、呼韩邪携国归化，扶伏称臣”[③]，从此，愿意来朝的，我们不拒绝，不愿来朝的，我们不勉强。因为他们容易用武力制服，难以用善感化，他们的和好难以得到，“欲朝者不距，不欲者不强。何者？外国天性忿鸷，形容魁健，负力怙气，难化以善，易肄以恶，其强难诎，其和难得”[④]。故而在他们未服时，就劳师远征，倾尽国家的财物，伏尸流血，攻取他们的地方，像以前一样的困难；当他们归服了之后，又要慰劳安抚，周到细致，“故未服之时，劳师远攻，倾国殚货，伏尸流血，破坚拔敌，如彼之难也！既服之后，慰荐抚循，交接赂遗，威仪俯仰，如此之备也”[⑤]。匈奴是“中国之坚敌”，要加以重视。现在单于来归服，是一件值得重视之事，是汉王朝改善与匈奴关系的千载难逢的好机会，“此乃上世之遗策，神灵之所想望”[⑥]。即使国家要用些钱，但也是必需的，“国家虽费，不得已者也”，为什么要拒绝呢，打下未来的仇患，“奈何距以来厌之辞，疏以无日之期，消往昔之恩，开将来之隙！”[⑦] 如果有了仇怨，就不会再有称臣的想法的，“夫款而隙之，使有恨心，负前言，缘往辞，归怨于汉，因以自绝，终无北面之心”[⑧]，那时，“威之不可，谕之不能，焉得不为大忧乎！”[⑨] 扬雄再次重申开篇的理论，眼睛明亮的人可以看到无形之物，耳朵灵敏的人可以听到无声之音，“夫明者视于无形，聪者听于无声”[⑩]。如果不这样，即使有智慧的人劳心，善战的人劳力交战，也不如事先做防备。“不然，一有隙之后，虽智者劳心于内，辩者毂击于外，犹不若未然之时也。”[⑪] 因此，一定要允许单于来朝，不然，“百年劳之，一日失之，费十而爱一，臣窃为国不安也。唯陛下少留意于未乱未战，以遏边萌之祸”[⑫]。整个文章充满了起伏与抑扬，以议论开篇，中间叙议接合，大

① 张震泽校注：《扬雄集校注》，上海古籍出版社2009年版，第276页。
② 同上。
③ 同上。
④ 同上。
⑤ 同上。
⑥ 同上，第287页。
⑦ 同上，第287—288页。
⑧ 同上，第288页。
⑨ 同上。
⑩ 同上。
⑪ 同上。
⑫ 同上。

量对比，从古谈到今，旁征博引，最后以未乱未战收尾。

《解嘲》是扬雄为《太玄》作的说明，因为《太玄》有太多的人不理解。朋友刘歆看后，对扬雄说："空自苦！今学者有禄利，然尚不能明《易》，又如《玄》何？吾恐后人用覆酱瓿也。"① 朋友张伯松对扬雄所作《方言》十分推崇，称之是悬诸日月不刊之书，却"恐雄为《太玄》经，由鼠坻之与牛场也。如其用则实五稼，饱邦民，否则为抵粪，弃之于道矣"②，把《太玄》比喻为鼠穴、牛栏中的粪肥，如果被采用则可生长五谷，滋养人民，如若不用则形同粪土，被弃道边。王充《论衡·齐世》也说："扬子云作《太玄》，造《法言》，张伯松不肯一观。与之并肩，故贱其言。"③《解嘲》二问二答，表明自己虽政治失意，但是并不以这种失意在意于心，而是更专注于哲学与文学。客人假意称赞扬雄潜心创作《太玄》，见识卓越，文辞丰富，但是官位只到侍郎，实为嘲讽扬雄不知变通，不懂得攀附位高权重的人。接着是扬子自我辩解。通过对前代士人遭遇的书写，表明时代决定了士人的作用，时势变化决定了士人的地位。西汉强盛，自己生不逢时，英雄无用武之地，虽官小职小，但是甘心寂寞，这样可以保全性命，因为有严重的社会危机，物极易衰，位高难全。祸兮福所倚，福兮祸所伏。今之得意者，安知不有危险潜伏呢？客人又问为什么要写作《太玄》。扬子说自己实在无事可做，既不能建功立业，又不能诙谐，只能默守《太玄》，通过著书闻名于世。虽说他不在意，但是字间行间展现出一种无可奈何，并且我们也可以看到他在说到前朝在政治上获得显达的历史人物时的不平之气。时势造英雄只是他政治失意的自慰。

起伏的情绪、抑扬的节奏不仅可以从内容上体现，还可以通过精工的对偶句形式来表现，如《剧秦美新》"配五帝，冠三王"；"流唐漂虞，涤殷荡周"；"耆儒硕老，抱其书而远逊；礼官博士，卷其舌而不谈"④；还可以通过大量的重复句来表示，《法言》中"或问：'屈原智乎？'曰：'如玉如莹，爰变丹青。如其智，如其智。'"⑤等等。

（二）回旋转折的布局结构

《酒箴》名为以酒为规诫，但实际用意不在酒，因为一开篇就是"子犹瓶矣"，清楚地表明了接下来是写盛酒器，并且是以物喻人。接下来扬雄铺写了瓶与鸱夷的对比，

---

① ［汉］班固：《汉书·扬雄传》，中华书局 1962 年版，第 3585 页。
② 张震泽校注：《扬雄集校注》，上海古籍出版社 2009 年版，第 264 页。
③ 黄晖：《论衡校释》，中华书局 1990 年版，第 811 页。
④ 张震泽校注：《扬雄集校注》，上海古籍出版社 2009 年版，第 211 页。
⑤ 韩敬注：《法言注》，中华书局 1992 年版，第 33 页。

到了最后，才说到酒，“由是言之，酒何过乎”[1]。这种最后点题的曲折结构的背后是其盘曲的情感与内涵的丰富。在扬雄眼里，“酒醪不入口，臧水满怀”[2] 兢兢业业、质朴只知奉献的瓶非常危险：一是居住处危险，“居井之眉。处高临深，动而近危”[3]；二是生命没有保障，“不得左右，牵于纆徽。一旦叀碍，为瓽所辒。身提黄泉，骨肉为泥”[4]，瓶没有自由，被系瓶的绳索左右，一旦系瓶的绳索被挂住，就会与井壁上的砖碰撞，落得粉身碎骨的下场。瓶完全不如同样作为盛酒的鸱夷，“自用如此，不如鸱夷。鸱夷滑稽，腹大如壶。尽日盛酒，人复借酤。常为国器，托于属车。出入两宫，经营公家”[5]。鸱夷能不断向外倒酒，又有大容量，人们都借它来买酒。它是贵重器物，常用于外交，奔走于公卿贵族之家。鸱夷在生活中如鱼得水，应付自如。坚守原则如瓶的人在现实中处处碰壁，而趋炎附势、善于随机应变如鸱夷的人在现实中却取得高官厚禄。从文章的整个结构来看，扬雄是为高洁朴素如瓶的“子”抱不平，这使《汉书·陈遵传》中嗜酒放纵的陈遵用此来讽刺束身自好的张伯松，柳宗元专门作《瓶赋》来正面叙说瓶。但是《酒箴》背后是要劝诫世人：近君子而远小人。酒本无过错，关键在于使用酒的人。鸱夷如小人，把自己的酒倒给众人喝，喝得人糊里糊涂，是非不分。鸱夷得到了高官利禄，而听它话的人却陷入危险，弄得亡师灭国。

扬雄的朋友、位居上国公的刘歆给他写信，索要《方言》入《七略》以便上奏天子观览。扬雄写了一封回信《答刘歆书》。此信以恭敬作为回旋，开篇“雄叩头”，中间“叩头叩头”，最后“雄叩头叩头”（比刘歆信多了一个），以委婉曲折加未写完表示拒绝。扬雄先是点了一笔，刘歆的要求已经知道，但马上转写刘歆告诉他举荐的田仪犯案事，表示深感羞愧抬不起头，但同时又对刘歆“好意”并不领情，认为尧都会犯识人之错，何况是自己。然后回到刘歆的要求上来，坦诚地向他汇报自己写《方言》的情况。这一汇报就拉到了年少时。年少时，扬雄没有学习句读之学，对于训诂五经也不精通。蜀人严君平、临邛的翁孺因为爱好训诂，曾见过前代天子使臣所奏的别国方言土语，他们都教给了扬雄。后来因为杨庄向成帝吟诵自己的作品，被召见当了郎官。在当郎官时，扬雄向成帝上书，只愿看书。成帝答应了。扬雄也写出让成帝喜欢的作品。然后扬雄说收集方言的不易，借着朝廷推举孝廉、郡守和卫士时，常拿着笔和绢，问他们各地的语言，回家后摘录整理写在木板上，到今天已经二十七年了。语言交错复杂，扬雄反复论思，详细地收集记录，标记出其中的疑问。这时，扬雄又转

---

① 张震泽校注：《扬雄集校注》，上海古籍出版社 2009 年版，第 154 页。
② 同上。
③ 同上。
④ 同上。
⑤ 同上。

到了朋友张伯松身上，说他虽不喜欢自己的文赋和《太玄》，但可以在德行智慧上有共鸣。最后终于回到刘歆身上，二人没有嫌隙。扬雄开始谈自己写《方言》的理想：不需要舟马劳顿，让君主坐在帷幕之中，就能知道时间、地域不同的各种语言，并且让自己的书成为典籍在后世流传。既然刘歆是君主派遣来索求《方言》并将它传播开，那么这是扬雄非常大的荣耀。扬雄不敢有其他想法，也不敢对此书有吝惜之情。扬雄再次表明自己是把博览群书、立言著文作为事业来做，因此希望认真从事它，不可以保留，不可以懈怠。现在还未完成，不可以示人。如果刘歆此时一定要以威势胁迫，以武力凌辱，想要将此书纳入，扬雄只有自缢来遵从命令。如果可以宽延期限，扬雄将之完成，那么就没有遗憾了，“今君又终之，则缢死以从命也。而可且宽假延期，必不敢有爱”①。其实这同样也是扬雄的推脱之辞，因为刘韵要的从来都不是具体文本。

综上所述，拥有博大的包容胸怀的唐人对扬雄进行了认真的学习。杜甫在学习的基础上提出了扬雄“沉郁顿挫”，并让这种风格成为自己的主导风格。这种在内容上主题深刻、反思不断、情感盘曲，在形式上起伏抑扬的情绪节奏、回旋转折的布局结构的风格最终都成就了他们。

（作者单位：西华师范大学文学院）

① 张震泽校注：《扬雄集校注》，上海古籍出版社2009年版，第265页。

扬子褒贬研究

宋代“尊扬”思潮的兴起与衰歇

刘成国

内容提要： 宋代“尊扬”思潮的演变大致可划为三个阶段。宋初至仁宗朝前期为第一阶段，“尊扬”思潮随古文运动的兴起及仁宗对术数的重视而发轫。仁宗嘉祐至北宋末为第二阶段，此期“尊扬”思潮发展至高峰，《太玄》学兴盛，扬雄的若干思想被士人汲取，并融入意识形态的建构中。与此同时，对扬雄的批评和非议也在士人群体中扩展，成为“尊扬”思潮掩盖下的一股潜流。南宋为第三阶段，“尊扬”思潮逐渐衰歇，“非扬”转而成为扬雄评价中的主流。

关键词：“尊扬”思潮；古文运动；王安石；司马光；《太玄》

在唐宋思想文化转型的过程中，“孟子升格运动”已经受到学者们广泛的关注和探讨。学界几乎一致认定，自中唐至南宋，孟子其人逐步由“诸子”升至“亚圣”、《孟子》一书逐步由“子部”列入“经部”，乃唐宋学术、思想转型的标志性事件之一①。

① “孟子升格”一词最初由周予同提出，见朱维铮编《周予同经学史论著选集》，上海人民出版社 1996 年版，第 928 页。后续研究有：姚瀛艇《宋儒关于〈孟子〉的争议》，见邓广铭、漆侠主编《中日宋史研讨会中方论文选编》，河北大学出版社 1991 年版，第 315—329 页；徐洪兴《唐宋间的孟子升格运动》，《中国社会科学》1993 年第 5 期；王曾瑜《孟子在宋代亚圣地位之确立及影响》，见田余庆主编《庆祝邓广铭教授九十华诞论文集》，河北教育出版社 1997 年版，第 491—498 页；夏长朴《尊孟与非孟》，见姜广辉主编《中国哲学》第 24 辑《经学今诠三编》，辽宁教育出版社 2002 年版，第 559—584 页；程苏东《孟子升经考》，见《中华文史论丛》2010 年第 3 期，上海古籍出版社 2010 年版，第 137—170 页；李峻岫《唐至北宋科举制度变革与〈孟子〉经学地位的确立》，见《儒家典籍与思想研究》第 4 辑，北京大学出版社 2012 年版，第 159—176 页。麦大维（David L. Mc-Mullen）研究唐代儒学的巨著《唐代的国家与学者》（*State and Scholars in Tang China*），也曾论及中唐以后古文家尊孟的特点。Cambridge University Press1988 年版。

然而，与中唐“孟子升格运动”同时兴起的一股推尊扬雄的思潮，迄今为止，却罕有提及[①]。这股思潮滥觞于中唐，至北宋时方获全面展开，而日朘月削衰歇于南宋。南宋以后，更被程朱理学等思想主流话语湮没于历史底层，重重遮掩。清代四库馆臣编撰四库提要时，由于对此思潮的来龙去脉已不甚了知，所以屡屡为之惊诧困惑，动辄驳斥[②]，乃至将扬雄《太玄》自子部“儒家类”贬入“术数类”[③]。

有鉴于此，笔者不揣浅陋，拟就两宋三百多年间“尊扬”思潮的演变历程，做一整体论述，以求尽可能呈现出宋代学术思想史上一个被遗忘的环节。

一

宋代的“尊扬”思潮，最初可追溯至中唐古文运动。自汉魏至初唐，作为学者的扬雄未曾对汉唐儒学产生深远影响，而基本以辞赋名世。古文家韩愈首次将扬氏视为孔子之后仅有的三位以文明道的“贤人”，与孟轲、荀卿并列于儒道传承谱系中，从而引入了一种全新的“尊扬”视角[④]。北宋初期，古文运动在历经晚唐五代的萧条冷落后，重新发轫。柳开、种放、智圆等古文先驱比较完整地接受了韩愈的道统话语，开启了宋代“尊扬”思潮之先声。他们认为，“扬雄得圣人之道”[⑤]；“孟轲以来，力扶圣道者，未有如子云者也”[⑥]。正如孟轲于孔子殁后力辟杨、墨等异端，扬雄于“汉兴杂

---

① 刘成国《论唐宋间的“尊扬”思潮与古文运动》论述了唐宋“尊扬”思潮对古文运动的影响，《文学遗产》2011 年第 3 期。侯道儒（Douglas Skonicki）探讨了北宋诸儒对扬雄《太玄》的评论，*Northern Song Intellectual Discourse on Yang Xiong's Taixuan jing*，台湾《清华学报》2014 年第 4 期。王青也曾论及扬雄对后世学术思想之影响，见氏著《扬雄评传》，南京大学出版社 2000 年版，第 323—343 页。李祥俊罗列若干北宋诸儒对扬雄的评论，见氏著《北宋诸儒论扬雄》，《重庆社会科学》2005 年第 12 期。

② 《四库全书总目》卷九一《儒志编》提要：“然当时濂洛之说犹未大盛，讲学者各尊所闻，孙复号为名儒，而尊扬雄为模范；司马光三朝耆宿，亦疑孟子而重扬雄。”中华书局 1996 年版，第 775 页。卷一五二《河东集》提要：“尊崇扬雄太过，至比之圣人，持论殊谬。”第 1035 页。卷一五二《南阳集》提要：“其中《扬子三辨》一篇，推重扬雄，颇为过当。然孙复、司马光亦同此失，盖北宋儒者所见如斯，不能独为湘责。”第 1307 页。卷一五二《孙明复小集》提要：“至于扬雄，过为溢美，谓其《太玄》之作非以准《易》，乃以嫉莽，则白圭之玷，亦不必为复讳矣。”第 1312 页。卷一五五《襄陵集》提要：“惟《论配享札子》一通，称扬雄与孟子异世同功，请以配食孔子庙廷，位次孟子。其说颇为诬谬耳。”第 1340 页。

③ 《四库全书总目》卷首：“他如扬雄《太玄经》，旧入儒家类，今改隶术数。”中华书局 1996 年版，第 17 页。

④ 清代邓绎谓：“魏、晋以来，始以辞人视雄。至于盛唐，遂以扬、马并称。……杜少陵亦云然矣。独韩退之以荀、扬大醇，追配孟子，为起衰之特笔。”吴文治：《韩愈资料汇编》第四册，中华书局 1983 年版，第 301 页。

⑤ ［宋］柳开：《河东先生集》卷六《答臧丙第三书》，四部丛刊本。

⑥ ［宋］智圆：《闲居编》卷一二《广皮日休〈法言后序〉》，见曾枣庄等主编《全宋文》第 15 册，上海辞书出版社、安徽教育出版社 2006 年版，第 231 页。

霸，王莽僭篡”之时，著书立言，捍卫儒道，延续了儒道一脉不绝如缕[①]。对于宋初古文家而言，扬雄之文一如孟轲，堪称明道之文的典范：“孟轲、扬雄之书排杨墨，罪霸战，黜浮伪，尚仁义，先儒文之纯也。”[②] 事实上，北宋初期很多古文家，的确以扬雄的《法言》作为写作典范，进行模仿；或者以扬雄的《太玄》为据，为古文创作中的艰深僻涩之风寻求理论依据[③]。

柳开等人对扬雄的推崇，基本围绕“文道关系”而展开。道统谱系中的孟轲、扬雄、韩愈，均体现了唐宋古文运动的核心理念“文以贯道”“文以明道”。同时，他们也借助于此圣贤谱系，为自身的古文写作和离世异俗行为寻求合法化论证。

宋初文坛沿袭五代骈俪之风，科举取士首重诗赋。柳开等古文家的创作理念、价值观念、行为方式等，都表现得与宋初的政治文化氛围格格不入，时人往往以“怪异”目之。道统谱系则为这些古文家们提供了一种高尚的身份认同和神圣的凭借，使他们能够以谱系中的圣贤为依归，理直气壮地面对社会舆论的指责，对抗流俗[④]。因此，对于韩愈道统谱系中诸位贤人的立身行事，他们极力维护辩解。例如，柳开撰有《〈汉史扬雄传〉论》《扬子〈剧秦美新〉解》两文，力驳《汉书》所载扬雄作《剧秦美新》、投阁、拟经三事。关于拟经，“子云作《太玄》《法言》，本传称非圣人而作经籍，犹吴楚之君僭号称王，盖天绝之”。柳开则以为，既然扬雄为贤人，则与孔、孟尽管“貌各相殊”，“辞不相同”，然“其德与理类焉，在乎道而已矣”。而其文辞乃明道之文，亦足以为经，“圣人岂异于子云乎？经籍岂异于《太玄》《法言》乎？”班固盲从汉末诸儒诽谤之言，非良史之才[⑤]。《剧秦美新》，“昔人咸谓斯文媚莽之辞也”，“剧于秦而美于新，扬子之全德此焉亏矣”。柳开并不苟同。他认为大凡褒贬，必取其论而较其优劣。扬雄将极恶之秦与莽新相提并论，其实是一种讥讽新室的曲折手法：“剧其秦，谓恶甚也。焚诗书，大宫室，起长城，巡天下，兼灭其宗周也，故曰剧也。美其新，谓其恶少异于秦也。虽其窃汉祚与灭宗周同，且无诸秦之所大恶也，故曰美也。”他的结

---

① ［宋］智圆：《闲居编》卷一六《对友人问》：“孔子没，微言绝，异端起，而孟轲生焉，述周、孔之道，非距杨、墨。汉兴杂霸，王莽僭篡，扬雄生焉，撰《法言》，述周、孔、孟轲之道，以救其弊。”《全宋文》第15册，上海辞书出版社、安徽教育出版社2006年版，第241页。《河东先生集》卷一《昌黎集后序》：“扬子云作《太玄》《法言》，亦当王莽之时也，其要在于发圣人之道矣。”

② ［宋］智圆：《闲居编》卷二九《送庶几序》，见《全宋文》第15册，上海辞书出版社、安徽教育出版社2006年版，第191页。

③ 《论唐宋间的“尊扬”思潮与古文运动》，《文学遗产》2011年第3期。

④ 相关研究，可见刘成国《9—12世纪的道统前史考述》，《史学月刊》2013年第12期；副岛一郎《宋初的古文与士风》，见氏著《气与士风——唐宋古文的进程与背景》，上海古籍出版社2005年版，第144—177页；朱刚《唐宋“古文运动”与士大夫文学》，上海古籍出版社2013年版，第88—91页。祝尚书指出，柳开、石介等古文家“狂热地吹捧和神化古圣贤，说穿了就是为了神化自己。”见氏著《北宋古文运动发展史》，北京大学出版2012年版，第113页。

⑤ ［宋］柳开：《河东先生集》卷三《〈汉史·扬雄传〉论》：“班孟坚称诸儒之言曰是，盖当时耻不及雄而谤之者也，不可从而书矣。凡为史之任，在乎正其得失而后褒贬之。得失此不能正，况其褒贬乎？所谓孟坚有良史之才者，予于此不曰良史也。”

论是："扬氏之志，讥莽而非媚也。"只可惜汉氏之下仅千年，无人得识扬雄之旨，只有自己挺身而出，为之申诉[①]。

另一位古文家智圆则从"圣贤有别"的角度为扬雄辩护。他推许扬雄《法言》广大悉备，二帝三王、姬公孔子之道尽在书中；"孟轲以来，力扶圣道者，未有如子云者也"。但扬雄只是传道的"贤人"，圣贤有别，贤人于周孔之道，足以知之而未能尽行之，"是故雄之贤而有媚莽之言也"[②]。古文家赵湘对前人的所有疵议，如投阁、拟经、无子，包括扬雄的生理缺陷口吃等，予以全面驳斥。最终的定论是："扬子之道，足以圣，足以贤，足以皇，足以王。""雄之道系天矣，雄之命亦系天也。天之将丧斯文也，坠地而死矣；天之未丧斯文也，莽其如予何？"《汉书》未能清雪汉末诸儒对扬雄的诽谤，反而将嫉雄之言载之于史，实非良史[③]。

随着柳开、王禹偁等古文大家相继去世，古文运动在真宗朝一度陷入低谷，而"尊扬"思潮也停滞不前[④]。仁宗天圣以后，复古思潮与古文运动再次重振。范仲淹、韩琦、孙复、石介、章望之、金君卿、陈襄、黄庶、李觏、王开祖、祖无择、王安石、司马光、曾巩、王令等第二、三代古文家，沿着柳开等古文前辈的足迹，踵事增华，重新揭起"尊扬"的赤帜。他们利用韩愈的道统论，来清理历代儒道的传承，形成了一个"自上古圣王——孔子——孟子——（荀子）——扬雄——（王通）——韩愈"的基本谱系模式。在此模式中，上古圣王、孔子、孟子、扬雄、韩愈的位置相对固定，构成了谱系的主干。这一谱系话语的广泛流通，足以表明，在北宋前百年期间，扬雄在儒学史上的崇高地位已经得到士人的普遍认可[⑤]。

对于扬雄身上三大瑕疵，古文家们也各出新解，据理力争。章望之认为，《剧秦美新》并非出自扬雄，而系当时嫉妒扬氏的诸儒伪造。诸儒"既以是文隳雄之名，又惧后世以雄苟避一时之祸，非本意媚莽，则其名未甚隳矣，于是又即其所著《法言》，加之以'汉公之懿'，以表里其说，欲使后知雄真屈道媚莽者"。文章根据扬雄一生淡泊名利，再结合《汉书》记载的若干疑点，悬揣千年以前的史实，展示出了咄咄逼人的

---

① ［宋］柳开：《河东先生集》卷二《扬子〈剧秦美新〉解》，四部丛刊本。

② ［宋］智圆：《闲居编》卷一二《广皮日休〈法言后序〉》，见《全宋文》第15册，上海辞书出版社、安徽教育出版社2006年版，第231页。

③ ［宋］赵湘：《南阳集》卷五《扬子三辨》，清武英殿聚珍本。

④ 西昆体的领袖杨亿即对扬雄之学颇为轻视："昔京房作《易占》，焦赣作《易林》，历代宗之，然不过卜筮之说。子云述《太玄》，建立方、州、部、家，虽云准《易》，其如参以星历，颇近术数。"杨亿：《武夷新集》卷一八《答陈在中书》，清嘉庆刻本，见《宋集珍本丛刊》第2册，线装书局2004年版，第371页。

⑤ 关于北宋前期道统谱系的流通、变异及社会功能，可见刘成国《9—12世纪的道统前史考述》，《史学月刊》2013年第12期。时人对于扬雄的相关评论，可见宋咸《进〈重广注扬子法言〉表》，见《全宋文》第20册，上海辞书出版社、安徽教育出版社2006年版，第83—84页；孙复《孙明复小集》卷一《上孔给事书》《儒辱》，清钞徐坊校跋本，见《宋人文集珍本丛刊》第3册，第166、170页；石介《石介集》卷一四《与士建中书》、卷七《尊韩》，中华书局1985年版；章望之《书〈扬雄传〉后》，见《全宋文》第58册，第343—344页；等等。

逻辑力量，明显是受到仁宗朝前期经学疑传之风的影响：“夫嫉雄之深，莫如班孟坚。其传末称其非圣人而作经，故卒有灭绝之祸。苟有媚新，直而书之，足以累雄于千万世间，何反默而不传也？又称其恬势利如前之所云哉……且雄果有媚莽之文，岂不能取封爵、获富贵于莽朝哉？终莽之朝，位才一大夫，盖其守正自若，不挠不屈，而至于是也。”①

“宋初三先生”之一孙复则力驳扬雄准《易》作《玄》的传统说法。他别出心裁地指出，《太玄》乃“疾莽而作”。扬雄既痛恨王莽之“篡逆”，又担忧后人蹈莽之迹，篡逆相寻，于是斟酌天道之运行，推究人事之成败，撰作《太玄》，“大明天人终始逆顺之理，君臣上下去就之分，顺之者吉，逆之者凶，以戒违天咈人、戕君盗国之臣。此子云之本意也，孰谓准《易》而作哉?”历代诸儒之所以以《太玄》准《易》，盖受《易纬》之影响，以象数来附会《周易》，“殊不知《易纬》者，阴阳象说，非圣人格言，若执此以为《易》，则《易》之道泥矣。……使子云被僭《大易》之名于千古，是不知子云者也”②。

孙复的辩护聚集于扬雄的《太玄》主旨，这或多或少折射出仁宗朝“尊扬”思潮的新取向，即《玄》学研究的蔚然成风。在中国古代儒学史上，北宋堪称《玄》学的最兴盛期。笔者据朱彝尊《经义考》统计，自魏晋至清初，相关《玄》学著述约80部，而两宋《玄》学著述约有60部，仅北宋便有50部，其中大半又集中于仁宗朝。

据《汉书》记载，扬雄中年以后放弃辞赋，覃思儒学：“以为经莫大于《易》，故作《太玄》；传莫大于《论语》，作《法言》。”但除桓谭等寥寥数人外，京城诸儒并不认可。刘歆以为《太玄》一书“可覆酱瓿”，甚者“以为雄非圣人而作经，犹春秋吴楚之君僭号称王，盖诛绝之罪也”。然如上所述，洎宋初，古文家普遍维护扬雄在道统谱系中的崇高地位，《法言》《太玄》也随之成为“以文明道”的典范，受到古文家模仿。在“尊扬”的思想氛围下，《太玄》不再被视为“僭经”，转而成为辅《易》之作，统摄天人，无所不含：

> 韩退之云“大醇而小疵”兮，所论止于《法言》。兹对问之细碎兮，如入宫始见其墺垣。伊太庙明堂之巨丽兮，则尽在于《太玄》。兼三材而用五行兮，取度数于浑天。日如蚁而右转兮，斗揭柄而左旋。阴阳昼夜之会合兮，非弄笔之所磨镌。其指在于三纲兮，尤切切于君臣。君道光而臣道灭兮，尊卑之分以陈。消与息而相乘兮，无盛满之不疾颠。言行祸福同出于罔兮，贵思虑乎未然。必称孝而

① ［宋］章望之：《书〈扬雄传〉后》，见《全宋文》第58册，上海辞书出版社、安徽教育出版社2006年版，第343—344页。

② ［宋］孙复：《孙明复小集》卷一《辨扬子》，见《宋人文集珍本丛刊》第3册，线装书局2004年版，第159页。

称忠兮，异乎剧秦而美新。既广且深兮，浩浩东溟之潴百川[1]。

据笔者所考，活跃于北宋真、仁两朝的《太玄》学者，有些本人便是古文家，如李沂，“与孙何、丁谓齐名，前后两试皆不第，归著《帝王纪年通录》。后以唐子孙授校书郎。庆历中，同郡苏绅荐其著书，诏官为缮写上进，改国子监丞，致仕，迁大理寺丞”[2]。有些则是著名《易》学家，与古文关系密切[3]，兼擅《太玄》。如，范锷昌曾受学于古文家种放，“亦尝受《易》于种征君，谔昌授彭城刘牧，而聱隅先生黄晞及陈纯臣之徒，皆由范氏知名者也。其于康节之《易》，源委初同，而浅深不伦矣”[4]。孔旼“晚年惟玩《易》，老为《太玄图》张壁上，外列方州部家，而规其中心，空之无所书，曰：‘《易》所谓寂然不动者，与此无以异也。’”冯元“尤精《易》及扬雄方部学”[5]，吴秘“好学著书，作《周易通神》五卷，注《扬子》，笺《太玄》”[6]。

另外，仁宗对方术的浓厚兴趣以及此时逐渐成型的经筵制度，也对《玄》学的兴盛颇有推波助澜之功，盖《太玄》中原本即寓占筮之用。北宋诸帝普遍具备较高的文化水准，而仁宗素喜术数。自景祐以后，边事不宁，灾异数起，引起了仁宗对术数之学的特别留意。《续资治通鉴长编》卷一百二十七康定元年五月庚辰条载：

> 太常博士、国子监直讲林瑀，殿中丞、史馆检讨、国子监直讲王洙并为天章阁侍讲。景祐末，灾异数起，上忧之，深自贬损。瑀言灾异皆有常数，不足忧。又依《周易》推演五行阴阳之变，为书上之。上素喜方术，观瑀书，异之，欲迁其官，参知政事程琳以为不可，止赐章服。时瑀兼诸王宫教授，琳因言瑀所挟书，多图纬之言，不宜与宗室游，罢其官职。上每读瑀书，有不解者，辄令御药院批问，瑀由御药院益得关说于上，大抵皆谄谀之词，缘饰以阴阳，上大好之。……夷简请并用二人，上许之。既而，右正言梁适劾瑀于内降除官，请治其罪。上令以适章示之，卒不罪瑀。

仁宗对术数的喜好，绝非单纯局限于个人兴趣，而是体现在帝王之治的政治实践中。他亲政后所推动的景祐乐制改革，以及《景祐三式》等术数类著作的编撰，均是为了“应天以文”，即通过掌握占卜与解读天象的方法，理解天体运行的规律，治理人

---

① ［宋］李觏：《直霁李先生文集》卷二九《吊扬子》，此文作于仁宗庆历七年（1047）。

② ［明］黄仲昭编：《（弘治）八闽通志》卷六七，福建人民出版社2006年版，第828页。

③ 宋初《易》学家与古文关系相当密切，相关研究可见副岛一郎《宋初的易学者与古文家从陈抟到冯元》，见氏著《气与士风——唐宋古文的进程与背景》，上海古籍出版社2005年版，第178—223页。

④ ［宋］晁说之：《嵩山文集》卷一六《传易堂记》，四部丛刊本。

⑤ ［宋］宋祁：《宋景文集》卷六二《冯侍讲行状》，清武英殿聚珍版本。

⑥ ［明］黄仲昭编：《（弘治）八闽通志》卷六五，福建人民出版社2006年版，第743页。

事，以有效应对景祐以后频频发生的天灾人变[①]。在此背景下，专攻术数、兼擅《易》《玄》的林瑀得到仁宗青睐，获侍讲席：“侍上数年，专以术数悦上意。”另一位易学家徐复，“平居以《周易》《太玄》授学者”，也于康定年间应诏入京。“既至，仁宗见复于崇政殿，访以世务，复所为上言者，世莫得闻也。仁宗因命讲《易》‘乾’‘坤’‘既济’‘未济’，又问今岁直何卦？西兵欲出如何？复对岁直《小过》，而太一守中宫，兵宜内不宜外。仁宗善其言。”[②] 此后林瑀与徐复同修《周易天人会元纪》，“其说用天子即位年月日辰，占所直卦，以推吉凶。且言自古圣王即位，必直乾卦，若汉高祖及太祖皇帝皆是也”。林瑀此书术数色彩甚浓，又以仁宗继位正当《需》卦，应“频出宴游，极水陆玩好之美，则合卦体当天心矣”，遂引起贾昌朝等正统儒者不满，庆历二年（1042）春被罢黜[③]。但此后仁宗对术数之学沉迷依旧，经常在宫中、经筵以《太玄》占筮。《宋史》卷三〇八《王拱辰传》：“还为学士承旨兼侍读。帝于迩英阁置《太玄经》蓍草，顾曰：‘朕每阅此，卿亦知其说乎？’拱辰具以对，且曰：‘愿陛下垂意六经，旁采史策，此不足学也。’”宋祁《宋景文集》卷五七《范阳张公神道碑铭》亦载：

> 公讳蕴，字延蕴……故（其子）贯之、文裕由膝下日奋励，至大成，并擢进士第。贯之性鲠亮，……年五十余，宰相荐明经术及所传扬雄《太玄》。上召见延和殿，问所以准《易》者，贯之对：“雄所言不谬于圣人。”又诏揲蓍作首，其繇献吉。上喜，翌日拜天章阁待制兼侍读。数因古以讽，擿策曰：“某事善，今可从。某事不善，今可鉴。”上恣听之无厌。

据姜鹏考证，王拱辰、张揆（字贯之）分别于皇祐四年至至和元年（1052—1054）、庆历七年至皇祐四年（1047—1052）任翰林侍读学士、天章阁待制兼侍读，侍奉经筵[④]。诚如朱瑞熙等学者所指出，宋朝的经筵是在科举之外又一推进宋学演进的重要制度[⑤]。通常，经筵官都由具备较高声望的“名儒宿德”或“通经行修之士”担任。他们讲哪一部儒家经典、史书等，一般取决于皇帝的兴趣爱好。通过经筵上的讲读讨论，皇帝、朝廷、士林三者之间，形成了政治—儒学两个领域的双向互动。讲读官在宣讲时固然试图将某一派别的学说，结合时政发挥义理，来影响皇帝；同时，皇帝的

---

① 可参见胡劲茵《乐制改革所见北宋景祐政治》，《史学月刊》2016 年第 12 期。冯锦荣《宋仁宗景祐朝星历五行书》：“从景祐元年开始，宋仁宗系统地把帝王学的理论，推衍到天文、律历、五行等领域及有关文献编纂的事业中去。”见张其凡主编《宋代历史文化研究》，人民出版社 2000 年版，第 417 页。

② ［宋］曾巩：《曾巩集》卷四八《徐复传》，中华书局 1984 年版，第 650 页。

③ 《续资治通鉴长编》卷一三五庆历二年（1042）二月丙戌条，中华书局 1979 年版，第 3223 页。

④ 姜鹏：《北宋经筵与宋学的兴起》，上海古籍出版社 2013 年版，第 76—79 页。

⑤ 朱瑞熙：《宋朝经筵制度》，见《中华文史论丛》第 55 辑，上海古籍出版社 1996 年版，第 1—52 页；吴国武：《北宋经筵讲经考论》，见《国学学刊》2009 年第 3 期，第 41—52 页；姜鹏：《北宋经筵与宋学的兴起》，上海古籍出版社 2013 年版。

知识兴趣爱好，也会通过讲读官员，反馈到儒林，引导学者们进行新的学术追求，从而导致“上有所好，下必效焉”。

仁宗对术数之学的爱好，引起了民间以术数解《玄》的热潮，如李觏谓：“今之从事于此书兮，其说溺乎数术。隐怪之士借以为己有兮，学者欲求而弗获。”与此同时，一批明于经术的官员、儒者和古文家，则对这种以术数解《太玄》的取向，极为不满。如上引程琳、贾昌朝、王拱辰、梁适等，并由此展开了对《太玄》主题的辩论，将尊扬思潮引向深入：“系小子之不敏兮，将大为之解释。下以行诸讲学兮，上以及夫邦国。计其业之勤劳兮，岂一朝而一夕？……念一家之言兮，终成之于何日？天有意于此书兮，使我寿考而强力。不然子云之道兮，或几乎息。”[①] 上述孙复《辨扬子》之所以反驳以《易纬》术数为据，将《太玄》《周易》牵合一起，其原因或在于此。

二

自仁宗嘉祐至北宋末年，可视为“尊扬”思潮演进的第二阶段。嘉祐二年（1057）欧阳修知贡举，构成了古文运动中的转捩点，以欧、苏为主流的平易流畅文风最终得以确立。但也正在古文文体革新取得最终胜利前后，古文群体内部围绕“文道关系”的理解发生了重大分歧，从而引起了思想史领域的深层分裂：

> 宋初的以复古为革新的学术文章是遵循的韩愈的路线，韩愈的路线是道文并重。到欧阳修以后，从道一方面向前发展的便成为性理学的二程子，认为韩愈未免先文后道，由是反转过来先道后文；从文一方面向前发展的是辞章家的三苏，认为韩愈的文章有弊，韩愈的道更未免太拘，由是主张述意达辞。从文道两方面进行发展的是经术家的王安石，认为韩愈的文章很好，韩愈的道有点迂阔，由是主张治教政令[②]。

由于宋初的“尊扬”思潮本身即附属于古文运动，所以，这种分裂直接影响到“尊扬”思潮的走向。一方面，在王安石、司马光的引领下，“尊扬”思潮继续发展，其高峰当为神宗元丰七年（1084）扬雄入祀孔庙，以及《法言集注》《太玄集注》的问世。前者意味着“尊扬”思潮由士林迈向庙堂，扬雄的儒学地位正式获得王朝意识形态的认可；后者则标志着这一思潮在学术研究领域的顶点。另一方面，对扬雄的质

---

① ［宋］李觏：《盱觏集》，第330页。

② 罗根泽：《中国文学批评史三》，中华书局1961年版，第69页。余英时则明确将自柳开至欧阳修的古文运动视为宋代儒学发展的第一阶段，而将王安石的改革、二程的道学视为第二阶段。见氏著《朱熹的历史世界》，生活·读书·新知三联书店2004年版，第36—40页。

疑、批判也于嘉祐以后日益强烈，从而在“尊扬”思潮的高涨下形成了另外一脉不容小觑的潜流。

仁宗嘉祐、治平年间，随着《淮南杂说》《易解》等著述的陆续问世以及官位日高，王安石在士林的声望蒸蒸日上。在其周围，逐渐形成了一个以东南士人为主的师友圈，核心成员包括王令、王安国、曾巩、王回、常秩，后学则有陆佃、龚原等人[①]。他们通过书札往来、诗歌唱酬、著书立说，构成了此期“尊扬”思潮的主体。通常，早期古文家将扬雄置于整个道统谱系中予以一起揄扬。与之不同，王氏师友圈则刻意将扬氏与荀子、王通、韩愈等区别开来，认为扬雄超越道统谱系中其他诸子。王安石谓：“儒者陵夷此道穷，千秋止有一扬雄。”“道真沉溺九流浑，独溯颓波讨得源。”[②]对于扬雄生平中的几大污点，王氏为之一一辩解：“扬雄之仕，合于孔子无不可之义，奈何欲非之乎？”[③]投阁一事，则纯属长安诸儒诽谤之词，史官不辨真伪，记载有误[④]。备受垢病的《剧秦美新》则出自谷永，绝非扬雄所作：“扬子云投阁事，此史臣之妄耳。岂有扬子云而投阁者？又《剧秦美新》亦后人诬子云耳。子云岂肯作此文？”[⑤]王氏的辩论反映了他独特的出处哲学[⑥]，即扬雄乃孔孟之后第一位贤人，决不至于做出有违义理之事。颇受王安石青睐的青年诗人王令，则径以扬雄直承孟子：“彼孟子之所为，直与圣人者并。……王通力学而不知道，荀卿言道而不知要，昌黎立言而不及德，独雄其庶乎大。……假孟子而出其后，于其书固应有所取舍，惟雄切近之，庶几取合焉。”[⑦]

另一位古文大家曾巩对扬雄也不吝溢美：“自斯以来，天下学者，知折衷于圣人而能纯于道德之美者，扬雄氏而止耳。”[⑧]“世既衰，能言者益少。承孔子者，孟子而已。承孟子者，扬子而已。”[⑨]王、曾不仅为扬雄仕莽、投阁、美新做全面辩护，而且认为扬氏能在困境中坚守出处之道：扬氏仕莽，合于箕子明夷之道——“内文明而外柔顺”。在与王回、常秩讨论扬雄出处时，曾巩指出：“雄遭王莽之际，有所不得去，又不必死，辱于仕莽而就之，固所谓明夷也。然雄之言于著书，行著于史者，可得而考。

---

① 关于王安石交游的相关研究，可见刘成国《荆公新学研究》；杨天保《金陵王学研究》，上海人民出版社 2008 年版，第 145—195 页。

② ［宋］王安石：《临川先生文集》卷三二《扬子二首》，四部丛刊本。

③ ［宋］王安石：《临川先生文集》卷七二《答龚深父书》，四部丛刊本。

④ ［宋］王安石：《临川先生文集》卷九《扬雄二首》，四部丛刊本。

⑤ ［宋］施德操：《北窗炙輠录》卷上，《学海类编》本。

⑥ 王安石对士人出处问题的论述，可见《荆公新学研究》，第 9—13 页。

⑦ ［宋］王令：《王令集》卷一四《说〈孟子〉序》，上海古籍出版社 1980 年版，第 264 页。

⑧ ［宋］曾巩：《曾巩集》卷一一《新序目录序》，中华书局 1984 年版，第 176 页。

⑨ ［宋］曾巩：《曾巩集》卷一二《王容季文集序》，中华书局 1984 年版，第 199 页。

不去非怀禄也，不死非畏死也，辱于仕莽而就之，非无耻也。在我者亦彼之所不能易也，故吾以谓与箕子合。”① 可见，较之宋初古文家只限于史实层面的辩解，王、曾等人更进一步，不仅以扬氏超越道统谱系中其他诸子，而且力图将扬氏视为士人出处进退的典范，从中汲取精神资源，反映出“尊扬”思潮内化的新取向。

尤为重要的是，一如宋代的“孟子升格运动”，此阶段“尊扬”思潮开始呈现出一种“制度化”倾向，即通过国家礼仪、科举制度等将扬雄在儒道传承中的独特地位固定化。本来，在仁宗朝前期，随着韩愈道统谱系的流通传播，一些拥护古文理念的官员，已于地方孔庙中塑绘孟子、荀子、扬雄、韩愈的图像，表现出将道统谱系图像化、制度化的企图。例如，仁宗景祐五年（1038）七月，孔子四十五代孙孔道辅有感于孟子、扬雄等五贤传道功绩不彰，孔庙中只有伏生等传经之儒从祀，遂于兖州孔子家庙建立五贤堂，“收五贤所著事，图其仪，叙先儒之时荐，庶几识者登斯堂，观是像，览是书，肃然革容，知圣贤之道尽在是矣”②。皇祐元年（1049），石牧之出知天台县，修建孔庙，将孟子、荀子、扬雄、韩愈等人与汉唐经师之像，并绘于孔庙墙壁间③。至和元年（1054），韩琦知并州，新葺孔庙，除按孔庙祭祀的模式图绘诸弟子及历代经师像于东西庑，“又图孟、荀、扬、王、韩五贤于书楼之北壁”，并亲撰《五贤赞》于像下④。嘉祐元年（1056），朱定知连江县，修葺孔庙，“以颜渊、曾参而下十人配享，七十二弟子及传经左氏、公、谷、孟、荀、韩、杨、王通之徒从祀”⑤。只是以上尚属官员个人地方性行为，并未正式进入政府祭祀层面。

作为国家祭典之一，孔庙从祀制自东汉以下，逐渐成形；至唐玄宗开元年间始完整运作，此后一直延续到清末。从祀孔庙，既是一名儒者最高的荣耀，也表明朝廷对其儒学地位的正式认可。黄进兴指出：“孔庙从祀制即是儒家道统的制度化。”“历代孔庙从祀制无疑均是一部钦定官修儒学史，十足体现历史上儒学的正统观。由于儒生强调道统于一，祀典亦当定于一，使得历代从祀制与道统思想彼此对应，而不同时代的从祀制恰好代表不同的圣门谱系。”⑥ 神宗熙宁年间王安石执政后，新党们通过权力运

① ［宋］曾巩：《曾巩集》卷一六《答王深甫论扬雄书》，中华书局 1984 年版，第 265 页。

② ［宋］孔道辅：《五贤堂记》，见《全宋文》第 17 册，上海辞书出版社、安徽教育出版社 2006 年版，第 291 页。

③ ［宋］陈襄：《古灵先生文集》卷一一《天台县孔子庙记》，北京图书馆古籍珍本丛刊第 87 册，书目文献出版社 1998 年版，第 99 页。

④ ［宋］韩琦：《安阳集》卷二三《五贤赞并序》，明刻本，见《宋集珍本丛刊》第 6 册，线装书局 2004 年版，第 492 页。

⑤ ［宋］周希孟：《连江县建学记》，见《全宋文》第 50 册，上海辞书出版社、安徽教育出版社 2006 年版，第 342 页。

⑥ 黄进兴：《学术与信仰：论孔庙从祀制与儒家道统》，见《优入胜域》，陕西师范大学出版社 1998 年版，第 330、335 页。

作，试图将这股“尊扬”思潮纳入到国家制度和意识形态的建构中，从而将中唐以来的“尊扬”思潮推至顶峰。熙宁七年（1074）十二月，“判国子监常秩等乞立孟轲、扬雄像于孔子庙庭，仍加爵号。诏两制与国子监、礼院官同详定，后不果行”①。元丰七年（1084）四月，晋州州学教授陆长愈上奏，乞以孟轲与颜回并配孔庙。神宗诏下太常议。五月壬戌，从礼部林希议，诏：“自今春秋释奠，以邹国公孟轲配食文宣王，设位于兖国公之次。荀况、扬雄、韩愈以世次从祀于二十一贤之间，并封伯爵：况，兰陵；雄，成都；愈，昌黎。”②

常秩和林希属于新党。他们与王安石一样，高度推崇扬雄。常秩曾与曾巩、王安石一起探讨扬雄之出处③，林希则以扬雄仕莽属于“禄隐”④，陆长愈为林希妻弟⑤。所以，以孟子配享孔庙，以扬雄、韩愈等从祀，并封伯爵，不妨视之为新党有计划地将中唐以来的道统谱系，以及士林中的“孟子升格运动”“尊扬”思潮等加以制度化、意识形态化的一个重要步骤⑥。由此一直到北宋灭亡，扬雄在儒学史上的崇高地位获得了朝廷正式认可。徽宗政和年间，许翰甚至提出应更进一步，将扬雄在孔庙中由从祀升为配享⑦。

入祀孔庙后，扬雄的著述也随之进入科场。在此之前，无论进士、诸科还是制科，似乎均未专门将扬氏著作纳入考试范围。神宗熙宁四年（1071）贡举改革，《孟子》被升为“兼经”，与《论语》一并成为科举考试的必考科目之一⑧，中唐以来的“孟子升格”运动取得实质性进展。但迟至元丰七年（1084）扬雄入祀孔庙，《扬子法言》才被纳入到童子科考试中，成为科举考试的科目之一。《宋会要辑稿》选举九：“（元丰七年）十月四日，礼部试饶州进士朱天申，年十二，念《周易》《尚书》《毛诗》《周礼》《礼记》《孝经》《论语》《孟子》《扬子》《老子》凡十经，合一百通。前日所试童子天锡之再从兄也，亦召至睿思殿，赐五经出身。”《扬子》与《周易》等正经，以

---

① 《续资治通鉴长编》卷二五八熙宁七年（1074）十二月庚寅条，中华书局1979年版，第6304页。

② 《续资治通鉴长编》卷三四五元丰七年（1084）五月壬戌条，中华书局1979年版，第8291页。

③ ［宋］曾巩：《曾巩集》卷一六《答王深甫论扬雄书》，中华书局1984年版，第265页。

④ ［宋］程颢、程颐：《河南程氏遗书》卷一九《二程集》，中华书局1981年版，第251页。

⑤ 《续资治通鉴长编》卷三八八载哲宗元祐元年（1086）九月壬申：“（张璪）乃受起居郎林希干请，荐希之妻弟陆长愈以应诏。按长愈贪污狼藉，无士人之行。”中华书局1979年版，第9432页。

⑥ 神宗元丰七年（1084）孔庙制度变革的政治背景，朱熹认为：“孟子配享，乃荆公请之。”黎元靖编：《朱子语类》，中华书局1986年版，第2294页。顾炎武的分析更鞭辟入里：“神宗元丰七年，始进荀况、扬雄、韩愈三人。此三人之书，虽有合于圣人，而无传注之功，不当祀也。祀之者，为王安石配享、王雱从祀地也。”《日知录集释》卷一四“嘉靖更定从祀”条，上海古籍出版社2006年版，第854页。

⑦ ［宋］许翰：《襄陵文集》卷四《论配享札子》，文渊阁四库全书本。

⑧ 《续资治通鉴长编》卷二二〇熙宁四年二月丁巳朔：“今定贡举新制：进士罢诗赋、帖经、墨义，各占治《诗》《书》《易》《周礼》《礼记》一经，兼以《论语》《孟子》。每试四场，初本经，次兼经，并大义十道，务通义理，不须尽用注疏。次论一首，次时务策三道，礼部五道。”中华书局1979年版，第4496页。对《孟子》升为“兼经”的过程及意义，可见程苏东《〈孟子〉升经考》。

及《孝经》《论语》等兼经，并列为“十经”①。此后直至南宋淳熙年间，《扬子法言》仍为童子科的背诵经典之一，黄居仁、秦伯祥、张光祖、方宋英等皆以全诵五经、《孟子》《孝经》《论语》《扬子》等经典而得赐五经出身，或免文解②。

十年之后，哲宗元祐七年（1092）五月，《扬子》与《孟子》《荀子》一同被纳入到制科“贤良方正能言直谏”论题的命题范围中。《续资治通鉴长编》卷四七三载元祐七年（1092）五月：“癸巳，诏秘阁试制科论题，于九经兼正史、《孟子》《扬子》《荀子》《国语》并注内出，其《正义》内毋得出题。”这一规定一直延续至南宋。《宋史》卷一五六《选举二》载：“绍兴二年，诏举贤良方正能直言极谏科，一遵旧制。……试论六首，于九经、十七史、七书、《国语》《荀》《扬》《管子》《文中子》内出题，学士、两省官考校，御史监之，四通以上为合格。”所遵旧制，即哲宗绍圣元年（1094）所实行之制，其中包括元祐七年（1092）所下制科出题范围之诏。此外，元祐年间，朱光庭曾奏乞科举经术取士“第三场试论一道，乞于《荀子》《扬子》《文中子》、韩吏部文中出题”，但未详采纳与否③。

有宋一代，童子科与制科皆为宋代科举“常选”外的临时性科目，屡经罢复④；《扬子》也从未如《孟子》般升为“兼经”。尽管如此，扬氏著述能作为儒家子书的代表之一，被纳入科举考试科目或出题范围中，依然足以证明北宋后期“尊扬”思潮之强大。反之，这些举措也进一步拓展了此种思潮之影响。据徽宗崇宁朝韩驹所上奏疏，“近岁黜异端之后，士非三代之书不读，诚可谓知本矣。其朝夕之所诵，舍六经则孟轲、扬雄、庄周、列御寇之书而已”⑤。在北宋后期的公、私策问中，扬雄及《法言》《太玄》也频频成为询问的主题。倘若不是科场功名攸关，这种情况恐怕难以想象⑥。

科场之外，扬雄的《法言》《太玄》一直是仁宗朝以来儒林研究的热点。早在景

---

① 本年四月八日，朱天申之弟朱天锡所试童子科目中，尚无《扬子》。由此可证，是年五月诏以扬雄入祀孔庙，的确推动了《扬子》进入科场，成为考试科目之一。《宋会要辑稿》引《文昌杂录》：“四月初五日，礼部试饶州童子朱天锡，年十一，念《周易》《尚书》《毛诗》《周礼》《礼记》《论语》《孟子》凡七经，各五道，皆全通，无一字少误者……赐五经出身。”《宋会要辑稿》选举九，上海古籍出版社2014年版，第5445页。

② 《宋会要辑稿》选举九，上海古籍出版社2014年版，第5445—5446页。

③ ［宋］朱光庭：《请用经术取士》，《宋文鉴》卷六〇，中华书局1992年版，第902页。仁宗嘉祐年间，金君卿也曾上奏，请“欲乞申敕内外主司，凡试进士诗赋，只于九经正文中出题目；其策论，亦详于三史及荀、孟、扬雄书中通用。如此行之，则学者皆务深于经术，而有道之士出矣”。金君卿：《金氏文集》卷下《仁宗朝言贡举便宜事奏》，清乾隆翰林院钞本，见《宋集珍本丛刊》第13册，线装书局2004年版，第27页。他们都试图将孟子、荀子、扬雄等人的辅道之功，通过科举场域体现出来。

④ 关于宋代童子科，可见汪圣铎：《宋代的童子举》，《文史哲》2002年第6期。祖慧：《关于宋代童子科的几个问题》，《中国史研究》2005年第4期。宋代制科方面的研究，可见祝尚书：《宋代制科制度考论》，见氏著《宋代科举与文学考论》，大象出版社2006年版，第125—151页。

⑤ ［明］黄淮等：《历代名臣奏议》卷一一五，上海古籍出版社1989年版，第1521页。

⑥ 北宋前期，宋人策问中涉及扬雄处极少，但自神宗朝以后，情况大不相同。如晁补之《嵩山文集》卷一四《策问》、邹浩《道乡集》卷二九《策问七》、胡寅《斐然集》卷二九《郡策问二四》等等。

祐四年（1037），仁宗即下诏国子监校勘《法言》。皇祐二年（1050），司马光等以扬雄当“战国以降，百家蜂午，先王之道，荒塞不通”之时，能够“排攘众流，张大正术，使后世学者坦知去从”，上状奏乞崇文院精校《扬子法言》并付国子监雕印，以免民间传本讹误百出，不可萃读[①]。嘉祐二年（1057），《法言》校本呈上，仁宗又诏吕夏卿等校定，后于英宗治平元年（1064）上之。英宗下诏内外制看详，治平二年（1065），上之，随即由国子临雕版印行[②]。这无疑为士人研习扬雄思想奠定了坚实的文献基础。神宗元丰四年（1081）十一月，司马光撰成《法言集注》，序言中对韩愈“孟子醇乎醇者也，荀与扬大醇而小疵”的经典论断提出微词，认为扬雄在儒学史上的地位，超过孟、荀：“三子皆大贤，祖六艺而师孔子。孟子好《诗》《书》，荀子好《礼》，扬子好《易》。古今之人共所宗仰，如光之愚，固不敢议其等差。然扬子之生最后，监于二子而折衷于圣人，潜心以求道之极致，至于白首，然后著书，故其所得为多，后之立言者，莫能加也。虽未能无小疵，然其所潜最深矣，恐文公所云亦未可以为定论也。”《太玄集注》则是司马光另一部覃思研精之作，历经三十年，于元丰五年（1082）六月完成。是书综合了宋衷、陆绩、范望、王涯、宋惟幹、陈渐、吴秘等七家的研究成果，断以己意，堪集宋代《玄》学研究之大成[③]。

针对北宋后期的各种“非扬”言论（详下），司马光直指争论的核心——《玄》道即《易》道：“《玄》者所以赞《易》也，非别为书与《易》角逐也”；“《易》与《太玄》大抵道同而法异”。继而为扬雄在儒学史上定位：“扬子云真大儒者邪！孔子既没，知圣人之道，非子云而谁？孟与荀殆不足拟，况其余乎？”[④] 这一论断与王安石以扬子为“孟子以后第一人”的说法，犹有过之而无不及。尽管二人在熙丰政坛上壁垒分明，但他们却同为北宋后期“尊扬”思潮的领袖。对比二人在“孟子升格”问题上的巨大分歧[⑤]，这一点着实令人回味。

此期“尊扬”思潮的另一焦点，是关于《太玄》的内容、主旨。针对苏门、程门等“非扬”派的指摘，除司马光外，其他“尊扬”的学者邵雍、吕陶等，也纷纷强调《太玄》绝非《周易》之赘，而是互相补充，正如地之与天、元气与太极，如邵雍《太玄准易图》谓：

---

① ［宋］司马光：《温国文正公文集》卷一六《乞印行〈荀子〉〈扬子法言〉状皇祐二年上》，四部丛刊本。

② ［宋］陈振孙《直斋书录解题》卷九《法言注》提要：“此本历景祐、嘉祐、治平三降诏，更监学、馆阁、两制校定，然后颁行，与建宁四注本不同。钱佃得旧监本刻之，与《孟》《荀》《文中子》为四书。”上海古籍出版社 1987 年版，第 272 页。三次校勘的具体过程，可见李更：《宋代馆阁校勘研究》，凤凰出版社 2006 年版，第 257 页。

③ ［宋］司马光：《太玄集注序》，见《太玄集注》，中华书局 1998 年版，卷首。

④ ［宋］司马光：《读玄》，见《太玄集注》，中华书局 1998 年版，第 1 页。

⑤ 相关研究可见夏长朴：《司马光疑孟及其相关问题》，《台大中文学报》第九期，第 115—144 页。

> 夫《玄》之于《易》，犹地之于天也。天主太极，而地总元气。元气转而为三统，在《玄》则谓之三元。三元转而为九州岛，九州岛转而为二十七部，转而为八十一首，首有九赞，赞分昼夜，而刚柔之用见矣。故《玄》之赞七百二十九而有奇，以应三百六旬有六日之度，盖本出乎元气而作者也。太极生两仪，两仪生四象，四象生八卦，八卦因而重之为六十四，故《易》《乾》《坎》《艮》《震》《巽》《离》《坤》《兑》八卦，以司八节。又以《坎》《离》《震》《兑》四正之卦二十四爻，以司二十四气，以《复》《临》《泰》《大壮》《夬》《乾》《姤》《遯》《否》《观》《剥》《坤》有十二卦以司七十二候。节也，气也，候也，既各有统矣，然周天之度未见其所司也，于是又去四正之卦，分取六十卦，引而伸之为三百六十爻，各司其日，则周天三百六十度，而寒暑进退之道，阴阳之运备矣。盖本乎太极而作者也。由是观之，则天地各有生成之数，而相为表里之用。故天数西行，上承而左转者，在地之元气也；地数东行，下顺而右运者，在天之太极也。太极运三辰五星于上，元气转三统五行于下，此所谓成变化而行鬼神者也。所谓《玄》之于《易》，犹地之于天者，如斯而已。准而作之，不亦宜乎！①

吕陶则从“数学”的角度，论证《太玄》与《周易》的关系。他认为，《周易》生于天地之数，但此数玄奥神秘，隐于卦象，不宜直接用于教导民众：“其成也，数亦隐矣。圣人之所以济乎斯民者，曰道也。道之用，在乎教也。彼天地五行之奇偶者，不适夫道之用也。”扬雄《太玄》则寓道于数，在历数、术数之中寄寓“一身之吉凶悔吝”“天下之治乱安危之道”，如曾警示王莽“不可动于祸乱”。这与春秋时子服惠伯以“《易》不可以占险”告诫南蒯不可叛乱，同工异曲。单从历法上看，扬雄《太玄》以数推天，难免无差；然而，“使雄之书专为历邪，其数虽有小差，尚可成一家之法，未必废而无取。况雄之所为者，寓乎数而言乎道哉！然则所谓合《太初》《颛顼历》者，《玄》之体也；寓乎数而言乎道者，《玄》之用也。说者贵其道之有取，而不议其数之何如可也”②。由此，吕陶委婉地反驳了苏洵以“历数、《易》道二分”为由攻击扬雄（详下）。

三

宋代“孟子升格”过程中始终伴随着“非孟”思潮的干扰，也即仁宗嘉祐以后，

---

① ［宋］晁说之：《嵩山文集》卷一〇《〈太玄〉准〈易〉图序》。

② ［宋］吕陶：《净德集》卷一五《扬雄论》，清武英殿聚珍版丛书本。邵雍也认为：“扬雄知历法，又知历理。”《观物外篇下之中》，见《邵雍集》，中华书局2010年版，第157页。关于宋儒对历数与历理的区分及文化意蕴，可见韦兵：《夷夏之辨与雅俗之分》，《学术月刊》2009年第6期。

士林中对扬雄的质疑、批判日趋强烈。只不过由于“尊扬”的王安石及其门生、党人，在北宋后期六十多年间占据着意识形态的制高点，所以关于扬雄的诸多非议一直处于思想史的边缘，未能有效阻遏“尊扬”思潮的泛滥。

如前所述，宋代的“尊扬”思潮本属古文运动中的一环。柳开、孙复、石介等古文家都将扬雄视为“以文传道”的贤人，模仿其文章，借鉴其理论，以对抗五代及西昆骈俪文风。但随着嘉祐年间古文运动文体革新目标的完成，此种“尊扬”思潮与欧、苏为代表的古文运动主流逐渐分道扬镳。

与同年好友石介迥异，仁宗朝的古文领袖欧阳修对于扬雄只偶尔论及，贬抑甚重：“圣人之文虽不可及，然大抵道胜者文不难而自至也。故孟子皇皇，不暇著书，荀卿盖亦晚而有作。若子云、仲淹，方勉焉以模言语，此道未足而强言者也。”① 这不啻于从根本上推翻了古文家“尊扬”的基础：扬雄之道既非圣人之道，其文亦非圣人之文，而是“道不足而强言者也”。此后历代对扬雄学术思想的贬斥，皆不过为此语之注脚，唯轻重有所不同尔。欧阳氏心目中的儒道，是一种立足于人情、常理的日常化平易之道，简易自然。他对于艰深的宇宙论和抽象的人性论，皆无甚兴趣②，而这二者恰是扬雄思想的重要特色，也是宋儒中“尊扬”一派所沾丐之处。欧阳氏理想中的古文，则是一种平易流畅简洁自然之文，亦非扬雄所主张的“以文比天地，不当使人易度易测”艰深晦涩之文。再考虑到他著《五代史》痛贬冯道周旋五代，悖逆君臣之义③。以上种种，都决定了他对“尊扬”思潮的背离。

蜀地向来是扬雄《太玄》的重要传承区域，附表中的数位学者，如郭元亨、章詧、张行成等均自蜀产。但或许受欧阳修影响④，苏洵这位大器晚成的古文家对扬雄的抨击毫无维护乡贤之意，几近釜底抽薪。嘉祐年间，苏洵先后撰《太玄论》《太玄总例》等文，抨击扬雄的《法言》“辩乎其不足问也，问乎其不足疑也，求闻于后世而不待其有得，君子无取焉耳”。至于《太玄》，苏洵指出，《周易》之作本为“道”，扬雄以

---

① ［宋］欧阳修：《欧阳修全集》卷四七《答吴充秀才书》，中华书局2001年版，第664页。

② 相关研究，可见钱穆：《中国学术思想史论丛》卷五《庐陵学案别录》，安徽教育出版社2004年版，第18页；刘子健：《欧阳修的治学与从政》，台北新文丰出版公司1984年版，第19—108页；土田健次郎：《道学之形成》，上海古籍出版社2010年版，第43—69页。

③ 陈寅恪《赠蒋秉南序》：“欧阳永叔少学韩昌黎之文，晚撰《五代史记》，作《义儿》《冯道》传，贬斥势利，尊崇气节，遂一匡五代之浇漓，返之淳正。”见《寒柳堂集》，生活·读书·新知三联书店2001年版，第182页。关于欧阳修对冯道的评价，可见王赓武：《冯道》，见《王赓武自选集》，上海教育出版社2002年版，第104—129页；路育松：《从对冯道的评价看宋代气节观念的嬗变》，《中国史研究》2004年第1期。

④ 仁宗嘉祐元年（1056），苏洵上书欧阳修，尚以欧阳修比于孟子、荀卿、扬雄、韩愈：“自孔子没百有余年而孟子生，孟子之后数十年而至荀卿子，荀卿子后，乃稍阔远，二百余年而扬雄称于世。扬雄之死，不得其继千有余年，而后属之韩愈氏。韩愈氏没三百年矣，不知天下之将谁与也。”苏洵著、曾枣庄笺注：《嘉祐集笺注》卷一二，上海古籍出版社1993年版，第334页。

《太玄》准《易》，却重在历数："始于一而终于八十一，是四乘之极而不可加也。从三方之算而九之，并夜于昼，为二百四十有三日，三分其方而一，以为三州；三分其州而一，以为三部；二分其部而一以为三家。此犹六十之不可加，而六十四之不可损也。"这表明《周易》与《太玄》的主旨不同。前者为阐明宇宙人事的根本性原理，而后者则只是历数之作："是不为《太玄》也，为太初历也。圣人之所略，扬雄之所详；圣人之所重，扬雄之所忽，是其为道不足取也。"即便以历数而言，《太玄》也颇有谬误，不足为据。如《太玄》于七百二十九赞外加以《踦》《赢》二赞，以当四分之三日，求合于三百六十五又四分之一日。千年以后，这将会导致冬夏颠倒混乱①。苏洵对扬雄的定论，与欧阳修恰相呼应："雄之所以自附于夫子而无得于心者也，使雄有得于心，吾知《太玄》之不作。""盖雄者好奇而务深，故辞多夸大，而可观者鲜。"②

苏轼继承了其父、师的观点，认为《太玄》和《法言》"正所谓雕虫篆刻者"③。扬雄出处失据，"临忧患颠倒失据"，"当有愧于斯文"④。晚年，出于对新党意识形态的反感，苏轼进而将扬雄视为北宋后期文坛之弊的根源⑤。

仁宗嘉祐前后，宋代思想史出现了所谓"欧苏、周程之裂"，即古文运动由最初的文道一体，日趋分裂为"重文"与"重道"两种学术取向的分流并进⑥。前者的代表为苏轼及苏门，后者则为程颐与洛学。令人深省的是，尽管苏、程在政见、思想等方面呈现出根本性的分歧，但都不约而同地与"尊扬"思潮反其道而行之。与司马光、邵雍等洛阳师友迥异，程颐直接以其兄长上承孟子，否认孟子之后、程颢之前尚有人"知道"⑦，从而将扬雄驱逐出儒道传承的谱系，仅偶尔以"过少""有风度""近似"等语许之⑧。对于仁宗朝流传甚广的扬雄"性善恶混"说，程颐以为"性无不善，才有善不善。扬雄、韩愈皆说著才"⑨。由于混淆了二者，扬雄"自不识性，更说甚道"⑩。"扬子，无自得者也，故其言蔓衍而不断，优柔而不决。"⑪《太玄》一书"本

① ［宋］苏洵著、曾枣庄笺注：《嘉祐集笺注》卷七《太玄论》，上海古籍出版社 1993 年版，第 183 页。

② ［宋］苏洵著、曾枣庄笺注：《嘉祐集笺注》卷七《太玄总例》，上海古籍出版社 1993 年版，第 184 页。

③ ［宋］苏轼：《苏轼文集》卷四九《与谢民师推官书》，中华书局 1986 年版，第 1418 页。

④ ［宋］苏轼：《书柳文〈瓶赋〉后》，见《苏轼佚文汇编》卷五，《苏轼文集》，第 2542 页。

⑤ 可见刘成国：《论唐宋间的"尊扬"思潮与古文运动》，《文学遗产》2011 年第 3 期。

⑥ 相关研究，可见朱刚：《唐宋"古文运动"与士大夫文学》，上海古籍出版社 2013 年版，第 108—110 页。

⑦ ［宋］程颐《明道先生墓表》："周公没，圣人之道不行；孟轲死，圣人之学不传。……先生生千四百年之后，得不传之学于遗经，志将以斯道觉斯民。"见《二程集》，中华书局 1981 年版，第 640 页。

⑧ 另一位理学家张载也认为，扬雄"所学虽正当"，惟不见道，故"差溺于公羊谶纬而已"。《张载集》，中华书局 1978 年版，第 250 页。

⑨ ［宋］程颢、程颐：《二程遗书》卷一九，见《二程集》，中华书局 1981 年版，第 253 页。

⑩ 同上，第 262 页，

⑪ ［宋］程颢、程颐：《二程遗书》卷二五，见《二程集》，中华书局 1981 年版，第 325 页。

要明《易》，却尤晦如《易》。其实无益，真屋下架屋、床上迭床。他只是于《易》中得一数为之，于历法虽有合，只是无益。……只是不济事”①。程颐并反复批评扬雄“去就不足观”②，“于出处之际不能无过也”，认为“光武之兴，使雄不死，能免诛乎？”③

儒林之外，“尊扬”思潮也面临佛教的还击。仁宗嘉祐初，面对古文家“慕韩退之排佛而尊孔子”的排佛浪潮，禅宗大师契嵩深入古文之室而操其戈，撰成《非韩》《辅教编》等篇章，“笔力雄伟，辨论蜂起”④，“明儒释之道一贯，以抗其说”⑤。因韩愈既为古文运动排佛的赤帜，又是中唐以来“尊扬”思潮的重要推手，所以契嵩对扬雄的批评，整体上从属于他的“非韩”伟业，即通过批判扬雄的学术思想，来证明韩愈推尊扬氏之荒谬。契嵩认为，扬雄之学本出自道家，《太玄》以“一生三”为创制之本，即受《老子》“一生二，二生三”之影响。《太玄》模仿《周易》，同时也吸取了汉代象数之学：

> 子云平生学问于蜀人严遵君平，故其《法言》盛称于君平，君平乃治《老子》者也。及子云为《太玄》，乃以一生三为创制之本，是亦探老子所谓“一生二，二生三”者也。故子云曰：“老子之言道德，吾有取焉耳。”……若雄之《太玄》设方、州、部、家四位者，乃《易》之四象六画耳；布八十一首者，《易》之六十四卦也；二百四十二表存之而不尽书者，依周武口诀也；展七百二十九赞者，乃《易》之三百六十爻耳。其本不出乎阴阳二仪，其生克不出乎七八九六五行之数，其纪纲不出乎三极之道，而雄之书大底资《易》而成之耳。……吾尝治《易》，得其四象八卦之数，凡《玄》之所存者，六气、五行、三才、七政、四时、十二月、二十四节、七十二候、五纪、五方、五神、五音、十二律、九宫、十日、十二辰，莫不统而贯之。盖圣人含章天机，秘而不发耳。至汉，而焦赣、京房辈辄分爻直日，而《易》之道遂露矣。子云盖得意于焦氏之分爻也，复参之以浑天之法。然其巧思推数，自起其端，为位为首为赞，以钤乎一岁，效《易》以占天人之事，此其贤也。

契嵩的结论是：《周易》纯为“天地自然至神之法，非圣人之创制，然非圣人亦不能发明之”；《太玄》之法，则出于“人之意思经营之致耳”，二者等差有别。尽管契

---

① ［宋］程颢、程颐：《二程遗书》卷一九，见《二程集》，中华书局1981年版，第263页。

② ［宋］程颢、程颐：《二程遗书》卷一八，见《二程集》，中华书局1981年版，第231页。

③ ［宋］程颢、程颐：《二程遗书》卷四，见《二程集》，中华书局1981年版，第70页。

④ 《四库全书总目》卷一五二《镡津集》提要，中华书局1996年版，第1313页。

⑤ ［宋］陈舜俞：《都官集》卷八《明教大师行业记》，清乾隆翰林院钞本，见《宋集珍本丛刊》第13册，线装书局2004年版，第141页。

嵩的目的，只是为反驳韩愈《与冯宿书》中“谓《玄》胜老氏”“胜《周易》”等说法“大谬矣”，但他却深刻地揭示出扬雄思想的学术渊源与逻辑建构，由此严重威胁动摇了古文家的道统。须知宋初古文家之所以大力宣扬韩愈的儒道谱系，一个重要原因便是以此谱系来重整儒学传统，对抗佛道异端，所以谱系中的孟子、扬雄、韩愈等，都被视为儒道陵夷之际，以文卫道、排距异端的典范：“圣人不生，怪乱不平，故杨、墨起而孟子辟之，申、韩出而扬雄距之，佛老盛而韩文公排之。微三子，则天下之人，胥而为夷狄矣。”[①] 而今谱系中的扬雄之学本身便被证明出自道家，则古文家的这一道统谱系不言而喻面临坍塌的危险[②]。

北宋熙宁以后，奉王安石为宗主的新学、新党继承了中唐以来古文运动推尊扬雄的传统，通过相关制度、意识形态的建构，将扬雄的地位巩固下来。以上苏轼、程颐等人对扬雄的批评，则仅作为边缘的思想潜流而存在，未能扭转“尊扬思潮”的主流走向。只是他们的相关评论，毫无疑问已导致相当一部分士人转向“非扬”。袁默《答娄秀才书》很真实地体现出“尊扬”和“非扬”这二股思潮之间的冲突：

> 前日辱携书见访，论庄周之《寓言》、扬雄之《太玄》为空文无所用，而又论古之尚《太玄》者，幸有人以沮息之；今之尚《寓言》者，沮息之未有其人。如此之论，在足下尤不当发也。足下知庄周、扬雄为如何人，而视《寓言》《太玄》为如何哉？盖原道德之大宗，以矫习俗之敝者，庄周之《寓言》也；为仁义之不离，以绝乱世非命之求者，扬雄之《太玄》也。学不得于性命之理，则此二书未宜读，而读之则茫乎。……切观足下所论之意，亦止于恤词场之弊耳。今夫徇辞场以为学者，其弊极矣，二子之书，岂能为弊于其间哉？仁义与道德之说，足下乃有取于韩子《原道》之言。韩子实不知道，故其说已自颠谬。请观介甫所谓“老子言其离，扬子言其合”之论，则尽矣[③]。

袁默，字思正，常州无锡（今江苏无锡）人，仁宗嘉祐八年（1063）进士[④]。是年，王安石同知贡举，故二人有座主门生之谊。袁属新党，与章惇友善。神宗熙宁六年（1073），入为司农簿，献《无逸传》，神宗召对，迁光禄丞、太学博士[⑤]。娄秀才不详何人。从书信看，他认可以上诸人对《太玄》的批评，抨击《太玄》空文无所

---

① ［宋］孙复：《孙明复小集》卷一《儒辱》，见《宋人文集珍本丛刊》第3册，线装书局2004年版。

② 事实上，北宋后期文坛上的苏轼及苏门，已不再认可宋初古文家的道统谱系。可见刘成国《9—12世纪的道统前史考述》。

③ ［宋］袁默：《答娄秀才书》，见《全宋文》第80册，上海辞书出版社、安徽教育出版社2006年版，第186—187页。

④ ［宋］史能之：《（咸淳）重修毗陵志》卷一一，见《宋元方志丛刊》，中华书局1990年版，第3046页。

⑤ 《宋史》卷三四七《朱服传》：“朱服字行中，湖州乌程人……参知政事章惇遣所善袁默、周之道见服，道荐引意以市恩，服举劾之。惇补郡，免默、之道官。”中华书局1977年版，第11004页。

用，并认为词场之弊源自扬雄。袁默则极力辩解，指出扬雄在乱世之中坚守仁义，“以绝乱世非命之求”；并引用王安石《庄周》《答韩求仁书》中的名言①，希望对方能精求性命之理，然后再细读《太玄》。

宋室南渡后，政治形势与学术版图均发生了巨大变化，直接改变了北宋“尊扬”思潮的趋向，从而导致扬雄在儒学史上的地位较之北宋一落千丈。首先，王安石的新法及新学一度被视为北宋灭亡的罪魁祸首，备受批判，“尊扬”也随之成为王氏“破坏名教”的一大罪状而被拈出。李心传《建炎以来系年要录》卷四六载：

(绍兴元年八月）庚午，直龙图阁沈与求试侍御史。上尝从容言：“王安石之罪，在行新法。”与求对曰：“诚如圣训。然人臣立朝，未论行事之是非，先观心术之邪正。扬雄名世大儒，乃为《剧秦美新》之文；冯道左右卖国，得罪万世。而安石于汉则取雄，于五代则取道，是其心术已不正矣。施之学术，悉为曲说，以惑乱天下。士俗委靡，节义凋丧，驯致靖康之祸，皆由此也。”

《宋史》卷三七九《陈公辅传》载：

绍兴六年，召为吏部员外郎，疏言：“今日之祸，实由公卿大夫无气节忠义，不能维持天下国家。平时既无忠言直道，缓急讵肯伏节死义？岂非王安石学术坏之邪？……臣谓安石学术之不善，尤甚于政事。政事害人才，学术害人心。《三经》《字说》诋诬圣人，破碎大道，非一端也。《春秋》正名分，定褒贬，俾乱臣贼子惧，安石使学者不治《春秋》。《史》《汉》载成败安危存亡理乱，为圣君贤相忠臣义士之龟鉴，安石使学者不读《史》《汉》。王莽之篡，扬雄不能死，又仕之，更为《剧秦美新》之文，安石乃曰‘雄之仕合于孔子无可无不可之义’。五季之乱，冯道事四姓八君，安石乃曰‘道在五代时最善避难以存身’。使公卿大夫皆师安石之言，宜其无气节忠义也。”

陈公辅，字国佐，台州临海人，徽宗政和三年（1113）上舍及第②。沈与求，字必先，湖州德清人，登政和五年（1115）进士第③。二人皆有新学渊源，而非洛学中人。他们攻击王安石及新学，不是出于学术分歧，主要为高宗将北宋灭亡归咎于新法、新学的政治策略而张目④。在宋、金对峙的严峻形势下，他们将扬雄仕莽与《剧秦美新》

---

① ［宋］王安石《临川先生文集》卷六八《庄周》：“庄子病之，思其说以矫天下之弊而归之于正也。”卷七二《答韩求仁书》：“扬子言其合，老子言其离，此其所以异也。韩文公知‘道有君子有小人，德有凶有吉’，而不知仁义之无以异于道德，此为不知道德也。”

② 《宋史》卷三七九《陈公辅传》，中华书局1977年版，第11694页。

③ 《宋史》卷三七二《沈与求传》，中华书局1977年版，第11541页。

④ 《宋史》卷三七九《陈公辅传》：“公辅论事剀切，疾恶如仇。”中华书局1977年版，第11694页。全祖望则以为陈氏前攻王氏学，后攻程氏学，纯为小人。可见《宋元学案》卷九十七《跋〈宋史·陈公辅传〉后》，中华书局1982年版，第3194页。

当作“失节”来放大凸显，从而使得“非扬”成为南渡以后朝野上下清理王安石新法、新学的重要环节。在某些士大夫看来，北宋灭亡是由于风俗败坏，士大夫忠义气节沦丧，而根源则在于王安石的学术不正。王氏推崇扬雄，乃其学术不正的重要表现，直接导致两宋之际大批官僚失节投敌。胡寅《斐然集》卷一九《寄秦会之书》：

自临川王氏以二教之似，乱周、孔之实，天下靡然化之。判心迹，二言行，临难忘义，见得忘耻，高言大论，诋訾名教，谓《剧秦美新》为达权，以历事五代为知道。其效至于风俗大坏，戎马长驱，国君远行，宗庙荒圮，中原板荡，逆贼乱常。学士大夫拱手圜视不以概于心，以为是固然耳。至其甚者，又或臣敌庭，拜仇人，废君篡国，安行而不顾。

沈作喆《寓简》卷四：

扬子云作符命显，是隳丧大节，夫复何言？而后之儒者巧为曲说，欲以拉拭解免其恶，是教人臣为不忠也。时人为之说曰：“爰寂寞，自投阁；爰清净，作符命。”盖取其语而反之。言寂寞顾投阁，清净顾为符命耶？讥其反道败德，身为乱阶，而盗寂静之虚名耳。

邓肃《栟榈先生文集》卷一九《跋朱乔年所跋王安石字》：

自王荆舒祖桑弘羊以竭山海之利，故世无饱食之农；师秦商鞅以推不可行之法，故祖宗无可留之典；尊扬雄以赞美新之书，故学者甘为异姓之臣。予读其书不能终篇，况学其字乎？……建炎三年闰月庚辰栟榈老农[①]。

胡寅，字明仲，号致堂先生，胡安国之子。其学宗程颐，尝从程门高足杨时问学。《宋史》卷四百三十五《胡寅传》：“靖康初，以御史中丞何栗荐，召除祕书省校书郎。杨时为祭酒，寅从之受学。”沈作喆，字明远，号寓山，高宗绍兴五年（1135）进士。其学出自苏轼，《四库全书总目》卷一二一：“作喆之学，则出于苏轼，非惟才辨纵横与轼相似，即菲薄安石、牴牾伊川程子，以及谈养生，耽禅悦，亦一一皆轼之绪余。”邓肃，字志宏，《宋史》卷三七五有传，亦“学苏、黄者也”[②]，又与洛学中人交游颇密。此三人攻击王安石，自然难免师门偏见。如前所述，王安石虽尊扬雄，可并未“谓《剧秦美新》为达权”，更未“赞《美新》之书”。只是在这些痛恨王学的士大夫眼中，细节的真实与否已不重要，关键是为当前“学者甘为异姓之臣”的局面寻找替罪羔羊，予以清理，进而为政权意识形态的再建奠定根基。宋代的“尊扬”思潮，因王安石及新党而被纳入北宋后期意识形态的建构，至此也因王氏而蒙受池鱼之殃。正

---

① ［宋］邓肃：《栟榈先生文集》卷一九《跋朱乔年所跋王安石字》，明正德十四年刻本，见《宋人文集珍本丛刊》第39册，线装书局2004年版，第788页。

② ［宋］邓肃：《栟榈先生文集》卷一四《答黄德美》，明正德十四刻本，见《宋人文集珍本丛刊》第39册，线装书局2004年版，第769页。

是在这种政治文化背景下，邓肃径斥扬雄"身为叛臣，无所容于天地之间"[①]。四库馆臣认为，这或者间接启发了朱熹以"莽大夫"书雄："肃与朱子父松相善，有醉留冠带以质纸笔之戏。肃有《寄朱韦斋》诗，即道其事。然则《纲目》之斥扬雄，得无传肃之说乎？其识如是，宜其立身有本末矣。"[②]

其次，孝宗朝后，王氏新学渐趋衰落，而昔日的学术竞争对手苏氏蜀学和程氏理学转而兴盛，逐渐成为文苑、儒林中的主流话语[③]。苏轼、程颐对扬雄的若干批判，在南宋得到了继承发扬。尤其是集理学之大成的朱熹，综合了程、苏二人对扬雄的评价，彻底将扬雄逐出了儒家道统之列。朱熹认为，扬雄之学出自黄老，于儒道实无所得，只是强模言语而已[④]。"扬雄则全是黄老。某尝说扬雄最无用，真是一腐儒。他到急处只是投黄老。如《反离骚》并《老子》道德之言，可见这人更无足说。自身命也奈何不下，如何理会得别事。如《法言》一卷，议论不明快，不了决，如其为人。他见识全低，语言极呆，甚好笑。荀、扬二人，自不可与王、韩二人同日语。"[⑤]"见圣人作六经，我也学他作六经。只是将前人腔子自做言语，填放他腔中，便说我这个可以比并圣人。圣人做个《论语》，我便做《中说》，如扬雄《太玄》《法言》亦然，不知怎生比并。"[⑥]

与二程不同，在仕莽问题上，朱熹相当苛刻，一改司马光对扬雄的维护，在《通鉴纲目》中直书"莽大夫扬雄死"，"以为足以警夫畏死失节之流"[⑦]。此苛评一方面反映了宋室南渡后，因金国大敌当前而导致的人臣忠节观念空前强化的思想背景；另一方面，也或许掺杂了朱熹因个人家族背景而触发的激烈情绪。朱熹的叔祖朱弁出使金国十六年，全节而归，却因忤秦桧而废死。《晦庵集》卷三七《答尤延之书一》："《纲目》不敢动着，恐遂为千古之恨。蒙教扬雄、荀彧二事。按温公旧例，凡莽臣皆书死，如太师王舜之类。独于扬雄匿其所受莽朝官称，而以卒书，似涉曲笔，不免却按本例书之，曰'莽大夫扬雄死'，以为足以警夫畏死失节之流，而初亦未改温公直笔之正例也。……叔祖当日挺身请使，留虏中十六年，竟保全节而归。以奏对论和不可专恃，

---

① ［宋］邓肃：《栟榈先生文集》卷一九《书扬雄事》，明正德十四年刻本，见《宋人文集珍本丛刊》第39册，线装书局2004年版，第786页。

② 《四库全书总目》卷一五七《栟榈集》提要，中华书局1996年版，第1353页。

③ 关于南宋新学、蜀学、理学之消长兴替，相关研究可见何俊：《王学、洛学之消长与南宋理学的开始》，《浙江社会科学》2000年第6期；李华瑞：《南宋时期新学与理学的消长》，《史林》2002年第3期；刘成国：《论宋代政治文化的演进与荆公新学之命运》，《社会科学研究》2005年第6期；方笑一：《两宋之际的学派消长与学术变局》，《学术月刊》2013年第2期。

④ 《朱子语类》卷一百三十七："雄之学似出于老子。""子云所见处，多得之老氏。"中华书局1994年版，第3259、3261页。

⑤ 同上，第3255页。

⑥ 同上，第3258页。

⑦ ［宋］朱熹：《晦庵集》卷三七《答尤延之》，四部丛刊本。

且虏有可图之衅，忤秦丞相，遂废以死。在虏中时尝有祭徽庙文，或传以归，乙览感动，锡赉甚宠，其书皆在此。”《答尤延之书二》：“所以事莽者虽异，而其为事莽则同，故窃取赵盾、许止之例而概以莽臣书之。所以著万世臣子之戒，明虽无臣贼之心，但畏死贪生而有其迹，则亦不免于诛绝之罪。此正《春秋》谨严之法。”此书先讨论扬雄仕莽事，继而叙述叔祖朱弁使金全节而归却遭废弃，或可窥见朱熹苛评扬雄之多重用意。

由于朱熹道学大师的崇高地位，以及《资治通鉴纲目》作为一部普及性历史教材在后世的巨大影响[①]，“莽大夫”这个苛刻评价，便一直笼罩在扬雄头上。不妨说，自中唐以来的“尊扬”思潮，至朱熹时已得到根本性扭转。罗大经《鹤林玉露》丙编卷六：“司马温公、王荆公、曾南丰最推尊扬雄，以为不在孟轲下。至朱文公作《通鉴纲目》，乃始正其附王莽之罪，书‘莽大夫扬雄死’。莽之行如狗彘，三尺童子知恶之，雄肯附之乎？《剧秦美新》不过言孙以免祸耳。然既受其爵禄，则是甘为之臣仆矣，独得辞‘莽大夫’之名乎？文公此笔，与《春秋》争光，麟当再出也。”

另一位心学大师陆九渊，偶尔也赞许扬雄“识度非常人所及”，“其言时有所到，而不可易者”[②]，但对扬氏的整体评价仍然是“不知道”：“子云亦未得为知道者也。”[③]他批评《太玄》不仅蓍法有误，而且颠倒君臣之义：“今世所传揲蓍之法，皆袭扬子云之谬，而千有余年莫有一人能知之者。子云之《太玄》，错乱蓍卦，乖逆阴阳，所谓君不君、臣不臣、父不父、子不子。由汉以来，裔外强盛，以至于今，尚未反正。而世之儒者，犹依《玄》以言《易》，重可叹也。何时合并，以究此理。”[④] 这个指责已上升到君臣伦理、夷夏大防的高度，颇为严厉。

元代以后，原先宋代儒学中新学、蜀学、道学、永嘉学等各派角立争雄的局面已不复存在，道学定于一尊。道学内部所谓朱、陆异同，门户干戈，天下学者往往“非朱即陆”，或者依违折衷于二者之间。而扬雄，却成为理学家朱熹、心学家陆九渊共同排斥的对象。刘埙《隐居通义》卷一九“朱陆败扬雄”：

> 扬雄作《太玄经》以准《易》，作《法言》以拟《论语》。前代名贤，皆谓其学贯天人，诸子莫及。至其美新、投阁之羞，则略而不责焉。逮象山先生陆文安公始确然为之言曰：“子云之《太玄》，错乱蓍卦，乖逆阴阳，所谓君不君、臣不

---

① 仓修良《朱熹和资治通鉴纲目》：“由于朝廷和民间对此书都是如此重视和推崇，因此，宋元以来社会上便掀起了《纲目》热，而这种《纲目》热几乎历元明清而不衰。这样一来，社会需求量自然大增，公私竞相刊刻。”“《通鉴纲目》正好就成为比较合适的一部历史好教材，特别是那些尚处于社会下层的士人，更成为他们科举考试的必读之书。”《安徽史学》2007 年第 1 期。

② ［宋］陆九渊：《陆九渊集》卷四《与符舜功》，中华书局 1980 年版，第 59 页。

③ ［宋］陆九渊：《陆九渊集》卷七《与彭子寿》，中华书局 1980 年版，第 91 页。

④ ［宋］陆九渊：《陆九渊集》卷一五《与吴斗南》，中华书局 1980 年版，第 201—202 页。

臣、父不父、子不子。由汉以来，杨、墨强盛，以至于今，尚未反正。而世之儒者，犹依《玄》以言《易》，重可叹也。”朱文公作《通鉴纲目》，又特书曰“莽大夫扬雄死”。自二先生决此论，而后雄之所以为雄者，始昭白于天下后世。

宋学内部不同派别间的竞争，最终决定了扬雄地位的浮沉。

当然，刘埙所言仅为元代以后。在南宋，朱、陆的声音远未取得一言九鼎的效应。“乾淳诸老既殁，学术之会，总为朱、陆二派，而水心断断其间，遂称鼎足。”① 叶适等永嘉诸子即对朱熹对扬雄的酷评无法苟同，他针锋相对地指出：

《法言》之成在莽未篡以前，篡后为《剧秦美新》……与《法言》不异，则雄虽巽而不谄明矣。又按司马相如而下，歌颂之文遂为故实，文士无能免者。故虽易世，而班固谓相如《封禅》靡而不典，扬雄《美新》典而无实，皆游扬后世，垂为旧式。则是当时议论相承，未有以为不当作者。夫孔父仇牧死，晏婴不死；龚胜死，扬雄不死。古人各贤其贤，不以相厉也。而千载之后，方追数雄罪，为汉举法，惜哉！②

王莽以文章制作成篡，雄居其间，既不为用，复不见忌，优游散职，终老其身，著书立言，名垂于后。然世之论雄者多异说。孔子不作，而贤不肖莫知所定，此岂足为雄重轻哉？如其浮云富贵，敝屣废兴，以莽、贤为虚舟，视尤、歆如土梗，伯夷之不降志，柳下惠之不去，蘧伯玉之愚，颜渊之乐，兼有之矣③。

“千载之后，方追数雄罪，为汉举法”，所指即朱熹《通鉴纲目》中书雄为“莽大夫”。虽然叶适对《太玄》也不无微词④，但并未如朱熹等将扬雄彻底否定，而是结合历代颂体的演变，对《剧秦美新》及扬氏出处做出合情合理的解释。叶适更推崇扬氏轻视富贵，淡泊自守，兼有伯夷、柳下惠、蘧伯玉、颜渊四贤之长。另一位永嘉巨子陈亮也认为扬雄的成就超越诸子。《太玄》之作，盖因后世不足穷极《易》道之变，扬氏“故因天地自然之数，覃思幽眇，著为《太玄》，以阐物理无穷之妙，天道人事之极”。是书绝非历书，而是寓理于数的穷理之作：“虽一时、一日、一分、一算之间，莫不有至赜之理，无穷之用……性命道德之理，乃于时、日、分数而尽得之。”陈亮的结论是：“天下不可无此人，亦不可无此书。”⑤

① 《宋元学案》卷五四《水心学案上》，中华书局1982年版，第1738页。

② ［宋］叶适：《习学记言序目》卷四四，中华书局1977年版，第662页。

③ ［宋］叶适：《习学记言序目》卷二三，中华书局1977年版，第330页。

④ ［宋］叶适：《水心别集》卷六《扬雄〈太玄〉》：“天下患《易》之难知也，庶乎因《玄》而通之。今考其书，以求圣人之意而不得者三焉。”《叶适集》，中华书局2002年版，第713—714页。

⑤ ［宋］陈亮：《陈亮集》（增订本）卷九《扬雄度越诸子论》，河北教育出版社2003年版，第77—79页。

这些朱、陆之外的另类声音，呈现出南宋士林对扬雄评价的复杂面相①。直至南宋末年，扬雄一直从祀孔庙②。他的《法言》仍旧是科场举子的必读书目之一。只是，随着南宋道学的兴盛，扬雄毫无疑问已淡出了学术思想的中心③，北宋以来风靡士林的“尊扬”思潮，也走到了尽头。

小 结

随着北宋“尊扬”思潮的流行，扬雄思想中的若干因子，如批判章句之学、宗经征圣、推尊孟颜、重视儒家师道等，均被一些颇具慧眼的学者发现、挖掘，成为他们构建自身思想体系的重要资源。他的“性善恶混”说在唐宋谈心论性的场域中卓然成一家之言。它强调“善”与“恶”都是人性中的潜存状态，重视外部力量的学习、教育（包括经典学习、礼乐涵养、法制规范等）对人性的熔铸、陶冶，对北宋新学学派影响巨大。扬雄的《法言》《太玄》等著作，在中唐至北宋骈散交替的漫长历程中，一直是很多古文家创作模仿的对象和理论根源。他的淡泊名利、潜心著述，也被王安石、曾巩等人视为在困境中坚守理想、进退有据、出处有道的精神典范。至于他的以文传道、力辟异端，更为唐宋间那些有志于复古矫俗的士人，提供了价值观念和行为上的合理化论证。凡此种种，都构成了唐宋学术思想转型中的重要环节，也是“尊扬”思潮之所以勃兴的重要原因。

对“尊扬”的士人而言，扬雄充当了唐宋复古潮流中的一个重要“中介”。他的《法言》仿《论语》《太玄》准《周易》，正符合古文运动中“宗经”理念，为某些士人模仿圣人之文，提供了现成的阶梯。他学而不已，希颜尊孟，鼓励着士人们循此途径，勤勤勉勉，便可“学以至圣”。柳开《东郊野夫传》谓：“孟、荀、扬、韩，圣人之徒也。将升先师之堂入乎室，必由之。未能者或取一家以往，可及矣，吾以是耳。汝辈有能如吾，可至矣。”④ 凡圣有别，圣人之境、圣人之文毕竟不可一蹴而就，但通过学习、揣摩包括扬雄在内的各位“贤人”的言行与文章，庶几可升堂入室。通过扬

---

① 其他如洪迈以《剧秦美新》为刺莽之作，谓扬雄“仕汉，亲蹈王莽之变，退托其身于列大夫中，不与高位者同其死，抱道没齿，与晏子同科。”《容斋随笔》卷一三，中华书局2005年版，第169—170页。尤袤两次致书朱熹，对其苛评扬雄不以为然。《晦庵集》卷三七《答尤延之》。

② 理宗淳祐元年（1241），王安石废祀孔庙，“北宋五子”等理学大师入祀。这标志着在与理学的角逐中，新学彻底败北，但扬雄仍居从祀之列。直到明太祖洪武二十九年，扬雄方被逐出孔庙，理由正是朱熹所加之罪名“臣事贱莽”。可见黄进兴：《学术与信仰：论孔庙从祀制与儒家道统》。

③ 据笔者统计，南宋高宗朝后，关于扬雄的研究著述只有6部，而关于《孟子》的研究著述却有108部；《论语》类著述有240多部。与北宋相比，扬学著述有50部，而孟学著述有54部，《论语》类著述有62部。此据顾宏义《宋代〈四书〉文献论考》，未包括“论孟类”。两宋士人对扬雄学术兴趣之转移，一目了然。

④ ［宋］柳开：《河东先生集》卷二，四部丛刊本。

雄的《太玄》，有志于《易》道的士人也可循序渐进，逐渐领悟深奥莫测、笼贯天人的“道”。司马光结合个人的体验，对此做了精辟说明：

> 及长，学《易》，苦其幽奥难知。以为《玄》者贤人之书，校于《易》，其义必浅，其文必易。夫登乔山者，必践于坱埤；适沧海者，必沿于江汉，故愿先从事于《玄》，以渐而进于《易》，庶几乎其可跂而望也。于是求之积年，始得观之。……夫《法言》与《论语》之道，庸有异乎？《玄》之于《易》亦然。大厦将倾，一木扶之，不若众木扶之之为固也；大道将晦，一书辨之，不若众书辨之之为明也。学者能专精于《易》诚足矣，然《易》天也，《玄》者所以为之阶也。子将升天而废其阶乎？①

《太玄》是领悟天人之道的阶梯，而扬雄则是成圣的中介。有志于复古的士人可以此摆脱世俗的困扰，逐渐向古的理想境界靠拢。

在“尊扬”思潮的背后，潜藏着宋代士人对“出处”与“秩序”这两大思想史主题的思考。在“尊扬”的士人看来，扬雄的《太玄》可以辅助《周易》，为宋朝世俗秩序的重建、巩固乃至具体政治实践，提供宇宙论的支持，从而有助于绾合自中唐以后日趋分裂的天、人领域，重塑“以人法天”的政治传统。扬雄在逆境中的生存方式选择，则符合箕子“明夷”之道，为科举社会中士人的出处选择，即新型政治伦理的塑造，提供了一种可能的选择。王安石、司马光这两位政敌，一致推崇扬雄，不外乎此。

这一切都是以“扬雄之道即圣人之道”为前提。此圣人之道，无非是包括道德、制度、经典在内的整个儒家文化系统，是宋初古文家及复古士人群体内部共享的一种儒家价值观。然而，自仁宗庆历以后，学统四起，不同学派对儒道的理解开始出现重大分歧。他们将自身所悟之道，视为传统儒学的本质与核心，并以此重新检验韩愈的儒道传承谱系。在这种情况下，扬雄被某些学派剔出了这一谱系，理由便是扬雄“不知道”。当这些学派从边缘走向主流时，也就意味着唐宋间喧嚣一时的“尊扬思潮”走向了衰歇，“中介”被扬弃、超越。

元代以后，理学跃居学术思想的主流。理学家们以二程的思想为核心，来重新诠释、评价中唐以来的古文运动及思想文化史，这股曾经风靡一时的“尊扬”思潮，遂被强大的理学话语掩埋在历史底层，成为学术思想史上一个被遗失的链条。

（作者单位：华东师范大学古籍所）

---

① ［宋］司马光：《读玄》，见《太玄集注》，中华书局1998年版。

试论扬雄在宋代历史地位的变迁

刘保贞

内容提要： 扬雄在历史上一直是个有争议的人物，在宋代表现得尤其明显。一方面他“宗经”“征圣”的复古主张被宋初的士人所推崇，淡泊自守以著《玄》的品格为宋人所仰慕，而同时他文必艰涩的文学主张为宋代的文学家所诟病，屈身事莽的行为为宋人所痛批，人性善恶混说也受到宋人的指责。他的历史地位随着宋代社会和思想文化的发展，有一个由圣贤到贰臣的转变过程。

关键词： 扬雄；历史地位；评价

扬雄是西汉末著名的文学家和思想家，他一方面做出不汲汲于富贵、安于贫贱、淡泊自守以著《玄》、只想以文章留名后世的样子，而同时在《法言》中却赞美（有人说是谄媚）“安汉公”王莽，并于王莽篡汉后作《剧秦美新》，因而扬雄在历史上一直是个有争议的人物。对他的人品和作品，有的人喜爱、赞美，有的人厌恶、猛批。这种现象在宋代表现得尤其明显。

一、“宗经”“征圣”的复古主张被宋初的儒家学者所推崇

北宋的建立，使得中原大地终于结束了自唐安史之乱以来生灵涂炭、民不聊生的混乱局面，社会逐渐安定下来。士人开始对前朝进行反思，以探求长治久安之道。他们认为，唐代之所以由盛转衰，除了女后专政、臣子不忠、宦官擅权等这些表面原因外，更根本的是佛、道盛行，使得儒家传统纲常伦理遭受严重冲击。为使“国祚延祐，历世长远”，必须借鉴李唐覆灭、五代战乱的教训，复兴儒学，重整伦常。而在宋初，

宣扬来世的佛教和寻求得道成仙的道教由于迎合了人们摆脱现实痛苦的强烈愿望，得到了空前的发展，特别是道教，更是受到了北宋初期统治者的尊崇。这种局面是儒家学者所不能容忍的，所以宋初三先生之一的孙复写了《儒辱》《无为指》等文，对佛、道展开了猛烈的抨击，他说："噫！儒者之辱，始于战国，杨朱、墨翟乱之于前，申不害、韩非杂之于后。汉魏而下，则又甚焉。佛、老之徒，横乎中国，彼以死生、祸福、虚无、报应为事，千万其端，给我生民，绝灭仁义以塞天下耳，屏弃礼乐以涂天下之目。"① 他以三教鼎立为"儒者之辱"，号召儒者起来"鸣鼓而攻之"。石介也公开声言，要誓死捍卫儒家的道统，他说："吾学圣人之道，有攻我圣人之道，吾不可不反攻彼也。盗入主人家，奴尚为主人挟戈持弓以逐盗，反为盗所击而至于死且不避。其人诚非有利主人也，盖事主人之道不得不尔也。亦云忠于主而已矣，不知其它也。吾亦有死而已。虽万亿千人之众，又安能惧我也！"② 为了和佛、道相抗衡，宋初的这些儒家学者，不遗余力地宣扬和抬高儒家的正统地位。在这一点上，扬雄可说是他们的先行者，他在《法言》中说：

视日月而知众星之蔑也，仰圣人而知众说之小也。（《学行》）

舍舟航而济乎渎者，末矣；舍五经而济乎道者，末矣。弃常珍而嗜乎异馔者，恶睹其识味也；委大圣而好乎诸子者，恶睹其识道也。（《吾子》）

古者杨、墨塞路，孟子辞而辟之，廓如也。后之塞路者有矣，窃自比于孟子。（《吾子》）

或曰："人各是其所是，而非其所非，将谁使正之？"曰："万物纷错则悬诸天，众言淆乱则折诸圣。"或曰："恶睹乎圣而折诸？"曰："在则人，亡则书，其统一也。"（《吾子》）③

扬雄的这种排斥诸子，强调一切行为都要"征圣""宗经"的主张，引起了宋代儒家学者的强烈共鸣，赢得了他们的一致称赞。孙复对历史上坚决捍卫儒家道统的孟子、扬雄、韩愈大加赞扬："圣人不生，怪乱不平，故杨、墨起而孟子辟之，申、韩出而扬雄距之，佛、老盛而韩文公排之。微三子，则天下之人胥而为夷狄矣。"④ 石介在《尊韩》一文中也说："道始于伏羲，成终于孔子……若孟轲氏、扬雄氏、王通氏，祖述孔子而师尊之，其智足以为贤。"⑤

他们把扬雄视为儒家道统传续不绝的重要功臣之一。孙复说："自西汉至李唐，其

① ［宋］孙复：《孙明复小集·儒辱》，文渊阁四库全书本。
② ［宋］石介：《徂徕集》卷五《怪说下》，文渊阁四库全书本。
③ ［汉］扬雄：《扬子法言》，文渊阁四库全书本。
④ ［宋］孙复：《孙明复小集·儒辱》，文渊阁四库全书本。
⑤ ［宋］石介：《徂徕集》卷七，文渊阁四库全书本。

间鸿生硕儒摩肩而起，以文章垂世者众矣，然多杨墨佛老虚无报应之事，沈谢徐庾妖艳邪哆之言杂乎其中，至有盈编满集，发而视之，无一言及于教化者，此非无用瞽言徒污简册者乎？至于始终仁义不叛不杂者，惟董仲舒、扬雄、王通、韩愈而已。”① 石介也高度评价了扬雄维护儒学文化的功绩，他在《与士建中秀才书》中说：“炎灵中歇，贼莽盗国，衣冠坠地，王道尽矣。扬雄以一木支扶之，著《太玄》五万言以明天地人之道，作《法言》十三篇以阐扬正教。”②

他们还把扬雄的著作看成是宣扬儒家之道的典范，表示要效法并发扬光大之。柳开立志要“师孔子而友孟轲，齐扬雄而肩韩愈”③。他在《应责》中说：“吾之道，孔子、孟轲、扬雄、韩愈之道。吾之文，孔子、孟轲、扬雄、韩愈之文也。”④ 孙复说：“吾之所谓道者，尧、舜、禹、汤、文、武、周公、孔子之道也，孟轲、荀卿、扬雄、王通、韩愈之道也。吾学尧、舜、禹、汤、文、武、周公、孔子、孟轲、荀卿、扬雄、王通、韩愈之道三十年，故不知进之所以为进，退之所以为退也，毁之所以为毁也，誉之所以为誉也。”⑤ 刘才邵也“尝愤五季文辞卑弱，仿扬雄《法言》，著《法语》八十一篇行于世”⑥。

需要注意的是，宋初的这些儒家学者所说的“文”与后世古文家所说的“文”是有差别的。古文家所说的“文”是专指以议论、抒情见长的散文，而宋初儒家学者所说的“文”的概念则要宽泛得多，他们把所有的学术著作都包括在内，像扬雄的《太玄》《法言》，他们也称作“文”。他们所强调的是，“文”的出发点、目的是要宣扬圣道，做出的“文”要“载道”。这批儒者非常看重“文”在宣扬儒家之道方面的作用。他们对时人信佛老、好时文的现状流露出深深的忧虑。孙复指出：“国家踵隋唐之制，专以辞赋取人，故天下之士皆奔走致力于声病对偶之间，探索圣贤之阃奥者百无一二。向非挺然持古，不徇世俗之士，则孰克舍于彼而取于此乎！”⑦ 石介在《与士建中秀才书》中云：“方今正道缺坏，圣经隳离，淫文繁声放于天下，佛、老妖怪诞妄之教，杨、墨汗漫不经之言，肆行于天地间，天子不禁。周公、孔子之道，孟轲、扬雄之文，危若缀旒之几绝。”⑧ 因而他们要效法孟子、扬雄对妨碍圣人之道传播的“塞路者”——当时流行的以“穷妍极态”为能事的杨亿、刘筠等人的“西昆体”，给予猛

① ［宋］孙复：《孙明复小集·答张洞书》，文渊阁四库全书本。
② ［宋］石介：《徂徕集》卷一四，文渊阁四库全书本。
③ ［宋］柳开：《河东集》卷六，文渊阁四库全书本。
④ ［宋］柳开：《河东集》卷一，文渊阁四库全书本。
⑤ ［宋］孙复：《孙明复小集·信道堂记》，文渊阁四库全书本。
⑥ ［元］脱脱：《宋史·刘才邵传》，中华书局1977年版，第12606页。
⑦ ［宋］孙复：《孙明复小集·寄范天章书（一）》，文渊阁四库全书本。
⑧ ［宋］石介：《徂徕集》卷一四，文渊阁四库全书本。

烈的批判。他们认为“西昆体”“刓锼圣人之经，破碎圣人之言，离析圣人之意，蠹伤圣人之道，使天下不为《书》之《典》《谟》《禹贡》《洪范》，《诗》之《雅》《颂》，《春秋》之经，《易》之繇、十翼，而为杨亿之穷妍极态，缀风月，弄花草，淫巧侈丽，浮华纂组”，这样的“文”“盲天下人目，聋天下人耳”，使天下之人不见、不闻“周公、孔子、孟轲、扬雄、文中子、吏部之道”，而这些人的“道”就是“尧、舜、禹、汤、文、武之道也”①。

二、淡泊自守以著《玄》的品格为宋人所仰慕

宋初的几位皇帝，面对大乱之后百业凋敝、百姓困苦的社会现实，也借鉴汉初“与民休息”的政策。宋太祖“务农兴学，慎罚薄敛，与世休息”②，宋太宗则声称：“清静致治，黄老之深旨也。夫万物自有为以至于无为，无为之道，朕当力行之。”③ 在这种循默安静的政治氛围下，士人大夫多以恭谨静重相尚，如赵普为相时，“于厅事坐屏后置二大瓮，凡有人投利害文字，皆置中，满即梃于通衢”。“李沆文靖为相，当太平之际，凡建议务更张喜激昂者，一切不用。曰以报国耳。”④ 佛、道虽然受到儒家学者的抨击，但由于迁延日久，早已深入人心，它们所宣扬的“出家”“成仙”的遁世思想还是影响了一大批人。再加上宋代政治生活中连年不断的“党争”，失意的文人士大夫也屡屡产生淡泊名利、归隐田园的想法。扬雄清静无为，淡泊自守以著《玄》的做法，深得宋人的敬重。《文苑传五》记载说黄伯思“学问慕扬雄，诗慕李白，文慕柳宗元”⑤。黄庭坚在《次韵奉送公定》中赞叹扬雄道：

> 至今扬子云，不与俗谐嬉。岁晚草玄经，覃思写天维。脱身天禄阁，危于剑头炊。卧闻策董贤，闭门甘忍饥。五侯盛宾客，骀辔交横驰。时通问字人，得酒未曾辞⑥。

而且，《太玄》融合《周易》《老子》、律历、阴阳五行的做法也和宋代盛行的“河图”“洛书”说多相互契合，因而宋人对扬雄的《太玄》也钟爱有加。吕陶盛赞《太玄》为谈“道”之书，这在道学盛行、以谈“道”为荣的宋代是极高的评价。他说：

---

① ［宋］石介：《徂徕集》卷五《怪说（中）》，文渊阁四库全书本。
② ［元］脱脱：《宋史·太祖本纪》，中华书局1977年版，第51页。
③ ［元］《宋史全文》卷四，文渊阁四库全书本。
④ ［宋］邵伯温：《闻见录》卷六，文渊阁四库全书本。
⑤ ［元］脱脱：《宋史·文苑传五》，中华书局1977年版，第13106页。
⑥ ［宋］黄庭坚：《山谷集·外集》卷一，文渊阁四库全书本。

雄之书其为数乎？抑为道乎？观其覃思于浑天，三摹而九据，索研阴阳昼夜之运，考究节候钟律之纪，星斗五行既得其详，然后定之以为首，叙之以为赞，以求合乎周天之度、一岁之日，则几乎为数而已也。至于一首之不同则言一时之理，一赞之不同则言一人之事，而又设为《冲》《错》《测》《摛》《莹》《数》《文》《掜》《图》《告》，以解剥其义而敷绎其教，关之以休咎祸福，播之以进退动静。其微则一身之吉凶悔吝，其聚则天下之安危治乱，以可以推而及之，盖为道之用而著以为教也者，亦有忧患后世之心，而不独为乎数也①。

《宋史・陈尧佐传》说陈渐“少以文学知名于蜀。……至咸平初，渐始仕，为天水县尉。时学者罕通扬雄《太玄经》，渐独好之，著书十五篇，号《演玄》，奏之”②。《张揆传》说“张揆……以疾解官，十年不出户。读《易》，因通扬雄《太玄经》。……上所著《太玄集解》数万言”③。

值得一提的是，王安石与司马光在政治上是对立的两派，他们对问题的看法往往相左，如王安石平时很喜欢孟子，而非难荀子，曾为《孟子》作注解。司马光推崇荀子，而非难孟子。司马光则著有《疑孟》一卷，对孟子的一些说法表示怀疑。司马光上台后，把王安石的所有新政措施不论好坏基本上全部推翻了。但在扬雄问题上，两人却出奇地一致。王安石非常欣赏扬雄，他在写诗作文中多次赞扬扬雄，比如：《扬子二首》：“（一）儒者陵夷此道穷，千秋止有一扬雄。当时荐口终虚语，赋拟相如却未工。（二）道真沉溺九流浑，独泝颓波讨得源。岁晚强颜天禄阁，只将奇字与人言。”④《答吴孝宗书》：“自秦汉已来儒者，唯扬雄为知言，然尚恨有所未尽。”⑤ 司马光也很喜欢扬雄，他在《读玄》一文中，对扬雄及其《太玄》推崇备至，认为孟子和荀子根本没法和扬雄相比，更别说其余的人了。在文中他还反驳了刘歆、班固等对扬雄做《太玄》的讥难。他说：

呜呼，扬子真大儒者邪！孔子既没，学圣人之道者，非扬子而谁！孟与荀殆不足拟，况其余乎？观《玄》之书，昭则极于人，幽则尽于神，大则包宇宙，细则入毛发。合天地人之道以为一，刮其根本，示人所出，胎育万物，而兼为之母。若地，履之而不可穷也；若海，挹之而不可竭也。天下之道，虽有善者，其蔑以易此矣。……籍使圣人复生，视《玄》必释然而笑，以为得已之心矣。乃知《玄》者所以赞《易》也，非别为书以与《易》竟也，何歆、固知之之浅，而过

---

① ［宋］吕陶：《净德集》卷一五《扬雄论》，文渊阁四库全书本。
② ［元］脱脱：《宋史・陈尧佐传》，中华书局1977年版，第9589页。
③ ［元］脱脱：《宋史・张揆传》，中华书局1977年版，第9827页。
④ ［宋］王安石：《临川文集》卷三二，文渊阁四库全书本。
⑤ ［宋］王安石：《临川文集》卷七四，文渊阁四库全书本。

之之深也？或曰：“《易》之法与《玄》异，扬不遵《易》而自为之制，安在其赞《易》乎？且如与《易》同道，则既有《易》矣，何以《玄》为？”曰：“夫畋者所以为禽也，网而得之，与弋而得之，何以异哉？书者所以为道也，《易》，网也，《玄》，弋也，何害？不既网而使弋者为之助乎？子之求道亦胶矣。且扬子作《法言》所以准《论语》，作《玄》所以准《易》。子不废《法言》而欲废《玄》，不亦惑乎？夫《法言》与《论语》之道，庸有异乎？《玄》之于《易》亦然。大厦将倾，一木扶之，不若众木扶之之为固也；大道将晦，一书辩之，不若众书辩之之为明也。学者能专精于《易》，诚足矣。然《易》天也，《玄》者所以为之阶也。子将升天而废其阶乎？”①

宋神宗时期，由于朝野两派的领袖人物王安石和司马光都对扬雄很崇拜，扬雄大儒的地位在这时首次得到了官方的认同。熙宁七年，国子监常秩等就请立孟轲、扬雄像于孔子庙。此事虽因有些人的反对而作罢，但在元丰七年，礼官又建议说：

荀况、扬雄、韩愈皆发明先圣之道，有益学者，久未配食，诚阙典也。请自今春秋释奠，以孟子配食，荀况、扬雄、韩愈并加封爵，以世次先后，从祀于左丘明二十一贤之间。自国子监及天下学庙，皆塑邹国公像，冠服同兖国公。仍绘荀况等像于从祀：荀况，左丘明下；扬雄，刘向下；韩愈，范宁下。冠服各从封爵②。

神宗很快批准了礼部的建议，并封荀况为兰陵伯，扬雄为成都伯，韩愈为昌黎伯，令学士院撰赞文。此后，一直到明洪武二十九年，尽管仍不断有人对扬雄提出这样那样的异议，但扬雄一直以成都伯的身份从祀于孔子庙中，年年接受天下学子们的顶礼膜拜。

三、文必艰涩的文学主张为宋代的文学家所诟病

扬雄是个模拟高手，他作赋拟相如以为式，准《论语》作《法言》，仿《周易》作《太玄》。他不但在形式上模仿，而且在用字造句上也刻意仿古，因此他的作品中多奇字怪句，特别是《太玄》一书，形式既古怪，用字更生僻，浅显的道理硬是绕着弯儿说，“旁薄群生，历览者兹年矣，而殊不寤。亶费精神于此，而烦学者于彼”③，当时的人就对此提出了责难。扬雄则认为：“宓牺氏之作《易》也，绵络天地，经以八卦，

---

① ［宋］司马光：《传家集》卷一二六《杂著》，文渊阁四库全书本。
② ［元］脱脱：《宋史·礼志·礼八》，中华书局1977年版，第2549页。
③ ［汉］班固：《汉书·扬雄传·解难》，中华书局1962年版，第3577页。

文王附六爻，孔子错其象而彖其辞，然后发天地之臧，定万物之基。典谟之篇，雅颂之声，不温纯深润，则不足以扬鸿烈而章缉熙。盖胥靡为宰，寂寞为尸；大味必淡，大音必希；大语叫叫，大道低回。是以声之眇者不可同于众人之耳，形之美者不可棍于世俗之目，辞之衍者不可齐于庸人之听。……师旷之调钟，竢知音者之在后也；孔子作《春秋》，几君子之前睹也。老聃有遗言，贵知我者希，此非其操与！"[①] 这种文必艰涩的说法实际上是扬雄对"六经"的一种误解，也是他缺乏语言发展观的一种表现。《易》《诗》《书》等"六经"的难读难懂，是由历史发展过程中的多种原因造成的。《书》是上古典籍，它的难懂，除了流传过程中的"衍脱误倒"外，更主要的是由古今语言的发展变化造成的，如《费誓》《秦誓》之类的出师誓词，必定是每一个士兵都明白的。《诗》《易》的情况除了以上两种原因外，最主要的是这两种书都本不为说理而作，儒家拿它们来说理，断章取义，引申发挥，自然会有许多曲折在里头。扬雄虽然欲传播周孔之道，但这种文必艰涩的主张对周孔之道的广泛传播是十分不利的，因此，这种主张受到了同样强调要传播周孔之道的宋代文学家和理学家的广泛批评。与柳开同时的王禹偁虽也提倡古文古道，但他对"文必艰涩"的主张就不赞同，在《答张扶书》中，他说："夫文，传道而明心也，古圣人不得已而为之也。……既不得已而为之，又欲乎句之难道邪？又欲乎义之难晓邪？必不然矣。"[②] 他勉励学者作文应"远师六经，近师吏部，使句之易道，义之易晓，又辅之以学，助之以气"[③]。在与张扶的另一书信中又说：

> 子之所谓扬雄以文比天地，不当使人而易度易测者，仆以为雄自大之辞也，而非格言也，不可取而为法矣。……且雄之《太玄》，准《易》也。《易》之道，圣人演之，贤人注之，列于六经，县为学科，其义甚明而可晓也。雄之《太玄》，即不用于当时，又不行于后代，谓雄死以来，世无文王、周、孔，则信然矣，谓雄之文过于伏羲，吾不信也。仆谓雄之《太玄》，乃空文尔，今子欲举进士，而以文比《太玄》，仆未之闻也[④]。

苏轼也说：

> 扬雄好为艰深之词，以文浅易之说，若正言之则人人知之矣。此正所谓雕虫篆刻者，其《太玄》《法言》皆是类也[⑤]。

不仅如此，宋代的学者甚至还认为，过分的"文"不仅不能载道、传道，反而还

① ［汉］班固：《汉书·扬雄传·解难》，中华书局1962年版，第3578—3579页。
② ［宋］王禹偁：《小畜集》卷一八，文渊阁四库全书本。
③ 同上。
④ 同上。
⑤ ［宋］苏轼：《东坡全集》卷七五《与谢民师推官书》，文渊阁四库全书本。

可能会害道。欧阳修在《答吴充秀才书》中说："圣人之文，虽不可及，然大抵道胜者文不难而自至也。故孟子皇皇不暇著书，荀卿盖亦晚而有作。若子云、仲淹方勉焉以模言语，此道未足而强言者也。后之惑者，徒见前世之文传，以为学者文而已，故愈力愈勤而愈不至。"①

四、屈身事莽为宋人所痛批

"忠臣不事二君，贞女不事二夫"是中国传统文化中很早就有的观念。《史记·田单列传》记载：

> 燕之初入齐，闻画邑人王蠋贤，令军中曰"环画邑三十里无入"，以王蠋之故。已而使人谓蠋曰："齐人多高子之义，吾以子为将，封子万家。"蠋固谢。燕人曰："子不听，吾引三军而屠画邑。"王蠋曰："忠臣不事二君，贞女不更二夫。齐王不听吾谏，故退而耕于野。国既破亡，吾不能存；今又劫之以兵为君将，是助桀为暴也。与其生而无义，固不如烹！"遂经其颈于树枝，自奋绝脰而死。齐亡大夫闻之，曰："王蠋，布衣也，义不北面于燕，况在位食禄者乎！"乃相聚如莒，求诸子，立为襄王②。

人们对王蠋这类的死节之士之所以大加赞扬，就是因为他们是特出独行的人物，他们的操守不是一般人所能做到的。"从秦汉至五代，士大夫对君臣关系和忠节的认识基本上仍持原始儒家的观点'臣择君而事之，有道顺命，无道衡命'。而不是宋儒的忠节观'死事一主'。"③ 扬雄在王莽篡位后，既没像"谈说之士"那样"用符命称功德"，以求封爵，也没像龚胜、薛方、郭钦那样与王莽彻底决裂，追随前朝而去，他仍然埋首于故纸堆中，淡泊自守，校书作文，平平静静地面对世变。最后在王莽滥封官爵的时候，扬雄也"以耆老久次转为大夫"，可以说他的"莽大夫"是稀里糊涂地得来的。不久之后，不知是为形势所迫，还是他被王莽营造的虚假"盛世"所迷惑，他又用他那生花妙笔写了篇讴歌王莽的《剧秦美新》献上。这两件事在当时及随后的东汉时代几乎都不被认为是扬雄的污点，宋代以前的人批判扬雄也多就他做《剧秦美新》说事，说这是谄媚王莽，而很少有人说他背汉附莽，因为在当时"背汉附莽"的人实在是太多了，连皇室的宗亲刘歆都做了王莽的国师，像扬雄这样的校书匠又算得了什

---

① ［宋］欧阳修：《文忠集》卷四七，文渊阁四库全书本。

② ［宋］司马迁：《史记·田单列传》，中华书局1980年版，第2457页。

③ 魏良弢：《忠节的历史考察：秦汉至五代时期》，《南京大学学报》（哲学·人文·社会科学）1995年第2期。

么呢！

有学者指出："北宋承五代之弊，从建国之初就十分注重忠节观建设。从太祖、太宗到真宗的不懈提倡，'宋初三先生'、'北宋五子'的理论论证，到范仲淹、欧阳修、司马光等政治家的身体力行，三方面相辅相成，积极重构忠节观，力图将法家的忠臣概念纳入儒家的气节范畴，并取得了一定的成效。"① 到北宋中后期，"守死不二"的忠臣观已渐渐深入人心。在五代及北宋前期还屡屡被人称道的"不倒翁"冯道，则成了贰臣的代表，受到朝廷上下的一致攻击。欧阳修撰《新五代史》，以孔子的《春秋》笔法品评历史人物，他说："予读冯道《长乐老叙》，见其自述以为荣，其可谓无廉耻者矣，则天下国家可从而知也。"② 另一历史学家司马光评价冯道说："道之为相，历五朝八姓，若逆旅之视过客，朝为仇敌，暮为君臣，易面变辞，曾无愧怍，大节如此，虽有小善，庸足称乎！"③认为"自古人臣不忠，未有如此比者"④。他评论蒙恬则说："臣光曰：始皇方毒天下而蒙恬为之使，恬不仁可知矣。然恬明于为人臣之义，虽无罪见诛，能守死不二，斯亦足称也。"⑤ 从这些评论中可以看出，司马光对我们在今天看来是愚忠的"忠君"思想是多么地看重。然而，即使在这种氛围下，当时的人也没过多地苛责扬雄。欧阳修还是把扬雄看成是儒家的代表人物⑥，司马光更是极力推崇扬雄，他在《资治通鉴》中，还每每引用扬雄《法言》品评历史人物。王回曾写信给曾巩，讨论扬雄事莽和做《剧秦美新》的问题，曾巩回复说：

> 雄遭王莽之际，有所不得去，又不必死，辱于仕莽而就之，固所谓明夷也。然雄之言著于书，行著于史者，可得而考。不去非怀禄也，不死非畏死也，辱于仕莽而就之，非无耻也。在我者亦彼之所不能易也，故吾以谓与箕子合⑦。

他把扬雄比做箕子（孔子所推崇的殷商三仁之一），评价是相当高的。

翻检宋人文集，我们可以发现，整个北宋时期，只是有个别人对扬雄事莽感到惋惜，而这也仅是韩愈"大醇小疵"的翻版而已，如刘敞（1019—1068）说：

> 余读西汉书，爱董仲舒、刘向、扬雄之为人，慕之，然仲舒好言灾异，几陷大刑，向铸伪黄金，亦减死论，雄仕王莽，作《剧秦美新》，复投阁求死，皆背于圣人之道，惑于性命之理者也。以彼三子犹未能尽善，"才难"，不其然欤？然其

---

① 路育松：《试论王安石的忠节观》，《江汉论坛》2007年第7期。
② ［宋］欧阳修：《新五代史·杂传》，中华书局1974年版，第611页。
③ ［宋］司马光：《资治通鉴》卷二九一《后周纪二》太祖显德元年四月庚申条，文渊阁四库全书本。
④ ［宋］司马光：《传家集》卷六七七《冯道为四代相》，文渊阁四库全书本。
⑤ ［宋］司马光：《资治通鉴》卷七，文渊阁四库全书本。
⑥ ［宋］欧阳修：《文忠集》卷一二四《崇文总目叙释》，文渊阁四库全书本。
⑦ ［宋］曾巩：《元丰类稿》卷一六《答王深甫论扬雄书》，文渊阁四库全书本。

善可师，其过可警也[①]。

对扬雄屈身事莽进行猛烈攻击是从南宋才开始的。二帝被囚，上至皇后公主、下至农妇民女被金人大量掠去，肆意凌辱的“靖康耻”，深深刺痛了南宋人的神经，“守死不二”的忠臣观被格外重视，“忠臣不事二君，贞女不事二夫”在南宋人的著述中也常常被提及，如林栗（绍兴十二年即1142年进士）在释睽卦初九“悔亡，丧马勿逐，自复。见恶人，无咎”时说：“忠臣不事二君，贞女不事二夫。今也背五而逃，惟利是视，行无所纳，冒耻而归，可谓恶人也。”[②]

在抵抗外族入侵的过程中，将领投敌、大臣里通外国的事时有发生；而内部因贪官污吏的盘剥而不得不为“盗”的“乱臣贼子”也时不时地在各地高举反旗。在这种内外交困的形势下，当时的士大夫对造成这种情况的原因进行了分析，认为一个主要的原因就是当时的公卿大夫无气节忠义，而这又是由于王安石推崇扬雄这样的贰臣所导致的。陈振孙《直斋书录解题》说建炎、绍兴间沈与求“尝奏言王安石之罪大者在于取扬雄、冯道，当时学者惟知有安石丧乱之际甘心从伪，无仗节死义之风，实安石倡之”[③]。今检查《龟溪集》，未见此奏，不知陈氏何据，而同时的吏部员外郎陈公辅在绍兴六年（1136）倒有一篇同类的奏疏，疏言：

> 今日之祸，实由公卿大夫无气节忠义，不能维持天下国家，平时既无忠言直道，缓急讵肯伏节死义，岂非王安石学术坏之邪？议者尚谓安石政事虽不善，学术尚可取。臣谓安石学术之不善，尤甚于政事，政事害人才，学术害人心，《三经》《字说》诋诬圣人，破碎大道，非一端也。《春秋》正名分，定褒贬，俾乱臣贼子惧，安石使学者不治《春秋》；《史》《汉》载成败安危、存亡理乱，为圣君贤相、忠臣义士之龟鉴，安石使学者不读《史》《汉》。王莽之篡，扬雄不能死，又仕之，更为《剧秦美新》之文。安石乃曰：“雄之仕，合于孔子无可无不可之义。”五季之乱，冯道事四姓八君，安石乃曰：“道在五代时最善避难以存身。”使公卿大夫皆师安石之言，宜其无气节忠义也[④]。

屈身事莽成了扬雄的滔天大罪。扬雄的牌位虽因是先王所定而在孔庙中没被撤下来，而现实中对扬雄的攻击却成了当时的潮流。邓肃（1091—1132）就说：

> 屈原、伍子胥、晁错皆死国之士，不当吏訾之，盖事君以忠为主，才智不足论也。扬雄一切讥之，谓非智者之事，是知扬雄胸中所蕴，欲作《美新》之书久

---

① ［宋］刘敞：《公是集》卷四九《西汉三名儒赞序》，文渊阁四库全书本。

② ［宋］林栗：《周易经传集解》卷一九，文渊阁四库全书本。

③ ［宋］陈振孙：《直斋书录解题》卷一八沈与求《龟溪集》，文渊阁四库全书本。

④ ［元］脱脱：《宋史·陈公辅传》，中华书局1977年版，第11694页。

矣，岂迫于不得已而后为乎！迨莽以符命捕刘棻、甄丰等，雄自投阁。班固便谓棻尝从雄学，故雄不得不惧。殊不知《美新》、符命一体也。莽既怒符命，则亦《美新》何有乎？雄身为叛臣，无所容于天地之间，故忿然捐躯，期速死耳。此扬雄之徒所谓智也①。

清四库馆臣认为邓肃的说法"与沈与求疏论王安石过尊扬雄，未知孰为先后，然均在朱子《纲目》书'莽大夫'之前。""考陆深《溪山余话》载肃与朱子父松相善，有醉留冠带以质纸笔之戏，肃有寄朱韦斋诗，即道其事。然则《纲目》之斥扬雄，得无传肃之说乎？"② 由此亦可窥一斑而见当时风气之全貌。朱熹是当时的学界翘楚，他的思想及著作在当时及对后世都产生了巨大的影响。朱熹在《楚辞集注》中说：

孟子曰："千里而见王，是予所欲也。不遇，故去，岂予所欲哉？"圣贤之心如此，原虽未及，而其拳拳于宗国，尤见臣子之至情，岂忍逆料其君之不可谏，而先自已哉？此等义理，雄皆不足以知之，唯有偷生惜死一路，则见之明而行之熟耳。以此讥原，是以鸱枭而笑凤凰也③。

琰失身匈奴，不能死义，固无可言，然犹能知其可耻，则与扬雄《反骚》之意又有间矣。今录此词，非恕琰也，亦以甚雄之恶云尔④。

在《通鉴纲目》中，朱熹更是运用《春秋》笔法，于王莽天凤五年下书"莽大夫扬雄死"，这几乎成了扬雄的终审判决。谢伯采《密斋笔记》卷二说：

西汉自孔光、张禹、刘歆、扬雄号为儒者，或依阿取容，或谄事新室，遂至言符命者以千数。朱文公作《通鉴纲目》，标扬雄曰"莽大夫扬雄"，自是千古定论⑤。

不仅如此，朱熹还因厌恶扬雄的变节而对他的思想和作品也一概否定。他告诉学生："不要看《扬子》，他说话无好处，议论亦无的实处。荀子虽然是有错，到说得处也自实，不如他说得恁地虚胖。"又说："扬雄则全是黄老。某尝说，扬雄最无用，真是一腐儒。他到急处，只是投黄老。如《反离骚》并老子道德之言，可见这人更无说，自身命也奈何不下，如何理会得别事？如《法言》一卷，议论不明快，不了决，如其为人。他见识全低，语言极呆，甚好笑！荀扬二人自不可与王韩二人同日语。"⑥

扬雄自此成了叛臣贰子的典型，在当时及随后的元明清时代受到了无数人的口诛

---

① ［宋］邓肃：《栟榈集》卷一九《书扬雄事》，文渊阁四库全书本。

② 《四库全书总目》邓肃《栟榈集》提要，文渊阁四库全书本。

③ ［宋］朱熹：《楚辞集注·楚辞后语·反离骚》注。

④ ［宋］朱熹：《楚辞集注·楚辞后语·胡笳》序。

⑤ ［宋］谢伯采：《密斋笔记》卷二，文渊阁四库全书本。

⑥ ［宋］黎靖德：《朱子语类》卷一三七《战国汉唐诸子》，文渊阁四库全书本。

笔伐，比如沈作喆在《寓简》中说：

扬子云作符命，显是隳丧大节，夫复何言？而后之儒者巧为曲说，欲以拉拭解免其恶，是教人臣为不忠也。时人为之说曰："爰寂寞，自投阁，爰清净，作符命。"盖取其语而反之，言寂寞顾投阁，清净顾为符命耶？讥其反道败德，身为乱阶，而盗寂净之虚名耳①。

在这铺天盖地的批判声浪中，也有人出来为扬雄开脱，洪迈在《容斋随笔》中说：

扬雄仕汉，亲蹈王莽之变，退托其身于列大夫中，不与高位者同其死，抱道没齿，与晏子同科。世儒或以《剧秦美新》贬之，是不然。此雄不得已而作也。夫诵述新莽之德，止能美于暴秦，其深意固可知矣。序所言"配五帝，冠三王，开辟以来未之闻"，直以戏莽尔。使雄善为谀佞，撰符命，称功德，以邀爵位，当与国师公同列，岂固穷如是哉！②

大史学家李焘也以一个历史学家的眼光对扬雄做出了很高的评价，他在《从何使君父子游洗墨池》诗中说：

蜀学擅天下，马王先得名。篑如巧言语，于道盖小成。子云最后出，振策思遐征。斯文大一统，欻使圣域清。富贵尽在我，绂冕非所荣。旁皇天禄阁，聊以观我生。怀哉不能归，旧宅荒榛荆。寂寞竟谁顾，正路今莫行③。

五、人性善恶混说受到宋人的指责

在南宋之前，孟子的历史地位一直是摇摆不定的，好之者有之，非之者也大有人在。虽说在王安石当政期间，下令将《孟子》升格为儒家经典，并作为科举和教育的重要内容（熙宁四年即 1071 年），孟子也被宋神宗封为"邹国公"（元丰六年即 1083 年），首次得到官方封爵，但孟子"亚圣"地位的真正确立，是在南宋时期完成的，其中朱熹居功至伟。他精心撰著的《四书集注》和《四书或问》，以理学为主导，融会诸家之说，简明精赅，影响巨大，成为官办学校的教材，被天下士子广泛诵习，《孟子》一书也真正由一般的子书上升为经。同时，宋代以来的理学又使人们热衷于探讨人的本性。在人性论上，孟子说人性善，扬雄则说善恶混。由于在这一问题上扬雄没能和宋代的"亚圣"保持一致，所以扬雄也受到好多人的指责。邢凯说：

圣贤言性，毫厘不差，曰存性、曰率性、曰养性，勿忘勿助长之一意也。至

① ［宋］沈作喆：《寓简》卷四，文渊阁四库全书本。

② ［宋］洪迈：《容斋随笔》卷一三《晏子扬雄》，文渊阁四库全书本。

③ ［宋］袁说友：《成都文类》卷八，文渊阁四库全书本。

扬雄曰："学以修性。"夫天命之谓性，止可率而修之，率性之谓道，然后修其四端，施之于教，自恻隐充之而为博爱，羞恶充之而为得宜，辞逊充之而为品节，是非充之而为致和，而本然之性未尝以人力强揠之也。彼荀卿谓大心天而道，夫道出于天而根于心，心大而后天。由天而至于道，理皆颠错。朱文公谓扬雄言性，犹隔靴爬痒，愚谓荀卿尤甚。若王通以仁为五常之首，性为五常之本，道为五常之一，荀扬之所不逮也①。

李如篪也说：

殊不知孟子性善之说，盖本于《易》之"继之者善，成之者性"之说，其言当于理，真不易之论也。荀卿之所谓恶者，是以情为性也；扬雄之所谓善恶混者，是以习为性也；韩愈之所谓上中下三等，是以才为性也，皆不明其本。明其本者，惟孟子性善之说为至当②。

意大利著名历史学家、哲学家贝奈戴托·克罗齐曾有一句名言，"一切历史都是当代史"，不同的时代对过去的史料有着不同的解读，而这种不同的解读完全是根据不同时代的不同需要而做出的，且也往往是各取所需的。同一个扬雄，由于社会需要的不同，人们就赋予他不同的品格。总的来看，在北宋时期因柳开、孙复、石介、王安石、司马光、二程等尊崇他的复古主张而被抬升到圣贤的高度，在南宋因人们痛恨他背汉媚莽而被打入贰臣的深渊。由扬雄在宋代历史地位的变迁，我们也可反观宋代学术风尚的嬗变。

（作者单位：山东大学易学与中国古代哲学研究中心）

① ［宋］邢凯：《坦斋通编》，文渊阁四库全书本。

② ［宋］李如篪：《东园丛说》卷中《诸子言性》，文渊阁四库全书本。

苏氏父子论扬雄评议

杨胜宽

内容提要： 苏氏父子对乡贤扬雄几乎持全面批评态度，这一现象本身就值得探究。他们的批评涉及扬雄的经学思想、文学观念、历史重要人物评价等方面，其批评口径之统一、言辞之激烈，在三苏父子对待历史人物的态度上，算得上比较特殊的一位。他们批评的内容、依据、标准、影响乃至主客观因素等，都是值得进行深入剖析的。

关键词： 苏氏父子；扬雄；人性论；易学；屈原《离骚》

扬雄一生的是非功过在其身后一直众说纷纭，莫衷一是。从其为人、仕宦到经学思想、文学观念等，誉之者、毁之者均代不乏人。造成这种局面，一方面扬雄自身有部分原因，如模仿成癖，"欲求文章成名于后世"[①]，后人对此非议者甚众。更复杂的原因，则是扬雄生当王莽篡汉的权力更迭之际，其进退出处容易遭致政治和立身方面的责难，而这种责难与印象，会无限扩散蔓延，容易导致以偏概全、因人废言等非理性评价占据舆论市场，甚至可能形成某些人先入为主的认识偏见。其实，历史地看待扬雄，他是一个好学多思、勤于著述、颇多文才、成就丰硕的人。他在当时与司马相如并称扬、马，并非浪得虚名；他对后世产生了多方面的深远影响，其历史地位不能一笔抹杀。扬雄作为西蜀文士及蜀文化的重要代表，值得我们从不同侧面加以深入研究。

在历代士人对扬雄的非议中，三苏父子算是引人注目的代表之一。他们对扬雄的批评，涉及经学思想、文学观念、历史人物评价等重要方面。由于他们的地位和影响，

① ［汉］班固：《汉书》卷八七《扬雄传下》，中华书局1983年版，第3583页。

宋代及以后的论者，在认识与评价扬雄时，自然难免受到一定影响。怎样看待苏氏父子对扬雄的诸多批评，他们批评扬雄的依据与合理性怎样，这种批评观的形成又有哪些主客观原因，便是本文打算讨论的问题。

一、关于扬雄的经学思想

苏氏父子对扬雄的经学思想，持基本否定态度，尤以苏洵、苏轼的意见为最尖锐。其批评的内容，主要涉及扬雄的人性观、《太玄》易学观及对孔子以来儒学理论传承、发展的理解与接受等重大问题。

（一）对于扬雄人性观的批评

苏轼早年所作“进论”中，有两篇针对扬雄“性善恶混”的观点提出批评，分别是《子思论》和《扬雄论》。

《子思论》认为，孔子所创立的儒家学说，唯独子思得其真传，而孟子、荀子、扬雄等儒家后学，虽皆言所传为孔子之道，但立论相攻，各自为说，导致孔子的思想学说愈传愈失真。他首先指出：

> 夫子之道，可由而不可知，可言而不可议。此其不争为区区之论，以开是非之端。是以独得不废，以与天下后世为仁义礼乐之主。夫子既没，诸子之欲为书以传于后世者，其意皆存乎为文，汲汲乎唯恐其汩没而莫吾知也，是故皆喜立论。论立而争起。自孟子之后，至于荀卿、扬雄，皆务为相攻之说，其余不足数者纷纭于天下①。

《子思论》为苏轼早年准备科举考试时所作的“进论”之一，写作时间是嘉祐六年（1061）。说孔子之道“可由而不可知，可言而不可议”，孟子、荀子、扬雄不仅“知”之、“议”之，而且各自立说相攻，是开启是非争端、导致偏废孔子之道的最重要原因。这种观点，显然是早年苏轼好议论古人习气的表现，其批评的立足点是不对的。圣人之道不可知、不可议，还怎么能够传承、发展？人类思想还怎么能够不断进步？苏轼接着还说，孔子的儒家学说，在当时遭遇老聃、庄周、杨朱、墨翟等诸子百家的攻讦，已经弄得天下人很困惑了，而其弟子门人又从内部自相攻难，致使千载以来孔子之道更加“晦而不明”，这又是一个重要原因。他转而批评孟子、荀子、扬雄：

> 昔三子之争，起于孟子。孟子曰：“人之性善。”是以荀子曰：“人之性恶。”而扬子又曰：“人之性，善恶混。”孟子既已据其善，是故荀子不得不出于恶。人

① ［宋］苏轼：《苏轼文集》卷三《子思论》，孔凡礼点校本，中华书局1986年版，第94页。

之性有善恶而已，二子既已据之，是以扬子亦不得不出于善恶混也。为论不求其精，而务为异于人，则纷纷之说，未可以知其所止①。

至于三人是否专门因为出于为论异于人的考虑而分别提出性善、性恶、性善恶混的人性主张，这里不去深究，我们需要强调的是，无论孟子的人性善、荀子的人性恶，还是扬雄折衷两家而提出人性善恶混，都是儒家传人对孔子思想的一种理解与发挥，是学术思想上无可厚非的一家之言，正是有了诸子勇于各自著书立说，自由发表独立的思想主张，才出现了春秋战国百家争鸣的思想开放、文化繁荣的局面，也才推进了孔子倡导的儒家思想，在外部攻难和内部纷争中，得以有效传承和延续发展。

文章的后半部分，集中讨论孟子是否忠实地继承了子思思想学说的问题，结论是孟子没有真正理解子思从孔子那里直接传承下来的儒家思想学说精髓，其性善论，不仅不是孔子学说的原意，同时也成为开启儒家传人发表人性异论的始作俑者。自然，扬雄是发表“异论”的代表之一。

从以上的分析可以看出，早年苏轼对于扬雄人性观的批评并未切中要害，反而显得自己立足不稳、持论偏颇，有刻意为翻案文章、作标新立异之论的嫌疑。

另一篇作于嘉祐五年（1060）的“进论”《扬雄论》，本应是正面评论扬雄的专论，但整篇文章的重点，却在于对韩愈人性论的批评，涉及扬雄的，仅文章开头数语：

昔之为性论者多矣，而不能定于一。始孟子以为善，而荀子以为恶，扬子以为善恶混。而韩愈者又取夫三子之说，而折之以孔子之论，离性以为三品，曰：“中人可以上下，而上智与下愚不移。”以为三子者，皆出乎其中，而遗其上下。而天下之所是者，于愈之说为多焉②。

这里值得注意的信息是，苏轼认为自韩愈提出性三品说以后，天下人多认同其说，表明孟子、荀子、扬雄的人性论，均不及韩愈之说，其中隐含了对扬雄人性论的批评之意。韩愈之说是否得到了中唐以来多数人的认同，在这里也不便展开深入讨论，但显而易见的事实是，韩愈之后的人性论者，赞同孟子、荀子、扬雄、韩愈观点者皆有之，宋代的所谓新儒家，论其思想渊源，则多接受并发扬孟子的人性理论，而对韩愈之说则褒贬参半。比如王安石就不赞成韩愈把仁、礼、信、义、智五者认作性的观点，指出：“夫太极者，五行之所由生，而五行非太极也；性者，五常之太极也，而五常不可以谓之性。此吾所以异于韩子。”③ 其他不完全认同韩愈观点的，还有唐代李翱、皇

① ［宋］苏轼：《苏轼文集》卷三《子思论》，孔凡礼点校本，中华书局1986年版，第95页。
② ［宋］苏轼：《苏轼文集》卷四《扬雄论》，孔凡礼点校本，中华书局1986年版，第110页。
③ ［宋］王安石：《王安石全集》卷六八《原性》，宁波等校点本，吉林人民出版社1996年版，第736页。

甫湜、杜牧，宋代的司马光、程颐等，兹不赘述[①]。但苏轼这篇文章值得重视之处在于，它直接讨论“性”的概念及苏轼本人对人性的看法，其主要观点在此后所著的《苏氏易传》中得到一致体现，说明这是苏轼始终坚持的人性观。

在文中，苏轼首先就性与才的联系和区别问题进行阐述。他说：

> 夫性与才相近而不同，其别不啻若黑白之异也。圣人之所与小人共之而皆不能逃焉，是真所谓性也。而其才固将有所不同。今夫木，得土而后生，雨露风气之所养，畅然而遂茂者，是木之所同也，性也。而至于坚者为毂，柔者为轮，大者为楹，小者为桷。桷之不可以为楹，轮之不可以为毂，是岂其性之罪耶？天下之言性者，皆杂乎才而言之，是以纷纷而不能一也[②]。

苏轼认为，孔子所言，中人之性可以上下，而上智与下愚不移，只是在论“才”，而不是论“性”；其论“性”时，只说“性相近也，习相远也”，并未断其善恶。孟子主性善，荀子主性恶，扬子主性善恶混，都是把才、性掺杂混淆在一起而言之，反而未能揭示出性的本质。他以树木为喻：树木有坚者、柔者、大者、小者，各自的用途不一，这是材质（才）不同使然，至于它们的共性，则是“得土而后生，雨露风气之所养，畅然而遂茂”，这才是“性”的本质。韩愈之论，离孔子人性论的本意更远：“离性以为情，而合才以为性。是故其论终莫能通。”究竟什么是“性”？苏轼云：

> 人生而莫不有饥寒之患，牝牡之欲。今告乎人曰：饥而食，渴而饮，男女之欲，不出于人之性也，可乎？是天下知其不可也。圣人无是，无由以为圣；而小人无是，无由以为恶。圣人以其喜怒哀惧爱恶欲七者御之而之乎善，小人以是七者御之而之乎恶。由此观之，则夫善恶者，性之所能之，而非性之所能有也。且夫言性者，安以其善恶为哉！[③]

苏轼在这里提出了一个十分要害的问题，究竟什么是人的本性，它应该是人之所以为人共有的本质特性，无论圣人还是小人，概莫能外。圣人之成为圣人，是后天御其七情而“之乎”善，小人之成为小人，也是后天御其七情而“之乎”恶。苏轼这样理解，应该说最符合孔子“性相近，习相远”的人性思想本意。他以此观念比较孟子、荀子、扬雄三人的观点，认为：“扬雄之论，固已近之。曰：‘人之性善恶混。修其善则为善人，修其恶则为恶人。’此其所以为异者，唯其不知性之不能以有乎善恶，而以为善恶之皆出乎性也而已。”[④] 表面看，肯定了扬雄认识到人的后天修为之重要性，但

① 参见马其昶：《韩昌黎文集校注》卷一《原性题解》，上海古籍出版社1986年版，第19—20页。
② ［宋］苏轼：《苏轼文集》卷四《扬雄论》，孔凡礼点校本，中华书局1986年版，第110页。
③ 同上，第111页。
④ 同上。

指出其以善恶为人性本身，在实质问题上又犯了根本错误，其意仍然是批评。

苏轼的人性论主张，在《苏氏易传》中得到重申。他在解释《易系辞传》“一阴一阳之谓道，继之者善也，成之者性也”时论述道：

> 昔孟子以善为性，以为至矣。读《易》而后知其非也。孟子之于性，盖见其继者而已。夫善，性之效也。孟子不及见性，而见乎性之效，因以所见者为性。性之于善，犹火之能熟物也。吾未尝见火，而指天下之熟物以为火，可乎？夫熟物则火之效也。敢问性与道之辨？曰：难言也，可言其似。道之似则声也，性之似则闻也。有声而后有闻邪？有闻而后有声邪？是二者，果一乎？果二乎？孔子曰：“人能弘道，非道弘人。”又曰：“神而明之，存乎其人。”性者，其所以为人者也，非是无以成道也①。

又在解《乾·彖》“乾道变化，各正性命，保合大和，乃利贞”时，苏轼阐述其人性观及对情、性、命三者之间关系的认识：

> 君子日修其善，以消其不善，不善者日消，有不可得而消者焉；小人日修其不善，以消其善，善者日消，有不可得而消者焉。夫不可得而消者，尧舜不能加焉，桀纣不能亡焉。是岂非性也哉？……情者，性之动也。溯而上至于命，沿而下至于情，无非性者。性之于情，非有善恶之别也。方其散而有为，则谓之情耳。命之与性，非有天人之辨也。至其一而无我，则谓之命耳②。

这两段话虽然没有涉及对扬雄人性论的评价，但观其对“人性”本质的论述，他不赞同孟子、荀子、扬雄、韩愈的人性观是非常明确的。了解苏轼的这些观点及其思维逻辑，人们也就清楚他为什么不认同孟子以来儒家传人的人性论观点了。

苏辙对于人性的见解，与苏轼颇为相似。认为阴阳之道，既适用于天地万物，也适用于人。他说：

> “一阴一阳之谓道，继之者善也，成之者性也。”何谓道？何谓性？请以子思之言明之。子思曰：“喜怒哀乐之未发谓之中，发而中节谓之和。中也者，天下之大本也；和也者，天下之达道也。致中和，天地位焉，万物育焉。”中者，性之异名也；性者，道之所寓也。道无所不在，其在人为性。……所谓一阴一阳者，犹曰一喜一怒云尔，言阴阳喜怒皆自是出也。言其散而为天地，则曰“天地位焉，

① ［宋］苏轼：《苏氏易传》卷七《系辞传上》，曾枣庄、舒大刚主编《三苏全书》第一册，语文出版社2001年版，第352页。

② ［宋］苏轼：《苏氏易传》卷一，曾枣庄、舒大刚主编《三苏全书》第一册，语文出版社2001年版，第142页。

万物育焉”。言其敛而为人，则曰“成之者性”，其实一也[①]。

苏辙同样对孟子的性善论提出批评，认为善恶是人性的不同表现，而非人性本身，其《孟子解二十四章》云：

> 夫性之于人也，可得而知之，不可得而言也。遇物而后形，应物而后动。方其无物也，性也；及其有物，则物之报也。惟其与物相遇而物不能夺，则行其所安而废其所不安，则谓之善；与物相遇而物夺之，则置其所可而从其所不可，则谓之恶。皆非性也，性之所有事也。譬如水火，能下者水也，能上者亦水也；能熟物者火也，能焚物者亦火也。天下之人好其能下而恶其能上，利其能熟而害其能焚也。而以能下能熟者谓之水火，能上能焚者为非水火也，可乎？夫是四者，非水火也，水火之所有事也。奈何或以为是，或以为非哉？[②]

连拿火能熟物来做比喻，都是跟苏轼一样的。后面他同样引用孔子“性相近，习相远”的话来做理论支撑，举例也是尧舜、桀纣各为善恶，是后天修习的结果。但说人性可知而不可言，是缺乏理性的自失之言，他自己就大谈什么是人性，什么是人性所有事，岂非自相矛盾？

由此可见，苏轼兄弟二人均认为，本于人情的人性，与天地万物之道是相统一的，跟宋儒程朱一派区分天理、人欲为二物者迥然有别。

（二）对于扬雄《太玄》易学观的批评

扬雄仿《易》作《太玄》，在当时就不被多数人所理解和接受，故班固在《汉书·扬雄传赞》中言：“（雄）实好古而乐道，其意欲求文章成名于后世，以为经莫大于《易》，故作《太玄》……相与放依而驰骋云。……于时人皆忽之，唯刘歆及范逡敬焉。”[③] 依据班固的说法，时人对扬雄撰著这些东西不当回事，大概有两方面原因：一是其以文章成名的意愿太强烈；二是其写作方法只用模仿。这在一定程度上影响了后人对扬雄的看法及评价倾向。

苏氏父子对扬雄模仿手法的批评，始于苏洵，且集中在《太玄》一书上。苏洵作《太玄论》上中下三篇，主要针对扬雄开展批评，又作《太玄总例并引》，对《太玄》一书的具体问题进行指瑕，内容非常充实。《太玄论上》开篇即言：

> 苏子曰：言无有善恶也，苟有得乎吾心而言也，则其辞不索而获。夫子之于《易》，吾见其思焉而得之者也；于《春秋》，吾见其感焉而得之者也；于《论

---

① ［宋］苏辙：《栾城集·栾城第三集卷八·易说三首其一》，曾枣庄、马德富校点本，上海古籍出版社1987年版，第1547页。

② 郭沫若：《郭沫若全集·历史编》卷一《青铜时代·周易之制作年代》，人民出版社1982年版，第1207页。

③ ［宋］班固：《汉书》卷八七《扬雄传下》，中华书局1983年版，第3583页。

语》，吾见其触焉而得之者也。思焉而得，故其言深；感焉而得，故其言切；触焉而得，故其言易。圣人之言得之天，而不以人参焉。故夫后之学者，可以天遇，而不可以人得也。方其为书也，犹其为言也；方其为言也，犹其为心也。书有以加乎其言，言有以加乎其心，圣人以为自欺。后之不得乎其心而为言，不得乎其言而为书，吾于扬雄见之矣[①]。

关于苏洵说孔子赞《易》（如作《系辞传》等），近现代学者们经过考证研究，证明并无其事，郭沫若就认为《易》出于战国时人馯臂子弓之手，而“十翼”诸篇有可能出于荀子门下众人纂述[②]。但在宋代，学界一般相信孔子读《易》、赞《易》是确有其事的。

苏洵批评扬雄，针对的是其无得于心的模仿作文心态及方法，《法言》《太玄》就是典型例证。他尖锐批评说：“疑而问，问而辩，问辩之道也。扬雄之《法言》，辩乎其不足问也，问乎其不足疑也，求闻于后世而不待其有得，君子无取焉耳。《太玄》者，雄之所以自附于夫子，而无得于心者也。使雄有得于心，吾知《太玄》之不作。……彼诚无得于心而侈于外者也。使雄有孟轲之书，而肯以为《太玄》邪？惟其所得之不足乐，故大为之名以侥幸于圣人而已。”[③] 客观地看，苏洵批评的主要意见是正确的。首先，他主张文章应该是作者真实心声的表露，有得于心，有感而发，称心而言，这是正当的为文方法。不如此，就难逃自欺欺人的嫌疑。扬雄仿《论语》作《法言》，仿《易》作《太玄》，模仿所为，并不是真正于心有得、于意有见，故意张大其名，希求留名后世，这样的目的和方法都是需要提防与杜绝的。其次，他主张学术应该诚信严谨，来不得任何不纯粹的个人动机。扬雄俨然以圣人自居，什么东西名声影响最大就模仿什么，这是缺乏诚信和自知之明的表现，也是学术态度不严谨的地方。再次，他主张无论学术研究还是文学创作，都应该以是否从中获得乐趣与满足为自我衡量标准，孔子、孟子著书立说，都从中获得了乐趣与满足，而扬雄却没有实现这一目标。需要指出的是，这是苏洵很值得重视的一个观点，它对苏轼兄弟的文学艺术观产生了直接而深远的影响。但苏洵说圣人之言得之于天，而非人力所能为；后世学者可以天遇，而不可以人得，未免过于迷信、神化圣人，是不科学的态度。

《易》究竟是重道还是重数？这是苏洵接下来要批评扬雄的重要问题。他对此论述道：

---

① ［宋］苏洵：《嘉祐集》卷七《太玄论上》，曾枣庄、金成礼笺注本，上海古籍出版社1993年版，第169页。

② 郭沫若：《郭沫若全集·历史编》卷一《青铜时代·周易之制作年代》，人民出版社1982年版，第391—404页。

③ ［宋］苏洵：《嘉祐集》卷七《太玄论上》，曾枣庄、金成礼笺注本，上海古籍出版社1993年版，第169—170页。

且夫《易》之所为作者，雄不知也。以为为数邪？以为为道邪？惟其为道也，故六十四卦而无加，六十四卦而无损。及其为数，而后有六日七分之说生焉。圣人之意曰：六十四卦者，《易》也。六日七分者，吾以为历也。在历以数胜，在《易》以道胜。然则《易》之所为作，其亦可知矣①。

苏洵说《太玄》重数，类于历书，也不是他个人的发现，在班固的《汉书》里，似乎就是这么看的。班固云："观《玄》者，数其画而定之。《玄》首四重者，非卦也，数也。其用自天元推一昼一夜阴阳数度律历之纪，九九大运，与天终始。故《玄》三方、九州、二十七部、八十一家、二百四十三表、七百二十九赞，分为三卷，曰一二三，与《泰初历》相应，亦有颛顼之历焉。"② 苏洵据此认为，圣人作《易》，虽然以数为基础，但意在推究天地万物变化的规律，以通神明之德，以类万物之情，目的在于明王道、行王道。故《易》之要旨，在于明道，而非用数字来计算一年的季节和昼夜时分，那是作历书者所为之事。苏洵批评扬雄在《易》八八为数的基础上，改用九九为数，详细推算每年的天、时、分，又发明方、州、部、家四位，《踦》《嬴》、闰、除等一套计算方法，以合于一年三百六十五日之数。这些离《易》的明道主旨相去更远。

既然《太玄》主要在于明数，苏洵又从历数的角度进一步分析，阐述扬雄的推算方法也是与自然规律不相吻合的：

道之不足取也，吾乃今求数。求合乎三百六十有五与夫四分之一者，固雄意也，赞之七百三十有一，是日之三百六十有五与夫四分之一也。后之学者曰：吾不知夫二十八宿之次，与夫日行之度也，而于《太玄》焉求之。则吾惧夫积日之无以处也。历者，天下之至微，要之千载而可行者也。四分而加一，是四岁而加一日也，率四岁而加之，千载之后，吾恐大冬之为大夏也。且夫四分其日而赞得二焉，故赞者可以为偶，而不可以为奇，其势然也。雄之所欲加者四分之三，而所加者四。是其为数不足考也③。

苏洵按照扬雄发明的推算方法，结果每年的时间都会出现误差，千载累积下来，这个误差就会导致冬夏颠倒，完全失去历书的实用意义。苏洵条分缕析、层层递进的驳论手法，不愧文章老手，必欲将批评对象置之死地而后快！苏洵在嘉祐六年《上韩丞相书》中自言："自去岁以来，始复读《易》，作《易传》百余篇。此书若成，则自

① ［宋］苏洵：《嘉祐集》卷七《太玄论上》，曾枣庄、金成礼笺注本，上海古籍出版社 1993 年版，第 170 页。

② ［汉］班固：《汉书》卷八七《扬雄传下》，中华书局 1983 年版，第 3575 页。

③ ［宋］苏洵：《嘉祐集》卷七《太玄论上》，曾枣庄、金成礼笺注本，上海古籍出版社 1993 年版，第 171 页。

有《易》以来未始有也。”[①] 话说得何等自负！观其批评扬雄《太玄》涉及对《易》的论述，表明其不仅下功夫深，而且的确有独到见解。故宋人王拱辰作苏洵《挽词》有评语云：“玩《易》穷三圣，论《书》正九畴。”[②] 并非过誉之辞。

苏轼兄弟继承发扬苏洵的《易》学观点，主张《易》是圣人明道之作，其要旨不在于数术。苏辙《易论》（《苏轼文集》）亦收录，今从《苏轼全集校注》之说[③]。开篇即云：

> 《易》者，卜筮之书也。挟策布卦，以分阴阳而明吉凶，此日者之事，而非圣人之道。圣人之道，存乎其爻之辞，而不在其数。数非圣人之所尽心也。……夫《易》本于卜筮，而圣人阙言于其间，以尽天下之人情[④]。

苏辙在文中强调的是，《易》的卦策，只起分阴阳、明吉凶的卜筮作用；而圣人基于此所系的辞，旨在阐明圣人之道，从根本上改变了其卜筮之书的性质与作用。他同时批评世人言数而“不得其要，纷纭迂阔而不可解”，离圣人明道之旨甚远。虽然没有点名批评扬雄，但显然是把他包括在这“世人”之中的。

二、关于扬雄的文学思想及其对屈原的评价

扬雄的文学思想，比较集中地反映在其所著《法言·吾子》及班固《汉书·扬雄传》中。《法言·吾子》比较集中反映了扬雄对辞赋的评价态度。或问：景差、唐勒、宋玉、枚乘之赋是否有益？扬雄回答：“必也淫。”又问：淫又如何？扬雄回答：“诗人之赋丽以则，辞人之赋丽以淫。如孔氏之门用赋也，则贾谊升堂、相如入室矣。如其不用何？”晋人李轨注解释“淫”为“无益于正”；解释“辞人之赋丽以淫”为“奢侈相胜、靡丽相越，不归于正”[⑤]。按照李轨的解释，扬雄意在批评景差、唐勒、宋玉、枚乘之赋靡丽过度，不符合辞赋文学创作法则的要求，对读者、对社会是没有多少益处的东西。在同篇文章里，扬雄回答君子是否“尚辞”的问题时说：“君子事之为尚。事胜辞则伉，辞胜事则赋，事辞相称则经。”李轨注云：“夫事功多而辞美少，则听声

---

① ［宋］苏洵：《嘉祐集》卷一三《上韩丞相书》，曾枣庄、金成礼笺注本，上海古籍出版社 1993 年版，第 353 页。

② ［宋］苏洵：《嘉祐集》附录一，曾枣庄、金成礼笺注本，上海古籍出版社 1993 年版，第 529 页。

③ 张志烈、马德富、周裕锴主编：《苏轼全集校注·苏轼文集校注》卷二《易论》，河北人民出版社 2010 年版，第 210 页。

④ ［宋］苏辙：《栾城集·栾城应诏集》卷四，曾枣庄、马德富校点本，上海古籍出版社 1987 年版，1609 页。

⑤ ［汉］扬雄：《法言》卷二《吾子》，二十二子本，上海古籍出版社 1986 年版，第 813 页。

者伉其动也；事功省而辞美多，则赋颂者虚过也，事辞相称乃合经典。”① 其意仍在于批评辞赋过于注重藻饰的唯美倾向，主张事辞相称，符合典则要求。由此看，扬雄虽然并不反对文学风格的“丽”（特别是汉代的辞赋），但他强调不能过度，必须遵守法则，把握适当的度，追求事辞相称的表达风格与效果；文学作品要于世有益，过于追求文学辞藻或者表达的夸张，会影响到其助益社会的作用发挥。因此他说：“君子之道有四易：简而易用也，要而易守也，炳而易见也，法而易言也。”② 虽然不是专就文学作品而言，但由此也可以看到其倡导为人为文注重实用的基本思想。

班固《汉书·扬雄传下》：“雄以为赋者，将以风也。必推类而言，极丽靡之辞，闳侈巨衍，竞于使人不能加也，既乃归之于正，然览者已过矣。往时武帝好神仙，相如上《大人赋》，欲以风，帝反缥缥有陵云之志。由是言之，赋劝而不止，明矣。”③ 颜师古注“既乃归之于正，然览者已过”句云：“言其末篇反从之正道，故观览之者但得浮华，而无益于讽谏也。”④ 则扬雄的意思很明确，认为辞赋应该发挥讽谏的作用，不能把重点放在丽靡辞藻和语言过度夸饰上，希望曲终奏雅，在文章的末尾表示一下讽谏的意旨，难以达到讽谏的预期创作目的，甚至可能适得其反，就像司马相如《大人赋》意在讽喻皇帝追求长生不老之术，却让汉武帝读了以后有飘飘欲仙之意一样。基于这种认识，扬雄在写作《法言》一书时（当在王莽篡汉时的扬雄晚年），有人问他少时喜爱作赋，现在的态度如何时，他回答说：童子雕虫篆刻，壮夫不为。又问：赋可以讽乎？他回答：“讽乎？讽则已，不已，吾恐不免于劝也！”⑤ 所表达的观点，与《汉书》本传所言完全一致。他以此解释了自己为什么童子时所爱的辞赋而壮年不再为的原因所在。

扬雄的这些文学观念，用今天的眼光看，也不乏合理甚至进步的成分。但验之于扬雄本人的文学实践，却难以与之很好相印证。这种矛盾现象，罗根泽根据战国至汉代南北文学观念的发展与碰撞，归纳为“‘爱美’‘尚用’的冲突与融合”现象。他分析指出：“楚辞和诗经的关系较浅，赋则是‘受命于诗人，而拓宇于楚辞’的文学。楚辞的作者，意欲以美好的形式，表达内心的情愤。诗经的作者，则对形式不十分考究，只是很质实的‘言志’，或者还有‘美刺’的意图。由战国至汉代，‘言志’已成了‘志趣之理而明其指’，‘美刺’更涂上了浓厚的道德色彩。赋秉承了这两种不同的遗志，造成‘爱美’与‘尚用’的内在矛盾。加上汉代所演唱的本来就是一幕‘南北

---

① ［汉］扬雄：《法言》卷二《吾子》，二十二子本，上海古籍出版社1986年版，第813页。
② 同上。
③ ［汉］班固：《汉书》卷八七《扬雄传下》，中华书局1983年版，第3575页。
④ 同上，第3576页。
⑤ ［汉］扬雄：《法言》卷二《吾子》，二十二子本，上海古籍出版社1986年版，第813页。

合’的滑稽剧，而滑稽剧的急须演唱，就是在调解南北不合。……这种矛盾现象，竟会显现于西汉殿军之扬雄的一人意识。”① 具有讽刺意味的是，扬雄自己在《法言·吾子》中说过童子时好赋，壮年不复为的话，但罗根泽逐一考察了扬雄《甘泉赋》《羽猎赋》《长杨赋》的写作年代，均在四十多岁的“壮年”，远过了“童子”的年龄。并且引述东汉王充在《论衡·谴告篇》中对司马相如、扬雄赋的批评：“孝武皇帝好仙，司马长卿献《大人赋》，上乃仙仙有凌云之气；孝成皇帝好广宫室，扬子云上《甘泉颂》，妙称神怪，若曰非人力所能为，鬼神力乃可成。皇帝不觉，为之不止。”② 表明扬雄自己极力提倡的讽喻、实用、助益社会的文学功能，在他的辞赋创作中，并未得以实现，甚至走到了“讽”的反面“劝”上面去了。应该说，这不仅是其文学意识所存在的矛盾，更是其创作实践与文学理念的突出矛盾。他的模仿方法，他的作品言辞晦涩、文意艰深，夸而无节，都难免与其文学基本理念相矛盾。

正因如此，苏轼父子对扬雄的文学思想与创作，主要秉持批评态度。前文已经论及，苏洵对扬雄的模仿方法十分反感，认为不是出自本心、没有真实的感触和想法、言辞追求古奥艰深、故作貌似圣人之辞，这些都是没有多少现实意义和实用价值的。他说：“君子之为书，犹工人之作器也，见其形而知其用。有鼎而加柄焉，是无问其工之材不材，与金之良苦，而其不可以为鼎者，固已明矣。”③ 又直言不讳地说：“盖雄者好奇而务深，故辞多夸大，而可观者鲜。”④ 在鼎上加柄，不仅无用，反而多事，违背常识，滑稽可笑。而扬雄好奇务深，好为夸饰之辞，其作品显得无用且滑稽，就是必然的了。

苏轼对扬雄的批评，则反映在《与谢民师推官书》一文中。他指出：

> 辞至于达，则文不可胜用矣。扬雄好为艰深之词，以文其浅陋之说，若正言之，则人人知之矣。此正所谓雕虫篆刻者，其《太玄》《法言》，皆是类也。而独悔于赋，何哉？终身雕虫，而独变其音节，便谓之经，可乎？⑤

此文为苏轼晚年所作，是其文学思想与文学价值观完全定型以后的观点。文章主要论述文学风格问题。其中所言“（谢民师文章）大略如行云流水，初无定质，但行于所当行，常止于不可不止，文理自然，姿态横生”之语，为世人所熟知。历来论者多

---

① 罗根泽：《中国文学批评史》第一册第三章《对于辞赋及辞赋作家的评论》，上海古籍出版社1984年版，第96页。

② 同上，第98页。

③ ［宋］苏洵：《嘉祐集》卷七《太玄论上》，曾枣庄、金成礼笺注本，上海古籍出版社1993年版，第171页。

④ ［宋］苏洵：《嘉祐集》卷七《太玄总例并引》，曾枣庄、金成礼笺注本，上海古籍出版社1993年版，第184页。

⑤ ［宋］苏轼：《苏轼文集》卷四九《与谢民师推官书》，孔凡礼点校本，中华书局1986年版，第1418页。

认为这是苏轼借评谢文的夫子自道，因为他在《自评文》中对自己文章风格概括的措辞就与此很相类似①。而这恰恰说明，苏轼的文学思想与文章风格，是以“辞达”“文理自然”“绚烂之极归于平淡”为追求目标的，其反感扬雄文章的语言晦涩、词意艰深，以模仿为满足，在理念上发生了根本冲突，其批评言辞激烈尖锐，应该是可以理解的。苏轼批评扬雄的观点，显然受到苏洵的一定影响，而其主张文理自然的文学风格，也受到乃父的影响。苏洵《仲兄字文甫说》云：“无意于相求，不期而相遇，而文生焉。……今夫玉非不温然美矣，而不得以为文；刻镂组绣，非不文矣，而不可与论乎自然。”② 当然，宋人中对扬雄文章推崇称道者也不乏其人，比如同为唐宋八大家之一的曾巩，在《答王深父论扬雄书》中即言：“巩自度学每有所进，则于雄书每有所得。介甫亦以为然。则雄之言，不几于测之而愈深、穷之而愈远者乎?”③ 如所言属实，则不仅曾巩本人，而且王安石也是这么认为的。故清人刘熙载比较苏、曾二人之论，发出了“曾、苏所见不同如此”的感慨。但刘氏同时又指出：“扬子云说道理，可谓能将许大见识寻求。然从来足于道者，文必自然流出，《太玄》《法言》，抑何气尽力竭耶?”④ 意在批评，其观点与苏轼为近。

苏轼对扬雄的批评，引人注目的还有他批评扬雄评价屈原及其仿作《离骚》的意图。扬雄不仅仿作《离骚》，还仿作了《广骚》《畔牢愁》等。关于扬雄的写作意图，班固的说法是：“先是时，蜀有司马相如，作赋甚弘丽温雅，雄心壮之，每作赋，尝拟之以为式。又怪屈原文过相如，至不容，作《离骚》，自投江而死。悲其文，读之未尝不流涕也。以为君子得时则大行，不得时则龙蛇，遇不遇命也，何必湛身哉！乃作书，往往摭《离骚》文而反之，自岷江投诸江流以吊屈原，名曰《反离骚》。”⑤ 照此说，扬雄对屈原因不容于楚而被放逐的遭遇是十分同情的，故不仅读《离骚》而流涕，而且决心作文投江而吊之。这个创作意图是值得肯定的。问题就出在他认为屈原不必投江而死，应该在人生不遇时选择像龙蛇那样蛰伏，藏身远祸，以等待时机。也许因此缘故，一向满足于模仿他人名作的扬雄，此时却采用了《反离骚》这样扯人眼球的标题，表示对屈原人生决绝之举的不同意见。《反离骚》有云：“夫圣哲之遭兮，因时命之所有，虽增欷以于邑兮，吾恐灵修之不累改。昔仲尼之去鲁兮，婓婓迟迟而周迈，

---

① ［宋］苏轼：《苏轼文集》卷六九《自评文》，孔凡礼点校本，中华书局1986年版，第2069页。

② ［宋］苏洵：《嘉祐集》卷一五《仲兄字文甫说》，曾枣庄、金成礼笺注本，上海古籍出版社1993年版，第412—413页。

③ ［宋］曾巩：《曾巩集》卷一六《答王深父论扬雄书》，陈杏珍、晁继周点校本，中华书局1993年版，第266页。

④ ［清］刘熙载：《艺概》卷一《文概》，上海古籍出版社1984年版，第14—15页。

⑤ ［汉］班固：《汉书》卷八七《扬雄传上》，中华书局1983年版，第3515页。

终回复于旧部兮，何必湘渊与涛濑！”① 责怪屈原所作所为不合圣人之道。苏轼对扬雄的这种责怪极为不满，在早年所作《屈原庙赋》中，集中对扬雄进行讽刺和驳斥：

自子（屈原）之逝今千载兮，世愈狭而难存。贤者畏讥而改度兮，随俗变化斫方以为圆。黾勉于乱世而不能去兮，又或为之臣佐。变丹青于玉莹兮，彼乃谓子为非智。惟高节之不可企及兮，宜夫人之不吾与。违国去俗死而不顾兮，岂不足以免于后世？呜呼！君子之道，岂必全兮？全身远害，亦或然兮。嗟子区区，独为其难兮。虽不适中，要以为贤兮！②

苏轼文中所言，具有针对扬雄的明显指向性。“黾勉于乱世而不能去兮，又或为之臣佐。变丹青于玉莹兮，彼乃谓子为非智。”前两句指扬雄在王莽篡汉后为其“大夫”之事。《汉书·扬雄传赞》：“及莽篡位，谈说之士用符命称功德获封爵者甚众，雄复不封侯，以耆老久次转为大夫，恬于势利乃如是。”③ 班固是带着同情的口吻表述的。但后世论者不满扬雄在王莽篡汉时作《剧秦美新》以献，批判秦朝，颂美新朝，认为是背汉媚新的“白圭之玷”。故苏轼揭出来讽刺扬雄。后两句则针对《法言·吾子》扬雄对屈原的评价而发。《法言·吾子》：“或问：屈原智乎？曰：如玉如莹，爰变丹青，如其智！如其智！”李轨注：“夫智者，达天命、审行废，如玉如莹，磨而不磷。今屈原放逐，感激爰变，虽有文彩，丹青之伦尔。”④ 按照李轨的解释，扬雄意在批评屈原非智者，不知道达天命、审行藏，应该像珠玉宝石一样，磨而不碎。屈原一遭放逐，就情绪失控，选择投江自绝之路，不是一个儒家的生存智者，故与普通的文章之士没有什么区别。苏轼认为，扬雄对屈原的看法与评价完全不公平、不足取。屈原为人的“高节”是千载以下的后人难以企及的，其对后世之人立身行事，树立了彪炳青史的榜样，怎么能不景仰崇敬反而批评其为人不智呢？

苏辙也作有《屈原庙赋》一文，没有点名批评扬雄对屈原的指责，但全文立意与苏轼相同，其中隐含了对扬雄这些指责屈原投江自绝者的批评之意，其言云：“独有谓予不然兮，夫岂柳下之展禽？彼其所处之不同兮，又安可以谤予？抱关而击柝兮，余岂责以必死？宗国陨而不救兮，夫余舍是安去？”⑤ 意谓有责备屈原之人，为何不能像柳下惠那样，做一个被孔子称为“降志辱身”的“逸民”⑥？柳下惠与屈原所处的境遇

---

① ［汉］班固：《汉书》卷八七《扬雄传上》，中华书局 1983 年版，第 3521 页。

② ［宋］苏轼：《苏轼文集》卷一《屈原庙赋》，孔凡礼点校本，中华书局 1986 年版，第 2—3 页。

③ ［汉］班固：《汉书》卷八七《扬雄传下》，中华书局 1983 年版，第 3583 页。

④ ［汉］扬雄：《法言》卷二《吾子》，二十二子本，上海古籍出版社 1986 年版，第 813 页。

⑤ ［宋］苏辙：《栾城集》卷一七《屈原庙赋》，曾枣庄、马德富校点本，上海古籍出版社 1987 年版，第 410 页。

⑥ 《论语》第十八《微子》，四书章句集注本，中华书局 1983 年版，第 187 页。

不一样，为什么要借此来诽谤屈原？其实屈原选择死，是眼见宗国危而莫救，没有生存下去的希望而不得已之举。苏辙以屈原自言自诉的口吻，为之辩护，其所批评的诽谤屈原的人，自然包括扬雄在内，只不过苏辙的批评，比较温和含蓄而已。

关于屈原《离骚》，苏轼评价极高，对扬雄将其视为一般的辞赋提出强烈批评。他说："屈原作《离骚》，盖风雅之再变者，虽与日月争光可也。可以其似赋而谓之雕虫乎？使贾谊见孔子，升堂有余矣，而乃以赋鄙之，至与司马相如同科！雄之陋，如此者甚众。"① 苏轼赞扬屈原的根据，是《史记》屈原本传。司马迁云："屈平之作《离骚》，盖自怨生也。《国风》好色而不淫，《小雅》怨诽而不乱，若《离骚》者，可谓兼之矣。……其文约，其辞微，其志絜，其行廉，其称文小而其指极大，举类迩而见义远。……推此志也，虽与日月争光可也。"② 司马迁对屈原的高度评价，得到后世的广泛认可。其最大的特点就是不把《离骚》只当一般文学作品看待，而是从屈原的人生遭遇、创作动机、深刻内容及其丰富感情等方面，综合认识这篇伟大作品的价值与意义。这种评价文学作品知人论世的方法，亦为后世所广泛采纳运用。苏轼论文，知人论世是其坚持和使用的基本方法，故批评扬雄言辞激烈，认为其见识短浅寡陋。

三、余论

苏氏父子为何对扬雄这位学术成果颇丰、文学成就甚大的乡贤如此言辞一致地给予尖锐批评，好像其为人为学为文概不足取？笔者以为，恐怕不能简单地从他们议论古人好做翻案文章，或者因人废言一类理由去寻求答案，因为无论从苏氏夫子对传统文化的兼收并蓄态度，还是对乡土记忆的浓情系念，乃至秉持观古今之变以察盛衰之迹的通脱眼光看，似乎都没有十分充足的理由，使他们对扬雄采取全面批评的负面评价态度。但根据以上的论述分析，好像他们的批评之辞又有不少耐人寻味且值得重视的东西，并非无根无据、强词夺理、厚污古人，仔细寻绎，以下诸端值得研究者引起注意：

一是对模仿行为的强烈反感。苏氏父子强烈反感模仿的学术与文学创作行为，既与北宋以来诗文革新运动的时代氛围有关，与自中唐以来疑经疑注的经学思潮有关，也与他们长于斯成于斯的地域文化背景有关，还与他们一脉相承的家学传统有关。苏氏父子到汴京所引起的轰动，就是其文风与中原流行学风、文风的迥然差异。据陆游

---

① ［宋］苏轼：《苏轼文集》卷四九《与谢民师推官书》，孔凡礼点校本，中华书局1986年版，第1418—1419页。

② ［汉］司马迁：《史记》卷八四《屈原贾生列传》，中华书局1982年版，第2482页。

《老学庵笔记》、杨万里《诚斋诗话》等记载，苏轼兄弟应进士考试所作的《刑赏忠厚之至论》，苏轼文中用了皋陶曰“杀之”三、尧曰“宥之”三的典故，考官梅尧臣、欧阳修均不知其出处，后来欧阳修向苏轼询问，其回答是“何必出处”“意其如此”[①]。这是年轻苏轼创新意识突出表现的一个例证。连用典这种特重出处、来历的手法都可以“意其如此”，其对模仿的态度自然不言而喻。

二是对晦涩文风的强烈抵制。苏氏父子成长、成名于北宋古文运动风起云涌的思变求变时代，而推动语言、文风的通俗化、生活化趋势，是自中唐白居易倡导新乐府运动、韩愈倡导古文运动以来的文学改革之核心内容。白居易追求诗歌“老妪能解”，韩愈主张学习古人“师其意不师其辞”，并且努力在创作实践中身体力行。唐末五代文风靡丽枯涩，正需要宋代文士振兴文运，使文学发展重回白、韩倡导的方向与轨道。欧阳修做考官时，将文风晦涩的考卷悉数黜落，在当时士林中引发震动。但这种努力与导向的效果是十分明显的。苏氏父子强烈抵制晦涩文风，既是时代的要求，也是他们自身的追求目标。苏氏父子一到京师，就引起欧阳修的格外注意，这其中必然免不了“道相同”的知音认同。欧阳修后来将主盟文坛的重任交给苏轼，让其在文风革新的道路上继续前行，是对其高度信任的历史托付。苏氏父子都主张文风“自然”，苏轼把“辞达”“平淡”作为表达的最高境界，艰深晦涩当然是他们坚决抵制的。

三是对不合实用的强烈批判。苏氏父子的学术与文学活动，其落脚点或者最终目的都是为了应用，这是非常鲜明的价值取向。宋人员兴宗比较苏学、洛学、王学的差异有“苏学长于经济”[②]之言，《四库全书总目》称《东坡易传》“多切人事”[③]，表明苏氏父子治学为文，始终把对时代、现实有用作为根本目的。欧阳修评价苏洵“文章不为空言而期于有用”[④]，苏轼强调文章“有为而作”[⑤]，比之为五谷可以疗饥，药石可以伐病，他们的理念和实践，都很好地体现了实用性价值标准。苏洵认为扬雄的《法言》《太玄》根本不必作，其批评的标准就是没有实用价值。试想汉代的人貌似春秋战国时代的人，学着用他们的方式思考问题，用他们的言说方式说话作文，对现实究竟有多少针对性和实际意义？

四是对人格分裂的强烈质疑。扬雄历来引起评论者的巨大争议，根本原因在于其

---

① 颜中其编注：《苏东坡轶事汇编》，岳麓书社 1984 年版，第 7 页。

② ［宋］员兴宗：《九华集》卷九《苏氏王氏程氏三家之学是非策》，见《蜀学》第一辑，巴蜀书社 2006 年版，第 295 页。

③ ［清］永镕等：《四库全书总目提要》卷二《东坡易传》，中华书局 1981 年版，第 6 页。

④ ［宋］欧阳修：《欧阳文忠公全集》卷一一〇《苏明允行状》，见曾曾枣庄、金成礼：《嘉祐集笺注·附录一》，上海古籍出版社 1993 年版，第 521 页。

⑤ ［宋］苏轼：《苏轼文集》卷一〇《凫绎先生诗集叙》，孔凡礼点校本，中华书局 1986 年版，第 313 页。

自身的矛盾性。誉之者谓其“恬于势利”“好古乐道”“用心与内，不求于外”①，毁之者谓之趋时附势、有失传统文人的节操。这恰好反映了扬雄为人及性格的两面性。从扬雄的身世经历来看，他历仕多朝，仕途不甚得志，既可以理解为不善为官之道，甚至“不识时务”，但他的有些行为又显得很矛盾，比如成帝好宫室，他赶紧写了《甘泉赋》奏上，本意希望讽喻一下，结果却让皇帝想把宫殿造得来非人力所能为；王莽篡汉，作为一个御用文人，本来可以不急于作文表态的，他却急匆匆地写了《剧秦美新》，对新朝加以颂扬。这样的行为，很难把他与“恬于势利”联系在一起。他靠模仿写了那么多东西，这些东西并非一无是处，但这种写作的动机与方式却让人难以理解和接受，这似乎不像真正“用心于内，不求于外”的人所作所为。扬雄如此人格分裂导致的种种矛盾，受到苏氏父子异口同声的强烈质疑，读者应该明白是事出有因了。

自然，苏氏父子对扬雄的批评只是一家之言，他们偏重于从负面因素去评判扬雄的功过是非与地位影响，而缺乏更加客观公正的全面考量；他们偶尔也犯措辞尖刻、失之偏颇的错误，比如全盘否定《法言》等经学著作的价值及其在汉大赋创作中的贡献与地位，批驳扬雄时自身立论也不尽科学合理，这些都是值得后世评判古人时引以为鉴的。

（作者单位：乐山师范学院）

① ［汉］班固：《汉书》卷八七《扬雄传下》，中华书局1983年版，第3583页。

扬雄与苏轼：中国文化两大节点的对话

邓经武

内容提要：汉代是中华民族思想文化大融会和大一统的开始，尊儒崇奉孔孟、张扬道家哲学和易学、人格操守伦理等，都得到较为全面的构建；两宋是华夏文化系统化定型化的时代，蜀学建构中苏轼等“通经学古，以西汉文词为宗师”的价值取向、以及“蜀好老庄”和“易学在蜀”等思想资源的选择，还有敢于比肩圣哲的狂妄，都应该成为苏轼喜爱扬雄的原因。但事实恰好相反。自宋代开始，扬雄的学术地位极大地降低，苏轼对此负有极大责任。

关键词：汉代；思想文化大融会；宋代；华夏文化定型；蜀学建构；苏轼

一、中华文化大一统格局形成时扬雄的贡献

秦的统一，只是政治经济领域的实现，而中华文化思想在实质上的大一统，则在汉代。汉初的“罢黜百家，独尊儒术”以及“好黄老之治”，由此奠定中国文化思想“儒道互为表里”的基本格局。在这个关键性节点，扬雄起到极大作用。众人常常称引说“歇马独来寻故事，文章两汉愧扬雄”，胡秋原先生对此解说很清楚：“为两汉学风士风之关键人物者，实是扬雄……如谓东汉士气可尚，则开风气者，实为扬雄。南宋以前，扬雄的名气是很大的。东汉人以子长、子云并称。六朝以孔、墨、孟轲、扬雄并称。北宋犹以孟、荀、扬、王、韩并称。这不仅由其博学与文章，而是他在生活上思想上开创了一新风气。《汉书》以扬雄总结西汉人物”，“汉人虽尊经，多以六经为先王旧典，称为‘经术’；且并未特尊孔子，观《盐铁论》，更可知批评孔子者大有其

人。扬氏始大宣传孔子：‘学，行之上也；所以修性也。天之道，不在仲尼乎？’‘好书好说，必由仲尼’，‘治己以仲尼’。他以孔子是为学做人之‘户’。至于本仁义，隆礼乐，尊王贱霸，重学尊师，后儒之论，皆扬氏大奠规模者。由经术而成为‘经学’，扬氏实有大功。至于他针贬当时神异迂怪之说，综合老易，为儒学开一新面目”①。胡先生还认为：从《法言》可知，扬雄之学终以儒家为主，以孔子为宗。扬雄认为圣人之书存者，为《易》《书》《礼》《诗》《春秋》等儒家之经；后人立言，应该以经为标准；阴阳家之说为“巫鼓”之说，方士所言神仙长生九视之说，皆不合于圣人。南北朝时，道家之学益胜，当时谓之玄学。时人常论三玄，即老、庄、周易。所谓有无、空有，乃老庄及佛学所共有之问题，而亦为南北朝以后佛学家所讨论最多之问题。

冯友兰先生则强调扬雄对道家哲学发展的贡献，即：“（扬雄、王充）二人在其积极方面，虽皆无甚新见；然其结两汉思想之局，开魏晋思想之路，自哲学史之观点言，则须略述此二人之思想，以见两汉、魏晋两时代间思想转变之迹。大概言之，两汉时代，以儒家与阴阳家混合之思想为主体。”魏晋时代，以儒家与道家混合之思想为主体。扬雄是成两汉思想之局，开魏晋思想之路的人物。“特在当时纬书谶书盛行之际，而扬雄能持老易之自然主义的宇宙观及人生观，实可谓为有革命的意义也。以老易之思想为基础，扬雄乃作《太玄》。”② 自然主义宇宙观的实例。他著的《太玄》在很大程度上充满了“反者道之动”的思想，这正是《老子》和《易经》的基本思想。冯先生认为王充的成就，就是建立在追步扬雄的基础上。

其实，就在扬雄有生之年，一些著名思想家已经充分肯定其成就。王充盛赞扬雄有“鸿茂参圣之才”，认为扬雄的《太玄经》“卓绝惊耳，不述而作，材疑圣人”（《对作》），“汉作书者多，司马子长、扬子云，河、汉也，其余泾、渭也。然而子长少臆中之说，子云无世俗之论”（《案书》），并称“身与草木俱朽，声与日月并彰，行与孔子比穷，文与扬雄为双，吾荣之”（《自纪》）。其《论衡·案书》展望扬雄学说“当今未显，使在百世之后”，将会对中国思想文化发展产生更大的影响。东汉人桓谭、张衡、班固亦是赞“扬”派的代表。桓谭常与扬雄“辨析疑异”而深知其学说价值，故在回答别人质疑时提出“扬子云才智开通，能入圣道，卓绝于众，汉兴以来未有此人也”，认为整个西汉两百多年中，扬雄是最高水平的学者，又肯定“（其学说）必传。顾君与谭不及见也”；王充强调了桓谭的地位以及对扬雄学说的承继关系：“彼子长（司马迁）、子云（扬雄）说论之徒，君山为甲”；桓谭的《新论》直接把扬雄与孔子等量齐观，即：“张子侯曰：‘扬子云，西道孔子也，乃贫如此。’吾应曰：‘子云亦东道孔子

① 胡秋原：《古代中国文化与中国知识分子·扬雄及其意义》，中华书局2010年版，第300、301页。
② 冯友兰：《中国哲学史》下册，商务印书馆2011年版，第79页。

也。昔仲尼岂独是鲁，孔子亦齐楚圣人也'"，并且惋惜"《玄》终不显"。张衡却纠正道："汉家得天下二百岁之书也，汉四百岁《太玄》其兴矣"，张衡预言扬雄玄学将大兴天下，这已被魏晋思想主潮玄学风气所证明。张衡致力于探讨天文、阴阳、历算等学问，并反复研究扬雄的《太玄经》："吾观《太玄》，方知子云妙极道数，乃与五经相拟"，受扬雄《蜀都赋》启发作有《南都赋》。我们还是引用《汉书·扬雄传》中桓谭一段完整的话来说明：

凡人贱近而贵远，亲见扬子云禄位容貌不能动人，故轻其书。昔老聃著虚无之言两篇，薄仁义，非礼学，然后世好之者尚以为过于《五经》，自汉文、景之君及司马迁皆有是言。今扬子之书文义至深，而论不诡于圣人，若使遭遇时君，更阅贤知，为所称善，则必度越诸子矣。诸儒或讥以为雄非圣人而作经，犹春秋吴楚之君僭号称王，盖诛绝之罪也。自雄之没至今四十余年，其《法言》大行，而《玄》终不显，然篇籍具存。

班固对司马迁和屈原的评价，便是发挥了扬雄的意见。王充、王逸等人的文论思想，亦与扬雄有关。可以说，东汉的文论，无论赞同或者反对，多少都受到了他的影响。因此朱东润先生在《中国文学批评史大纲》中甚至有"谓东汉文论，全出于扬雄可也"的论断。今人亦有言称："从扬雄开始，儒家思想较多地呈现出崭新的变化，并且从各方面对审美的现实状况加以约束。易而言之，扬雄是旧传统与新传统的连接点，他通过批评旧传统而努力建立起新传统，从而为稍后的班固等人提供了前行的方向，在人物观与文学观等方面的转进即是证明。"① 中华文化在国家层面全面汇融而真正形成大一统格局的汉代，扬雄的文化建树和贡献，还需要重新评估。

二、扬雄与苏轼的隔空对话

扬雄与苏轼，在很多方面是相同的。首先二人都是博学多才之人，在诸多领域皆有创新性成就，都成为所在时代乃至于中华文化发展史关键性节点的文化标杆；其次都是胸襟博大志怀高远，《汉书》本传说扬雄"自有大度，非圣哲之书不好也；非其意，虽富贵不事也"，《宋史》本传说苏轼"器识之闳伟、议论之卓荦、文章之雄隽、政事之精明，四者皆能以特立之志为之主，而以豪迈之气辅之，故意之所向，言足以达其有猷，行足以遂其皆为"；第三是文学风格颇能体现巴蜀文人擅长戏谑诙谐的艺术特点，如扬雄的《解嘲》《逐贫赋》等文体创新的意义在于，文学不再是正襟危坐地

① 任鹏：《中国美学通史·汉代卷·扬雄的美学思想》，江苏人民出版社2014年版，第290页。

讲道理，而可以成为讽刺幽默的游戏之作。苏轼的滑稽多才、幽默风趣等，是其个性的典型体现，《洗儿》等诗可证；还有，两人皆是酒鬼，苏轼很谦虚地说“吾少时望见酒盏即醉”“少饮辄醉”（《东坡志林》），似乎酒量不大，但确实贪杯，夸下海口曰“天下之好饮，亦无在予上者”（苏轼《书东皋子传后》）。他诱骗文人如果要文学创作上做出成就，“神圣功用无捷于酒”（《浊酒有妙理赋》），并且“得酒诗自成”（《和饮酒二十首》），他还自我例证说“使我有名全是酒”（《次韵王定国得晋卿酒相留夜饮》）。苏轼有专门的酒赋，如《酒子赋》《中山松醪赋》《洞庭春色赋》《既醉备五福论》《桂酒颂》等，有《东坡酒经》传世。扬雄亦有专题《酒箴》说酒，成语故事“载酒问字”，说的就是在成都时经常有人送酒作为学费，向扬雄请教学问。陶渊明的《饮酒二十首》之十八曾说到这件事：“子雄性嗜酒，家贫无由得，时赖好事人，载醪祛所惑。觞来为之尽，是咨无不塞。有时不肯言，岂不在伐国。仁者用其心，何尝失显默。”这里说的，在酒精的蒸腾下，扬雄传达知识滔滔不绝，但“不妄议中央”涉及国家政治。据有人研究说，魏晋时期持酒颓放的风习，就有着扬雄的影响。鉴于扬雄学说对魏晋时期玄学大盛的直接影响，此亦可备一说。

《太玄》等把源于老子之道的玄作为最高范畴，并在构筑宇宙生成图式、探索事物发展规律时，对道家思想多有融铸和发展。对个体生命存在“知黑、守白”方式的哲学思考，是后之魏晋“玄学”的源头。扬雄对其所著《太玄经》是自负的：“老聃有遗言：贵知我者希。”他在《解难》中甚至不客气地提出“声之眇者不可同于众人之耳，形之美者不可混于世俗之目”，这就是后人说他“不肯失放诞之行”的所在。这里又涉及巴蜀人文性格的特点，苏轼的狂妄和性格张扬，得罪人不少，世人皆知，不赘述。中年时期的扬雄对道家思想产生强烈兴趣，即“老子之道德，吾有取焉耳”，但“及搥提仁义，绝灭礼学，吾无取焉耳”（《法言・问道》）。用今天的话说，即是“批判性地继承”。这也是苏轼思想的重要组成内容。苏轼有专文《扬雄论》，但其实只有两处提到扬雄，属于借题发挥，主要内容是驳斥韩愈《原性》“未知乎所谓性者，而以夫才者言之”，赞同扬雄关于人性的看法，即“扬雄之论，则固已近之”。《宋稗类钞》记载，某次大考前夕，主持官苏轼泄露考题《扬雄优于刘向论》给得意弟子李廌，这个考题的设置，可见苏轼对扬雄的评价不低。

一方面，扬雄反思赋体文学创作无补于世，是“壮夫不为”的雕虫小技，从而转向精深的哲学思考和构建自己的学术体系；另一方面，在哲学高度思考问题，反倒对文学创作之美的表现，认识更为清醒，即其《太玄・文》所说：“阴敛其质，阳散其文。文质班班，万物粲然”，“夫作者贵其有循而体自然也……譬诸身，增则赘，而割则亏。故质干在乎自然，华藻在乎人事，人事也具，可损益与?”（《太玄・玄莹》）世人仅仅抓住其“雕虫篆刻，壮夫不为”一段话，却无视扬雄对文学之美的阐述，这是极不负责的。又如《法言·寡见》所称：“或曰：‘良玉不雕，美言不文，何谓也?’曰：‘玉不雕，玙璠不作器；言不文，典谟不作经。’”同时，扬雄并不反对文章的通达顺畅和浅易，即《法言·吾子》所推崇的：“孔子之道，其较且易”，以及“或问天地简易而圣人法之，何五经之支离?曰：支离，盖其所以为简易也。何已简已易，焉支焉离”，“天地简易，圣人法之”（《法言·五百》）。这些都与苏轼文论思想并无根本性矛盾，苏轼在《答虔倅俞括奉议书》中，亦有类似表述：“孔子曰：‘辞达而已矣。’物同有是理，患不知，知之患不能达之于口与手。所谓文者，能达是而已。”自谓“上可陪玉皇大帝，下可陪卑田院乞儿”，豁达如许的苏轼，面对千年前的乡贤扬雄，就不那么通达了。这是由于他太执着于文学之美，其在《答刘沔都曹书》中说：“轼平生亦文字言语见知于世，亦以取疾于人，得失相辅，不如不作之安也。以此常欲焚弃笔砚，为瘖默人，然而习气宿业不能尽去……以此知文章如金玉珠宝，未易鄙弃也。”

苏轼《书柳文瓶赋后》说“子云论屈原、伍子胥、晁错之流，皆以不智讥之”，确实，扬雄认为屈原自沉之举实为“不智”，提出“得时则大行，不得时则龙蛇，遇不遇命也，何必湛身哉?”等立身行事法则。苏轼自己对屈原的心态也是矛盾的，他在《屈原塔》《屈原庙赋》中皆流露出对屈原自沉的同情与理解，但有时候又认为屈原其实大可不必如此。如他的《屈原庙赋》就说：“呜呼！君子之道，岂必全兮。全身远害，亦或然兮。嗟子区区，独为其难兮，虽不适中，要以为贤兮。夫我何悲，子所安兮！”

至少到唐代，扬雄的学术地位和文学成就，早已有定评。“汉代情结”是唐代诗人诗歌创作中的普遍现象。被苏轼赞誉为“文起八代之衰”的韩愈，“所敬者，司马迁、扬雄”（柳宗元《答韦珩示韩愈相推以文墨事书》）。杜甫的审美尺度是“赋料扬雄敌，诗看子建亲”，亦曾老老实实地对高适承认“草《玄》吾岂敢?赋或似相如”，又赞美陈子昂为“公生扬马后，名与日月悬”。李白《大猎赋》“白以为赋者古诗之流，辞欲壮丽，义归博达。不然，何以光赞盛美，感天动神?而相如、子云，竞夸词赋，历代以为文雄，莫敢诋讦”，李白“朝忆相如台，夜梦子云亭”等追步前辈乡贤的经历，是成为文坛霸主的重要原因。到宋初，欧阳修的《读徂徕集》评价宋初著名文人石介“问胡所专心，仁义丘与轲。扬雄韩愈氏，此外岂知他”。石介本人亦有自谦曰“道视荀扬虽未至，分于管鲍已知深”（《士廷评相会梓州》）。王安石有《扬雄》诗二首感叹“孔孟如日月……扬子出其后，仰攀忘贱贫。衣冠渺尘土，文字烂星辰”。王安石是如此推崇道：“孟子没，能言大义而不仿于老庄者，扬子而已”，即所谓“儒者夷陵此道穷，千秋只有一扬雄”。司马光亦是将扬雄与孟、荀并列。苏洵对扬雄亦是肯定的，其

《上欧阳内翰第二书》曰：“自孔子没，百有余年而孟子生。孟子之后，数十年而至荀卿子。荀卿子后乃稍阔远，二百余年而扬雄称于世。扬雄之死，不得其继千有余年。”

三、苏轼贬低扬雄的原因

苏轼在《眉州远景楼记》中说“独吾州之士，通经学古，以西汉文词为宗师”。按照班固《汉书》的概括，苏轼眼中的“宗师”应该是司马相如、扬雄、王褒、严君平等“文章冠天下”的一批蜀人。苏轼在《题三国名臣赞》中说：“西汉之士多智谋，薄于名利。”这里应该包括严君平、扬雄、司马相如。苏轼在《梦作司马相如求画赞并序》中，编造了这样一个情节：“夜梦严君平、司马相如、扬子云合席而坐。子云曰：长卿久欲求公作画赞。予辞以‘罪戾之余，久废笔砚’。子云恳祈。不获已，为之。既成，子云戏子曰：三赋果足以重赵乎？予曰：三赋足以重赵，则子之《太玄》果足以重赵乎？为之一笑而散。”于此流露出对扬雄的不以为然。苏轼的《和杂诗》第四首曰“余生幸无愧，可与君平道”，以及他看到司马相如“称病闲居，不慕官爵”，还有扬雄“清静亡为，少耆欲，不汲汲于富贵，不戚戚于贫贱，不修廉隅以徼名当世”等，皆是。苏轼以及友朋们亦是常常自觉地把汉代蜀籍作家作为自己写作的参照对象，如胡仔《苕溪渔隐丛话·东坡》引北宋潘淳的《潘子真诗话》记载说：“东坡作《表忠观碑》，荆公置坐隅，叶致远、杨德逢二人在坐，有客问曰：‘相公亦喜斯人之作也。’公曰：‘斯作绝似西汉。’坐客叹誉不已。公笑曰：‘西汉谁人可拟？’德逢对曰：‘王褒。’盖易之也。公曰：‘不可草草。’德逢复曰：‘司马相如、扬雄之流乎。’公曰：‘相如赋《子虚》《大人》洎《喻蜀文》《封禅书》耳，雄所著《太玄》《法言》，以准《易》《论语》，未见其叙事典赡若此也。直须与子长驰骋上下。’坐客又从而赞之。公曰：‘毕竟似子长何语？’坐客悚然。公徐曰：‘《楚汉以来诸侯王年表》也。’”这亦是他“将以追两汉之余，而复三代之古”（《谢欧阳内翰书》）的价值判断体现。

苏轼是宋代“贬扬”肇始者，他在《与谢民师书》中直接批判扬雄云：“扬雄好为艰深之词，以文浅易之说。若正言之，则人人知之矣。此正所谓雕虫篆刻者。其《太玄》《法言》，皆此类也。而独悔于赋，何哉？终身雕虫，而独变其音节，便谓之经，可乎？屈原作《离骚经》，盖《风》《雅》之再变者，虽与日月争光可也。可以其似赋而谓之雕虫乎！使贾谊见孔子，升堂有余矣，而乃以赋鄙之，至与司马相如同科！雄之陋，如此比者甚众。”其主要观点是说扬雄把简单问题复杂化，《太玄》《法言》等故作高深之语，却仍然类似于描“虫”刻“篆”的稚子习字行为。扬雄鄙视屈赋以及贾谊赋作等，眼界实在太低云云。这里透露出苏轼对扬雄贬低赋体文学创作的言论极为不满，对其不尊重屈原更是愤愤不平。确实，苏轼在《复改科赋》中说："原夫诗之作也，始于虞舜之朝；赋之兴也，本自两京之世。迤逦陈、齐之代，绵邈隋、唐之裔。故遒人徇路，为察治之本；历代用之，为取士之制。追古不易，高风未替……事吟哦者为童子，为雕篆者非壮夫。殊不知采摭英华也，簇之如锦绣；较量轻重也，等之如锱铢。韵韵合璧，联联贯珠。稽诸古其来尚矣，考诸旧不亦宜乎？"苏轼与王安石争论诗赋取士制度的废与立，主张科举用诗赋取士，其重要的理由就是认为诗赋都具有悠久的文学传统，已经被历史证明具有不可取代的价值与地位，关键不在取人使用什么方法，而在于是否善于使用。

苏轼批评扬雄以艰深的文辞掩饰其平庸的思想，主张为文关键在于清晰明了之意，标举"文理自然，姿态横生""行云流水"的自由、自然等审美标准，以此反对当时诗文革新运动内部"求深者或至于迂，务奇者怪癖而不可读"的"新弊"（《上欧阳内翰书》）。这实际上是借用扬雄批判时弊，为宋代文学健康发展扫平障碍；其次是为"与日月争光"的屈赋叫屈，有意使用"离骚经"一词，突出屈赋的经典价值。这里亦有"王婆卖瓜"张扬文学价值的动因。在这里，苏轼有意无意地曲解了扬雄的本意。扬雄认为圣人之思（哲学、思想）玄远深奥，故其辞"不得已"而艰深。文学之美，与学术用语的谨严和逻辑递进，本来就有极大的文体差异，二者评价标准不可混同。同样是文学作品，扬雄的赋，尤其是戏谑小品，何来艰深？在"国家"平台上的各地信息沟通和文化传播，使扬雄能够站在全国的高度去进行文化创造。所谓"民食稻鱼，亡凶年忧，俗不愁苦，而轻易淫泆，柔弱褊厄"的地域文化风习，和"未能笃信道德，反以好文刺讥"的地域人文精神的熏染，养成扬雄对自己的才能颇为自负，使他以豪气满怀的文化创造激情，去赶超每个领域的全国一流大师，这种骄狂、大胆的创造热情在《汉书》本传有所透露："以为经莫大于《易》，故作《太玄》；传莫大于《论语》，作《法言》；史莫善于仓颉，作《训纂》；箴莫善于《虞箴》，作《州箴》；赋莫深于《离骚》，反而广之；辞莫丽于相如，作四赋：皆斟酌其本，相与放依而驰骋云。"

苏轼"贬扬"，有立身行事的性格原因，也有文章辞赋之辩的看法分歧，还有时代政治环境的因素。扬雄出身"以农桑为世"的贫贱之家，"五世而传一子"，人丁单薄，"家素贫"而导致"人稀至其门"，养成不善言谈不好社交的性格，是个典型的"宅男"。他不像司马相如那样有在"喧然名都会"（杜甫语）的大城市中形成的自由性格，也没有余闲时间和富裕财力去"学击剑"和斗鸡走狗游戏人生。家庭的压力和个人生活经历养成了扬雄沉默少言、爱读书好思考的特点，"口吃不能剧谈，默而好深湛之思"。这表现在文风上，即如《文心雕龙·体性》所云"子云沈寂，故志隐而味深"。苏轼则是一个坐不住静不下的人。叶梦得的《避暑录话》载："子瞻在黄州及岭表，每旦起，不招客相与语，则必出而访客。所与游者亦不尽择，各随其人高下，谈谐放荡，不复为畛畦。有不能谈者，则强之说鬼。或辞无有，则曰‘姑妄言之’，于是闻者无不绝倒，皆尽欢而后去。设一日无客，则歉然若有疾。其家子弟尝为予言之如此也。”不为衣食困扰养成自由散漫性格的苏轼，不喜欢扬雄，原因就是性格差异；就政治环境而言，汉代文人，即使侧身于庙堂之中，亦难以参与国家大政方针，不过侍从弄臣而已，鲁迅称之为“帮闲”。扬雄关于文学创作属于“雕虫小技，壮夫不为”的看法，亦是切身体会。宋代则是一个“士气中心时代”，赵宋王朝把文人视为“共治天下”的合作者，政治权力对社会的广泛开放，使得中下层世俗文士均可由科举攀升至社会上层，文士们的独立人格获得尊重，且文学辞赋创作，是文人进入主流社会的科考项目。邓子琴先生在《中国风俗史》中，把宋作为“士气中心时代”的发端：“中国宋代以后，社会、国家所以赖以维持不坠者，厥为一般士人之气节、做人之风格。”这种新的政治环境尤其是文士们个性独立意识自觉的时代氛围，使苏轼恣意妄为的性格得到淋漓尽致的表现。由此而言，他太苛求扬雄了。

汉代开始了语言学研究，概括为“小学”，又开始了文字学的“六书”研究，扬雄的《仓颉训纂》以及方言学专著的《方言》等，就是代表。东汉以前用竹简、丝帛等作为书写载体，必然要求文字简洁而难以通俗畅达，秦汉文言在后人看来不免“聱牙佶屈”，乃至于有人把司马相如的纯文学作品称为“字书”。从竹简丝帛到纸质的载体改变，使书写变得容易，书籍更易于流通，所以著书的篇幅更大，容量更多，语言也逐渐由文言转向白话。胡适先生曾有言曰，中国语言的发展是一个不断走向通俗浅易的历程。偏好文学的苏轼，已经如唐代韩、柳诸人一般注意汲取口语中的新鲜词汇，提炼为一种接近口语的新书面语言的新散文范式，站在宋代汉语“浅易”角度上，指斥秦汉文言背景下尤其是偏好哲学的扬雄“艰深”，属于使用的批评标准不当。“文必艰深”论，并非是扬雄文学审美的标准，而是建立在“九天”说的基础上的，以玄为本的哲学思想的重要组成部分，即《法言·问神》说：“或曰：圣人之经不可使易知与？曰：不可，天俄而可度，则其覆物也浅；地俄而可测，则其载物也薄矣！”即《道德经》所称“道可道，非常道。名可名，非常名”。我们对比一下白话文肇始期即“五四”时期的文章，与后来的“语体文”，就可以理解扬雄与苏轼文风差异的原因。还有，其弟子秦观在《答傅彬老简》中说过：“苏氏之道，最深于性命自得之际；其次则器足以任重，识足以致远；至于议论文章，乃其与世周旋，至粗者也。”也许，苏轼真的不是以做学问的方式去研究扬雄，而是“与世周旋”，借扬雄说事。因为清人刘熙载的《艺概·文概》引证说“司马温公叙《扬子》，谓‘……扬子好《易》，文简而奥’”。

“六经注我”是宋代理学阐释学的基本特征，即朱熹所说的“问读史，曰：‘只是以自家义理断之’”。当时的思想文化界在除了推崇孔子、老子之外，在扬雄和孟子二人谁高谁低的评价上出现了争论。由苏轼贬扬肇始，继由朱熹发挥，“扬氏恶名始显”，扬雄的地位从此低落。秦汉散文以散行单句为主，不受格式拘束的质朴自由，有利于反映现实生活、表达思想。这就是唐宋古文运动的价值取向所在，从韩愈“非三代两汉之书不敢观”（《答李翊书》），到苏轼的“以西汉文辞为宗师”，皆如是。

扬雄曾有言：“世异事变，人道不殊，彼我易时，未知何如?”这似乎是专为苏轼准备的“隔空喊话”。概而言之，性格差异、所处时代政治背景不同、偏好哲学与注重文学的分歧等，是苏轼贬低扬雄的原因，而这又是苏轼的偏见所致。苏轼自谓“一肚皮的不合事宜”，诚然。

（作者单位：成都大学）

理性对待苏轼不好扬雄

彭林泉

内容提要： 苏轼不好扬雄，主要体现在对扬雄的人性论、仕王莽的行为和文风的质疑、批评或否定等方面。苏轼对扬雄的批评，具有全面性、持续性和尖刻性三个特点，表现了苏轼凛然的正气、求实务真的观念和独特的文艺美学思想。这与他从小接受的教育、父亲苏洵和欧阳修的影响，以及史评中的通古今之变有关。扬雄本人在晚年也否定其赋，认为是“雕虫篆刻”。即使如此，也不能全面否定其赋的特点、创新之处和价值，更不能否定扬雄在哲学、文学、天文和语言研究上的造诣和贡献。我们应结合苏轼的语境、当时的历史背景、扬雄处境和其一生的言行，来理性对待苏轼不好扬雄这一现象。

关键词： 苏轼；扬雄；反对；理性；对待；价值

苏轼不好扬雄，这是不争的事实。即使是我们这些对扬雄怀有温情、敬意和认知的人，也难以否定。问题是苏轼不好扬雄体现在哪些方面，有何特点，这些特点说明了什么，又何以产生，如何理性地对待。本文对此进行探讨，以引起人们关注。

一、苏轼不好扬雄的体现

在诗、词、赋、文、书信中，苏轼多次提到扬雄，或暗指扬雄，还写有《扬雄论》这篇史评，而且，仅从《韩愈优于扬雄》这篇文章的标题来看，就显现了苏轼本人的倾向或好恶态度。经梳理，笔者认为，苏轼不好扬雄，主要体现在以下三个方面：

（一）对扬雄人性论的驳斥

在人性论上，扬雄主张善恶混。他说：“人之性也善恶混。修其善，则为善人。修其恶，则为恶人。气也者，所以适善之马也欤。”（《法言·修身》）所谓“善恶混”，即善恶同在。

对扬雄的人性善恶混，苏轼并不同意。在《子思论》中，他已提到扬雄的这种看法，并持反对态度。但基于论述的重点，没有展开分析。在同时期（嘉祐五年，1060）撰写的《扬雄论》中，苏轼认为，扬雄的人性论混淆了才与性，在论“才”，而未尝及“性”。他说：

> 嗟夫，是未知乎所谓性者，而以夫才者言之。夫性与才相近而不同，其别不啻若白黑之异也。圣人之所与小人共之，而皆不能逃焉，是真所谓性也。而其才固将有所不同。今夫木，得土而后生，雨露风气之所养，畅然而遂茂者，是木之所同也，性也。而至于坚者为毂，柔者为轮，大者为楹，小者为桷。桷之不可以为楹，轮之不可以为毂，是岂其性之罪耶？天下之言性者，皆杂乎才而言之，是以纷纷而不能一也。

这是指韩愈的人性论，其实也包括扬雄，以及孟子、荀子的人性论。苏轼在文中，提到在他之前存在的关于人性论的四种观点，即孟子的人性善、荀子的人性恶、扬雄的人性善恶混、韩愈的性三品说。有人认为，扬雄的说法实是对孟子、荀子的折中，韩愈的说法又是对前三者的综合，对这几种观点，苏轼都不同意。

在这里，苏轼强调了“性与才相近而不同”，落脚点是才智与人性的本质区别。认为真正的人性在于圣人小人共同拥有和无法躲避。可是，韩愈不懂什么是人性，把它当成才智来讨论，混淆了两者的差异。这是未能形成统一观点的重要原因。

那么，什么是人性？苏轼在该文中认为：

> 人生而莫不有饥寒之患，牝牡之欲，今告乎人曰：饥而食，渴而饮，男女之欲，不出于人之性也，可乎？是天下知其不可也。圣人无是，无由以为圣；而小人无是，无由以为恶。圣人以其喜怒哀惧爱恶欲七者御之，而之乎善；小人以是七者御之，而之乎恶。由此观之，则夫善恶者，性之所能之，而非性之所能有也。且夫言性者，安以其善恶为哉！虽然，扬雄之论，则固已近之。

在他看来，人之本性，无论圣人小人，莫不相同，而为善为恶，有天壤之别。可见，“性”可以为恶，也可以为善，善恶都是“性”能之境。那么，就不能说“性”是本善或本恶的，而是非善非恶的，“性”本身不涉善恶。自然之“道”赋予人的，只能是自然之“性”，它能够为善或为恶，但本身并无善恶，正像“月”的概念一样，可显为满月或缺月，但本身并无盈亏①。苏轼的这种观点与告子的看法相似。告子认为，人的原始本性，既非善亦非不善，本无善恶可言。这就是“性无善无不善论”。

苏轼引用了扬雄的上述看法，“人之性善恶混。修其善，则为善人，修其恶，则为恶人”，认为，“此其所以为异者，唯其不知性之不能以有夫善恶，而以为善恶之皆出乎性也而已。”世上才开始有人的时候，并没有善恶之分，只是天下人都能从中得到好处的，圣人把它叫作“善”，而只有少数人得到好处的，圣人把它叫作“恶”。天下的人，就会去做自己能得到好处的事情，却不知道圣人认为一个人得到好处的事情不能压倒多数人得到好处的事情，所以有了善恶的区分。而上面所说几个人的观点，都把事情区分成有好有坏看作是圣人出于自己的私心，这不是有漏洞吗!

性与情有关。在苏轼看来，“性”的全部是“情”的概括总名，离开了“情”是无从见“性”的，故不是弃绝了“情”而得到“性”，而是认识了“情”的全部，才得到“性”。那么，“性”善“性”恶的观点当然不能成立，无论善恶，皆从“情”上表现出来。至于“性”之本身，则无善恶可论。苏轼在《扬雄论》一文中指出，对于人性来说，却没有判定它的本质是好是坏，他只不过说了“人的品性差不多，习性差别很大”而已。如果说人性真的是指淡泊无为，那么就不该再有善恶的说法，如果人性有善恶之分的话，那么他说的情感，就是我说的人性。

苏轼认为孟子、荀子和扬雄的观点，都是议论的普通人，而遗漏了才智高的人和愚昧的人。性是没有善恶的，至于具体的人表现出的善恶，那是在社会实践的过程中形成并变化着的，不是性本身。应该说，苏轼的分析不仅带有自己实践理性的特点，也是深刻的。

（二）对扬雄仕王莽行为的否定

这表现在苏轼对扬雄反对屈原“沉江自杀”、舍生取义的不满，予以驳斥，进而暗中讥讽扬雄于汉亡后不能守节，改事王莽的新朝上。

扬雄在作于汉成帝阳朔元年的《反离骚》序中说：

> 雄怪屈原文过相如，至不容，作离骚，自投江而死，悲其文，读之未尝不流涕也。以为君子得时则大行，不得时则龙蛇。遇不遇，命也，何必湛身哉？乃作书，往往摭离骚文而反之，自岷（峪）山投诸江流以吊屈原，名曰反离骚……

其旨意在于，对屈原忠贞深寄同情的同时，对“沉江自杀”提出了批评。扬雄认为，君子得到适当时机就应当大行其道，得不到适当时机就应该如龙蛇一样暂时蛰伏

---

① 王水照：《苏轼评传》，南京大学出版社2011年版，第200页。

起来，能否遇到适当的时机是命中注定的，何必沉江自尽？这种看法有代表性。因为对屈原投江，并不是所有的学者都赞同的。在苏轼以前，已有一些学者对此持反对态度。扬雄只是一个代表，有人说他是汉代第一个也是唯一敢对《离骚》中屈原命运提出新见的文人，也是此意，只是加深了程度。扬雄早年师从道家学者严君平，受老子思想的影响，在《反离骚》中便显现出来。

这引起苏轼的不满和驳斥。从他写的一诗、一赋即《屈原塔》《屈原庙赋》可以看出。

这两篇文章作于嘉祐四年（1059）冬或十一月。时年23岁的苏轼从水路入京，途经忠州时，看到此地建有一座屈原塔，惊异之余，写下了《屈原塔》这首诗。自注云："在忠州，原不当有碑塔于此，意者后人追思，故为作之。"在这首诗中，"死"字出现过两次，分别是"古人谁不死，何必较考折""大夫知此理，所以持死节"。苏轼在叙写端午节投粽子、赛龙舟习俗与屈原的关系，推测屈原塔的来历后，赞赏屈原不苟求富贵而追求理想的节操。

屈原庙即屈原故宅，位于今湖北秭归境内。在《屈原庙赋》中，"死"字更是出现过五次，分别是"去家千里兮，生无所归而死无以为坟""人固有一死兮，处死之为难""生既不能力争而强谏兮，死犹冀其感发而改行""违国去俗死而不顾兮，岂不足以免于后世"，但具体意思有所不同，或者说指向不同，有的概指人的死亡，有的指屈原，如第四个死字，有的暗指扬雄，如第五个死字。这篇辞赋"也是围绕着屈原进行叙述和展开讨论的"，苏轼对屈原的"忠贞之死"，持赞赏态度，并不同意扬雄的看法。在详细解释了屈原迫不得已、以身殉国的主要原因后，有力地间接地反驳了扬雄，更在后半篇用屈原的"忠贞之死"来和扬雄做对比，暗中讽刺扬雄于汉亡后不能守节改事王莽的新朝①。

苏轼在辞赋中写道：

> 自子之逝今千载兮，世愈狭而难存。贤者畏讥而改度兮，随俗变化斫方以为圆。黾勉于乱世而不能去兮，又或为之臣佐。变丹青于玉莹兮，彼乃谓子为非智。惟高节之不可以企及兮，宜夫人之不吾与。违国去俗死而不顾兮，岂不足以免于后世？

这里"变丹青于玉莹兮，彼乃谓子为非智"两句中的"彼"字，指的是扬雄，"非智"指屈原。因为扬雄对此有过解释。在他著的《法言》中有两段对话，分别如下：

---

① 参见邓昭祺：《苏轼笔下的屈原》，《乐山师范学院学报》2000年第10期。

或问："屈原智乎？"曰："如玉如莹，爰变丹青。如其智！如其智！"（《法言·吾子》）

或问："圣人之言，炳若丹青，有诸？"曰：呼！是何言与？丹青初则炳，久则渝。渝乎哉？（《法言·君子》）

应结合起来看，邓昭祺先生认为，这里提到的"丹青"是丹砂和青，是两种可以用来绘画的红、青色颜料，后来用来代指图画。这里说圣人的言论，恒永不变，永远光彩照人，而不像图画那样，起初鲜明耀目，日子久了，就变得黯然失色。可见在扬雄的心目中，丹青并不是质量最高的东西，似乎就是就一种东西的品质由好变坏。而在"如玉如莹，爰变丹青"两句里的"玉""莹"，指圣人那种像玉一样始终不渝的高尚品德。"丹青"指屈原那种好像图画一样的品质，图画初时鲜明耀目，正如屈原当初"竭忠尽智以事君"，日子久了，图画失去了光彩，正如那些贬低屈原的论者所说，屈原遭谗去职后，"责楚怀王，怨恶椒、兰，愁神苦思，强非其人"（班固《离骚序》），心中充满怨。对于屈原这种"违背"儒家"温柔敦厚"之教的行为，扬雄不以为然，因此说屈原并非智者。扬雄指屈原不智，包括屈原"忿怼不容、沉江而死"（班固《离骚序》的"愚蠢行为"）。苏轼正确理解了第一段的文字，看出扬雄的用意，是在讥讽屈原。所以，他在《屈原庙赋》的下半篇似乎以屈原"持死节"的忠贞不渝的爱国行为来讥讽扬雄汉亡后的改事新朝。而且，扬雄在受到刘歆的儿子刘棻进献符命的事牵连，怕不能免罪而从楼阁跳下来的行为，是无法与屈原的为国牺牲的行为相比的，也是没有资格讥讽屈原的①。这种分析不无道理。

朱熹在言及苏轼此赋时说：

独公自蜀而东，道出屈原祠下，尝为之赋，以诋扬雄而申原志，然亦不专用楚语。其辑之乱乃曰："君子之道，不必全兮。全身远害，亦或然兮。嗟子区区，独为其难兮。虽不适中，要以为贤兮。夫我何悲，子所安兮。"是为有发于原之心，而其词气亦若有冥会者②。

他强调此赋是"以诋扬雄而申原志"，"是为有发于原之心"，说到了问题的关键，不仅把扬雄与屈原联系起来分析，而且他的心是与屈原相通的，这是恰当的评价。

苏轼对爱国诗人屈原很敬佩，甚至可以说到了崇拜的程度。苏轼在《题文选》中提到屈原，在《答谢民师书》中还以扬雄的鄙陋来反衬屈原的不朽。关于这一点，将在后面进行详细分析。明人蒋之翘在《七十二家评楚辞》中讲道：

苏轼曰："楚辞前无古，后无今。"又曰："吾文终其身企慕而不能及万一者，

---

① 参见邓昭祺：《苏轼笔下的屈原》，《乐山师范学院学报》2000 年第 10 期。

② ［宋］朱熹：《楚辞集注·后语》。

惟屈子一人耳。”

苏轼认为楚辞是空前绝后的杰作，后人永远无法超过。而古往今来如此之多的文人中，只有屈原一人，自己永远也无法与之相比。

（三）对扬雄文风的批评

苏轼在《与谢民师推官书》中说：

> 扬雄好为艰深之辞，以文浅易之说，若正言之，则人人知之矣。此正所谓“雕虫篆刻”者。其《太玄》《法言》，皆是类也。而独悔于赋，何哉？终身雕篆，而独变其音节，便谓之“经”，可乎？屈原作《离骚经》，盖《风》《雅》之再变者，虽与日月争光可也。可以其似赋，而谓之雕虫乎？使贾谊见孔子，升堂有余矣；而乃以赋鄙之，至与司马相如同科。雄之陋如此比者甚众，可与知者道，难与俗人言也。因论文偶及之耳。

这段话包括了多层意思：

一是扬雄“好为艰深之辞，以文浅易之说”，意为扬雄喜欢用艰深的辞藻来文饰浅显易懂的意思，这是关键词，苏轼对此持否定的态度。他指出，假如直截了当地说出来，每个人都能明白。

二是这种写作方法是扬雄自己所批评的“雕虫篆刻”那一套。扬雄年轻时喜欢作赋，晚年表示否定或后悔。在《法言·吾子》中有这样一段对话：

> 或问：“吾子少而好赋。”曰：“然。童子雕虫篆刻。”俄而曰：“壮夫不为也。”或曰：“赋可以讽乎？”曰：“讽乎！讽则已，不已，吾恐不免于劝也。”

他认为赋是未成年人的雕虫篆刻，是成年人不为的。在他看来，赋中有讽谏，但实际上并没有起到应有的作用，在写了四赋后还伤身。苏轼认为，这种“雕虫篆刻”存在于赋中，也存在于《太玄》《法言》中，而扬雄只对作赋追悔，是不够的；因为两书体裁虽然和谐韵的赋不同，但仍然是“雕虫篆刻”。

三是并不是所有的赋都是“雕虫篆刻”，像屈原的赋就不是这样，屈赋是《风》《雅》传统的再发展，即使与日月争辉也不逊色。这对屈原及其作品做了高度的评价。

四是模仿《易经》《论语》，呕心沥血所写成的《太玄》《法言》绝对称不上经书，而屈原的《离骚经》则相反，虽然很像“雕虫篆刻”，但有永不磨灭的价值。我国学者认为，苏轼在这里尊称屈原的《离骚》为《离骚经》，大抵是有意用“经”来挖苦扬雄大吹大擂，把自己的《太玄》称为《太玄经》的狂妄行为[①]。

五是扬雄因为贾谊作过辞赋而贬低他，以至与司马相如等同，存在问题。苏轼认

---

① 参见邓昭祺：《苏轼笔下的屈原》，《乐山师范学院学报》2000年第10期。

为，像这样浅陋的见解，在扬雄身上是很多的。文中的“鄙”“陋”这两个字，体现了苏轼的鲜明态度。

的确，扬雄的赋存在“艰深文浅易”的问题，《太玄》《法言》也存在这方面的问题。如《太玄》语言晦涩，艰深难懂。这与他在文中使用了一些方言奇字有关，也与他创作的目的、写作对象有关。他不是写给普通读者看的，而是写给知音读的。这妨碍了别人的理解，容易引起误解、质疑、反对和否定。

曾有学者引苏轼一些言论，断定苏轼对相如为人、行文皆持否定态度。祁和晖认为，实际情况并非如此，苏轼至少从四方面赞扬肯定相如，并在做人、为文上深受相如影响。苏轼是小贬大崇司马相如，也受到司马相如的赋的影响①，但从现有的资料看，至少未像完全否定扬雄那样全面否定司马相如。

二、苏轼不好扬雄的特点

从上可以看出，苏轼不好扬雄具有以下特点：

（一）全面性

从为学到为人，再到文风，苏轼均不喜欢扬雄。实际上，这三点是密切联系、前后贯通的。往往是不喜欢他人的为人为学，便不喜欢他人的文风。苏轼也是这样。这不仅体现在前面所引用的四篇文章中，也体现在《韩愈优于扬雄》中。苏轼的这篇史评云：

> 韩愈亦近世豪杰之士，如《原道》中言语，虽有疵病，然自孟子之后，能将许大见识，寻求古人，自亦难得。观其断曰：“孟子醇乎醇；荀、扬择焉而不精，语焉而不详。”若不是他有见识，岂千余年后便断得如此分明。如扬雄谓老子之言道德，则有取焉尔；至于捶提仁义，绝灭礼乐为无取。若以老子“剖斗折衡，而民不争，圣人不起，为救时反本”之言为无取，尚可恕；如老子言“失道而后德，失德而后仁，失仁而后义，失义而后礼”，则不识道已不成言语，却言其言道德则有取。扬子亦自不见此，其与韩愈相去远矣。

他认为，韩愈这位近世豪杰之士，在《原道》中提出了深刻的见解，十分难得。韩愈下的结论是，孟子的学说是十分纯粹的，荀子、扬雄选择圣人之道加以学习，却不够精通，他们虽然能够说出圣人的观点，但却表述得不够详细。他将这些人剖析得很明白。他以扬雄为例说，扬雄认为老子关于道德的论述是有可取之处的；至于老子

---

① 参见祁和晖：《苏轼小贬大崇司马相如》，《乐山师范学院学报》2008 年第 2 期。

鞭挞仁义并毁弃礼乐的主张，就不可取了。这四句话出自扬雄的《法言·问道》。老子说："剖斗折衡，而民不争，圣人不起，为救时反本"，扬雄如果认为这些话是不可取的，还是可以原谅他的；老子还说"失道而后德，失德而后仁，失仁而后义，失义而后礼"，扬雄不但不懂得已经没法用语言表述出来了，而且反而说老子这些谈道德的是有可取的。扬雄自然意识不到他的这些观点是错误的，在苏轼看来，扬雄真是远远不如韩愈。实际上，从标题上就可以看到苏轼的这种倾向。

此外，《扬雄言许由》[①] 这篇文章说，"巢、由不受尧禅，尧、舜不害为至德。夷、齐不食周粟，汤、武不害为至仁。孔子不废是说"，并给予较高的评价："武尽美矣，未尽善也。"唯独扬雄乃敢废此说，认为"允哲尧禅舜之，重则不轻于由矣"。苏轼对此不同意，认为这是陋哉斯言。使夷、齐不经孔子，雄亦且废之矣。苏轼对此也不满。

虽然在诗文中，苏轼的诗也提到过扬雄的儿子、住宅、载酒等，如"近闻陶令开三径，应许扬雄寄一区"（《李伯时画其弟亮功旧宅图》），"扬雄老无子，冯衍终不遇"（《虔州吕倚承事，年八十三，读书作诗不已》）。苏轼在《观过斯知仁矣》一文中，引用扬雄的话："有人则作之，无人则辍之。"这算是少见的正面因素。

这与司马光喜欢扬雄的《太玄》，说其文"简而奥"形成了强烈的反差，而王安石也欣赏扬雄的事业和文赋，受其影响，所以，做出了有限的赞赏。

（二）持续性

这从苏轼诗文中写作的时间和涉及的内容可以看出。《屈原塔》和《屈原庙赋》作于嘉祐四年（1059）冬或十一月。《子思论》和《扬雄论》作于嘉祐五年（1060），均是应制科试前所上进卷之一。《晁君成诗集叙》作于熙宁四年（1077）春，在文中，苏轼认为，"无其实而窃其名者无后，扬雄是也。扬雄宜有后者也"。《偶与客饮，孔常父见访。方设席延请，忽上马驰去。已而有诗，戏用其韵答之》作于元祐二年（1087）夏，诗中有"扬雄他文不皆奇，独称观瓶居井眉"。又如《和欧阳少师寄赵少师次韵》，诗中有"何日扬雄一廛足，却追范蠡五湖中"，《和陶拟古九首》诗中有"慎勿从扬雄"，《李伯时画其弟亮功旧宅图》诗中有"应许扬雄寄一区"。《与谢民师推官书》作于元符三年（1100）十一月，在广东清远还北归舟行途中，这说明从参加进士考试起，苏轼就不好扬雄，一直延续到晚年，经历了一个漫长的时期。难怪，有人说苏轼薄扬雄[②]。

（三）尖刻性

如前所说，苏轼认为，"扬雄好为艰深之辞，以文浅易之说，若正言之，则人人知

---

① 出自苏轼集，评史四十六首，唐宋八大家在线阅读网。

② 参见张志烈、马德富、周裕锴主编：《苏轼全集校注》卷一〇，河北人民出版社 2010 年版，第 995 页。

之矣”。有论者认为，扬雄的思想表述得艰深，内容却并不深刻，苏轼讥其为艰深之辞文浅易之说，有些尖刻，却不无道理[①]。苏轼对扬雄的批评，有时甚至有点偏激，苏轼《晁君成诗集叙》中认为，“达贤者有后，张汤是也。张汤宜无后者也。无其实而窃其名者无后，扬雄是也。扬雄宜有后者也”。有的把它翻译为：“通达贤德的人一定会有有作为的后代，张汤就是这样的人。张汤本来是应该没有后代的。没有真才实学而窃取虚名的人不会有有作为的后代，扬雄就是这样的人。扬雄本来是应该有杰出后代的。”[②] 这不太准确。张汤是西汉杜陵人，为人多诈，治狱严峻，此所谓宜无后也。然而，《史记·酷吏列传》谓其列九卿，收接天下名士大夫；故《汉书·张汤传·赞》称“汤虽酷烈，及身蒙启；其推贤扬善，固宜有后”。汤之后世，自宣帝、元帝以来为侍中、中常侍者十余人，为西汉显赫权贵世家。其墓在陕西已发现。而扬雄是西汉成都人。《汉书·扬雄传·赞》谓雄“实好古而乐道，其意欲求文章成名于后世，以为经莫大于《易》，故作《太玄》；传莫大于《论语》，故作《法言》”。又曰：“诸儒或讥，以为扬雄非圣人而作经，犹春秋吴楚之君僭号称王，盖诛绝之罪也。”师古注，曰：“绝，谓无胤嗣也。”扬雄无后之说，本此。诸儒之意，盖谓雄当蒙诛绝之罪，非谓雄果无后也。苏轼素薄，故坐实其无后耳。此三句意谓，扬雄作《太玄》《法言》，意在羽翼圣道，故宜有后，然雄无其实而盗翊圣之名以自重，故应蒙诛绝之罪也。这也看出苏轼向来“看不起”扬雄，说得有点过了。

事实上，他的两个儿子先他而去，没有大的作为。苏轼在《虔州吕倚承事，年八十三，读书作诗不已》中提到“扬雄老无子，冯衍终不遇”，说的是此事。但有通达贤德的人、有真才实学的人，没有有作为的后代的情况也存在，而且不是个案。

当然，这种态度，与朱熹对扬雄的用语“莽大夫扬雄死”相比，要好些。这涉及为人操守等问题。从总体上看，苏轼对扬雄的理论、为人和文风持质疑、批判、否定态度，当然包括对扬雄的文艺观基本予以否定。

三、苏轼不好扬雄的特点说明了什么

与此相关的问题是，苏轼不好扬雄的上述特点说明了什么。张志烈教授在谈到苏轼的核心价值观时认为，可以概括为以下四点：爱国爱民、奋励当世的崇高理想；求实求真、探索创新的认识追求；信道直前、独立不惧的处世原则；坚守节操、潇洒自

---

① 王青：《扬雄评传》，南京大学出版社 2000 年版，第 342 页。

② 《苏东坡全集》第 3 集，北京燕山出版社 2009 年版，第 1492 页。

适的生活态度[①]。这是全部东坡文化精神的根本所在。这种概括是精当的，为笔者的分析提供了理论依据和参考材料。

在笔者看来，苏轼不好扬雄的上述特点，对于苏轼而言，至少说明了以下三点：

第一，凛然的正气。

从苏轼的经历来看，他进士及第，还考中了“制科”中的“贤良方正直言极谏”，且入三等，这种身份决定了苏轼敏锐的政治观察力和纠偏补弊的政治意识。在理论上，苏轼提出“言必中当世之过”的观点[②]，在现实中，对时弊进行针砭，敢于提出忠谏，无论是反对王安石变法还是司马光废除新法，苏轼都出于公心，为国运民生计，为此，遭到新党旧党的排斥、打击，还以言获罪，成为乌台诗案的受害者，后多次被贬，经历磨难。他也进行过反省、自责，但始终没有放弃担当。他是一个坚持原则和操守的人。在大是大非的问题上，苏轼一点也不含糊，所以深得其心的陆游说：

> 公不以一身祸福，易其忧国之心。千载之下，生气凛然。忠臣烈士，所当取法也[③]。

其实，苏轼在元丰元年（1078）正月二十四日所写的《思堂记》中，表露出自己的心声，刻画过自身的形象。他说：

> 嗟夫，余天下之无思虑者也。遇事则发，不暇思也。未发而思之，则未至。已发而思之，则无及。以此终身，不知所思。言发于心而冲余口，吐之则逆人，茹之则逆余。以为宁逆人也，故卒吐之。君子之于善也，如好好色；其于不善也，如恶恶臭。岂复临事而后思，计议其美恶，而避就之哉！是故临义而思利，则义必不果；临战而思生，则战必不力。若夫穷达得丧，死生祸福，则吾有命矣[④]。

更重要的是，苏轼受父亲的影响，很重视历史，撰写了不少史论史评，《苏轼文集》卷三、卷四、卷五与卷六十五，大抵皆是，可以说是一位史学家。苏轼的史学是通古今之变。他曾说过：

> 自七八岁知读书，及壮大，不能晓习时事，独好观前世盛衰之迹，与其一时风俗之变，自三代以来，颇能论著[⑤]。

“观前世盛衰之迹，与其一时风俗之变”说明苏轼注重历史的兴衰、社会风俗的变化，当然，还有三代以来历史人物的作用。这就需要质史事以发议论，或议论人事之

① 转引自潘殊闲：《叶梦得与苏轼》序，巴蜀书社 2009 年版，第 3 页。

② 潘殊闲：《叶梦得与苏轼》，巴蜀书社 2009 年版，第 3 页。

③ ［宋］陆游：《跋东坡贴》，见陆游《渭南文集》卷二九，四部丛刊初编本。

④ ［宋］苏轼：《苏轼文集》卷一一，孔凡礼点校本，中华书局 1996 年版，第 363 页。

⑤ ［宋］苏轼：《上韩太尉》，见《苏轼文集》卷四八，孔凡礼点校本，中华书局 1996 年版。

得失，而苏轼正是这样做的。

《扬雄论》《韩愈优于扬雄》属于史论史评，对屈原，虽然没有史论史评，但在前面所述的一诗一赋和相关书信中，可以看出，他敬佩甚至崇拜屈原这位历史人物，把他的作品提到一个很高的高度，对其高洁的节操，对其以身殉国的壮烈行为表示赞赏，可以说，在精神上与屈原是相通的，在心灵上与屈原是契合的，虽然苏轼有许多和陶诗，但真正发自内心最敬佩的人仍然是屈原，所以，这就不难理解苏轼为什么对扬雄非智屈原、反对屈原沉江自杀表示不满和驳斥了。

第二，求实务真的观念。

如果说苏轼敢说真话、宁折不屈是他的一大特点，那么，求实务真则是他的另外一个特点。这表现在为学上，也表现在政见上和工作中。

苏轼具有求实务真的观念。早年，他在《上曾丞相书》中就说：

> 凡学之难者，难于无私。无私之难者，难于通万物之理。故不通乎万物之理，虽欲无私，不可得也。己好则好之，己恶则恶之，以是自信则惑也。是故幽居默处而观万物之变，尽其自然之理而断之于中。其所不然者，虽古之所谓贤人之说，亦有所不取。

这种求实务真的观念，贯穿其一生，他的名作《日喻》《石钟山记》《黄荃画雀》《戴嵩画牛》等，也都体现了这个观点。此外，他在政治实践上先后与王安石、司马光的争论，也缘于他的这种认识追求①。在地方任上，也是如此。如关心民瘼，为民谋利，因法以便民。表现在任凤翔府签判期间，改善衙前役，减轻人民的沉重负担；在两次外放杭州期间，赈济灾民，疏流六井，修筑苏堤；在被贬去惠州时，建长堤，造秧马，清洁饮水；在被发配儋州后，还教黎民读书，帮百姓治病，等等。

在笔者看来，苏轼不好扬雄也体现了苏轼求实务真的观念。

对人性论，过去有四种观点，即孟子的人性善、荀子的人性恶、扬雄的性善恶、韩愈的性三品，而苏轼没有囿于这些说法，提出了人性无善恶。这与王安石对扬雄的观点有所肯定，或调和诸贤不同，也与司马光独尊扬雄不同。这是苏轼哲学观的一部分。而且，苏轼对他认识到的东西，不放弃，不妥协，更不做骑墙派，不做随风倒，这一点很难得。

第三，独特的文艺美学。

苏轼是个多产的学者型的文学家，将“文”与“学”融为一体，很有代表性，形成了包括“道”、自然为文，流畅、明白如话等在内的文艺美学思想。

---

① 钟永新：《张志烈：东坡文化精神的中国意义——访中国苏轼研究学会张志烈会长》，中国社会科学网2013年9月30日。

北归时，苏轼在《与谢民师推官书》一文中说：

大略如行云流水，初无定质，但常行于所当行，常止于所不可不止，文理自然，姿态横生。孔子曰："言之不文，行而不远。"又曰："辞达而已矣。"夫言止于达意，即疑若不文，是大不然。求物之妙，如系风捕影，能使是物了然于心者，盖千万人而不一遇也，而况能使了然于口与手者乎？是之谓辞达。辞至于能达，则文不可胜用矣。

这不仅讲到了自然为文，还说明了辞达之意：既了然于心，又了然于口与手，从而实现了从"成竹到胸"到"有道有艺"，再到辞达的完整过程，构成了自己的创作论①，并与"主体"及造物者密切结合起来，形成了自己独特的文艺美学思想。尽管要把握住事物的微妙处，用口说和手写把事物表达清楚，像捕风捉影那样是困难的。但也是必要的。这与文采相结合，可以行远。

实际上，如前所说，苏轼认为，"言发于心而冲余口，吐之则逆人，茹之则逆余"，表现了述说的冲动。苏轼个性真挚坦率，他的诗文创作更是口无遮拦，如鲠在喉，不吐不快，不善于掩饰自己，体现了长于议论、平易自然的特征，就后者而言，平易自然，自然为文是艺术上成熟的一个标志。这与他的性格有关。

苏轼还很注重节律感应观念，并在其诗文中到处涉及。他在《荔枝似江瑶柱说》中写到杜甫"似司马迁"，这就是他对杜甫审美精神特点最深刻的理解。他对此也有极强的感受和极深的理解，在其著述中引用发挥之处很多。《冷斋夜话》曾记载东坡自己的话："无物不可比类。"叶燮《原诗》卷三："苏诗包罗万象，鄙谚小说，无不可用。譬之铜铁铅锡，一经其熔铸，皆成精金。庸夫俗子，安能窥其涯涘？"沈德潜《说诗晬语》卷下："苏子瞻胸有烘炉，金银铅锡，皆归熔铸。"苏轼胸中这副熔宇宙之万物的"烘炉"就是他在传统文化熏陶和毕生艺术实践中形成的超强的节律感应能力。他有自觉明确的自然节律感应观念，这观念贯通于其一生的审美活动、艺术创作之中。

四、苏轼不好扬雄的特点何以出现

苏轼不好扬雄的特点为什么会出现，原因是多方面的，与苏轼接受的教育、经历、性格、环境和社会转型、文化转型、吸收、守成与创新，以及史评中所体现的通古今之变等因素有关，是各种因素相互作用的结果。受篇幅的限制，这里仅分析以下三个原因：

---

① 王水照：《苏轼评传》，南京大学出版社2011年版，第476页。

（一）与从小接受的生与死教育有关

苏轼在少年时就有“奋厉有当世志”“致君尧舜”的政治理想和“微官敢有济时心”的抱负，一生在为自己的理想奋争。后来（熙宁七年十月），他在回忆自己的豪情壮志时，写道：

当时共客长安，似二陆初来俱少年。有笔头千字，胸中万卷，致君尧舜，此事何难？①

这展现了苏轼非同一般的胸襟气度和绝世独立的绰约风姿，特别是“致君尧舜”的理想。这与苏轼的母亲程夫人重视以史学育人有关。司马光在给程夫人的墓志铭中说，“夫人喜读书，皆识其大义，轼、辙之幼也，夫人亲教之，每称引古人名节以励之”②。

据《宋史·苏轼传》记载：生十年，父洵游学四方，母程氏亲授以书，闻古今成败，辄能语其要。程氏读东汉《范滂传》，慨然太息，轼请曰：“轼若为滂，母许之否乎？”程氏曰：“汝能为滂，吾顾不能为滂母邪？”十岁时，在母亲的教育下，苏轼就立志把汉代与贪官污吏做斗争而牺牲的范滂作为自己的榜样。这是了不起的。范滂是东汉时期的著名政治家，他查办贪官污吏，铁面无私，结果遭到奸臣陷害，被判处极刑。上刑场前他与母亲诀别，说：“母亲，我对不起您。今后只有靠弟弟尽孝心了，我就要跟随父亲在九泉之下。生者和死者，都各得其所。只求您舍弃难以割断的恩情，不要增加悲伤。”他母亲深明大义，对他说：“你今天能够与忠义之臣齐名，死有何恨！既已享有美名，又要盼望长寿富贵，岂能双全？我支持你为了理想舍弃生命。”③ 苏轼问道：“我如果成为范滂，母亲是否赞许？”程夫人说：“你能成为范滂，难道我就不能成为范滂的母亲吗？”这种引古人名节以励之的教育，在苏轼的心里打下了深深的烙印，这种人格教育、道德教育对苏轼的成长也至关重要。它涉及了生与死的人生重大问题。

司马迁在《报任安书》中说过，“人固有一死，或重于泰山，或轻于鸿毛”，知死必勇。每个人都会死，但怎样对待、安排死亡，却并不是一件容易的事，屈原选择了舍生取义，苏轼持赞赏态度，这绝非偶然，而是从小接受生与死教育的结果。当然，程夫人在家里行仁孝，在园子里“下令”严禁小朋友捕鸟，也影响了苏轼，使他拥有宽厚、仁慈、博大的精神世界。

（二）受父亲苏洵观点的影响

苏洵是北宋著名的散文家、学者，为完成《易传》，他对儿子苏轼要求很严格。苏

---

① ［宋］苏轼：《沁园春·赴密州早行，马上寄子由》，曾枣庄主编：《苏东坡词全编》，四川文艺出版社2007年版，第51页。

② ［宋］司马光：《苏主簿夫人墓志铭》，《温国文正司马公文集》卷七六。

③ 康震：《康震评说苏东坡》，中华书局2008年版，第8页。

轼曾经在一首诗中记叙了小时候父亲监督自己读书的情景："夜梦嬉戏童子如，父师检责惊走书。计功当毕《春秋》余，今乃粗及桓庄初。怛然悸寤心不舒，起坐有如挂钩鱼。"（《夜梦》）苏洵曾专门写了《名二子说》一文，从苏轼、苏辙两兄弟的名字说起，告诫他们做人的道理。他的言传身教，使苏轼接受了正规而良好的文学艺术教育，赋予了他不拘礼教、开拓进取的卓然之气。

而且，苏洵不喜欢扬雄。据元李治《敬斋古今·拾遗》卷二云："老泉既破扬雄《太玄》，以为无得于心而侈于外，又以为乐天下为之名，以侥幸于圣人而已。是谓而雄之《玄》无一而可取也。"苏轼对扬雄也常有微词，认为扬是无自得之见的模仿者，其人性论则是混淆了才与性①。客观地讲，苏洵的看法也存在偏颇。《太玄》是以模仿的形式进行新的创作，是一部包括哲学思想的书籍。我国学者认为，苏洵、苏轼对扬雄所作《太玄》都有论说，与程颐一道，直接影响到扬雄历史地位的升降，他们批评扬雄以艰深文浅易，并不懂得圣人之道，在历数、蓍法、占法等方面也多有失误。不过，苏洵总结《太玄》义例，改造《太玄》以归于无罪，不仅体现出他深精象数，而且也反映出他对这位乡贤前辈仍有深厚的推重之意，苏氏的《太玄》学体现了汉学向宋学的转捩，也反映出《太玄》研究对宋学兴起有着特殊的贡献②。

（三）受欧阳修的影响

作为宋代诗文革新运动的领袖人物，欧阳修继承了韩愈古文运动的精神，针对西昆体的流弊，大力提倡古文，主张明道致用；取韩愈"文从字顺"的精神，提倡简而有法和流畅自然的文风，反对浮靡雕琢和怪僻晦涩，并以造诣很高的创作实绩，起了示范作用。后来，知贡举时，又鼓励考生写作质朴晓畅的古文，凡内容空洞，华而不实，或以奇诡取胜之作，概在摒黜之列。同时，他又提携、培养了苏轼等人③。

苏轼自小就以欧阳修为学习对象，对欧阳修所倡导的文章创作原则"必与道俱"有深切的体会，并付之实践，进行创造性地发挥，成为一个著名的文学家。苏轼说过：

> 其（欧阳修）学推韩愈、孟子以达于孔氏，著礼乐仁义之实，以合于大道。其言简而明……引物连类，折之于至理④。

学术文章均以传达"大道""至理"为旨归。欧阳修《紫石屏歌》诗云："大哉天地间，万怪难悉谈。嗟予不度量，每事思穷探。欲将两耳目所及，而与造化争毫纤。"他在揭示"天巧"的同时，包含了审美方面的认知。苏轼继承了欧阳修这种审美认知

① 康震：《康震评说苏东坡》，中华书局2008年版，第329页。

② 参见《乐山师范学院学报》2017年第2期。

③ 参见欧阳修、北宋文学家 https：//baike. so. com/doc/5367918-5603694. html，访问时间2017年10月21日。

④ ［宋］苏轼：《苏轼文集》，孔凡礼点校本，中华书局1996年版，第316页。

的方面，并将其提升到“道”的层次进行思考与感悟，更侧重真与美的结合。因为在苏轼看来，道是指自然的“大全”，是包罗成万象的根据，也是艺术创造的根据，包括真、善、美。只有处理好文与道的关系，才能创作出优秀的作品。明代焦竑评价苏轼说：古之立言者，皆卓然有所自见，不苟同于人，而惟道之合，故能成一家言……

这也是苏轼不好扬雄的理论原因之一。

五、应理性对待苏轼不好扬雄

对苏轼不好扬雄这一现象，应理性对待，应考虑苏轼的语境，结合当时的历史背景、扬雄的处境和其一生的言行，作出正确的理解和客观的判断。不能先入为主，带着“框框”或“有色眼镜”来看待扬雄。

不错，扬雄本人在晚年也否定其赋，认为是“雕虫篆刻”。即使如此，也不能全面否定其赋的特点、创新之处和价值，更不能全面否定扬雄在哲学、文学、天文和语言研究上的造诣和贡献，同时，也不能完全否定扬雄的为人和作为文人的一种生活范式。

以人性论为例，扬雄的人性善恶混这种说法似乎是综合、折中了孟子的人性善和荀子的人性恶，其实，没有这么简单。在这种表象下，既有理论渊源，也有他自己的学理依据。汪荣宝先生认为，扬雄的这种说法本于世硕的理论①，与其没有太大的区别。世硕认为，“性有善有恶，举人之善性，养而致之则善长；恶性，养而致之则恶长”。徐复观先生则认为，扬雄这一说法直承董仲舒“人之诚，有贪有仁。仁贪之气，两在于身。天有阴阳之施，身亦有贪仁之性，与天道一也”（《春秋繁露·深察名号》）的说法。而王青教授认为，仔细分析，扬雄的观点具有自身的学理依据，符合扬雄的一贯理论与系统主张，更接近于荀子。扬雄认为，“学者，所以修性也。视、听、言、貌、思，性所有也。学则正，否则邪”（《法言·学行》）。而这里的视、听、言、思分别是目、耳、口和脑的能力，貌即表情，应是脸部能力的一种。扬雄认为，这些都是人生来所具有的。在他看来，“维天肇降生民，使其貌动、口言、目视、耳听、心思，有法则成，无法则不成”《太玄·玄掜》。可见，扬雄论性，似专指身体器官的能力而言，而这些能力的应用有一定的法则，因而有正邪之分，符合法则的运用为正，不符合法则的则为邪。在此基础上，自然得出了性有善有恶的结论。扬雄认为性中的善与恶，都处于潜存状态。由潜存状态转而为一念的动机，再将一念的动机加以实现，便须靠人由生命所发出的力量——气。气的本身是无所谓善恶的，只是像一匹马一样，

---

① 《法言义疏》卷三《修身》，第86页。

载有善恶的念头向前走。至于如何避恶扬善，扬雄的回答是由学由师。扬雄的人性善恶混关键是“混”“气”的概念，以及如何理解其关系，只有厘清了其概念的内涵，正确把握其相互关系，才能做出适当的判断。扬雄的人性观，从社会伦理的意义上说，是批判老庄“绝仁弃义”观点，重视儒家学说的结果。

其实，对人性论，在中国学术史上，一直存在着争议。在人性的起源方面，是人性本身善、恶、混还是均没有，受后天的影响，还是向善，向恶，意思是有差异的。因为向（善或恶）是一种动态、力量，也是一种转化，既然人性善，何以产生恶的结果？既然人性恶，何以有善，这些问题在追问中并没有达成共识，形成统一的认知。苏轼在对前代学者人性论的批评之上，进而提出超越本体论的人性观，是有创见的。但他也没有提出以什么作为立法的逻辑起点，通常认为，以人性恶作为立法的逻辑起点，效果会更好些。尽管苏轼、扬雄都对法律有独特的认知。

钱穆先生说过，对中国历史应有温情与敬意。这是洞见。对中国历史人物，也应秉持这种态度。对扬雄这位有特殊经历，在文学、哲学、语言等方面做出了不可忽视的贡献的人，也不例外。

值得注意的是，钱穆先生认为王莽并非篡位，而是禅让。他说：

> 元帝十六载，成帝二十六载，哀帝六载，当时人民认为汉之命运已绝，于是拥戴王莽为王。此乃禅让，而非篡位。其实莽非伪君子，其开头是读书的贫苦子弟，看其太太之打扮简朴，可见王莽并无作王之意。当时，如姑母王氏早亡，王莽亦不能再复出，这只是历史上的偶然事件；如傅氏多活几年，莽亦老矣！故王莽非处心积虑，亦非篡位，即使是假装数十年，亦算不错矣！所以说：
>
> （一）王莽能装数十年，亦极伟大。
>
> （二）有了新的政治制度，土地收归国家，重新分配，成为耕者有其地。认为社会不要有贫富不均，单是平均分配土地，不够，尚有货币制度的改革。
>
> 王莽理想高远，但……只是一介书生，有点迂，而且不近人情。
>
> ……①

这是一家之言。但这段话说明了几点：一，王莽被拥戴为王，是禅位，而不是篡位。二，这只是历史上的偶然事件。三，即使是王莽假装数十年，亦算不错，亦极伟大！四，联系后面的文字来看，他不是曹操之类的政治家，这是事实。这与苏轼的看法不同，苏轼认为，“两雄一律盗汉家，嗜好亦若肩相差”（苏轼：《鳆鱼行》）。

应看到，近年来，对王莽改制的评价高于过去，可能与改革的艰难性有关。任何

---

① 钱穆：《中国通史》，钱穆讲述，叶龙记录整理，天地出版社2017年版，第56页。

变革都会牵涉权力的分配、利益的调整，协调或推进并不容易，只有做起来，才真正知道其中的酸甜苦辣。

这涉及对扬雄屈节仕莽的认知问题。有学者就认为，对扬雄的毁誉不同，大概受两种错误观点的影响：一是认为他喜欢仿古；二是晚年为大夫依附王莽，背叛了汉家正统。

“关于王莽篡权，扬雄附合问题。王莽在篡权改政之前，其学行确会予社会各阶层以好的印象。他少孤贫，折节恭俭。及为大司马，任用贤良。其子王获杀妇，即令其自杀偿命，平帝时，郡国大灾，民流亡，他出钱百万，献田三十顷，又讽公卿二百三十人献田宅以救贫民，派使者捕蝗救灾。为宰衡时，征天下通知逸经、古纪、天文历算、钟律、小学、史篇、方术、本草及以五经、论语、孝经、尔雅教授者诣京师，至者数千人。后又起明堂、辟雍，益博士，为学者筑舍万区。这些举动即使是假象也罢，在当时都是很得人心的，扬雄抱有浓厚的儒家思想，对王莽也持有幻想就毫不足怪。而且王莽淫威，子云惧畏，故有投阁几死之事。所以在王莽称帝之时奉命写了元后诔、剧秦美新之文，也是不足怪的。……”[①] 这不无道理。

高桓研究员认为，《通鉴纲目》记到新莽地皇元年时，朱熹怒不可遏地特书一笔：“莽大夫扬雄死！”书“死”，而不书主“卒”，是对扬雄屈节仕莽的鄙视。但不能因此而完全否定扬雄的为人。根据《汉书·扬雄传》的记载，起先，扬雄曾与王莽、董贤同官。

“当成、哀、平间，莽、贤皆为三公，权倾人主，所荐无不拔擢，而雄三世不徙官，及莽篡位，谈说之士用符命称功德获封爵者甚众，雄复不侯，以耆老久次转为大夫，恬于势利乃如此。”这就是说，扬雄是凭资历而迁升为大夫的。扬雄虽写过《剧秦美新》一文，吹捧王莽，但此事只能看作是扬雄为自身安全，不得已而为之。王莽篡位后借甄丰、刘棻献符命一事，进行过一次血腥镇压，扬雄也受其牵连，差点送了命。在这种政治气氛下，扬雄说了几句颂扬王莽的话，不能看作是趋势附炎的品质问题。扬雄一生，清贫自守，“不汲汲于富贵，不戚戚于贫贱，不修廉隅以徼名当世”《汉书·扬雄传》。因此，我们应用历史唯物主义的态度来看待扬雄。

扬雄虽在赋的形式上注意模仿，但有个性，有思想，且精思熟虑，十分用功，文采焕然，所以在汉赋史上有很高的地位。他“好古乐道”，“欲求文章成名于后世”，一生从事学术研究，著有《太玄》《法言》，学问渊博，影响深远。王充说他有“鸿茂参圣之才”；韩愈赞他是“大纯而小疵”的“圣人之徒”；司马光更推尊他为孔子之

---

① 张震泽：《扬雄集校注》前言，上海古籍出版社2013年版，第9—10页。

后，超荀越孟的一代“大儒”；杜甫赋作也受了扬雄的影响。

其实，苏轼对扬雄并非一概排斥和否定。如苏东坡在《和陶始春怀田舍二首并引》这首诗中说：

> 儋人黎子云兄弟，居城东南，躬农圃之劳。偶与军使张中同访之。居临大池，水竹幽茂。坐客欲为醵钱作屋，予亦欣然同之，名曰“载酒堂”。

这里的“载酒堂”取自《汉书·扬雄传》中的“载酒肴从游学”的典故，以之命名，是别的客人提议，苏轼欣然同意的，这说明在有的方面苏轼也持开放的态度。时年苏轼62岁。当然，总体上是不好扬雄的。

虽然扬雄与苏轼同为西蜀人，相距近千年，一个在西汉，一个在北宋，但都是我国历史上的文学家、思想家，又都被选为四川文化名人。

总之，我们要理性地对待苏轼不好扬雄，不能因此完全否定扬雄的理论、为人，在传承传统文化中，更应如此。毕竟，如北宋文学家、思想家和改革家王安石在《扬子二首》中所说“千秋止有一扬雄”。

（作者单位：四川省眉山市人民检察院）

扬子生平研究

亦论“扬雄至京、待诏、奏赋、除郎的年代问题”

——解读《汉书·扬雄传·赞》的新思路

纪国泰

内容提要： 离蜀至京、待诏黄门、写奏“四赋”、“除郎”入仕，这是扬雄入仕经历中的重要事件。《汉书·扬雄传》对以上经历都有记载，但是由于叙述过于简略，加上古代文献在传抄过程中难免发生文字上的衍脱讹误，致使这四个事件发生的时间，成为学术界争论不休的历史悬案。本文认为，系统解读《汉书·扬雄传·赞》全文，尤其要正确理解其中“给事黄门，与王莽、刘歆並”的含义，是解决这一历史悬案的关键。文章以讨论“至京”时间为重点和突破口，不仅为了解其余三个事件的时间提供了重要的参考，更为解决扬雄入仕经历的悬案开辟了一条新的思路。

关键词： 给事黄门；王莽；王音；至京；《甘泉赋》；《羽猎赋》

关于扬雄离蜀进京后的入仕经历，《汉书·扬雄传·赞》有如下一段记载：“初，雄年四十余，自蜀来至游京师，大司马车骑将军王音奇其文雅，召以为门下史，荐雄待诏，岁余，奏《羽猎赋》，除为郎，给事黄门，与王莽、刘歆並。哀帝之初，又与董贤同官。”①

这段文字引发了后世众多学者的质疑：据《扬雄家牒》载，扬雄生于汉宣帝甘露元年（前53），如果他至京时“年四十余”，则最早也当在汉成帝永始四年（前13）；而大司马车骑将军王音死于永始二年（前15），岂有王音“召以为门下史，荐雄待诏”的可能？

由于扬雄“至京”时间存在问题，导致其待诏、奏赋、除郎等与入仕相关的其他

① ［汉］班固：《汉书》，中华书局2007年版，第3583页。

事件的时间也产生了问题，以至于研究者众说纷纭，令人莫衷一是。当代学者杨福泉先生于2002年发表《扬雄至京、待诏、奏赋、除郎的年代问题》一文予以讨论，不少观点给人以启发，但亦有不少值得商榷的地方。笔者不揣浅陋，撰“亦论”一文公诸同好，且盼有幸得到方家及时贤的指正。

一、关于扬雄“至京”年代的分歧意见

由于扬雄自蜀入京时的年岁与王音的卒年紧密相关，所以研究者大多把关注的目标集中到与王音有关的人物或事情上。在论及扬雄“至京”年代时主要有以下几种说法：

（一）王音乃王根之误

倡此说者为司马光。《资治通鉴·考异》卷一“扬雄待诏”条下，司马光注云：“时王音卒已久，盖王根也。”①

针对司马光的说法，台湾学者李周龙先生评论说：“温公以为‘音’乃‘根’之误字，以孚合‘雄年四十余，自蜀来至游京师’之说。然根之拜大司马骠骑将军在元延元年十二月庚申，考陈援庵《二十史朔闰表》，元延元年十二月庚申是二十七日；而子云则于次年正月即从上甘泉作赋，距根拜大司马仅三日。夫子云素无捷才，而《甘泉》一赋篇幅广大，铺陈其事不厌其详，岂是三日之内所能写就？温公之说，显为失实。况‘车骑’与‘骠骑’不同，误认‘冯京’为‘马凉’，亦难免贻笑后人也。”②

笔者按：李氏驳温公之论，唯“车骑”很难讹作“骠骑”可采，其余不足为据。

（二）王音乃王商之误

倡此说者为近人陆侃如。陆侃如在《扬雄与王音、王商之关系》一文（载《大公报·文史周刊》第39期）中提出“王音乃王商之误”的说法，其主要依据是“音与商形近易讹”。

针对陆氏说法，李周龙评论说：“商、音二字固形近易讹，然‘卫’字恐难误作‘车骑’，盖二者实不相侔也……况班固时近扬雄，亲见扬子云《家牒》与刘歆《七略》，所言必不差谬矣！”③

笔者按：汉成帝阳朔三年（前22）八月，大司马大将军王凤卒，九月，王音继任

---

① ［宋］司马光：《资治通鉴》，中华书局2007年版，第1031页。

② 李周龙：《扬雄学案》，台湾师范大学国文研究所1979年版，郫都区子云学校翻印，第45页。

③ 同上。

大司马，封车骑将军；扬雄时年31岁。成帝永始二年（前15）正月，王音卒，三月，王商继任大司马，封卫将军；扬雄时年37岁。成帝元延元年（前12）十二月辛亥，王商卒，十二月庚申，王根继任大司马，封骠骑将军；扬雄时年40岁。可见，温公、陆氏为合于扬雄“年四十余”自蜀入京的记载，故有以上二说。但是，诚如李周龙所说，二说均不合常理，是不足采信的。

（三）“约辞”说

倡此说者为王先谦。王氏在其《汉书补注》中说：“《三史拾遗》曰：‘雄以天凤五年卒，年七十一，则成帝永始四年，年始四十有一。而王音之薨，乃在永始二年正月。使果为音所荐，则游京师之年，尚未盈四十也。’窃以为雄之至京师，当在音卒之前年，固未及四十，而史称四十余者，约辞也。”①

笔者按：王音卒时，扬雄年三十八；以史载王音“召为门下史，荐雄待诏”等事来看，扬雄至京之年与王音卒年，至少应有一年至两年的距离。换言之，照情理推测，至京时的扬雄不过三十五六岁。将三十五六岁称作“年四十余”，绝非史家笔法。因此，“约辞”说亦有悖情理，难以令人信服。

（四）“时日讹乱”说

持此说者为李周龙。李氏在其《扬雄学案·年谱》中说：“子云自蜀来游，当在三十八岁，王音召以为门下史，又荐为待诏。疑其时手续繁杂，行政迟缓，故久久未见召，于是蜀人杨庄乃复为之荐。及雄赴待诏之时，或已永始三年。时音死已久，而子云亦已年届不惑矣！事后追忆，人名易记，而时日则难免讹乱。遂含胡言之，谓‘年四十余’。”②

笔者按：此说与“约辞”说相近，但李氏所述理由更加不近情理。其不近情理者有三。“待诏”非朝廷正式官员，何用“手续繁杂”方得召见？此其一。王音乃一人之下、万人之上的大司马，其“荐雄待诏”必直陈皇帝，焉有“行政迟缓”尚需“蜀人杨庄乃复为之荐”的道理？此其二。修史无不是“事后追忆”，《汉书》所载他人事迹尚且年月日不差，罕有“讹乱”；而扬雄是班固极其敬重之人，且扬雄之殁距班固之生仅十五年，岂有“时日则难免讹乱。遂含胡言之”的道理？此其三。

（五）“三”字误作“四”字

倡此说者为清人周寿昌。周氏在其《汉书注补正》中说：“古四字作亖，传写时由

---

① 李周龙：《扬雄学案》，台湾师范大学国文研究所1979年版，郫都区子云学校翻印，第44—45页。

② 同上，第45—46页。

三字误加一画。应正作‘三十余’始合。”[①]

针对周说，李周龙评论指出：“使子云果于三十二岁游长安，则与下文‘岁余，奏《羽猎赋》’不符。此其失审也明矣！”[②]

杨福泉则赞成周说，他说：“扬雄写奏《甘泉》《河东》二赋的时间应该在汉成帝永始四年，并由此推断：扬雄至京的年龄，今传《汉书》本传赞文说‘四十余’确实错了，应是‘三十余’。先为王音门下史，后得王音和杨庄举荐，于永始二年或三年待诏。”[③]

笔者按：流传至今的古代文献，大多迭经后世传抄刊刻，其文字之衍脱讹误在所难免。故周说不无道理。但是，李周龙的质疑也值得注意。李氏认为，如果扬雄是三十二岁至京，时当成帝阳朔四年（前21），而他考定扬雄奏《羽猎赋》是在成帝元延二年（前11），故曰“则与下文‘岁余，奏《羽猎赋》’不符”。李氏是将“岁余”理解为扬雄至京一年多时间。杨福泉的“推断”是：扬雄三十余岁时“游京师”，作王音“门下史”数年，于永始二年或三年“待诏”，永始四年写奏《甘泉》《河东》二赋。杨氏的“推断”，是将“岁余”理解为扬雄“待诏”后的一年多时间，这是跟李周龙很不一致的地方。

以上五种分歧意见，可谓见仁见智，也足以说明扬雄“至京”的年代问题，确实是一个很值得探讨的问题。

二、扬雄“至京”年代考证

我们发现，讨论扬雄“至京”年代的古今学者，总是把王音作为关注点，却忽略了对《汉书·扬雄传·赞》全文的分析理解，尤其是忽略了其中“给事黄门，与王莽、刘歆並”一句话所传达的信息。笔者认为，正确理解“给事黄门，与王莽、刘歆並”一句的含义，是开启扬雄“至京”年代迷宫的钥匙。

“传赞”全文包含三层意思：“初，雄年四十余”至“岁余，奏《羽猎赋》，除为郎”为第一层，介绍扬雄进入仕途之不易；“给事黄门，与王莽、刘歆並”至“恬于势利乃如是”为第二层，赞美扬雄“恬于势利”的高尚人格；其余文字为第三层，介绍扬雄主要的学术成就及其影响。

---

① 李周龙：《扬雄学案》，台湾师范大学国文研究所1979年版，郫都区子云学校翻印，第45页。
② 同上。
③ 杨福泉：《扬雄至京、待诏、除郎、奏赋的年代问题》，《上海大学学报》2002年第1期。

常见的《汉书》版本，总是将“给事黄门，与王莽、刘歆並”一句话归入上文（如中华书局2007年版）。这样的标点，极易使人对“给事黄门，与王莽、刘歆並”产生错误的理解。正确的标点是：要么让这句话单独成句（在“除为郎”后面改逗号为句号），要么让它跟“哀帝之初，又与董贤同官”成为并列复句（将“刘歆並”后面的句号改为分号）。要知道为什么要这样改标点符号，就必须了解“给事黄门，与王莽、刘歆並”这句话的含义。

那么，“给事黄门，与王莽、刘歆並”究竟是什么意思呢？

很多人会说：因为王莽、刘歆都当过黄门侍郎，扬雄“除为郎”以后，不就跟他们一样了吗？

如果真是这样的意思，就该在“刘歆”之后加上“董贤”，不必另起一句“哀帝之初，又与董贤同官”。可见，“並”虽然有“並列”（即“同官”）的意思，但在这里并非指“同官”。何况这里还有“给事黄门”一句绝非多余的话。

汉代宫廷设“宦者署”，黄门郎、待诏都是其属员，在宦者署做事就叫“给事黄门”。《汉书·楚元王传》载刘歆事云：“歆字子骏，少以通《诗》《书》能属文召，见成帝，待诏宦者署，为黄门郎。”[①] 如果“给事黄门”一定是指黄门郎在宦者署做事，那就没有必要加上“哀帝之初，又与董贤同官”一句，只需在“刘歆”之后加“董贤”即可。

须知“並”字除“並列”一义外，还有“一起”的意思。细揣文意，此处“並”当是“一起”的意思。换句话说，“给事黄门，与王莽、刘歆並”是说：扬雄曾经跟王莽、刘歆一起在宦者署共事。

如果能够确定扬雄与王莽、刘歆一起“给事黄门”的时间，这对推定扬雄“至京”的年代无疑会大有帮助。

《汉书·王莽传》载：“阳朔中，世父大将军（王）凤病，莽侍疾，亲尝药，乱首垢面，不解衣带连月。凤且死，以托太后及帝，拜为黄门郎，迁射声校尉。”[②]《资治通鉴·成帝纪》载：“阳朔三年八月丁巳，凤薨。九月甲子，以王音为大司马、车骑将军。”[③] 这两则史料告诉我们：王莽凭着对叔父王凤的孝顺，于汉成帝阳朔三年被授以黄门郎，正式进入仕途；同年九月，王音继任大司马，封车骑将军。

可见，王莽“给事黄门”开始于阳朔三年（前22），时年24岁。至于“迁射声校尉”的确切时间，史书没有记载。不过，以王莽当时的背景来看，他任黄门郎的时间

---

① ［汉］班固：《汉书》，中华书局2007年版，第1967年。
② 同上，第4039页。
③ ［宋］司马光：《资治通鉴》，中华书局2007年版，第99页。

绝不会太长，有可能最多两年甚或一年。永始元年（前16），王莽已受封新都侯、迁骑都尉光禄大夫侍中，时年30岁。

扬雄与王莽一起“给事黄门”，只能是以“待诏”的身份，并非“同官”，而且只可能是在阳朔三年之后、鸿嘉元年（前20）之前。

刘歆任黄门郎“给事黄门”的时间较长。据《汉书·楚元王传》记载，刘歆任黄门郎始于汉成帝建始年间（前32—前28），至汉哀帝建平元年（前6）继父亲刘向任中垒校尉为止，长达二十余年。

所以，考察扬雄“给事黄门，与王莽、刘歆並”从而考定扬雄“至京”的时间，关键是在考察王莽任黄门郎的时间上。

笔者认为，扬雄自蜀至京的时间，不会早于阳朔二年（前23），也不会晚于鸿嘉元年（前20），最大的可能是阳朔三年末或阳朔四年初。根据如下：

第一，据《汉书·扬雄传》记载，扬雄在蜀时著《反离骚》《广骚》《畔牢愁》等多篇辞赋。其中《反离骚》尚有“汉十世之阳朔兮，招摇纪于周正”①。可见，成帝改元“阳朔”之初，扬雄尚在蜀地。以他写作《广骚》等其他作品所费时日来计算，写成《反离骚》之后，应该还在家乡逗留了大约一年时间，所以阳朔二年尚未进京。

第二，如前所述，阳朔三年秋天，王莽任黄门郎。以他任黄门郎一年或两年计算，如果扬雄晚于鸿嘉元年进京，便没有可能跟王莽一起“给事黄门”。以扬雄进京后，曾被王音“召以为门下史”还有一段时间计算，扬雄于阳朔三年（前22）“至京”的可能性最大。阳朔三年，扬雄31岁。

扬雄于阳朔三年“至京”，王音“荐雄待诏”事应在阳朔四年。为什么如此肯定？因为如果阳朔四年扬雄尚未获得“待诏”身份，他就没有可能跟王莽一起“给事黄门”了。传称“拜为黄门郎、迁射声校尉”，说明王莽升迁速度之快，“黄门郎”不过是他入仕需走的一个程序而已。西汉很多不是由“明经”入仕的人，大多是通过任“黄门郎”或“待诏”这个途径进入仕途的，不仅王莽是这样，刘歆、董贤、扬雄等人，莫不如此。黄门郎这个“程序”，刘歆走了二十多年，扬雄走了三十多年；而董贤只走了不到一年。那王莽能走多长时间？不会超过一年吧。

按理说，分析到这里，扬雄“至京”的年代应当是可以确定了；但是，如果扬雄是阳朔三年游京师，阳朔四年被王音荐为待诏，那么，“岁余，奏《羽猎赋》”的记载又变得很难理解了。

为什么很难理解？因为关于扬雄“四赋”的写作年代，尽管学术界一直存在诸多分歧，但是仍然有个比较一致的说法：《甘泉赋》《河东赋》《羽猎赋》三赋为成帝元

① ［汉］班固：《汉书》，中华书局2007年版，第3516页。

延二年（前11）作，《长杨赋》为元延三年作。传载“荐雄待诏，岁余，奏《羽猎赋》”。扬雄待诏后的“岁余”，当是成帝鸿嘉元年（前20），这跟《羽猎赋》的写作时间，差了整整十年。

这该如何解释呢？

笔者认为，最大的可能是“岁余”前面脱漏了一个“十”字，即“岁余”应当是“十岁余”。流传至今的古代文献，衍脱讹误比比皆是，数目字的错讹尤为常见。究其造成错讹的原因，大率有以下几个：要么因为误“三十余”为“四十余”在先，再版时编校者感觉“至京”时间与“奏赋”时间不合，故将“十”字删去；要么因为古书没有标点符号，各人的理解和断句往往有所不同，编校者受错误理解文意的影响，便直接将“十”字删去；要么因为出版刊刻时即漏刻了“十”字，以讹传讹，一直至今。

有人可能会说：西汉时的“待诏”连官阶都没有，“黄门郎”也不过相当于现今的“科级干部”；扬雄“待诏”以后毕竟是皇帝身边的御用文人，何至于要花上十年时间才挣到一个“黄门郎”的职位呢？

要知道，汉代读书人步入仕途的正道是所谓“察举”“征辟”，有点类似于前些年的推荐考大学和现在的人才招聘。但是被“察举”“征辟”的人，必须具备一个条件：即享有“明经”的声誉。“明经”即通晓儒家经术，而是否“明经”，主要看儒生所作“章句”文章是否符合朝廷经学博士的要求。青少年时代的扬雄，尽管“少而好学”“博览无所不见”“默而好深湛之思”，但是偏偏瞧不起那些追名逐利的“经学博士”，于是“不为章句，训诂通而已”①。这样，扬雄就成了没有专业文凭的“社会青年”。

同样是“社会青年”的王莽、刘歆、董贤，一个是外戚，一个是贵族，一个是皇帝的“情人”。他们不仅入仕的起点高，一干就是黄门郎；而且升迁的速度惊人，以至“权倾人主”。而扬雄仅仅是一个平民出身的文学青年，赏识他文学才华的王音死去之后，他就连一个靠山也没有了。加上扬雄又极不“识相”，身份卑微，却总是忧国忧民。汉成帝为求子嗣，不惜祭祀时大肆铺张；为讨赵飞燕姐妹欢心，竟在行幸时坏乱规矩。对此，扬雄不仅不讨好奉迎，竟然在“从上甘泉”之后“奏《甘泉赋》以风（讽）”。幸好之后所作的《羽猎赋》总算入了皇帝的法眼，才使他把戴了十年的“待诏”帽子换成了“黄门郎”。“黄门郎”这顶帽子，别人只戴一年、十多年，而他扬雄一戴就是二十多年！所以对于扬雄来说，在“待诏”这个位子上一待就是十年，应当是完全可能的。

班固亲自撰写的《汉书·扬雄传·赞》这段文字，充满了作者对扬雄的深切同情和热烈赞美。同情扬雄仕途的艰难，赞美扬雄人格的高尚，这是赞文的主题。谓王音

---

① ［汉］班固：《汉书》，中华书局2007年版，第3514页。

“奇其文雅”，说明扬雄具有真才实学；谓扬雄待诏“十岁余”才“除为郎”，说明扬雄仕途的坎坷；用王莽、刘歆、董贤的飞黄腾达，与扬雄的“三世不徙官”相对比，赞美扬雄“恬于势利”的高尚人格。如果不是“十岁余”而是“岁余”，不仅不能充分说明扬雄仕途的艰难，反而容易被人误解：扬雄凭着王音的举荐，很快就进入仕途，完成了由“社会青年”到政府官员的角色转换。

因此，从尊重历史的角度上说，今版《汉书》讹“三”为“四”和脱漏“十”字，不仅造成了“扬雄至京、待诏、除郎、奏赋的年代”等一系列问题的混乱，而且掩盖了班固撰写“传赞”的文意，实在是一种莫大的遗憾。

现将关乎本文讨论内容的扬雄“传赞”的部分文字的数字和标点订正如下：

> 初，雄年四（三）十余，自蜀来至游京师；大司马车骑将军王音奇其文雅，召以为门下史，荐雄待诏。（十）岁余，奏《羽猎赋》，除为郎。给事黄门，与王莽、刘歆並；哀帝之初，又与董贤同官。当成、哀、平间，莽、贤皆为三公，权倾人主，所荐莫不拔擢，而雄三世不徙官。及莽篡位……

较之今版《汉书》，除改“四”为“三”和增“十”外，修改标点共四处。修改的四处标点，最关紧要的是两处：一处是改“除为郎”后的逗号为句号，一处是改“与王莽、刘歆並”的句号为分号。改逗号为句号，避免产生扬雄与王莽一起“给事黄门”时就已经“除为郎”的误解；改句号为分号，才能使读者明确“给事黄门，与王莽、刘歆並”跟前面的叙述不在一个行文层次上，才能照应下句中的“又”字。至于改“荐雄待诏”后的逗号为句号，是为了使前后两句所述内容的时间距离更显豁。或许这样才合乎《汉书》作者表达的本意吧。

三、关于扬雄“奏赋”年代的分歧意见

关于扬雄“四赋”的写作时间，争议最多的是《甘泉赋》和《羽猎赋》。前者的争议，缘于扬雄“至京”年代的分歧意见；而后者的争议，则缘于《汉书》“成帝纪”与“扬雄传”记载的不一致。

（一）《甘泉赋》写作年代的分歧意见

1.“永始三年”说

倡此说者为托名刘歆的《七略》。《文选·甘泉赋》李善注云：“《七略》曰：‘《甘泉赋》，永始三年正月，待诏臣雄上。’《汉书》（永始）三年无幸甘泉之文，疑《七略》误也。”[①]

---

① 李周龙：《扬雄学案》，台湾师范大学国文研究所 1979 年版，郫都区子云学校翻印，第 47 页。

笔者按：据《汉书·成帝纪》，自成帝建始元年（前32）十二月朝廷"罢甘泉、汾阴祠"以来，迄至永始三年（前14）十月，朝廷都没有过祭祀甘泉泰畤、汾阴后土的活动，永始三年也没有成帝行幸甘泉的记载，故李善注曰"疑《七略》误也"。

2."永始四年"说

此说的代表人物为何焯。何在其《义门读书记》中说："雄生在宣帝甘露元年，至成帝永始三年为四十岁。班书赞中言年四十余，自蜀游京师，王音荐为待诏，则《甘泉赋》为四年所上。"①

台湾学者李周龙对何说首鼠两端，既说："此说亦不能称是。盖何氏未将王音拜大司马及薨年一考之也。"又说："平心而论，何焯之说最为可取。焯虽失考王音卒年，然谓《甘泉赋》永始四年，则与李善《甘泉赋·注》同。"②

3."元延二年"说

坚持这种说法的学者较多，可以沈钦韩为代表。沈在其《汉书疏证》中说："《成帝纪》，永始四年正月，元延二年正月、四年正月，俱有幸甘泉事。据此《传》下云：其三月，将祭后土；其十二月，羽猎。不别年头，则为一年以内之事。奏《甘泉赋》，当在元延二年，与《纪》方合。"③

李周龙则表示反对，其理由是："子云于永始元年至长安，三年待诏，岁余奏《羽猎赋》，则《甘泉》《河东》《羽猎》三赋，当是永始四年写进。"

（二）《羽猎赋》写作年代的分歧意见

扬雄因奏《羽猎赋》而"除为郎"，因此《羽猎赋》成为扬雄生平中一件大事，受到众多学者的关注。研究者们发现：据《汉书·扬雄传》记载，《羽猎赋》描写的"校猎"活动发生在元延二年十二月，《长杨赋》描写的"长杨观猎"发生在元延三年秋，应该是两次活动；但是，据《汉书·成帝纪》记载，汉成帝"元延二年冬，行幸长杨宫，从胡客大校猎"，元延三年没有"行幸长杨宫"的活动。对此，研究者们各有说法，其代表性观点主要有以下三种：

1."《帝纪》有误"说

此说以钱大昕为代表。钱在其《三史拾遗》中说："《传》云'其十二月羽猎'，即《纪》所书'冬，行幸长杨宫，从胡客大校猎'也。次年秋复幸长杨射熊馆，则《本纪》无之。盖行幸近郊射猎，但书最初一次，余不尽书耳。但（元延）二年校猎，无'从胡客'事，至次年乃有之。并两事为一，则《纪》失之也。"④

---

① 李周龙：《扬雄学案》，台湾师范大学国文研究所1979年版，郫都区子云学校翻印，第45页。
② 同上，第48—49页。
③ 同上。
④ 同上。

笔者按：钱大昕认为，《帝纪》元延三年不载“长杨观猎”，是因为“行幸近郊观猎，但书最初一次”，这是可以理解的；但是把元延三年才有的“从胡客大校猎”记在元延二年冬的“羽猎”的名下，这是将两件事混为一件事了，是《帝纪》的失误。

2.“《雄传》有误”说

持此说者为戴震。戴氏的说法见于钱大昕《三史拾遗》所引，钱氏说：“戴氏震以《本纪》元延三年无长杨校猎事，断为《传》误。不知《羽猎》《长杨》二赋原非一时所作：《羽猎》在元延二年，《长杨》则三年之秋，子云自序，必不误也。”①

3.“一事二赋”说

倡此说者为沈钦韩。沈在其《汉书疏证》中说：“《羽猎》《长杨》二赋，均是（元延）二年冬事。而《传》次序，一在当年，一在明年，盖以上赋之先后为次也。《羽猎赋》序，但言苑囿之广、泰奢以风（讽）。先闻有校猎之诏，逆作赋，在行幸长杨之前。及雄从幸长杨，亲睹搏兽，归奏此赋，在明年尔。盖雄于每篇自序作赋之由，故须别起。班但承其文耳，非有误也。”②

笔者按：沈钦韩认为，《羽猎》《长杨》二赋，不仅都是描写元延二年冬成帝“长杨观猎”一事，而且《长杨》不过是《羽猎》的续篇而已。《羽猎赋》作于“长杨观猎”之前，是凭空想象的产物；《长杨赋》是“长杨观猎”之后，据实补充的内容。两赋在扬雄序中“跨年”的原因，是因为奏赋的时间与观猎的时间“跨年”。

以上三种说法，孰是孰非，姑且不论，聊备参考而已。

四、扬雄“奏赋”年代考证

在确定扬雄“至京”的时间为成帝阳朔三年之后，扬雄写奏“四赋”的年代问题就变得简单多了。我们只需将《汉书·成帝纪》所载汉成帝的“行幸”活动，跟《汉书·扬雄传》所载“四赋”的序文相参证，便不难确定“四赋”的写作年代。

《汉书·成帝纪》载，成帝一年中“正月，行幸甘泉，郊泰畤；三月，行幸河东，祀后土”的情况共四次，分别是：永始四年、元延二年、元延四年、绥和二年。又载：“元延二年冬，行幸长杨宫，从胡客大校猎。”

《资治通鉴·成帝纪》载：“元延二年春正月，上行幸甘泉，郊泰畤。三月，行幸

---

① 李周龙：《扬雄学案》，台湾师范大学国文研究所 1979 年版，郫都区子云学校翻印，第 47—48 页。

② 同上。

河东，祠后土；既祭，行游龙门，登历观，陟西岳而归。”

以上史料显示：元延二年，汉成帝不仅行幸了甘泉、河东，还行幸了长杨宫；行幸河东时，在完成祭祀后土的仪式之后，还游历了龙门、历观、西岳等地。这是其他年份的“行幸”活动所没有的。

再来考察《汉书·扬雄传》所载“四赋”的序文。《甘泉赋》序曰：“正月，从上甘泉，还，奏《甘泉赋》以风。”《河东赋》序曰：“其三月，将祭后土……既祭，行游介山，回安邑，顾龙门，览盐池，登历观，陟西岳以望八荒……还，上《河东赋》以劝。”《羽猎赋》序曰：“其十二月羽猎，雄从……又恐后世复修前好，不折中以泉台，故聊因《校猎赋》以风。”

扬雄在“正月”前未署年号和年序，但在“三月”和“十二月”间均有“其”字。据上引《资治通鉴·成帝纪》元延二年三月“既祭……”所云，可知《河东赋》为元延二年作。诚如沈钦韩所云，“不别年头，则为一年以内之事”，“三月”和“十二月”前的“其”字，犹如今之所谓“该年”。这样，我们便有理由认为，《甘泉赋》《羽猎赋》二赋，亦为元延二年作。

《长杨赋》继《羽猎赋》之后作，既曰“明年”，则为元延三年作无疑。

现在的问题是：《帝纪》所载的成帝“行幸长杨宫，从胡客大校猎”是在元延二年冬，并且不载“羽猎”事；而《扬雄传》所序从成帝“长杨观猎”事是在“明年”（元延三年）秋。

这究竟是怎么一回事呢？

笔者认为，元延二年冬十二月的“羽猎”，是为“长杨观猎”训练仪仗队和安保人员的一次活动。扬雄既已将“羽猎”视为“长杨观猎”的开始，或者说视两事为一事，故以《校猎赋》名篇。班固理解扬雄用意，为了避免一事重见，故将“长杨观猎”系于“羽猎”活动之年而不单列“羽猎”之事。《汉书》这样的处理，既非如钱大昕所说“行幸近郊射猎，但书最初一次”，更不是如沈钦韩所说“以上赋先后为次”。

笔者如此解读的主要依据有以下几个：

第一，《羽猎赋》的命名值得玩味。描写汉成帝游幸的“四赋”，其他三赋均以游幸地名为赋名，只有《羽猎赋》或《校猎赋》是以活动内容为赋的名称。这是为什么？我们在赋的序和正文中都找不到“羽猎”活动的地点，说明“羽猎”就是在京师长安近郊开展的活动。还有一个佐证是：其他三赋的序文中，都有一个表示跟从成帝行幸归来的“还”字，唯独《羽猎赋》序中没有；因为观看“羽猎”并没有离开长安，所以才不会用“还”字来表示归来。何谓“羽猎”？颜师古注引服虔曰：“士负羽。”何谓“士负羽”，是说军士们戴着插有羽毛的头盔参加活动。这些头盔上插着羽毛的军士，不分明是由御林军充当的仪仗队吗？

第二，《羽猎赋》的序文暗藏玄机。“四赋”序文中，其他三赋都有表示皇上意义的“上”字，如《甘泉赋》序的“正月，从上甘泉”，《河东赋》序的“上乃帅群臣横大河、凑汾阴”，《长杨赋》序的“上亲临观焉”。唯独《羽猎赋》序中找不到这个“上”字。这是为什么？这分明是告诉读者，皇上并没有亲临“羽猎”现场，因为“羽猎”是一种非正式活动。这样，《汉书·成帝纪》元延二年不载“羽猎”的原因，不就找到了吗？从《羽猎赋》序末所云“然至羽猎，田车、戎马、器械、储偫、禁御所营，尚泰奢丽夸诩，非尧、舜、成汤、文王三驱之意也”来看，被扬雄批评为“泰（太）奢丽夸诩”的，也全是属于仪仗队所需要的物件。至于“三驱”，颜师古注云：“三驱，古射猎之等也。一为笾豆，二为宾客，三为充君之庖也。”可见，所谓“羽猎”者，确实只是一种演习性质的活动。由于这只是为“明年”成帝“大夸胡人以多禽兽”的“长杨观猎”作准备的活动，所以扬雄将它视为“长杨观猎”的开始，《汉书》则将它与“长杨观猎”并为一事而不单独记载。应当说，这也是序文谓之“羽猎”而赋名却是《校猎赋》的原因吧。

第三，《羽猎赋》《长杨赋》二赋的讽谏主题一致。“四赋”都是用于讽谏的作品，但讽谏的针对性不尽相同。针对汉成帝时代的弊端，《甘泉赋》之所“风（讽）”，是祭祀过于铺张和赵飞燕姐妹过分受宠幸；《河东赋》之所“劝”（鼓励），是成帝过分宠幸外戚而不思进取；而《羽猎赋》《长杨赋》之所“风”，是校猎严重扰民伤农。《羽猎赋》与《长杨赋》的讽谏主题虽然相同，但讽谏所用的手段却很不一样。《羽猎赋》是虚写，话说得很委婉，是在借批评前朝武帝放纵观游的话题之下，表示自己“恐后世复修前好”的担心；并且借歌颂明君对待观游的表现（“罕徂离宫而辍观游，土事不饰，木工不雕，承民乎农桑”①）来表达自己的希望（“立君臣之节，崇贤圣之业，未皇苑囿之丽、游猎之靡也”②）。《长杨赋》是实写，话说得很直白，不仅在序文中直陈“是时，农民不得收敛”的扰民后果，而且在赋文中借“子墨客卿”之口，几近愤怒地指出：“今年猎长杨……此天下之穷览极观也。虽然，亦颇扰于农民……岂为民乎哉！”扬雄所作“四赋”中，《羽猎赋》“虚写”的成分最重，可谓“极丽靡之辞，

---

① ［汉］班固：《汉书》，中华书局2007年版，第3553页。

② 同上。

闳侈巨衍，竟于使人不能加也”[1]，加之讽谏的主题较隐晦；因此，“帝反缥缥有凌云之志”[2]，扬雄也才得以因奏此赋而“除为郎”。很可能因为两赋讽谏主题的一致性，扬雄才会将描写“羽猎”场面的文章命名为《校猎赋》，以显示“羽猎”与“长杨观猎”在时间上的延续性；而《汉书》将元延三年的“长杨观猎”系于“羽猎”举行的元延二年冬，则是为了显示“羽猎”和“长杨观猎”的同质性。这应当是《汉书》“并两事为一”的原因和依据，而不是所谓“失误”。

通过以上考证之后，我们完全有理由认为：《甘泉赋》《河东赋》《羽猎赋》写奏于汉成帝元延二年，《长杨赋》的写奏时间为元延三年；扬雄“除为郎”的时间在元延二年或者三年，考虑到“羽猎”在年末岁尾的“十二月”，最大的可能是元延三年（前10）“除为郎”。

必须强调的是，对《传赞》的行文目的来说，“岁余”前面脱漏的“十”字非常重要。没有了这个“十”字，扬雄只不过是借重权势者的力量顺利步入仕途的读书人，无法让人感受到一个平民知识分子没有“明经”资格而入仕的艰辛。扬雄这样的“文雅”之士，哪怕经王音这样的高官举荐，也是在做了“十岁余”的待诏之后，才因为所奏《羽猎赋》称了皇帝心意而被“除为郎”，其入仕之艰辛便不能不令人同情了。介绍扬雄的入仕经历，为什么要提到王莽、刘歆、董贤？这不仅因为他们都跟扬雄一样做过黄门侍郎，更因为他们三人，一个是外戚，一个是贵族子弟，一个是皇帝的“情人”。他们的平步青云以至“权倾人主”，与扬雄的入仕艰难以及“三世不徙官”，正好形成鲜明的对照。但是漏掉这“十”字以后，对照所应当产生的感染力便大大地减弱了。

还必须强调的是，当笔者按照“给事黄门，与王莽、刘歆並”顺藤摸瓜一步步追寻下去，发现王莽只可能在阳朔三年或者四年跟扬雄一起“给事黄门”的时候，简直惊呆了！因为这一发现，是以无可辩驳的历史事实，证明自蜀入京时的扬雄确实是“年三十余”，而不仅仅是因为“传写时误加了一画”将“三”字误作“四”字那么简单。有了这一发现，才使笔者进一步发现“岁余”至“除为郎”应当独立成句；否则，上下文的衔接会存在逻辑上的毛病（见前面的相关分析）。这样，才又根据《羽猎赋》的写作年代与“至京”年代之间的间隔，得出“岁余”应当是“十岁余”的结论。补上“十”字之后，细读原文，才发现这个“十”字在这段文字中的重要作用。

---

① ［汉］班固：《汉书》，中华书局2007年版，第3575页。

② 同上。

结 语

在讨论扬雄“至京、待诏、除郎、奏赋的年代问题”的时候，此前的古今研究者，总是把关注的焦点集中到与扬雄有直接关系的王音身上，并且大多就事论事地来讨论问题。本文转变思路，避开扬雄“年四十余”与王音卒年的矛盾，采用探讨扬雄与王莽一起共事的年代的方法，得出扬雄自蜀入京时“年三十余”的结论，从而合理地解释了扬雄入仕时的其他相关问题。

本文探讨问题的思路是否正确、方法是否科学、结论是否可靠，既有待历史的检验，更欢迎时贤的批评。

（作者单位：西华大学人文学院）

扬雄乐山遗迹调查及初考

唐长寿

内容提要： 乐山市境内历史上有五处扬雄遗址，它们均载于北宋及其后的文献中。现在的实物只有市中区的“太玄洞”、犍为县的“子云洞”和“子云亭”的柱础。乐山众多的扬雄遗迹，尤其是所谓扬雄“避难来居”的遗迹，其真实性有待考证。这些遗迹基本上产生在北宋以后，或许有先贤为了让后人不忘掉扬雄而附会的可能。

关键词： 扬雄；乐山；遗址

乐山山川秀美，自古为文人修身养性、吟诗作文之地。乐山在宋代建的“尊贤堂”（王象之《舆地纪胜》卷一四六《嘉定府》载：“尊贤堂。在府治，有李太白等八画像。”），在明清时建的“寓公祠（庙）”以纪念曾在乐山居留过的文化名人，列入“寓公”八人，其中一位就是扬雄。（明万历《嘉定州志》载：“寓公祠，在龙泓。祀陆通、扬雄、郭璞、李白、邵博、苏轼、黄庭坚、晁公武。”）

在乐山市中区、犍为县、五通桥区、沐川县等地都有扬雄遗迹。据文献记载和笔者近年来的实地调查，扬雄在乐山的遗迹有五处之多，现分别介绍如下：

1、市中区观斗山扬雄旧宅。该遗迹位于是乐山古城西斗山乐师附小校址，是乐山最早载于史籍的遗址，北宋《新定元丰九域志》载：“延祥观，旧名扬雄观，本雄旧宅。至道三年赐额。”可知北宋时，人们已经认可了延祥观是扬雄遗迹，故宋代诗人陈兑有《延祥观》诗道：“延祥观是扬雄宅，好住玄门第一流。”

而南宋王象之就直接称该山为扬雄山，他在《舆地纪胜》卷一四六《嘉定府》中说：“扬雄山，在府治西，有洞深邃，子云隐居于此，遗像存焉。”这个洞有名，称“读书洞”。洞临大渡河，当为汉晋崖墓改造而成。王象之接着说：“读书洞。在后溪延祥观。观有子云读书洞，洞有子云像，高三尺许，旁有二人列侍。……今有杨徽之、宋白诸公诗。真迹具存。”北宋时在嘉州当过县令的杨徽之和宋白还曾题诗于壁。南宋另一位历史地理学家祝穆也认可这一说法，他在《方舆胜览》中道：“扬雄山，在府治西。有洞深邃，子云隐居于此。”

明万历《嘉定州志》有类似记载：“扬雄曾寓此。城西一里有扬雄山，石洞幽邃，先辈题咏颇多且雅。”曹学佺在《蜀中名胜记》记道：“予观嘉州新志，城西一里，有扬雄山，石洞幽邃，相传以为子云游此，有子云草亭。”难得地记录了子云亭。不过，这子云草亭在他之前已有记载。如蔡祯就作《子云草亭》诗道：“独步城西路，萧条一草亭。古苔环径碧，修竹绕轩青。石凿观书所，碑镌陋室铭。草玄今已矣，千载想仪形。”明确说在读书洞中有“南阳诸葛庐，西蜀子云亭”句刻在碑上，大约认定了刘禹锡所说的子云亭就在此处。因此，清同治《嘉定府志》也就不客气地说：“扬雄故宅。在扬雄山，旧名扬雄观，有西蜀子云亭。”

明人程鼎又有《子云草亭》诗道：“古亭无主山城里，石径斑斑吐花絮。断碣犹存汉字书，我来细读良有以。”子云亭没人照管，果真“萧条一草亭”。明人夏宏还有诗道：“载酒无人来问字，题词有客为镌铭。紫阳书法春秋笔，千古兹山得地灵。”因扬雄遗迹，扬雄山堪称灵山胜地。

到清代，山上建起了先农坛，成为“每岁祀先农行耕耤礼之所”，子云亭、读书洞均成了历史陈迹，山名也变成了巴蜀各地屡见不鲜的观斗山。但民国《乐山县志》仍说：“扬雄山，城西一里。旧名扬雄观，有西蜀子云亭。”“惟观斗山相传子云故宅在此。”对扬雄在乐山留下的遗迹念念不忘。抗战时期，观斗山成为西迁乐山的武汉大学校址之一，武汉大学在山上办起了机械实习工厂。其后，有关当局临河开拓公路，读书洞随之不复存在。再后，山上办起了乐山师范附属小学。再经半个多世纪后，到今天，在房地产开发的热潮中，推平山头建设一个楼盘。笔者最近调查发现，小小的山头又去掉了一半，变成一座名为“观景文符”的电梯公寓。观斗山，与扬雄越来越远了。

2、市中区象鼻山太玄洞。位于乐山城西徐浩，临青衣江。又名扬雄山。民国《乐山县志》载：“扬雄山，城西二十里，俗名象鼻山。山麓有洞，洞口有篆刻‘太玄’二字。”洞在山腰，名太玄洞。又载：“太玄洞，城西二十里扬雄山。洞口有篆文‘太玄’二字。”笔者二十多年前调查，此洞尚存，保存较好。该洞本为崖墓，墓门上所题为“太玄洞”三字而非“太玄”二字。字清晰可辨，但非“篆刻”。

3、五通桥区金粟镇南子云亭。陶澍在嘉庆十五年（1810）买舟顺岷江南下，阴历九月二十五日路过，后在日记中记道："木子场，十五里子云亭，扬雄尚寓此。"木子场即磨子场，正名金粟镇，当时属犍为县，今属五通桥区。犍为八景之一的"金粟秋芳"就在此地。

光绪二十八年（1902），俞陛云乘船出川，在《蜀游诗记》阴历九月二十四日记道："十五里子云亭，为扬雄故寓，峰际有空亭独峙。"特别提到子云亭建于山顶之上。显然是一座风景名胜纪念建筑。

光绪二十九年（1903），傅崇矩乘船南下，在《傅樵村游记》一文中记录一路里程景物，有这样一笔："磨子场，可泊。下游有子云亭，为扬雄故址。"

光绪三十一年（1905），日本教师山川早水畅游巴山蜀水，游历至金粟镇南，落笔记道："磨子场之下游有一个小亭，叫子云亭，是扬雄之故址。"

从四人的记载中，我们得知，自 19 世纪初以来约一百年间，磨子场下游一直存在一座子云亭，它静静地站立在岷江河畔，为扬雄遗址做了一个标识。笔者为此在二十多年前和两年前两次专程到金粟镇南调查，惜一无所获。

4、犍为紫云山子云亭。位于县南岷江西岸紫云山。紫云山本作子云山，南宋犍为县令左震《兴文楼记》载："子云之山，杳霭烟岚，若隐若现，犹有草元之余风。"可为明证。王象之《舆地纪胜》载："子云山，在犍为县南五里，旧经云子云隐居之地，下有扬雄滩。"同样写作子云山而不作紫云山，并明说是扬雄隐居之地，山下江滩也名扬雄滩。扬雄遗迹明也。

宋末，因山为城抵抗元军。但该山城在《宋史》《元史》中不是顺理成章地写作子云城，而记作"紫云城"，是"紫"不是"子"，令人不解。

到明代，曹学佺在《蜀中名胜记》中载："子云城，在县南三十里。昔扬子云避难于此，后人增筑为城，今水月寺是其故址，俗讹为紫云城。"清乾隆时，李元在《蜀水经》中又说："江水又南经紫云城。德祐初昝万寿以紫云城降元，即此城也。紫，子音讹，不足据也。"均认为紫云城是"子"音讹为"紫"之故，此说不无道理。

子云山为扬雄隐居之地，山上建有纪念建筑子云亭。但始建年代似乎在清代。清康熙时嘉定州知州张芑作有《行经子云亭》诗："遥望子云亭，青峰殊缥缈。古人贵著述，随地可终老。"可知清初已有子云亭了，张芑并认为扬雄确在山上动过笔，著过述，说不定还在此终老一生。对此，同治《嘉定府志》还找到考古学上的证明："旧有子云亭，昔人尝于其处得遗砚，如今制，但去圭角。"而嘉庆《犍为县志》干脆叫作"扬雄草元砚"，道是："扬雄草元砚，昔人掘地得之。"

乾隆《犍为县志》对山上扬雄遗迹的记载较多："子云山。在县南二十里，汉扬雄隐居，构亭于上。刘禹锡《陋室铭》所谓南阳诸葛庐，西蜀子云亭是也。绝顶一池，不盈不涸，理不可解。邑令胡公学戴伐石题‘悬池’二字。”又说：“子云亭右有洞，石床丹灶森然胪列，依稀一仙境也。王叔伦书：‘大儒不文，下笔动九天风雨；大将不武，挥戈扫万里烟尘。’于洞石壁题曰‘子云仙境’。乾隆间邑令宋锦率众重修。”李元《蜀水经》又说：“摩崖刻‘云亭晓烟’四字。”

清代，子云山上还建有子云书院，嘉庆《犍为县志》载：“子云书院，县南二十五里，今为水月寺。宋邵伯温故宅也。知县宋锦建亭寺左，祀子云。”

1922年，犍为县知事冷遇春、县人杨子诚募捐培修，对子云亭做了一次维修。1954年，紫云村农会为了交公粮，打起了子云亭木料的主意，子云亭被拆毁，只剩其柱础。笔者二十多年前和三年前两次调查，发现只有子云洞、“云亭晓烟”石刻、“紫（子）云仙境”等石刻尚存。其中，“云亭晓烟”石刻共有两幅，刻于临岷江的子云山山崖上，年代分别为乾隆年间和嘉庆年间。说明犍为八景之一的“云亭晓烟”之景在乾隆时就有了。

5、沐川县炭库乡“子云筑室”。该遗址位于沐溪河畔。康熙《四川总志·古迹》载：“子云筑室，沐川司西北，存故址。”清张九章有《扬雄宅》诗叹道：“扬子谈经处，于今怅沐川。问奇还载酒，寂寞无人焉。”同治《嘉定府志》道：“汉扬雄故宅，（犍为）县东南十五里子云山。雄，江原人，初迁沐川，继迁犍为。”文中所说的“初迁沐川”的落脚点，即指炭库乡“子云筑室”。笔者几年前调查，发现该地老街及民居保存较好，古风尚存，但“子云筑室”已无迹可寻。

现在，乐山的五处扬雄遗迹，由于地方上重视不够，保护不善，大多只见于文献了。实物只不过市中区象鼻山“太玄洞”、犍为县子云山“子云洞”“子云亭”柱础而已。

扬雄在四十余岁进京后，再无返蜀的记载，最后也葬于京都。乐山众多的扬雄遗迹，尤其是所谓扬雄避难来居的遗迹，其真实性有待考证。这些遗迹基本上产生在北宋以后，或许有地方先贤为了让后人不忘掉扬雄而附会、打造的可能。

明袁子让在《洗墨池亭记》中说：“古词人墨客，为世所重，所寄迹之乡，山水俱有荣焉。”山水需词人墨客方成其为名胜，故前人建设名人遗迹为文化胜地为必然，此其一。宋何涉《墨池准易堂记》说：“后人思其贤而不得见，立亭池端，岁时来游，明所以景行向慕。”高山仰止，景行行止，故前人建设名人遗迹为教育基地为必然，此其二。为了山水有荣，为了思贤向慕，乐山多处扬雄遗迹正是这样来的吧？

对西蜀大地上的扬雄遗迹，乾隆《犍为县志》评说颇有见地：“扬子云，儒者耳，位不过给事黄门。然千古以下，莫不悲而吊之。身之所履，皆成名迹，传为美谈。彼王侯公卿，歌楼舞馆，百年之后化为荒丘者，不知其几矣？求如子云者，何可得乎？故生前之乐不如身后之荣也。”

图一

图二（1）

图二（2）

图三

图四（1）

图四（2）

图五

图六（1）

图六（2）

附图：

图一：乐山市中区子云山（唐长寿摄）

图二（1）（2）：乐山市中区太玄洞（唐长寿摄）

图三：犍为子云山子云洞（罗长安摄）

图四（1）（2）：犍为子云山子云亭遗址柱础（罗长安摄）

图五：犍为子云山“云亭晓烟”碑刻（唐长寿摄）

图六（1）（2）：沐川炭库乡（网络图片）

（作者单位：四川省乐山市文化局）

“扬雄文化”研究

对千秋孤圣扬雄的传神写照

——陶渊明《五柳先生传》发覆

范子烨

内容提要： 传统的陶渊明“自传说”是人们对于《五柳先生传》的基本认知。这种认知也构成了一种强势的阐释传统。本文基于对该传文本与《汉书·扬雄传》的互文性关系以及《宋书·陶潜传》删节改传最后一段的基本事实的发现，通过论证，揭示了该传为汉代新圣扬雄的精神性传记的千古隐秘。在汉唐之间，扬雄有圣人之目，是士林群英普遍崇拜、推尊的圣人。柳下惠是道德的象征，扬子是哲理的象征，陶公是诗性的象征，他们三位一体，融合为《五柳传》中的五柳先生。在这三位巨人之间，存在一种对共同意义的分有，即道德、情感、良知、理性与诗性，其核心是具有普适性的自由精神，或称“五柳精神”。

关键词： 陶渊明；《五柳先生传》；扬雄；《汉书·扬雄传》；柳下惠

经典是时间选择的产物。《五柳先生传》（以下简称为“《五柳传》”）既是一篇有声有色有味的文学杰作，也是一篇有情感有厚度有力度的不朽经典。每读此传，我的心中都会升起一种黎明的感觉，一股和煦的和暖的轻柔的轻盈的微风从一个清明的世界的窗口徐徐吹来。“野水多于地，春山半是云。”（宋赵师秀《薛氏瓜庐》诗）①《五柳传》确实具有这样的一种诗性之美，然而斯美从何而来，则似乎总难把握。如果说《五柳传》在陶渊明的文学世界中处于核心位置的话，那么，通过对它的科学解读，或许我们可以找到进入这个世界的一把秘钥。德国哲学家伽达默尔说：“对于研究者来说，在科学中具有决定意义的就是发现问题。但发现问题则意味着能够打破一直统治

① 《全宋诗》第五十四册，北京大学出版社 1998 年版，第 33845 页。

我们整个思考和认识的封闭的、不可穿透的、遗留下来的前见。具有这种打破能力，并以这种方式发现新问题，使新回答成为可能，这些就是研究者的任务。”① 在这里，笔者提出一个有关《五柳传》的基本问题：五柳先生究竟是谁？由此问题出发，本文拟深入揭示陶渊明与扬雄的关系，借以彰显扬雄的文化功业以及由此铸就的其在我国中古时代的神圣地位。

一、关于阐释《五柳传》的种种“前见”

先看人们普遍尊奉的传统解说以及不同于传统的种种“异说”，这就是伽达默尔所说的“前见”。九年义务教育三年制初级中学教科书《语文》第三册对《五柳传》所作的《阅读提示》说：“本文是陶渊明托名五柳先生写的自传，五柳先生的形象就是陶渊明的自画像。全文不足二百字，语言朴素洗练，看似平淡却寓意深刻。”② 这是国人对《五柳传》的基本看法，其渊源是近一百年来文学史家们对《五柳传》的解读。如郑振铎在《插图本中国文学史》中指出：

> 东晋之末，有诗人陶渊明，他的散文和他的诗一样，全然是独立于时代的风尚以外的。貌若澹泊，而中实丰腴，和当时一般的作品，惯以彩艳来掩饰其浅陋者，恰恰立于相反的地位。他的《五柳先生传》是自叙传，是个人的自适生活的写真③。

游国恩《中国文学史》指出：

> 他的散文都是用朴素简洁的文笔描写真实的思想感情，真切而且传神。《五柳先生传》是诗人自撰的小传。在不到二百字的篇幅中，以精粹的笔墨描写他的爱好、生活态度以及思想性情等各个方面，把诗人的性格形象地勾画了出来④。

袁行霈《中国文学史》指出：

> 《五柳先生传》只有一百二十多字的本文和四十多字的赞语，却为自己留下一篇神情毕现的传记。……在陶渊明之前，司马迁写过《自序》，王充写过《自纪》，但那分别是《史记》和《论衡》的自序，带有自传性质而已。阮籍写过《大人先生传》，虽然借着大人先生表现了自己的志趣，但并不是自传。陶渊明的《五柳先生传》取正史纪传体的形式，但不重在叙述生平事迹，而重在表现生活情

---

① ［德］伽达默尔：《诠释学》II《真理与方法——补充和索引》，洪汉鼎译，商务印书馆 2013 年版，第 65 页。

② 《语文》（九年义务教育三年制初级中学教科书），人民教育出版社 2001 年版，第 129 页。

③ 郑振铎：《插图本中国文学史》第一册，人民文学出版社 1957 年版，第 251 页。

④ 游国恩等主编：《中国文学史》（修订本）第一册，人民文学出版社 2002 年版，第 285 页。

趣，带有自叙情怀的特点，这种写法是陶渊明的首创。此后，王绩的《五斗先生传》、白居易的《醉吟先生传》都是深受其影响的。《五柳先生传》在一百多字的篇幅中，以极其简洁的笔墨表达了不同流俗的性格，清楚地划出一条与世俗的界限，从而塑造了一个清高洒脱、怡然自得、安贫乐道的隐士形象。五柳先生遂成为寄托古代士大夫理想的人物形象①。

基于此种“共识”，这部文学史对陶渊明的生平做了这样的介绍：“陶渊明（365—427），又名潜，字元亮，号五柳先生，浔阳柴桑（今江西九江附近）人。”② 而宇文所安在其著名的《自我的完美镜像——自传诗》一文中更是盛赞《五柳传》（*Biography of Five Willows*）为“first great autobiographer”（“第一篇伟大的自传”）③，代表了西方学术界对这篇作品的基本看法。秘鲁著名汉学家、秘鲁天主教大学教授吉叶墨·达尼诺·里瓦托（Guillermo Da·Ino Ribatto）的译作《五柳先生诗选》（*El Maestro De Los Cinco Sauces*）也于2005年11月在秘鲁出版④。事实上从南北朝直到当代，多数人对此并无异议，我们读这些作品：

（1）肩吾居异道南……况乃交垂五柳，若元亮之居⑤。

（2）寻五柳之先生，琴尊雅兴⑥。

（3）瞻云望鸟道，对柳忆家园⑦。

例（3），上句化用陶诗“忘云惭高鸟”（《始作镇军参军经曲阿》），下句化用“宅边有五柳树”，其他语句一望即知其与《五柳传》的关系。至初唐时代，史家李延寿正式将五柳情事纳入《南史》卷七五《陶潜传》：“少有高趣，宅边有五柳树，故尝著《五柳先生传》云：……”⑧ 更为此事张目。于是，一股强劲的五柳风潮席卷了李唐与赵宋。如李白诗：“笑杀陶渊明，不饮杯中酒。浪抚一张琴，虚栽五株柳。”（《嘲王历阳不肯饮酒》）⑨“我生君之后，相去五百年；每读五柳传，目想心拳拳。”（白居易

---

① 袁行霈主编：《中国文学史》第二册，高等教育出版社1999年版，第83页。

② 同上，第71页。

③（美）林顺夫、宇文所安主编：《抒情之声的生命力：东汉至唐代的诗歌》，普林斯顿大学出版社1986年版，第81页。

④ 见中华人民共和国驻秘鲁大使馆网站：http://www. fmprc. gov. cn/ce/cepe/chn/kjww/t223459. htm。

⑤［梁］庾肩吾：《谢东宫赐宅启》，［清］严可均校辑：《全上古三代秦汉三国六朝文》第四册，中华书局1958年版，第3341页。

⑥［梁］萧统：《锦带书十二月启·夹钟二月》，［清］严可均校辑：《全上古三代秦汉三国六朝文》第三册，中华书局1958年版，第3062页。

⑦［陈］阴铿：《和侯司空登楼望乡诗》，逯钦立辑校：《先秦汉魏晋南北朝诗》第三册，中华书局1983年版，第2455页。

⑧［唐］李延寿：《南史》第六册，中华书局1975年版，第1856页。

⑨ 瞿蜕园、朱金城校注：《李白集校注》下册，上海古籍出版社1980年版，第1353页。

《访陶公旧宅》)[①] 类似的诗句在唐宋人笔下俯拾即是。有趣的是，1928 年胡适游庐山，在探访陶渊明故里的途中阅读《庐山志》，他看到宋人周必大《庐山后录》中有一首前人的题诗："五字高吟酒一瓢，庐山千古想风标。至今门外青青柳，不为东风肯折腰。"[②] 于是适之先生在《庐山游记》中写道："我读此诗。忽起一感想：陶渊明不肯折腰，为什么却爱那最会折腰的柳树？今日从温泉回来，戏用此意作一首诗：《陶渊明同他的五柳》。"这就是他后来赠送给顾廷龙先生的墨宝，全文如下：

当年有个陶渊明，不惜性命只贪酒；骨硬不能深折腰，弃官归来空两手。瓮中无米琴无弦，老妻娇儿赤脚走。先生高歌自嘲讽，笑指门前五棵柳：看他风里尽低昂，这样腰肢我没有。宋人诗云：五字高吟酒一瓢，庐山千古想风标。至今门外青青柳，不为东风肯折腰？我游庐山，寻渊明故里，偶忆此诗，试反其意，作短歌。

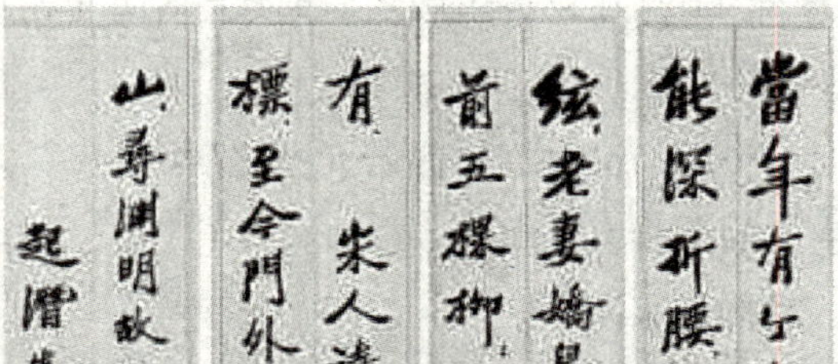

胡适墨宝

① ［唐］白居易：《白居易集》第一册，中华书局 1979 年版，第 129 页。

② ［清］厉鹗：《宋诗纪事》卷九十六题作《陶公醉石》，上海古籍出版社 1983 年版，第 2311 页。

而1944年，陈寅恪在《历史语言研究所集刊》上发表了著名的《〈魏书·司马睿传〉“江东民族”条释证及推论》一文，他在考证溪人的缘起时，推论“溪之一族似亦属天师道信徒”，“此点与陶渊明生值晋宋之际佛教最盛时代，大思想家如释惠远，大文学家如谢灵运，莫不归命释迦，倾心鹫岭，而五柳先生时代地域俱与之连接，转若绝无闻见者，或有所关涉”[①]。上述情况足以表明，五柳先生等于陶渊明，乃是古人与今人的共识，这种共识也构成关于《五柳传》的基本常识。用胡适的老师杜威的话来说，这是一种“集体理智”，“已经变成了有权威性的东西”[②]。但是，为什么“不慕荣利”“忘怀得失”的陶渊明会为自己作传，并且借古代一位贤妻之口赞美自己？《大集经》载六十四种恶口之业有“自赞叹语”[③]，与“说他过语”等六十三种恶口同列，陶公一代大贤为何对此毫无顾忌？《归园田居》其五说“方宅十余亩，草屋八九间”，《五柳传》却说“环堵萧然，不蔽风日”，这两种自述是否有矛盾？众所周知，古代关于陶渊明的传记并没有陶渊明“号五柳先生”的记载，与《南史·陶潜传》不同，陶宅五柳也不见于其他传记，而“自况说”则为各传普遍尊奉：

潜少有高趣，尝著《五柳先生传》以自况。（《宋书·陶潜传》）[④]

渊明少有高趣，博学，善属文；颖脱不群，任真自得。尝著《五柳先生传》以自况。（萧统《陶渊明传》）[⑤]

潜少怀高尚，博学善属文，颖脱不羁，任真自得，为乡邻之所贵。尝著《五柳先生传》以自况曰……（《晋书·陶潜传》）[⑥]

盖以自况，时人谓之实录。（《南史·陶潜传》）[⑦]

少怀高尚，著《五柳先生传》以自况，时以为实录。（《莲社高贤传》）[⑧]

“自况”当然就是自比的意思。很多文化名人都喜欢以古人自比。如《蜀志·诸葛亮传》：

亮躬耕陇亩……每自比于管仲、乐毅，时人莫之许也[⑨]。

《魏书》卷三五《崔浩传》：

---

① 陈寅恪：《金明馆丛稿初编》，生活·读书·新知三联书店2001年版，第93页。

② （美）杜威：《人的问题》，傅统先、邱春译，上海人民出版社2014年版，第87页。

③ 北凉天竺三藏昙无谶于姑臧译《大方等大集经》卷第八《海慧菩萨品》第五之一，《大正新修大藏经》，第13册，No. 0397，0051a22。

④ ［梁］沈约：《宋书》第八册，中华书局1974年版，第2286页。

⑤ ［梁］萧统：《陶渊明传》，［清］严可均校辑：《全上古三代秦汉三国六朝文》第四册，中华书局1958年版，第3068页。

⑥ ［唐］房玄龄等：《晋书》第八册，中华书局1974年版，第2460页。

⑦ ［唐］李延寿：《南史》第六册，中华书局1975年版，第1856页。

⑧ 《陶渊明资料汇编》上册，中华书局1962年版，第10页。

⑨ ［晋］陈寿：《三国志》第四册，中华书局1959年版，第911页。

性敏达，长于谋计。常自比张良，谓己稽古过之[①]。

《南齐书》卷二三《王俭传》：

作解散髻，斜插帻簪，朝野慕之，相与放效。俭常谓人曰："江左风流宰相，唯有谢安。"盖自比也[②]。

杜甫《自京赴奉先县咏怀五百字》：

许身一何愚，自比稷与契[③]。

《江南通志》卷一六五《人物志》：

张庆之，字子善，吴人。弃举子业，精思经史百氏，拟《太元》作《测灵》，撰《孔孟衍语》《老子注》，号海峰逸民。自为传，以伯夷、蒋诩、陶潜自况[④]。

陈寅恪《自比陶潜·重九日作》：

错认穷秋是晚春，重阳风雨送萧晨。黄花不见何由采，空负东篱自在身[⑤]。

如果把人物本体（诸葛亮等）与其借以自比的古人划等号，这无疑是荒唐的。有鉴于此，邵明珍撰文指出："《五柳先生传》与其说是一篇'自传'，还不如说是一篇貌似自传的带有小说意味的'自况'文。"[⑥] 但更早的质疑来自清代著名学者张廷玉（1672—1755）：

余二十岁时读陶渊明《五柳先生传》，以为此后人代作，非先生手笔也。盖篇中"不慕荣利"、"忘怀得失"、"不戚戚于贫贱，不汲汲于富贵"诸语，大有痕迹，恐天怀旷逸者不为此等语也。此虽少年狂肆之谈，迨今思之，亦未必全非。（《澄怀园语》卷一）[⑦]

他认为《五柳传》不是陶公的亲笔，而是他人的代笔，在他看来，以陶公之为人风范，绝不会充当一个顾盼自雄的传主。因为作为一代"天怀旷逸"的大诗人不会在"自传"中大量袭用前人的语言。据此，王振泰认为《五柳传》的传主是陶渊明的父亲，并且进行了深入的论证[⑧]。薛顺雄追溯了在陶渊明之前我国古典文学写柳的艺术传统，认为《五柳传》生成于这一传统之中，特别指出："'柳'对陶氏而言，除上述的多样

---

① ［北齐］魏收：《魏书》第三册，中华书局1974年版，第815页。《传》末，史臣曰："崔浩才艺通博，究览天人，政事筹策，时莫之二，此其所以自比于子房也。"见同书第827页。

② ［梁］萧子显：《南齐书》（修订本）第二册，中华书局2017年版，第486页。

③ ［清］仇兆鳌：《杜诗详注》第一册，中华书局1979年版，第264页。

④ ［清］赵宏恩等：《江南通志》，《文渊阁四库全书》第五一一册，上海古籍出版社1987年版，第729页。

⑤ 胡文辉：《陈寅恪诗笺释》，广东人民出版社2008年版，第910页。

⑥ 邵明珍：《陶渊明〈五柳先生传〉非"自传"》，《华东师范大学学报》2006年第5期。

⑦ 《陶渊明资料汇编》下册，中华书局1962年版，第366页。

⑧ 王振泰：《〈五柳先生传〉陶渊明"自况""实录"说质疑》，《鞍山师范学院学报》1991年第1期。

含义外，也寓有他所敬慕的先贤‘柳下惠’的为人。”① 而陈怡良在其著作中列举了更多的“异说”②，凡此均属于阐释《五柳传》之“前见”，此不赘引。

二、从文体特征看《五柳传》传主问题

依照传统的“自传说”，苗絮对《五柳传》的艺术特质做了如下的评析：

> 作为一部自传，《五柳先生传》在表现形式上有所创新。五柳先生是虚构的形象，所以字里行间中就少了拘泥于真实写照的构谨，多了几分随意几分风趣，这也是《五柳先生传》不同于同时期其他文章的特色。《五柳先生传》注重生活爱好，兴趣志向的描写，而不是注重生平事迹历史年代的叙述，可以说这是陶渊明开创的先例。《五柳先生传》巧妙地假托虚构的五柳先生名号，通过第三人称的视角叙述五柳先生的生活志趣，将五柳先生的人格细细摹画出来，神情毕现。并且在文末加以赞语，将五柳先生比作黔娄这样的人物，看似从客观的角度下的文字实则是“自况”和“自赞”，这便是此文与其他专集的不同之处③。

这大体上概括了今人对《五柳传》的艺术特色的基本认识。陶潜此传化实为虚，扬弃、摒除了传主的人生经历和具体事迹，突显其精神特质。这确是其动人之处。但是，无论如何创新出奇，就文体而言，《五柳传》都属于传赞体，这种文体是不能用于自传写作的。即使人们可以“自传”，通常也难以“自赞”。如果要明确这一基本事实，我们不妨首先审视一下“赞”的基本意涵。汉刘熙《释名》卷六：

> 称人之美曰赞，赞，纂也，纂集其美而叙之也。叙，抒也，抒泄其实，宣见之也④。

而《文心雕龙·颂赞》对“赞”的文体学追溯更为深细：

> 赞者，明也，助也。昔虞舜之祀，乐正重赞，盖唱发之辞也。及益赞于禹，伊陟赞于巫咸，并飏言以明事，嗟叹以助辞也。故汉置鸿胪，以唱拜为赞，即古之遗语也。至相如属笔，始赞《荆轲》。及迁史固书，托赞褒贬。约文以总录，颂体以论辞；又纪传后评，亦同其名。而仲洽《流别》，谬称为述，失之远矣。及景纯注《雅》，动植必赞，义兼美恶，亦犹颂之变耳。然本其为义，事生奖叹，所以

---

① 东海大学中国文学系、中国古典文学研究会：《第三届魏晋南北朝文学国际学术研讨会论文集》，台北文史哲出版社1998年版，第551页。

② 陈怡良：《陶渊明〈五柳先生传〉之写作年代与写作动机探讨》，见其论文集《陶渊明探新》，台北里仁书局2006年版，第259—297页。

③ 苗絮：《陶渊明〈五柳先生传〉研究述评》，《佳木斯教育学院学报》2012年第1期。

④ ［清］王先谦：《释名疏证补》，《续修四库全书》第一九〇册，上海古籍出版社1995年版，第120页。

古来篇体，促而不广，必结言于四字之句，盘桓乎数韵之辞，约举以尽情，昭灼以送文，此其体也。发源虽远，而致用盖寡，大抵所归，其颂家之细条乎！[①]

基于“赞”的这种本义以及相关的文化传统，我们可以知道“赞”只能用来称扬他人。我们读《宋书》卷九三《陶潜传》：

陶潜，字渊明，或云渊明字元亮，浔阳柴桑人也。曾祖侃，晋大司马。潜少有高趣，尝著《五柳先生传》以自况，曰：

先生不知何许人，不详姓字，宅边有五柳树，因以为号焉。闲静少言，不慕荣利。好读书，不求甚解，每有会意，欣然忘食。性嗜酒，而家贫不能恒得。亲旧知其如此，或置酒招之，造饮辄尽，期在必醉，既醉而退，曾不吝情去留。环堵萧然，不蔽风日，裋褐穿结，箪瓢屡空，晏如也。尝着文章自娱，颇示己志，忘怀得失，以此自终。

其自序如此，时人谓之实录[②]。

显然，《宋书》将《五柳传》结尾的“赞曰”一段删除了，这样处理，是为了将《五柳传》作为“自传”来引入其本传，即将其作为本传资料来使用。我们试读这段被删除的文字：

赞曰：黔娄之妻有言：“不戚戚于贫贱，不汲汲于富贵。”极其言，兹若人之俦乎？酣觞赋诗，以乐其志。无怀氏之民欤？葛天氏之民欤？[③]

如果我们将这段话还原到《宋书》引述的《五柳传》中，《宋书·陶潜传》就成了一篇文理不通的荒唐文字[④]。其原因正在于传赞体不能用于自传领域的写作。因此，传统的《五柳传》为陶渊明“自传说”发生之根源就在《宋书·陶潜传》。沈约（441—513）《宋书》完成于南朝齐武帝萧赜永明六年（488）二月。但事实上，早在刘宋元嘉时期，《五柳传》就已经被作为陶渊明的自传来加以模仿了。《宋书》卷八九《袁粲传》：

清整有风操，自遇甚厚，尝著《妙德先生传》以续嵇康《高士传》以自况[⑤]。

袁粲（419—477）的《妙德先生传》乃是《五柳传》的拟作。陶渊明说：“先生不知何许人也。”袁粲说：“有妙德先生，陈国人也。”陶渊明说：“闲静少言，不慕荣

---

① 范文澜：《文心雕龙注》，人民文学出版社 1958 年版，第 158—159 页。

② ［梁］沈约：《宋书》第八册，中华书局 1974 年版，第 2286—2287 页。

③ 袁行霈：《陶渊明集笺注》，中华书局 2003 年版，第 502 页。

④ 但是，正如田恩铭所言：“史家采摭诗文入传是文学文本经典化进程中不可或缺的一个阶段，通过史家的采摭入传往往确立或者巩固了文学文本的经典地位，并以之为媒介继续传播。”“陶渊明的文学文本直接被看作是人生的主流部分，而非审美文本。”见氏所著《中古史传与文学传统》，岳麓书社 2015 年版，第 30、43 页。就《五柳传》的经典化历程而言，此说不仅符合实际，而且是非常深刻的。

⑤ ［梁］沈约：《宋书》第八册，中华书局 1974 年版，第 2230 页。

利。”袁粲说：“气志渊虚，姿神清映，性孝履顺，栖冲业简，有舜之遗风。”陶渊明说：“好读书，不求甚解；每有会意，便欣然忘食。”袁粲说：“九流百氏之言，雕龙谈天之艺，皆泛识其大归，而不以成名。”陶渊明说：“性嗜酒，家贫不能常得。”“忘怀得失，以此自终。”袁粲说：“家贫尝仕，非其好也，混其声迹，晦其心用，故深交或迕，俗察罔识。”“修道遂志，终无得而称焉。”又如《妙德先生传》“所处席门常掩，三径裁通，虽扬子寂寞”云云，也本于陶渊明《归园田居》其二“野外罕人事，穷巷寡轮鞅。白日掩荆扉，虚室绝尘想”以及《归去来兮辞》“三径就荒”，等等[①]。但是，《妙德先生传》也是有传无赞，在文体学的意义上，传赞体与传体既有关联，也有区别。同时，《五柳传》和《妙德先生传》之传主名目均具有虚构性，这就是鲁迅所说的“幻设为文”。鲁迅在《中国小说史略》第八篇《唐之传奇文上》中指出：

幻设为文，晋世固已盛，如阮籍之《大人先生传》，刘伶之《酒德颂》，陶潜之《桃花源记》、《五柳先生传》皆是矣，然咸以寓言为本，文词为末，故其流可衍为王绩《醉乡记》，韩愈《圬者王承福传》，柳宗元《种树郭橐驼传》等，而无涉于传奇。传奇者流，源盖出于志怪，然施之藻绘，扩其波澜，故所成就乃特异，其间虽亦或托讽喻以纾牢愁，谈祸福以寓惩劝，而大归则究在文采与意想，与昔之传鬼神明因果而外无他意者，甚异其趣矣[②]。

这意味着《五柳传》乃是具有虚构特征的传赞体文学作品，其描写的主人公是他者，而非自我。《陶渊明集》卷六《晋故征西大将军长史孟府君传》：

君讳嘉，字万年，江夏鄂人也。曾祖父宗，以孝行称，仕吴司空。祖父揖，元康中为庐陵太守。宗葬武昌新阳县，子孙家焉，遂为县人也。君少失父，奉母二弟居。娶大司马长沙桓公陶侃第十女，闺门孝友，人无能间，乡闾称之。冲默有远量，弱冠，俦类咸敬之。……渊明先亲，君之第四女也。凯风寒泉之思，实钟厥心。谨按采行事，撰为此传。惧或乖谬，有亏大雅君子之德，所以战战兢兢，若履深薄云尔。

赞曰：孔子称：“进德修业，以及时也。”君清蹈衡门，则令问孔昭；振缨公朝，则德音允集。道悠运促，不终远业，惜哉！仁者必寿，岂斯言之谬乎！[③]

该传的形式与《五柳传》基本一致，特别是“赞曰”部分，其表述形式与《五柳传》完全相同。陶渊明的《五孝传》是由《天子孝传赞》《诸侯孝传赞》《卿大夫孝传赞》

---

① 元嘉二十九年（452），即在陶渊明去世25年之后，鲍照（415—470）写了一首《学陶彭泽体》。这首诗的出现，标志着陶渊明已经开始步入经典作家的行列，《陶渊明集》也开始广泛流传。袁粲与鲍照生活在同一时期。这就是袁氏拟陶的文学史背景。

② 《鲁迅全集》第九卷，人民文学出版社2005年版，第73—74页。

③ 袁行霈：《陶渊明集笺注》，中华书局2003年版，第490—492页。

《士孝传赞》和《庶人孝传赞》构成的组合式传赞体人物传记。《天子孝传赞》写虞舜、夏禹、殷高宗和周文王，《诸侯孝传赞》写周公旦、鲁孝公与河间惠王，《卿大夫孝传赞》写孔子、孟庄子和颍考叔，《士孝传赞》写高柴、乐正子春、孔奋和黄香，《庶人孝传赞》写江革、廉范、汝郁和殷陶，都是先有传文，后作赞语①。《五孝传》乃采撷前人著述中的有关材料而成，撷取一人的事迹而突出“孝”的主题，如颍考叔的事迹，即取自《左传》。这也是写实类型的人物别传的通行写法。我们试读其中的《士孝传赞》：

高柴，卫人也。丧亲，泣血三年，未尝见齿。所谓哭不偯，言不文也。为武城宰而化行，民有不服其亲者改之，行丧如礼。君子之德风也，以身先之，而民不遗其亲。

乐正子春，鲁人也。下堂伤足，既瘳，数月不出，犹有忧色。曰：吾闻之曾子：“父母全而生之，亦当全而归之，所谓孝矣。”故君子一举足，一出言，不敢忘父母，不敢毁伤，孝之始也。夫能敬慎若斯，而灾患及者，未之有也。

孔奋，扶风人也。少以孝行著名州里，供养至谨。在官，唯母极甘美，妻息菜食，历位以清。夫人情莫不欲厚其亲，然亦有分焉。奋则难继，能致俭以全养者，鲜矣。

黄香，江夏人也。九岁失母，思慕骨立。事父竭力以致养，冬无被袴，而尽滋味，暑则扇床枕，寒则以身温席。汉和帝嘉之，特加异赐。历位恭勤，宠禄荣亲，可谓夙兴夜寐，无忝尔所生者也。

赞曰：显允群士，行殊名钧。咸能夙夜，以义荣亲。率彼城邑，用化厥民。忠以悟主，其孝乃纯。

可见其基本形式与《五柳传》《孟府君传》也大体一致，那就是由传、赞合体构成的传赞体。这些作品足以表明，无论传主之名是否出于虚构，传赞体一定是对他者的书写，从读者的角度看，即使作传者有自况的寓意，也不可视其为自传。这一点最起码在唐前是完全可以成立的。

传赞体由太史公首创。《史记》的每篇人物传记的末尾都有“太史公曰”云云。从此以后，我国以历史人物为传主的古典传记无论大小，几乎都采用了这样的文体形式。这种文体在结构上的基本特点是由传文和赞语两部分组成的，所描写和颂赞的对象都是历史人物。在世的人，包括作者本人，是不能成为传主的。即使是虚构的传主之名，如深深地寄寓着作者情志的五柳先生，也不可能以作者自身为人物原型。否则，

① 袁行霈：《陶渊明集笺注》，中华书局2003年版，第565—570页。

就不符合此种文体的一般规律。

实际上，在我国唐代以前（包括唐代），根本没有作家用传赞体作品写自己的文学现象。换言之，人们可以写自传，却不能写“自传赞”。当然，具有自赞性质的文字，唐前已经出现了，如《汉书·东方朔传》所载东方朔《上书自荐》：

> 臣朔少失父母，长养兄嫂。年十二学书，三冬文史足用。十五学击剑。十六学《诗》《书》，诵二十二万言。十九学孙吴兵法、战阵之具、钲鼓之教，亦诵二十二万言。凡臣朔固已诵四十四万言。又常服子路之言。臣朔年二十二，长九尺三寸，目若县珠，齿若编贝，勇若孟贲，捷若庆忌，廉若鲍叔，信若尾生。若此，可以为天子大臣矣。臣朔昧死再拜以闻①。

以及《太平御览》卷五五八引《赵岐别传》：

> 岐，字台卿，年九十余，建安六年卒。先自为寿藏图，季札、子产、晏婴、叔向四像居宾位，又自图其像居主位，皆为赞颂②。

赵岐所为赞颂，还是依附于自己的画像的，故不具有独立的文体意义。宋刻递修本《陶渊明集》卷六《扇上画赞》八首与此类似，是陶潜为关于荷莜丈人、长沮、桀溺、于陵仲子、张长公、丙曼容、郑次都、薛孟尝和周阳珪等九位名士的人物画像所作的赞，很可能是早期的题画诗，而《艺文类聚》卷三六著录的陶渊明《尚长禽庆赞》则是两首独立的赞：

> 尚子昔薄宦，妻孥共早晚。
> 贫贱与富贵，读易悟益损。
> 禽生善周游，周游日已远。
> 去矣寻名山，上山岂知反！③

但这些都是“他赞”，而不是“自赞”。郭登峰《历代自叙传文抄》所收录的曹髦《自叙》，江淹《自序》，刘峻《自序》，萧纲《幽挚题壁自叙》，江总《自叙》④，熊明辑校《汉魏六朝杂传集》收录的《赵至自叙》《傅畅自序》《马融自叙》《梅陶自叙》《傅咸自叙》《杜预自叙》和《阴真君自叙》⑤，这些唐前的自传均无赞语。事实上，在我国文学史上，自我“传赞”的出现是很晚的事情，目前所见到的材料以元明清时代为多，如郭登峰《历代自叙传文抄》所收录的杨维桢（1296—1370）《铁笛道人自

---

① 郭登峰：《历代自叙传文抄》，商务印书馆 1937 年版，第 531 页。

② 熊明辑校：《汉魏六朝杂传集》第一册，中华书局 2017 年版，第 564—565 页。

③ ［唐］欧阳询：《艺文类聚》上册，上海古籍出版社 1999 年版，第 652 页。

④ 郭登峰：《历代自叙传文抄》，商务印书馆 1937 年版，第 1—11 页。

⑤ 这七篇作品分别见熊明辑校：《汉魏六朝杂传集》，中华书局 2017 年版，第 1185、1189、1191、1196、1199、1200、2126 页。

传》，清彭绩（1742—1785）《自叙》和徐柯《白眼居士小传》[①]，等等。

根据上述情况，我们可以断定《五柳先生传》绝不是自传。

三、从《五柳传》与《汉书·扬雄传》的文际关系看《五柳传》的传主

正如张廷玉所言，《五柳传》几乎是字字有来历，语语有根源，我们试将此传与《汉书·扬雄传》加以对比：

1. 闲静少言（《五柳传》）/（1）为人简易佚荡，口吃不能剧谈，默而好深湛之思（《汉书·扬雄传》）（2）清静亡为，少嗜欲（《汉书·扬雄传》）

2. 不慕荣利（《五柳传》）/自有大度，非圣哲之书不好也；非其意，虽富贵不事也（《汉书·扬雄传》）

3. 好读书，不求甚解，每有会意，欣然忘食（《五柳传》）/雄少而好学，不为章句，训诂通而已，博览无所不见（《汉书·扬雄传》）

4. 性嗜酒，而家贫不能常得。亲旧知其如此，或置酒招之，造饮辄尽，期在必醉，既醉而退，曾不吝情去留（《五柳传》）/家素贫，耆酒，人希至其门。时有好事者载酒肴从游学（《汉书·扬雄传》）

5. 环堵萧然，不蔽风日，短褐穿结，箪瓢屡空，晏如也（《五柳传》）/家产不过十金，乏无儋石之储，晏如也（《汉书·扬雄传》）

6. 常著文章自娱，颇示己志，忘怀得失，以此自终（《五柳传》）/顾尝好辞赋（《汉书·扬雄传》）

7. 赞曰：黔娄之妻有言："不戚戚于贫贱，不汲汲于富贵。"极其言，兹若人之俦乎！酣觞赋诗，以乐其志，无怀氏之民欤？葛天氏之民欤？（《五柳传》）/不汲汲于富贵，不戚戚于贫贱，不修廉隅以徼名当世（《汉书·扬雄传》）[②]

以上7例，有四位学者在其论著中大体上已经指出，他们是：川合康三[③]、吴国富[④]、李剑锋[⑤]和于溯[⑥]。这里我加以补充。例句2，与《五柳传》对应的还有：（1）"哀帝时丁、傅、董贤用事，诸附离之者或起家至二千石。时雄方草《太玄》，有以自

① 这三篇作品分别见郭登峰：《历代自叙传文抄》，商务印书馆1937年版，第293—295、73—74、327—329页。

② ［汉］班固：《汉书》第十一册，中华书局1962年版，第3514—3583页。

③ ［日］川合康三《中国的自传文学》，蔡毅译，中央编译出版社1999年版。

④ 吴国富：《"五柳先生"及"无弦琴"的守穷守默——从扬雄看陶渊明的"愤宋"》，《九江师专学报》2001年第2期，以下简称"吴文"。

⑤ 李剑锋：《〈五柳先生传〉渊源新论》，《九江学院学报》2009年第5期，以下简称"李文"。

⑥ 于溯：《互文的历史：重读〈五柳先生传〉》，《古典文献研究》第十五辑，程章灿主编，凤凰出版社2012年版，以下简称"于文"。

守，泊如也。”（2）“当成、哀、平间，莽、贤皆为三公，权倾人主，所荐莫不拔擢，而雄三世不徙官。及莽篡位，谈说之士用符命称功德获封爵者甚众，雄复不侯，以耆老久次转为大夫，恬于势利乃知是。”（《汉书·扬雄传》）例句3，与《五柳传》对应的还有扬雄《答刘歆书》：“雄少不师章句，亦于五经之训所不解。”[①] 例句5，陶渊明《劝农》：“儋石不储，饥寒交至。”古直注引《汉书·扬雄传》：“乏无儋石之储。”[②] 陶渊明《始作镇军参军经曲阿》：“被褐欣自得，屡空常晏如。”古直注引《汉书》曰：“扬雄室无担石之储，晏如也。”[③] 例句6，与《五柳传》对应的还有扬雄《答刘歆书》：“少而不以行立于乡里，长而不以功显于县官，着训于帝籍，但言词博览，翰墨为事，诚欲崇而就之，不可以遗，不可以怠。”[④] 例句6，是对扬雄一生文章事业的檃栝，与《五柳传》对应的还有：（1）“先是时，蜀有司马相如，作赋甚弘丽温雅，雄心壮之，每作赋，常拟之以为式。又怪屈原文过相如，至不容，作《离骚》，自投江而死，悲其文，读之未尝不流涕也。以为君子得时则大行，不得时则龙蛇，遇不遇命也，何必湛身哉！乃作书，往往摭《离骚》文而反之，自峄山投诸江流以吊屈原，名曰《反离骚》；又旁《离骚》作重一篇，名曰《广骚》；又旁《惜诵》以下至《怀沙》一卷，名曰《畔牢愁》。”（2）“孝成帝时，客有荐雄文似相如者，上方郊祠甘泉泰畤、汾阴后土，以求继嗣，召雄待诏承明之庭。正月，从上甘泉，还奏《甘泉赋》以风。”（3）“其三月，将祭后土，上乃帅群臣横大河，凑汾阴。既祭，行游介山，回安邑，顾龙门，览盐池，登历观，陟西岳以望八荒，迹殷周之虚，眇然以思唐虞之风。雄以为临川羡鱼不如归而结罔，还，上《河东赋》以劝。”“雄从至射熊馆，还，上《长杨赋》，聊因笔墨之成文章，故藉翰林以为主人，子墨为客卿以风。”“雄以为赋者，将以风也，必推类而言，极丽靡之辞，闳侈巨衍，竞于使人不能加也，既乃归之正，然览者已过矣。往时武帝好神仙，相如上《大人赋》，欲以风，帝反缥缥有陵云之志。繇是言之，赋劝而不止，明矣。又颇似俳优淳于髡、优孟之徒，非法度所存，贤人君子诗赋之正也，于是辍不复为。”此三事都是汉代文学史上的重要事件。根据《汉书·扬雄传》“雄之自序云尔”的表述[⑤]，班固此传是完全抄录扬雄《自序》原文的。根据上举

---

① ［汉］扬雄：《答刘歆书》，［清］严可均校辑：《全上古三代秦汉三国六朝文》第一册，中华书局1958年版，第410—411页。

② 古直：《重订陶渊明诗笺》，李剑锋整理，山东大学出版社2016年版，第23页。下引古直注只标本书页码。

③ 同上，第88页。

④ ［汉］扬雄：《答刘歆书》，［清］严可均校辑：《全上古三代秦汉三国六朝文》第一册，中华书局1958年版，第411页。

⑤ 扬雄《自序》与司马相如所作《自叙传》的影响有密切关系。唐人刘知幾《史通》称《史记·司马相如传》就是司马相如所作自传，其说可信。参见金国永：《司马相如集校注》，上海古籍出版社1993年版，第201页。太史公的这种撰史方法又影响了班固的《汉书》，故扬雄的《自叙》成为《汉书·扬雄传》。

7例，川合康三“对《五柳先生传》作了逐字逐句的解析”①；针对“闲静少言，不慕荣利”，他特别指出：“这里开始叙写五柳先生的为人，首先概括其性格的总体特征，一曰静默，一曰寡欲。而静默和寡欲的反面，即世俗社会的饶舌和贪婪。这与《汉书》扬雄传所说‘默而好深湛之思’，‘清净亡为，少嗜欲’的扬雄性格显然相合。……五柳先生这一人物形象身上，有着扬雄浓重的投影。”根据《饮酒》二十首其十八“子云性嗜酒”，他进一步指出：“以扬雄自拟，是渗透《五柳先生传》全篇的底蕴。”“《五柳先生传》的赞语，习用的是扬雄传的措辞。”但是，由这些精彩的分析以及种种卓见，他却得出了这样一个令人惊讶的结论：

> 《五柳先生传》作为自传文学的独有特色，……就是作者佯称不知道五柳先生是谁，但恰恰因此而露出“马脚”，告诉人们五柳先生就是他自己。这种宛曲迂回的手法，被视为《五柳先生传》型自传的不二法门，为后世不断仿效，从而形成这一类型自传的重要特征。……开头的命名，就是作者设下的一个圈套，而读者明知其假，却心甘情愿地钻进这个圈套，兴致勃勃地读他的下文。

这个结论简直是不可思议的（说详下文）。吴文则指出：

> 陶渊明生平读书众多，《汉书》是他精熟的一种。《闲情赋》中“表倾城之艳色”，出自《汉书·外戚传》李延年之歌；《感士不遇赋》中“商尽规以拯弊”，出自《汉书·王商传》；《咏二疏》出自《汉书·疏广传》；《饮酒》中“裸葬何必恶”，出自《汉书·杨王孙传》等。陶渊明对扬雄特别关注，《饮酒》诗有一首专门咏扬雄事迹，并仿照《扬雄传》的一节写成《五柳先生传》。

李文也肯定：“扬雄《自叙传》是一篇直接影响《五柳先生传》的传记作品。”于文则从互文性文本建构的角度阐发以《五柳传》为核心的复杂的文本关系。这些学者的研究在客观上已经触及了“谁是五柳先生”这一核心问题，而以川合康三的阐发最为到位，可惜的是，由于他对“前见”的恪守以及出于对自己整部书学术体系的考虑，最终和一个重大的学术发现失之交臂了，由此他的那部学术名著也难免要遭受被颠覆的厄运。

还有一个重要的语言细节问题，那就是《五柳传》用了九个“不”字。从这一角度来考察以上两传的文际关系，我们也可以得出同样的结论。事实上，在这样一篇短文中，如此高频率地使用同一个否定副词，确实是一道独特的小小风景。章培恒《中国文学史》对《五柳传》作了如下解读：

> 《五柳先生传》是作者自况，也是一篇奇文。全篇只百余字，以一“不”字贯通始终。开头便是“先生不知何许人也，亦不详其姓字”。既而又是“闲静少

① ［日］川合康三：《中国的自传文学》，蔡毅译，中央编译出版社1999年版，第59—65页。

言，不慕荣利；好读书，不求甚解”。结束“忘怀得失，以此自终”，意义还是一个“不”。大量使用这个否定词，意蕴在于表示自己对世间的一切无所措意、无所执着，只是任情率真地生活。不但世俗的荣名毫无价值，就连一个人的姓名也是外加的东西，可有可无。这就是所谓“自然”的人生哲学。用语浅而含蕴深，是这篇短文的显著特点①。

此说实从钱锺书《管锥编》中来：

按“不”字为一篇眼目。“不知何许人也，亦不详其姓氏”，“不慕荣利”，“不求甚解”，“家贫不能恒得”，“曾不吝情去留”，“不蔽风日”，“不戚戚于贫贱，不汲汲于富贵”；重言积字，即示狷者之“有所不为”。酒之“不能恒得”，宅之“不蔽风日”，端由于“不慕荣利”而“家贫”，是亦“不屑不洁”所致也。“不”之言，若无得而称，而其意，则有为而发；老子所谓“当其无，有有之用”，王夫之所谓“言‘无’者，激于言‘有’者而破除之也”（《船山遗书》第六三册《思问录》内篇）。如“不知何许人，亦不详其姓氏”，岂作自传而并不晓己之姓名籍贯哉？正激于世之卖声名、夸门地者而破除之尔。仇兆鳌选林云铭《挹奎楼稿》卷二《〈古文析义〉序》：“陶靖节‘读书不求甚解’，所谓‘甚’者，以穿凿附会失其本旨耳。《南村》云：‘奇文共欣赏，疑义相与析’；若不求‘解’，则‘义’之‘析’也何为乎？”窃谓陶之“不求甚解”如杜甫《漫成》之“读书难字过”也；陶之“疑义与析”又如杜甫《春日怀李白》之“重与细论文”也。培根（Bacon）论读书（Of Studies）云：“书有只可染指者，有宜囫囵吞者，亦有须咀嚼而消纳者”（Some books are to be tasted, others to be swallowed, and some few to be chewed and swallowed）；即谓有不必求甚解者，有须细析者。语较周密，然亦只道着一半：书之须细析者，亦有不必求甚解之时；以词章论，常只须带草看法，而为义理考据计，又必十目一行。一人之身，读书之阔略不拘与精细不苟，因时因事而异宜焉②。

这段话在现代研究陶渊明的论著中被反复征引，进而渗透到有关《五柳传》的中学语文教学中，如金星③、汪茂吾④等人的文章都反映了相关的情况，而唐若从记录的安徽省淮北市海宫学校有关《五柳传》的一场师生对话则比较有代表性：在有两位同学将五柳先生的特征概括为“淡薄名利”“安贫乐道”之后，老师最后总结道：“这九个

---

① 章培恒、骆玉明主编：《中国文学史》上册，复旦大学出版社1996年版，第364页。

② 钱锺书：《管锥编》第四册，中华书局1979年版，第1228—1229页。

③ 金星：《鄙视流俗　傲然处世——从“不”看〈五柳先生传〉》，《阅读与写作》2000年第10期；同题文章又见于《课外语文》2006年Z2期，作者题为赵新民。

④ 汪茂吾：《从“不”看五柳先生的性格特征》，《语文天地·初中版》2005年第20期。

'不'字像一条红线，把全文串起来了，他五柳先生的特点突出出来了，也为我们背诵文章提供了线索。"[①] 由此可见，钱先生对《五柳传》的解读，被人们普遍视为"探河穷源、剥蕉至心、层次不紊、脉络贯注"[②] 的妙论，他又征引培根论学之言，更显得视野开阔，中西合璧，发人深思。但钱先生两次所引《五柳传》"不详其姓氏"，"姓氏"，陶集各本均作"姓字"，乃记忆之误（参见上文所引《大人先生传》本此）。美国汉学家戴维斯（A. R. Davis）的英译《五柳传》（*Biography Of The Gentleman Of The Five Willows*）对我们理解作品的这种语言现象很有帮助：

1. 先生不知何许人也，亦不详其姓字。宅边有五柳树，因以为号焉。/We do not know of what place the gentleman is a native，nor do we know his family or his courtesy-name. Around his house there are five willows and from these he took his literary name.

2. 闲静少言，不慕荣利。/Quiet and of few words，he does not desire glory or profit.

3. 好读书，不求甚解，每有会意，便欣然忘食。/He delights in study but does not seek abstruse explanations. Whenever there is something of which he apprehends the meaning，then in his happiness he forgets to eat.

4. 性嗜酒，家贫不能常得。/By nature he is fond of wine，but his family is poor and he cannot usually get it.

5. 亲旧知其如此，或置酒而招之。造饮辄尽，期在必醉，既醉而退，曾不吝情去留。/His relatives and friends know that this is so，and sometimes set out wine and invite him. Whenever he goes to a party，he will drink to the end. He expects that he will certainly get drunk. When he is drunk，he will withdraw，but never regret that he must go.

6. 环堵萧然，不蔽风日，短褐穿结，箪瓢屡空，晏如也。常著文章自娱，颇示己志。忘怀得失，以此自终。/His house "with surrounding walls only a few paces long" is lonely and does not shelter him from wind and sun. His short coarse robe is torn and mended. His dishes and gourds are "often empty". Yet he is at peace. He constantly delights himself with writing in which he widely expresses his own ideals. He is unmindful of gain or loss，and thus he will be to the end.

7. 赞曰：黔娄有言："不戚戚于贫贱，不汲汲于富贵。"极其言，兹若人之俦

---

① 唐若从：《陶渊明说"不"——〈五柳先生传〉实录片段》，《中学语文教学》2008年第4期。

② 陈寅恪：《柳如是别传》上册，生活·读书·新知三联书店2001年版，第12页。

乎？酣觞赋诗，以乐其志。无怀氏之民欤？葛天氏之民欤？/The Appraisal：Ch'ien Lou had a saying："One does not grieve over poverty and low position，and one is not concerned about riches and high rank." May we think he was speaking of this sort of man? Drinking wine and writing poems to please his own will，is he not a man of the time of Lord Wu-huai or Lord Ko-t'ien?

"黔娄"二字下，宋人校语："一有'之妻'二字。"戴氏译文忽略了"之妻"二字，实为不妥[①]。但戴氏对"不"字的把握是非常精准的，尤其令人叹服的是他将"以此自终"译为"thus he will be to the end"，意在表明陶公此传是对传主一生的实录和总结，他倾情描写的是传主晚年的意趣和心态。戴维斯在注释中还指出："在自己还活着的时候创建有关自己的故事，这在中国文学中可能具有初始的意义。我们至少有沈约的观察可以作为证明，那就是他作为与陶渊明同时代的人的有关此传真实性的声明。但此传的描写在客观上毕竟同时具有自我贬低和自我确信的双重意味，对于社会地位经常有不安之虞的中国史官而言，其中也包含着某些不易理解的因素。但陶渊明是一位成功者，因为他创造了一个后人眼中的完美典范。"可见他尊重传统对《五柳传》的解读，但也有自己特殊的看法。他很可能已经感觉到人们对《五柳传》的传统解说有问题，譬如，他在注释中就曾经援引清人张廷玉质疑《五柳传》为自传的观点（参见上文）。而戴维斯没有发现的问题是，《五柳传》以九个"不"字衔接全文的"章法"正来源于《汉书·扬雄传》：

其先出自有周伯侨者，以支庶初食采于晋之杨，因氏焉，不知伯侨周何别也。……雄少而好学，不为章句，训诂通而已，博览无所不见。为人简易佚荡，口吃不能剧谈，默而好深湛之思，清静亡为，少耆欲，不汲汲于富贵，不戚戚于贫贱，不修廉隅以徼名当世。家产不过十金，乏无儋石之储，晏如也。自有大度，非圣哲之书不好也；非其意，虽富贵不事也。……赞曰：雄之自序云尔。……及莽篡位，谈说之士用符命称功德获封爵者甚众，雄复不侯，以耆老久次转为大夫，恬于势利乃知是。……用心于内，不求于外，于时人皆忽之。

仅仅以上所引扬雄《自序》的局部，就有 12 个"不"字，他的一些辞赋作品，如《长杨赋》《反离骚》等，也是多有"不"字。通过考察、对比这两篇传记频繁说"不"的这样一个高度相似的语言现象，以及相关语词、语句、语段、语篇在语义表达上的雷同现象（参见上文），我们可以断定五柳先生就是扬雄。多年以前，拙著《中古

---

① 参见袁行霈：《陶渊明集笺注》，中华书局 2003 年版，第 502 页；戴维斯：《陶渊明：他的著作及其意义》第一卷，剑桥大学出版社 1983 年版，第 209 页。

文人生活研究》在讨论东汉时代一些经学大师“有意突破家法乃至训诂藩篱”[①] 的学风时曾经指出，这种学风是由“著名学者和作家扬雄开其先河”，“《汉书》卷八七上本传：‘雄少而好学，不为章句，训诂通而已，博览无所不见。……顾尝好辞赋。’俨然陶渊明《五柳先生传》之主人公。”[②] 之所以做出这种判断，正是基于对以上两传在语言语义上的相似性的认知。实际上，魏晋时代的重要玄学命题“言意之辨”，正可上溯至扬雄，而陶渊明所谓“此中有真意，欲辨已忘言”（《饮酒》其五），不仅近得王、何玄学的智慧，而且远绍大哲扬雄的学风。事实上，陶诗不仅“篇篇有酒”[③]，而且几乎篇篇有“不”：

> 饥来驱我去，不知竟何之。(《乞食》)/感彼柏下人，安得不为欢。(《诸人共游周家墓柏下》)/既来孰不去，人理固有终。(《五月旦作和戴主簿》)/今我不为乐，知有来岁不？（《酬刘柴桑》）/良才不隐世，江湖多贱贫。（《与殷晋安别》）……

类似的说“不”诗句，遍布陶集。尽管陶渊明喜欢饮酒和常常说“不”的语言习惯，未必全是扬雄这位“精神导师”发生作用的结果，但在很大程度上与他的影响也是分不开的。可以作为佐证之一的，是陶渊明的“无弦琴”，其中所浸透的观念的近源正是扬雄《解难》“譬画者画于无形，弦者放于无声”的喻辞（这一点吴文已经指出）。我们再将陶渊明《五柳传》的局部和他的《饮酒》二十首其十八的前五句加以比较：

1. 性嗜酒/子云性嗜酒
2. 而家贫不能常得/ 家贫无由得
3. 亲旧知其如此/时赖好事人
4. 或置酒招之/载醪祛所惑
5. 造饮辄尽，期在必醉/觞来为之尽

就此5例而言，诗、传之间是完全对应的。古直注曰：“《汉书·扬雄传赞》曰：‘家素贫，耆酒，人希至其门。时有好事者，载酒肴从游学。’此诗首四句即隐括赞语，靖节以雄自况者亦在此。”[④] 但更有力的证据在于《五柳传》的“赞曰”和《饮酒》其十八最后五句的对应关系。对此诗，宋人汤汉注云：“此篇盖托子云以自况，故以柳下惠事终之。”[⑤] 古直注曰：

> 《汉书·董仲舒传》：“昔者鲁公问柳下惠：吾欲伐齐，何如？柳下惠曰：不

---

① 杜守素（即杜国庠）：《魏晋清谈及其影响》，《新中华》1948 年复刊第 6 卷，第 11 期，第 18—24 页。
② 范子烨：《中古文人生活》，山东教育出版社 2001 年版，第 145 页。
③ 萧统《陶渊明集序》，俞绍初：《昭明太子集校注》，中州古籍出版社 2001 年版，第 199 页。
④ 古直：《陶靖节先生诗注》卷三，广文书局 1964 年版，第 90—91 页。
⑤ 同上，第 90 页。

可。归而有忧色，曰：吾闻伐国不问仁人，此言何为至于我哉？”此诗末四句本此。盖《法言》云：“或问：柳下惠非朝隐者与？曰：古者高饿，显下禄隐。”姚信《士纬》曰：“扬子云有深才，潜知屈伸沉浮，从容玄默，近于柳下惠朝隐之风。”（《御览》四百四十七引）。子云以柳下惠自比，故靖节亦即以柳下惠比之。《抱朴子》曰：“孟子不以矢石为功，扬云不以治民盖世。求仁而得仁，不亦可乎？”靖节称为仁者，亦当时之笃论矣。班固赞雄“恬于势利”，“好古乐道”，“用心于内，不求于外”，此岂肯言伐国者哉？不言伐国，从容朝隐，以希柳下之风，显默之际，窅乎远矣。靖节所以赞之曰：仁者用其心，何尝失显默[①]。

也就是说，扬雄在其《法言》中，曾暗中以柳下惠自比，突出自己的朝隐之风与道德追求，而陶渊明也以柳下惠比扬雄，称之为仁者，可谓深知其用心，同时，陶公又以扬雄自比，表达个人的仰慕情怀和不凡心志。显然，如果我们把“子云性嗜酒”改成“五柳性嗜酒”的话，这首诗在内容表达上与《五柳传》就更加吻合。这一传一诗之间的动如影响、若合符契的文际关系，也足以证明《五柳传》的传主就是扬雄。

柳下惠是怎样的人？扬雄缘何以他自比？我们且看孔、孟对他的评论。在孔子心目中，柳下惠是贤人：

子曰：“臧文仲其窃位者与！知柳下惠之贤而不与立也。”（《论语·卫灵公》）[②]

柳下惠为士师，三黜。人曰：“子未可以去乎？”曰：“直道而事人，焉往而不三黜？枉道而事人，何必去父母之邦？”（《论语·微子》）[③]

逸民：伯夷、叔齐、虞仲、夷逸、朱张、柳下惠、少连。子曰：“不降其志，不辱其身，伯夷、叔齐与！”谓“柳下惠、少连，降志辱身矣，言中伦，行中虑，其斯而已矣。”（《论语·微子》）[④]

而在孟子心目中，柳下惠是圣人：

孟子曰：“柳下惠不羞污君，不卑小官；进不隐贤，必以其道；遗佚而不怨，阨穷而不悯。与乡人处，由由然不忍去也。‘尔为尔，我为我，虽袒裼裸程于我侧，尔焉能浼我哉？’故闻柳下惠之风者，鄙夫宽，薄夫敦。”（《孟子·万章章句下》）[⑤]

孟子曰：“伯夷，圣之清者也，伊尹，圣之任者也，柳下惠，圣之和者也，孔

---

① 古直：《陶靖节先生诗注》卷三，广文书局1964年版，第90—91页。
② 杨伯峻：《论语译注》，中华书局1980年版，第165页。
③ 同上，第192页。
④ 同上，第197页。
⑤ 同上，第232页。

子，圣之时者也。孔子之谓集大成。集大成也者，金声而玉振之也。金声也者，始条理也；玉振之也者，终条理也。始条理者，智之事也；终条理者，圣之事也。智，譬则巧也；圣，譬则力也。由射于百步之外也，其至，尔力也；其中，非尔力也。”（《孟子·万章章句下》）①

孟子曰：“柳下惠不以三公易其介。”（《孟子·尽心章句上》）②

孟子曰：“圣人，百世之师也，伯夷、柳下惠是也。故闻伯夷之风者，顽夫廉，懦夫有立志；闻柳下惠之风者，薄夫敦，鄙夫宽。奋乎百世之上，百世之下，闻者莫不兴起也。非圣人而能若是乎？——而况于亲炙之者乎？（《孟子·尽心章句下》）③

可见扬雄以柳下惠这位上古的贤圣自比，主要是取其达观宽和的人格风范和重道轻禄的道德追求，而以朝隐的姿态从容进退，这也是扬雄特别欣赏的高行。为圣人者，必须具有圣智、圣德、圣心、圣行和圣业五要素。扬雄以圣人自期，足见其伟大的情怀，事实上，他完全做到了。

四、“五柳先生”的名号与扬雄之关系

“五柳先生”的名号也与扬雄有密切关系。扬雄的姓氏有杨、扬两种写法，扬姓几乎被公认为他的本姓。《汉书》本传：

扬雄，字子云，蜀郡成都人也。其先出自有周伯侨者，以支庶初食采于晋之杨，因氏焉，不知伯侨周何别也。扬在河、汾之间，周衰而扬氏或称侯，号曰扬侯。会晋六卿争权，韩、魏、赵兴而范中行、知伯弊。当是时，偪扬侯，扬侯逃于楚巫山，因家焉。楚汉之兴也，扬氏溯江上，处巴江州。而扬季官至庐江太守。汉元鼎间避仇复溯江上，处嶓（岷）山之阳曰郫，有田一廛，有宅一区，世世以农桑为业。自季至雄，五世而传一子，故雄亡它扬于蜀④。

传载其《反离骚》也说：“有周氏之蝉嫣兮，或鼻祖于汾隅，灵宗初谍伯侨兮，流于末之扬侯。”如班固所言，《扬雄传》取自扬雄本人的《自序》。中华书局出版的《汉书》校点本，所依据的底本是清人王先谦的《汉书补注》。底本“晋之杨”，不作“晋之扬”，晋国无扬地。扬雄先人的食采之地是“晋之杨”，实际就是古杨国——杨

① 杨伯峻：《孟子译注》，中华书局1960年版，第233页。
② 同上，第314页。
③ 同上，第329页。
④ ［汉］班固：《汉书》第十一册，中华书局1962年版，第3513页。

姓是以国为姓的产物。古杨国存在于两周时期。根据2016年洪洞坊堆——永宁堡遗址出土的青铜器杨姞壶和“四十二年逑鼎”判断，古杨国的核心区域位于今山西省洪洞县中部，这就是扬雄说的“在河、汾之间”，即黄河与汾水之间[1]。

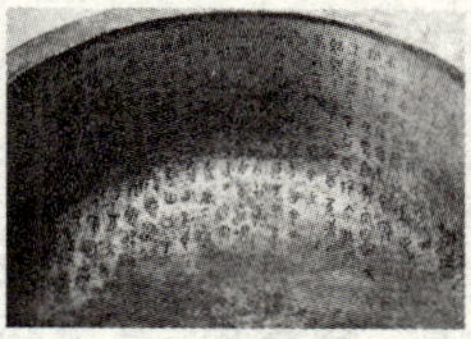

杨姞壶及铭文，四十二年逑鼎及铭文

因此，子云的姓氏当以杨为正，而扬则是其先人为躲避仇家改姓入蜀的结果[2]。《文选》卷四十载杨修《答临淄侯笺》有“今修家子云”之说，即以扬雄为其先人，如果子云姓扬，杨修就不会有这样的表述了。明确这一点是非常重要的。因为古时杨、柳二字经常通用。例如，《诗经·采薇》：“昔我往矣，杨柳依依。”这里杨、柳不分。梁元帝《折杨柳》：“巫山巫峡长，垂柳复垂杨。”[3]“垂柳”就是“垂杨”。徐陵《折杨柳》：“妾对长杨苑，君登高柳城。”[4]长杨即高柳，高柳即长杨，二者互文见义。宋章楶《水龙吟》：“燕忙莺懒芳残，正堤上、杨花飘坠。”苏轼《水龙吟·次韵章质夫杨花词》：“似花还似非花，也无人惜从教坠。”[5]杨花就是柳花。杨就是柳，柳就是杨。汉代有长杨宫，扬雄曾作《长杨赋》，长杨是指连绵的柳树。汉朝还有五柞宫。扬雄《长杨赋》：“振师五柞，习马长杨。”扬雄《羽猎赋序》：“至长杨、五柞。”长杨宫、五柞宫都是扬雄亲历之地。故陶渊明笔下的“五柳宅”，可视为对五柞宫的套改，借以暗示传主是汉廷之人。郦道元《水经注》卷一九“渭水”：

> 又北迳望仙宫，又东北，耿谷水注之，水发南山耿谷，北流与柳泉合，东北迳五柞宫西，长杨、五柞二宫，相去八里，并以树名宫，亦犹陶氏以五柳立称[6]。

可见郦氏已经发现了陶氏“五柳”与杨氏“五柞”“长杨”的关联性，堪为有力的旁证。同时，《五柳传》人与柳的合一，也可能是由一个汉代传说促发陶公创作灵感的结

---

① 参见陈昌远、王琳：《从“杨姞壶”谈古杨国问题》，《河南大学学报》2001年第1期。

② 《晋书》卷五一《束皙传》：“束皙字广微，阳平元城人。汉太子太傅疏广之后也。王莽末，广曾孙孟达避难，自东海徙居沙鹿山南，因去疎之足，遂改姓焉。”［唐］房玄龄等：《晋书》第五册，中华书局1974年版，第1427页。

③ 逯钦立辑校：《先秦汉魏晋南北朝诗》第三册，中华书局1983年版，第2032页。

④ 同上，第2525页。

⑤ 邹同庆、王宗堂：《苏轼词编年校注》上册，中华书局2002年版，第314页。

⑥ 陈桥驿：《水经注校证》，中华书局2007年版，第48页。

果。宋陈景沂《全芳备祖后集》卷一七“木部·杨柳”引《三辅故事》：“汉苑有人柳，一日三眠三起。”[①]“人柳”就是形似人的柳树，居然还能“三眠三起”，真可谓汉宫旧苑的神物了。《隋书·经籍志》：“《三辅故事》二卷，晋世撰。”[②] 陶渊明很可能读过这部书。曹植《柳颂序》：“予以闲暇，驾言出游，过友人杨德祖之家。视其屋宇寥廓。庭中有一柳树，聊戏刊其枝叶。故著斯文，表之遗翰，遂因辞势，以讥当今之士。”[③] 在曹植的笔下，这株柳树代表着已经逝去的友人杨修（字德祖），这种语义被陶公转化到《祭从弟敬远文》中：“死生异方，存亡有域。……庭树如故，斋宇廓然。”[④]《世说新语·言语》第55条：“桓公北征，经金城，见前为琅邪时种柳，皆已十围，慨然曰：‘木犹如此，人何以堪！’攀枝执条，泫然流泪。”[⑤] 柳树代表着人化的自然，摇曳着人的精神。人与柳的合一，柳在中国文学中的意象化[⑥]，实肇始于汉晋时代，并由陶公推向极致。不仅如此。《淮南子·说林》“柳下惠见饴曰”一句下，《艺文类聚》卷八九引许慎《淮南子注》曰：

> 展禽之家树柳，行惠德，因号柳下惠[⑦]。

展禽是柳下惠之名，因家中种植柳树并广施惠德而得名[⑧]，正是“宅边有五柳树，因以为号焉”的隐文。这也强调了扬雄以柳下惠自比的特征。因此，“五柳先生”的名号暗用的表达方式正是以柳代杨，“柳先生”就是“杨先生”。类似的例证还有柳如是，改“杨”姓为“柳”，初名杨影怜，后更名为柳隐。杜甫《可叹》诗：“河东女儿身姓柳。”[⑨] 所以钱谦益号之曰“河东君”。那么，陶家住宅附近是否有柳树呢？答案是肯定的。陶诗：“榆柳荫后檐。”（《归园田居》其五）“梅柳家门植。”（《蜡日》）皆是其例。但问题尚不止于此。“五柳先生”的“柳”还可能是“留”的谐音字。王维《老将行》：“昔时飞箭无全目，今日垂杨生左肘。路傍时卖故侯瓜，门前学种先生柳。”[⑩]“垂杨”就是柳，根据清人赵殿成的注释，“柳”是“留”的谐音，留，通“瘤”。“左臂生柳”的典故见《庄子·至乐篇》[⑪]。倘若此说不失之于穿凿的话，那么，“五柳先

---

① ［宋］陈景沂：《全芳备祖》，《文渊阁四库全书》第九三五册，上海古籍出版社1987年版，第424页。

② ［唐］魏徵等：《隋书》第四册，中华书局1973年版，第983页。

③ 赵幼文：《曹植集校注》，人民文学出版社1984年版，第197页。

④ 袁行霈：《陶渊明集笺注》，中华书局2003年版，第548页。

⑤ 徐震堮：《世说新语校笺》上册，中华书局1984年版，第64页。

⑥ 可参看程章灿：《“树”立的六朝——柳与一个经典文学意象的形成》，《北京大学学报》2011年第2期。

⑦ ［唐］欧阳询：《艺文类聚》下册，上海古籍出版社1999年版，第1530页。

⑧ 一说柳下为地名，展禽食采于此，广施惠德。

⑨ ［清］仇兆鳌：《杜诗详注》第四册，中华书局1979年版，第1830页。

⑩ 陈铁民：《王维集校注》第一册，中华书局1997年版，第147页。

⑪ 又王维《胡居士卧病遗米因赠》诗曰“岂恶杨枝肘”，参见清赵殿成：《王右丞集笺注》，上海古籍出版社1961年版，第30页。

生”深层的隐文就是《汉书·扬雄传》所说的“自季至雄，五世而传一子”，五柳者，五世各留一子也。据《责子》诗序，陶公有五子，由此五子上溯至陶侃（陶公曾祖），也恰好是五世。可知“五柳先生”的名号正表现了扬雄以柳下惠自比，陶公又以扬雄自比的情况，史传所谓“作《五柳先生传》以自况”正是此意。而所谓“先生”者，在中古时期也可能是“雄”的合音字，“宅边有五柳树”的“树”也可能是“蜀”的谐音字（扬雄为蜀人）。姑志疑于此，以伺通博。

《五柳传》采取了虚实结合的描写手法，实的部分是对扬雄的暗写，可称为虚中之实，貌似纯粹虚笔的是“先生不知何许人也，亦不详其姓字”的表述，因为这不符合古代传记写作的传统，如陈寅恪所言：“大凡为人作传记，在中国典籍中，自司马迁班固以下，皆首述传主之姓氏名字。”[①]“何许”是中古时期的习语。如陶渊明《读〈山海经〉》十三首其四：“丹木生何许？乃在峚山阳。”又陶渊明《圣贤群辅录》：“求仲羊仲”条：“右二人不知何许人。”[②]这一表述方式的远源是东汉赵岐的《三辅决录》：“蒋诩归乡里，荆棘塞门，舍中有三径，不出，惟求仲、羊仲从之游。二人不知何许人，皆治车为业，时人谓之二仲。”[③]《归去来兮辞》“三径就荒”，《与子俨等疏》“但恨邻靡二仲”，皆用此典。而近源则是东晋皇甫谧的《高士传》。在《高士传》中，至少有石户之农、商容、荣启期、长沮、桀溺、荷蓧丈人（此三人并见陶渊明《扇上画赞》）、老商氏、东海隐者和汉滨老父者等9人的小传称“不知何许人也”[④]。依据此类人物别传通例，采用这种表述方式，意味着所述之传主是古人，《五柳传》当然也不例外，这也是一种虚中之实。至于《五柳传》“亦不详其姓字”的表述方式，则源于阮籍《大人先生传》：“大人先生盖老人也，不知姓字。”[⑤]故“亦不详其姓字”一句的隐文就是“大人先生盖老人也”，这位老人就是扬雄，这也是虚中之实。因此，《五柳传》开篇两句貌似缥缈的表述就绝非可有可无的废话。实际上，这是陶渊明有意制造的“文学迷雾”，其中暗含着充满善意和智慧的“文学诡计”，那就是陶渊明对太史公开创的传赞体史传进行了大胆的突破，用一个虚拟的人物名号代替真实的传主扬雄之名，从而建构柳下惠、扬雄和陶渊明自身三者的文化关联（说详下文）。倘若直书扬雄之名，如《饮酒》诗的“子云性嗜酒”云云，则等于照抄了《汉书·扬雄传》，就会如同《五孝传》一样索然无味。《饮酒》诗是明写扬雄，《五柳传》是暗写扬雄。暗写的本质是对《汉书·扬雄传》的重写，即是一种以该传为“底文”的互文性文本建

---

① 陈寅恪：《柳如是别传》上册，三联书店2001年版，第16页。

② 陶渊明《圣贤群辅录》，见袁行霈：《陶渊明集笺注》，中华书局2003年版，第583页。

③ ［清］张澍辑：《三辅决录》，三秦出版社2006年版，第14页。

④ 分别见皇甫谧《高士传》，上海古籍出版社2014年版，第55、73、88、94、100、121、232、263页。

⑤ 陈伯君：《阮籍集校注》，中华书局1987年版，第161页。

构。事实上，文学经典在很大程度上是由持续的重写行为造就的，它是有效发挥文学的继承与发展关系以及传播与接受效应的一种重要方式，在中国古代文化背景下促成了雅文学成果的下移，是促成文学文本经典化的重要途径之一。没有重写，就没有《五柳传》；没有《五柳传》，陶渊明的诗人光辉将要暗淡许多。当然，更为“奇幻”的是《五柳传》结尾的“赞曰”。这段文字来自西汉刘向的《列女传》。《古列女传》卷二“鲁黔娄妻”：

鲁黔娄先生之妻也。先生死，曾子与门人往吊之，隐门而入，立于堂下。其妻出户，曾子吊之。上堂，见先生之尸在牖下，枕墼席槁，缊袍不表，覆以布被，手足不尽敛，覆头则足见，覆足则头见。曾子曰：“斜引其被，则敛矣。”妻曰：“斜而有余，不如正而不足也。先生以不斜之故，能至于此。生时不邪，死而邪之，非先生意也。”曾子不能应，遂哭之曰：“嗟乎！先生之终也，何以为谥？”其妻曰：“以‘康’为谥。”曾子曰：“先生在时，食不充口，衣不盖形，死则手足不敛，旁无酒肉。生不得其美，死不得其荣，何乐于此而谥为‘康’乎？”其妻曰：“昔先生，君尝欲授之政，以为国相，辞而不为，是有余贵也；君尝赐之粟三十钟，先生辞而不受，是有余富也。彼先生者，甘天下之淡味，安天下之卑位，不戚戚于贫贱，不忻忻于富贵，求仁而得仁，求义而得义，其谥为‘康’，不亦宜乎？”曾子曰：“唯斯人也，而有斯妇。”君子谓黔娄妻为乐贫行道。《诗》曰：“彼美淑姬，可与寤言。”此之谓也。

颂曰：黔娄既死，妻独主丧。曾子吊焉，布衣褐衾。安贱甘淡，不求丰美。尸不掩蔽，犹谥曰“康”[①]。

对这个故事，陶渊明《咏贫士》七首其四有专门的传写：

安贫守贱者，自古有黔娄。好爵吾不荣，厚馈吾不酬。一旦寿命尽，弊服仍不周。岂不知其极？非道故无忧。从来将千载，未复见斯俦。朝与仁义生，夕死复何求？[②]

“从来”二句，表达的就是《五柳传》“极其言，兹若人之俦乎”的意思。但是，最令人回味的是，在《古列女传》中，居“鲁黔娄妻”故事之上的就是“柳下惠妻”的故事[③]。《五柳传》既然突出扬雄以柳下惠自比的特征，为何不用柳妻之言赞美传主，却偏偏用黔妻之言赞美传主呢？唯一的答案就是，为了回应《汉书·扬雄传》“不汲汲于

① ［汉］刘向：《古列女传》，《丛书集成初编》第3400册，中华书局1985年版，第51—52页。
② 袁行霈：《陶渊明集笺注》，中华书局2003年版，第371页。
③ ［汉］刘向：《古列女传》，《丛书集成初编》第3400册，中华书局1985年版，第49—50页。

富贵，不戚戚于贫贱”的表述，从而更充分地凸显传主安贫乐道的精神情操，当然，这也与这种表述本来就出自扬雄本人之口这一事实分不开。而“柳下惠妻”的言论，主要是彰显夫君“忧民救乱”的美德，与黔娄的道德特征存在差异，既非扬雄之自比，自然也就与《五柳传》互不相属了。《文选》卷五七颜延年《陶征士诔》：“黔娄既没，展禽亦逝。其在先生，同尘往世。”① 颜氏称陶公与黔娄和柳下惠“同尘”于既往之世，则是兼赅《五柳传》和《咏贫士》其四，可见他是深知五柳先生的本来面目的。因此，《五柳传》所谓五柳之宅，本质上乃是道德之宅，是仁义之宅，是精神之宅。《世说新语·赏誉》第20条叙述在东吴灭亡后，吴中名士蔡洪赴洛，有人问“吴旧姓何如”，其答辞盛赞东吴诸君，有云：“以洪笔为钼耒，以纸札为良田。以玄默为稼穑，以义理为丰年，以谈论为英华，以忠恕为珍宝，著文章为锦绣，蕴五经为缯帛，坐谦虚为席荐，张义让为帷幙，行仁义为室宇，修道德为广宅。”② “以玄”句，本于《长杨赋并序》：“且人君以玄默为神，澹泊为德。”“玄默”“澹泊”乃是扬雄所推崇的清静无为的君主理想。“行仁”二句，本于《解嘲》（引见下文）。在“世异事变”（《解嘲》）中，只有“守德之宅”（《解嘲》）才能趋向永恒，趋向宁静。不仅如此，《五柳传》结尾的“赞曰”明示着传主是一个真实存在的历史人物，五柳先生之名号代表着一个实际的历史人物，因为传赞体史传写的都是真人，纯粹虚构的人可以入传，如皇甫谧《高士传》中的一些人物，但不能进入传赞。也就是说，陶渊明已经巧妙借助传赞体为我们留下了研究、思考关于“五柳先生究竟是谁”这一问题的主要线索以及《饮酒》诗其十八这一次要线索。可惜一千多年来，人们并未把握住这两条宝贵的线索，而不断落入“自传说”的陷阱中，一片五柳摇曳的诗性迷狂大大遮蔽了《五柳传》的经典意义和文化光辉。

五、陶渊明以“五柳先生”自况的原因

缘何陶渊明要作《五柳传》以“自况”？难道陶渊明不如扬雄吗？这是另一个非常重要的问题。扬雄在我国中古时代被视为汉代之新圣，具有极其崇高的文化地位。明陈耀文《天中记》卷二四“齐楚圣人”条引桓谭《新论》：

> 张子侯曰：“杨子云，西道孔子也，乃贫如此！”吾应曰：“子云亦东道孔子也。昔仲尼岂独是鲁孔子？亦齐楚圣人也。”

汉王充《论衡·超奇篇》：

---

① ［梁］萧统编、［唐］李善注：《文选》，中华书局1977年版，第793页。

② 徐震堮：《世说新语校笺》上册，中华书局1984年版，第237页。

阳成子长作《乐经》，扬子云作《太玄经》，造于助思，极窅冥之深，非庶几之才不能成也。孔子作《春秋》，二子作两经，所谓卓尔蹈孔子之迹，鸿茂参贰圣之才者也。王公子问于桓君山以扬子云，君山对曰："汉兴以来，未有此人！"君山差才，可谓得高下之实矣①。

葛洪《抱朴子外篇》卷三《吴失》第三十四：

孔墨之道，昔曾不行。孟轲、扬雄，亦居困否。有德无时，有自来耳②。

而《四部丛刊初编》史部晋常璩《华阳国志》卷三称"扬子云齐圣广渊"，卷一〇上称"子云玄达，焕乎宏圣"，都是同样的意思。陶渊明对他的看法也不例外。可见在汉唐之间，扬雄有圣人之目，扬雄是士林群英普遍崇拜、推尊的圣人，如同孔子一样深入人心。

扬子的一生充分体现了柏拉图所说的那种"爱智的热情"，是一个"为知识而知识"的人。出于此种热情，他曾经对屈原的自杀深表惋惜。确实，如果屈原不自杀的话，以其《离骚》和《天问》所体现出来的科学文化修养从事于科学文化研究，也许就会成为我国先秦时代的亚里士多德（前384—前322）。而扬雄的清醒和冷静就在于，他珍惜自己的生命，为了从事学术研究必须留在宫廷之内，以获得和保持探求真理的必备条件，所以他不惜与王莽之流以及世间的俗人虚与委蛇，隐忍不发，毕生的勤奋与执着，使他成为我国中古时代的康德（Immanuel Kant，1724—1804）——其思想之深湛，涉猎之广博，精神之崇高，建树之卓越，求诸我国近两千年学术文化史，殆罕其匹。在新莽时代虚矫残酷的专制主义社会中，在以读书做官为普遍追求的价值体系中，在"为官之拓落""位不过侍郎""禄位容貌不能动人"（《汉书》本传）的讥讽和嘲笑声中，扬雄默然自守，辛勤耕耘，在文学、哲学、语言学、文字学、音韵学、天文学、地志学、诸子学和历史学等诸多领域都取得了杰出的成就。正如《汉书》本传所述："以为经莫大于《易》，故作《太玄》；传莫大于《论语》，作《法言》；史篇莫善于《仓颉》，作《训纂》；箴莫善于《虞箴》，作《州箴》；赋莫深于《离骚》，反而广之；辞莫丽于相如，作四赋：皆斟酌其本，相与放依而驰骋云。"③ 其所著《𬨎轩使者绝代语释别国方言》一书，为现代方言学与方言地理学开疆奠基，导夫先路，领先西方学术界一千多年，至近三百年成为我国学界之显学。其孤光独照与孤明先发，千载以下，仍然令人震撼，令人感动。扬子所著之《太玄》，更是旷世的奇书："卓然示人远矣，旷然廓人大矣，渊然引人深矣，渺然绝人眇矣。"（《太玄·玄摛》）④ 以司马光之博学，其于此书也未能完全懂，故其文化密码尚有待于人们去研究去破解。换

① ［汉］王充：《论衡》，见《诸子集成》第七册，上海书店1986年版，第135页。
② 杨明照：《抱朴子外篇校笺》下册，中华书局1997年版，第166页
③ ［汉］班固：《汉书》第十一册，中华书局1962年版，第3583页。
④ ［宋］司马光：《太玄集注》，刘韶军点校，中华书局1998年版，第185页。

言之，在新莽时代的人性荒原中，在举国趋利、终日驰骛的世俗氛围中，扬雄以其寄情来世的远见卓识和清净自守的文化品格超越了自己所处的时代和社会。在《解嘲》中，扬子曾经激情澎湃地宣称：

> 且吾闻之，炎炎者灭，隆隆者绝；观雷观火，为盈为实，天收其声，地藏其热。高明之家，鬼瞰其室，攫拏者亡，默默者存；位极者宗危，自守者身全。是故知玄知默，守道之极；爰清爰静，游神之廷；惟寂惟寞，守德之宅。世异事变，人道不殊，彼我易时，未知何如①。

这是一代文化巨人的道德宣言和历史预言！扬雄对历史的预见和预判，完全被历史本身证实了。那些手握权柄、好人佞己、妄自尊大的王莽之流，早已在历史的秋风中烟消云散了，而扬子所创造的文化辉煌却永远垂范于后世，为华夏文明和人类文化增光添彩。一切有良知的知识分子都应当秉持扬雄式的道德操守和文化品格。他为我们彰显了一条无限宽广的趋向永恒的光辉灿烂的人生道路。

扬雄的思想对陶渊明有非常深刻的影响。《太玄》是陶公熟读之书。《连雨独饮》："试酌百情远，重觞忽忘天。天岂去此哉！任真无所先。""天岂"句，古直注引扬雄《太玄·玄摛》："近玄者玄亦近之，远玄者玄亦远之。譬若天，苍苍然在于东面南面西面北面，仰而无不在焉，及其俛，则不见也。天岂去人哉？人自去也。"② 可见这四句陶诗不过是《太玄》此文的翻版而已。陶渊明《还旧居》："流幻百年中，寒暑日相推。"《祭从弟敬远文》："日徂月流，寒暑代息。"均本于《太玄·玄摛》："日月往来，一寒一暑。律则成物，历则编时。律历交道，圣人以谋。"③ 陶公对《法言》也颇为谙熟。《命子》："浑浑长源，蔚蔚洪柯。"古直注："《法言·问神篇》：'浑浑若川。'"④又《拟挽歌辞》三首其一："有生必有死，早终非命促。"这两句诗本于《法言·君子》："有生者必有死，有始者必有终，自然之道也。"⑤《连雨独饮》诗也表达了同样的思想："运生会归尽，终古谓之然。"可见扬子的人生观对陶渊明的深刻影响。至于在诗中化用扬雄作品的语词和语义就更为常见。《读〈山海经〉》十三首其五："朝为王母使，暮宿三危山。"《拟古》九首其八："谁言行游近？张掖至幽州。"都与扬雄《甘泉赋》有关："攀璇玑而下视兮，行游目乎三危。"⑥ 赋中"行游""三危"二语被陶公摄取。再如《饮酒》其五"结庐在人境"，古直注："《汉书·扬雄传》：'结以倚庐。'周寿昌曰：'陶潜结庐二字，即节取此语。'"⑦《太玄》卷九《玄挩》：

---

① ［汉］班固：《汉书》第十一册，中华书局1962年版，第3571页。
② 古直：《陶靖节先生诗注》卷二，广文书局1964年版，第50—51页。
③ ［宋］司马光：《太玄集注》，中华书局1998年版，第185页。
④ 古直：《陶靖节先生诗注》卷一，广文书局1964年版，第24页。
⑤ 汪荣宝：《法言义疏》下册，中华书局1987年版，第521页。
⑥ ［梁］萧统编、［唐］李善注：《文选》，中华书局1977年版，第114页。
⑦ 古直：《陶靖节先生诗注》卷三，广文书局1964年版，第83页。

> 可听者，圣人之极也；可观者，圣人之德也；可久者，天地之道也。是以昔者群圣人之作事也，上拟诸天，下拟诸地，中拟诸人。天地作函，日月固明，五行该丑，五岳宗山，四渎长川，五经括矩。天违地违人违，而天下之大事悖矣①。

陶公《形赠影》“天地长不没，山川无改时”之妙句，即从此文化出。而扬子所言“天违地违人违”，违就是违背、冲突、不顺的意思。“洲渚四绵邈，风水互乖违。”（《于王抚军座送客》）此为“天违”和“地违”。“纡辔诚可学，违己讵非迷！”（《饮酒》二十首其九）“衣沾不足惜，但使愿无违。”（《归园田居》五首其三）“考所愿而必违，徒契契以苦心。”（《闲情赋》）这些都属于“人违”。《太玄》是扬子一生思考、劳作的结晶，是扬子建构的学术大厦的核心性成果，在中古时代更是驰誉学林的名著，如汉宋衷、吴陆绩和晋范望等著名学者都曾经为之作注。宋代司马光研究《太玄》前后历时三十年，并撰写了《太玄集注》一书，足见其重大学术文化价值是举世公认的。《太玄》征服了陶公，因而他熟读此书，并且引《玄》入诗，在“诗必柱下之旨归，赋乃漆园之义疏”（《文心雕龙·时序》）②的文化氛围中别创一种充满哲理的田园诗境。

陶渊明以扬雄自况，还表现在用扬雄的独生子童乌与自己的儿子陶佟做比较。陶公《责子》：“通子垂九龄，但觅梨与栗。”“通子”句暗用扬子《法言·问神》：“育而不苗者，吾家之童乌乎！九龄而与我玄文。”李轨注：“童乌，子云之子也。仲尼悼颜渊苗而不秀，子云伤育童乌而不苗。”“颜渊弱冠而与仲尼言《易》，童乌九龄而与子云论《玄》。”③童乌是中古时代著名的神童，他九岁就能和父亲扬雄讨论《太玄》的问题。这位神童引起了魏晋名士的广泛关注。嵇康《秋胡行》：“颜回短折，下及童乌。”④嵇康对童乌的了解正来自《法言》。《世说新语·简傲》第3条：

> 钟士季精有才理，先不识嵇康，钟要于时贤儁之士，俱往寻康。康方大树下锻，向子期为佐鼓排。康扬槌不辍，傍若无人，移时不交一言。钟起去，康曰：“何所闻而来？何所见而去？”钟曰：“闻所闻而来，见所见而去。”⑤

嵇康和钟会问答之语中的“所字结构”本于《法言·渊骞》：

---

① ［宋］司马光：《太玄集注》，中华书局1998年版，第210页。

② 范文澜：《文心雕龙注》下册，人民文学出版社1958年版，第675页。

③ 汪荣宝：《法言义疏》上册，中华书局1987年版，第166页。

④ 戴明扬：《嵇康集校注》上册，中华书局2014年版，第80页。

⑤ 徐震堮：《世说新语校笺》下册，中华书局1984年版，第411—412页。

七十子之于仲尼也，日闻所不闻，见所不见，文章亦不足为矣①。

由此可知《法言》在中古士林是何等深入人心！陶佟是陶公五子中的最小者，性格顽皮。陶诗“但觅”句暗用《长杨赋》：“驰骋粳稻之地，周流梨栗之林。”② 从而将“最喜小儿无赖”（辛弃疾《清平乐·村居》）③ 的情状描写得淋漓尽致。因此，这两句诗实际上是诗人暗中用自己的儿子陶佟（小名为通）与扬雄之子童乌作比较（佟、通、童三字，发音亦相近）。

陶渊明以扬雄自况，扬雄以柳下惠自比，皆与其所处的时代密不可分。扬雄晚年正值王莽当政时期，而陶公晚年正值晋宋更替的时代。前者朝隐于廊庙，后者归隐于田园。虽行迹有异，但同处道德堕落的乱世，心志相通。这里我们先揭示《桃花源记》的一个“政治密码”。明黄淳耀《陶庵全集》卷二《游横山记序》：“余意陶渊明居晋宋溷浊之间，感愤时事，寓言桃源，以嬴秦况当时，以避秦自况，如记中所云：‘乃不知有汉，无论魏晋。’”④ 黄氏的解说仍然未达一间。其实，对桃源中人“自云先世避秦时乱……乃不知有汉，无论魏晋”的历史表述，我们只要将汉、魏、晋三朝去掉，嬴秦就处于“可持续”状态，这样就和刘宋连上了。所以这篇作品实际上是以嬴秦比刘宋，以桃源中人自比，桃源中人的话语代表着诗人的声音。尽管“无论魏晋”是陶渊明的创造，但“不知有汉”则与扬雄的名文《剧秦美新》有关。《文选》卷四八《剧秦美新》唐李善注引晋李充（生卒年不详）《翰林论》曰：“扬子论秦之剧，称新之美，此乃计其胜负，比其优劣之意。”⑤“剧”是短促的意思。嬴秦暴虐，国运短促，故扬子以“剧”称之。但问题的本质在于：在嬴秦和莽新之间还有一个汉朝，扬雄何以略而不言？其实，这正是陶渊明“不知有汉”语义之源。扬雄在嬴秦和莽新之间比较优劣，而前者之恶，人所共知，在这种格局中越是赞美后者，就越是贬斥后者；对后者的赞美之声越高，赞美之辞越多，对后者的鄙薄和蔑视也就越深。陶公洞悉扬子的真意和深心，所以《桃花源记》借鉴了这种高妙的讽刺艺术；萧统亦了解《剧秦美新》的绝妙之处，所以将它收入《文选》，以彰显其文学典范的意义。我们再读陶渊明《饮酒》二十首其二十：

羲农去我久，举世少复真。汲汲鲁中叟，弥缝使其淳。凤鸟虽不至，礼乐暂得新。洙泗辍微响，漂流逮狂秦。诗书复何罪，一朝成灰尘。区区诸老翁，为事

---

① 汪荣宝：《法言义疏》下册，中华书局 1987 年版，第 418 页。
② ［汉］班固：《汉书》第十一册，中华书局 1962 年版，第 3564 页。
③ 龙榆生：《唐宋名家词选》，上海古籍出版社 1980 年版，第 245 页。
④ ［明］黄淳耀：《陶庵全集》，《文渊阁四库全书》第一二九七册，上海古籍出版社 1987 年版，第 633 页。
⑤ ［梁］萧统编、［唐］李善注：《文选》，中华书局 1977 年版，第 678 页。

诚殷勤。如何绝世下，六籍无一亲！终日驰车走，不见所问津。……①

这首诗也纯然是从《剧秦美新》中脱化而来的：

独秦崛起西戎……并吞六国……铲灭古文，刮语烧书，弛礼崩乐，涂民耳目，遂欲流唐漂虞，涤殷荡周，煎除仲尼之篇籍；自勒功业，改制度轨量，咸稽之于秦纪。是以耆儒硕老抱其书而远逊，礼官博士卷其舌而不谈，来仪之鸟，肉角之兽，狙犷而不臻……二世而亡，何其剧与！②

“洙泗”等4句诗胎袭“遂欲”等语，“区区”等6句诗因袭“是以”等语。可知扬雄与陶渊明都具有强烈的反对嬴秦暴政的倾向，对扬雄而言，反秦就是拒新，批判秦始皇就是批判王莽；对陶渊明而言，反秦就是斥宋，诅咒秦始皇，就是诅咒宋武帝。其实，无论是《桃花源记》，还是《饮酒》诗（其二十），都暗藏着陶渊明所尊奉的晋承汉统的历史观念，他对晋人正统地位的肯定，就意味着对刘宋王朝的否定。《宋书·陶潜传》说：“潜弱年薄宦，不洁去就之迹，自以曾祖晋世宰辅，耻复屈身后代，自高祖王业渐隆，不复肯仕。所著文章，皆题其年月，义熙以前，则书晋氏年号，自永初以来唯云甲子而已。”③ 对于刘宋王朝，陶渊明是不承认的，对于新莽，扬雄也是彻底否定的。宋洪迈《容斋随笔》卷一三“晏子扬雄”条：

齐庄公之难，晏子不死不亡，而曰：“君为社稷死则死之，为社稷亡则亡之，若为己死而为己亡，非其私昵，谁敢任之！”及崔杼、庆封盟国人曰：“所不与崔、庆者。”晏子叹曰：“婴所不唯忠于君利社稷者是与，有如上帝！晏子此意正与豫子所言“众人遇我”之义同，特不以身殉庄公耳。至于毅然据正以社稷为辞，非豫子可比也。扬雄仕汉，亲蹈王莽之变，退托其身于列大夫中，不与高位者同其死，抱道没齿，与晏子同科。世儒或以《剧秦美新》贬之，是不然，此雄不得已而作也。夫诵述新莽之德，止能美于暴秦，其深意固可知矣。序所言配五帝、冠三王，开辟以来未之闻，直以戏莽尔。使雄善为谀佞，撰符命，称功德，以邀爵位，当与国师公同列，岂固穷如是哉！④

洪氏之高见，足以驱除朱熹为扬雄制造的“三字狱”——“莽大夫”的迷雾⑤。今人郑文说：“有人认为他写了一篇《剧秦美新》，这就是附莽的证据，甚至诋他是‘莽大夫’。但他剧秦而不剧汉，美刘而不美新，这样偷梁换柱的手法，只要留心研究，是不

---

① 袁行霈：《陶渊明集笺注》，中华书局2003年版，第282页。

② ［梁］萧统编、［唐］李善注：《文选》，中华书局1977年版，第679页。

③ ［梁］沈约：《宋书》第八册，中华书局1974年版，第2288—2289页。

④ ［宋］洪迈：《容斋随笔》上册，中华书局2005年版，第169—170页。

⑤ ［宋］朱熹《通鉴纲目·汉纪》：“戊寅五年，莽大夫扬雄死。”

难发现的。”[①] 如此知人论世，堪称深刻。

陶渊明对扬雄是无限仰慕的，因而以扬子自比。金王若虚《滹南遗老集》卷四三《高思诚咏白堂记》：

有所慕于人者，必有所悦乎其事也。或取其性情、德行、才能、技艺之所长，与夫衣服仪度之如何，以想见其仿佛，甚者至有易名变姓以自比而同之，此其嗜好趋向，自有合焉而不夺也[②]。

陶渊明由晋入宋以后，更名为陶潜，前人对此多有解说[③]。实际这是扬雄《法言》影响的结果。扬雄《法言·问神》：

或问“神”。曰：“心。”“请问之。”曰：“潜天而天，潜地而地。天地，神明而不测者也。心之潜也，犹将测之，况于人乎？况于事伦乎？”“敢问潜心于圣。”曰：“昔乎，仲尼潜心于文王矣，达之。颜渊亦潜心于仲尼矣，未达一间耳。神在所潜而已矣。”[④]

陶潜之名即取义于此。就道德性情、平生志业和文化建树而言，陶渊明与扬雄既有相通相似之处，也有截然不同之点。《梁书》卷五〇《刘峻传》：

峻又尝为《自序》，其略曰：“余自比冯敬通，而有同之者三，异之者四。何则？敬通雄才冠世，志刚金石；余虽不及之，而节亮慷慨，此一同也。敬通值中兴明君，而终不试用；余逢命世英主，亦摈斥当年，此二同也。敬通有忌妻，至于身操井臼；余有悍室，亦令家道坎坷，此三同也。敬通当更始之世，手握兵符，跃马食肉；余自少迄长，戚戚无欢，此一异也。敬通有一子仲文，官成名立；余祸同伯道，永无血胤，此二异也。敬通膂力方刚，老而益壮；余有犬马之疾，溘

① 郑文：《对扬雄生平与作品的探索》，《文史》总第24辑，中华书局1985年版。［清］朱彝尊《曝书亭集》卷五十九《扬雄论》：“以言取人，伪之所从出也。昔者太公诛任裔华仕于齐，子产诛邓析于郑，孔子诛少正卯于鲁，圣贤所以彰刑罚大权者，岂好为已甚哉！无他，深恶其言之不实，而伪学之足以欺世也。扬雄之书，诵法孔子，自周秦以降，折衷圣人，而纯于道德者莫有过焉者也。抑知其尽出于伪哉！王莽将篡汉，恭俭以下士，雄之澹泊自守，若无荣利动其中，其初盖欲悦莽之心；及久未见用，躁不能禁，乃为《剧秦美新》之文以献媚。前之所为，唐尊之柴车瓦器也；后之所为，哀章刘秀之符命也。其独不得柄用者，莽尝与雄同为郎，莽之伪，雄知之，雄之伪，莽亦习知之也。莽作《金縢》《大诰》，以自拟于周公；雄作《太玄》《法言》，以自比《周易》《论语》，相率而为伪焉尔矣。投阁之事，已为当世所笑，后之君子，顾或有取于雄者，徒以其言之不诡于圣人也。夫安居而诵习周孔，乡曲之士能之，迨事变猝至，临难而不失其正者希矣。世之儒者，幸生太平无事之日，饱食暖衣，无纤毫之忧患，匡坐而谈性命之学，及其既没，门人弟子矜其迂阔腐烂之说，肖然配食于孔氏之庭，非是则俎豆不与焉。噫！吾能必其言之不出于伪也邪？”（商务印书馆1935年版，第695页。）朱氏以扬子为大伪之人，纯属亵渎我民族之圣人。没有圣人的国度，是典型的愚昧之国；有圣人而不知爱惜的国度，是典型的奴隶之邦。凡妄议、诽谤圣人者，皆属于反国家反民族反良知反文化之恶徒，吾侪当以毕生之力与之战斗。

② 胡传志、李定乾：《滹南遗老集校注》，辽海出版社2006年版，第523—524页。

③ 参见朱自清：《陶渊明年谱之问题》，《朱自清古典文学论文集》下册，上海古籍出版社1981年版，第457—459页。

④ 汪荣宝：《法言义疏》上册，中华书局1987年版，第137页。

死无时，此三异也。敬通虽芝残蕙焚，终填沟壑，而为名贤所慕，其风流郁烈芬芳，久而弥盛；余声尘寂漠，世不吾知，魂魄一去，将同秋草，此四异也。所以自力为叙，遗之好事云。"[1]

刘孝标《自序》以汉人冯衍自比，并详论其异同，我们对扬雄与陶渊明之异同，亦当作深入之思考。一言以蔽之，扬雄是圣人，是汉代以来的千秋孤圣；陶渊明是贤人，是中国诗史中独树一帜的伟大诗人。关于圣人与贤人的问题，扬子《法言》所论颇多：

鸟兽触其情者也，众人则异乎！贤人则异众人矣，圣人则异贤人矣。（《法言·学行》）[2]

圣人耳不顺乎非，口不肄乎善；贤者耳择、口择；众人无择焉。或问"众人"。曰："富贵生。""贤者"。曰："义。""圣人"。曰："神。"观乎贤人，则见众人；观乎圣人，则见贤人；观乎天地，则见圣人。天下有三好：众人好己从，贤人好己正，圣人好己师。天下有三检：众人用家检，贤人用国检，圣人用天下检。天下有三门：由于情欲，入自禽门；由于礼义，入自人门；由于独智，入自圣门。（《法言·修身》）[3]

圣人之言远如天，贤人之言近如地。（《法言·五百》）[4]

这实际上为我们研究扬雄与陶潜的异同提供了重要的理论依据，对此，笔者将另文专论。

总之，《五柳传》摄取《汉书·扬雄传》之片段，而加以改造，重点彰显扬雄的精神特质和生活情趣，并且采用了以柳代杨的修辞技巧，虚构"五柳先生"的名号。同时，《五柳传》采取了双层话语的书写方式：表层的晋人话语是陶渊明的，深层的汉人话语是扬雄的。两套话语互为表里，从而充分实现了陶公与扬子的精神对话。与古人对话是陶公的一贯追求。"遥遥沮溺心，千载乃相关。"（《庚戌岁九月中于西田获早稻》）"遥谢荷蓧翁，聊得从君栖。"（《丙辰岁八月中于下潠田舍获》）"何以慰吾怀？赖古多此贤。"（《咏贫士》七首其二）"餒也已矣夫，在昔余多师。"（《有会而作》）"衔觞念幽人，千载抚尔诀。"（《和郭主簿》二首其二）"缅怀千载，托契孤游。"（《扇上画赞·周阳珪》）他不仅追寻古代高士的行迹，而且探求他们的心灵。对他而言，历史不是过去，未来也不会到来。他同古今一切高贵的灵魂对话。他用自己的意

① ［唐］姚思廉：《梁书》第三册，中华书局1973年版，第707页。

② 汪荣宝：《法言义疏》上册，中华书局1987年版，第26页。

③ 同上，第104页。

④ 同上，第266页。

志和心灵去感受去扩张，去发现古人独特的精神气质，借助这种发现，他确认、丰富、拓展了自己的精神领域，建立起支撑自己生命的精神柱石；他也由此将自我置于历史的河流中，在历史性的永恒存在中找到自我存在的根据和理由，找到立足于此生此世的存在感。寂然凝虑，思接千载，悄焉动容，视通万里。而在陶渊明努力探寻的古代贤者与先哲的人物谱系中，扬子无疑居于核心的位置。《五柳传》的创作，为陶公与扬子建立了深度的精神关联，并由扬子推进到柳下惠。歌德说："精神有一个特性，就是它永远对精神起着推动的作用。""一个人能达到的最高境地，是意识到自己的情绪和思想，是认识他自己，这可以启导他，使他对别人的心灵也有深刻的认识。有些人生来就有这种禀赋，他们通过经验发展了这种禀赋去达到实际的目的。这样便产生了一种能力，使他们在社会上和事业中取得更高意义的成功。诗人也是生来就有这种禀赋，不过他不是为了直接的，人世的目的，而是为了更高的、精神的、普遍的目的而发展了这种禀赋。"① 柳下惠的精神推动了扬子的精神，扬子的精神推动了陶公的精神，这种推动首先是以后者对前者的认知与感知为前提的，因为人类的精神创造确实有其自身的独立的延续性；其次，前者对后者的精神推动的实现，又是以后者对自我的深刻认识为前提的。苏格拉底说："未经省察的人生没有价值。"② 扬子和陶公对自然对社会对人生都进行了深刻而彻底的省察，所以他们一生都甘于寂寞，不断思考、追求、探索，著述连篇，笔耕不辍。由此他们实现了对其个体生命的此生此世的超越，而以一种伟大的不朽的精神存在走向永恒的未来。柳下惠是道德的象征，扬子是哲理的象征，陶公是诗性的象征，他们三位一体，融合为《五柳传》中五柳先生。在《五柳传》的文学建构中，如果说扬雄是柳下惠的"灵魂的转世"的话，那么，陶渊明就是扬雄的"灵魂的转世"；如果说扬雄是哲学化的柳下惠的话，那么，陶渊明就是诗化的扬雄。在这三位巨人之间，相互的理解并不是心灵的神秘交流，而是一种对共同意义的分有，这就是道德、情感、良知、理性与诗性，其核心是具有普适性的足以成为一切人自由发展的前提条件的自由精神。禁锢人类思想的人和拥有不受制约的权力的人，如嬴政、王莽和刘裕之流，乃是五柳先生的死敌。只要这种死敌不死，五柳先生就具有永远存在的价值和意义。要之，陶渊明穿越了四百年的时光隧道，发现了扬雄，又在扬子的指引下，发现了一代道德典范柳下惠，最后借五柳先生以自况，从而完成了对自我生命的诠释和人生价值的界定。因此，就本质而言，我们也可以把《五柳传》视为陶渊明的"精神自传"，其所张扬的精神我们亦可称之为"五柳精神"。"五柳精神"就是

① （德）歌德：《说不尽的莎士比亚》，杨业治译，《古典文艺理论译丛》第 3 辑，人民文学出版社 1962 年版，第 71 页。

② （古希腊）柏拉图：《游叙弗伦·苏格拉底的申辩·克力同》，严群译，商务印书馆 1983 年版，第 76 页。

由上述五要素构成的自由精神，其最突出的特质是“不可摧毁性”（indestructibility）。对于这种“不可摧毁性”，五柳先生有一种深度的自觉省察：它既是个体的精神存在，同时又属于众人，它是存在于崇高的人类之间的不可分割的精神链条。在这一精神链条的支配下，历史定将让一切和所有的人各得其所，因为一切都将转瞬即逝，只有真理永存。由此可见，陶渊明《五柳先生传》的创作，把一种无与伦比的精神伟力赋予了中国文学——这种精神伟力在中国文学中是极其罕见的。一切文学史都是精神史。就此而言，五柳先生在人类文学史中所占有的地位、所充当的角色，不仅是不可或缺的，而且是极其神圣而崇高的。

（作者单位：中国社会科学院文学研究所）

扬雄与蜀文化

潘殊闲

内容提要： 扬雄是从西蜀走出的文化巨匠。扬雄的出现不是偶然的，他与蜀文化之间有很深的渊源，从他身上，可以窥见众多蜀文化的特质与亮点，这就是：扬雄是文翁化蜀，“蜀学比于齐鲁”的典范；扬雄是“自古文宗出西蜀”的典范；扬雄是蜀人“不鸣则已，一鸣惊人”的典范；扬雄是蜀人擅长浪漫思维的典范；扬雄是蜀人擅长逆向思维的典范；扬雄是“易学在蜀”的典范；扬雄是古蜀文化的守望者与拓荒传播者。

关键词： 扬雄；西蜀文化；特质；亮点

扬雄是从西蜀走出的文化巨匠。扬雄的出现不是偶然的，他与蜀文化之间有很深的渊源，从他身上，可以窥见众多蜀文化的特质与亮点。本文拟从以下七个方面做一梳理，以求教于各位方家。

一、扬雄是文翁化蜀，“蜀学比于齐鲁”的典范

古蜀国是一个拥有悠久历史与灿烂文明的方国，在中华民族多元一体中是重要的一元。关于古蜀国悠久的历史，扬雄的《蜀王本纪》就有记载：“蜀之先，称王者有蚕丛、折灌、鱼易、俾明。是时椎髻左衽，不晓文字，未有礼乐。从开明已上至蚕丛，凡四千岁。”[①] 开明为古蜀最后一个朝代，由此往上倒数有四千年，另有《蜀王本纪》

① 《蜀王本纪》版本错杂，彼此差异较大，这里据宋李昉等撰《太平御览》卷一六六所引，文渊阁四库全书本。

版本称“三万四千岁”，不论哪个版本，古蜀的历史都不可谓不悠久。至于灿烂的文明，这完全可以从三星堆遗址、金沙遗址以及成都平原众多古蜀城池遗址中窥见其概貌。惜乎扬雄时代未能亲睹这些遗址遗物的风采，所以，扬雄以“不晓文字，未有礼乐”概括，显然这是不符合历史事实的。这些出土的惊艳世界的文物和规模宏大的祭祀坑以及祭祀礼器，无不显现出古蜀时期礼乐文明所达到的高度。那些出土器物上的有一定规律性的“符号”，有学者以“古蜀图语”（或“巴蜀图语”）称之，实际上它们就是古蜀的文字，只是我们至今无法真正解读，诚为憾事。

古蜀国的终止，始于公元前316年。这年秋天，秦惠王遣张仪、司马错等率大军从石牛道南下伐蜀，蜀王仓促应战，为秦军大败。冬十月，秦军扫荡了蜀的反秦势力，一举兼并蜀国，蜀国从此灭亡。秦灭蜀国之后，纳入其统一版图，为巩固其统治，开始向蜀地大量移民，并推行其文化，包括文字、礼制、法制等。当然，古蜀民俗信仰等文化，也得到相应的尊重与保留。

不可否认的是，秦灭蜀国之后，蜀地一度处于混乱状态。为强化蜀地经济保障，在秦灭蜀国之后的40年，即公元前277年，李冰作为第三任蜀郡守来到四川，开始了他治蜀与兴蜀的历程。李冰治蜀事迹众多，但最有名的无疑是创建都江堰、疏通成都“二江”等重大水利工程，极大地奠定了成都作为巴蜀地区政治、经济、文化中心的地位。《史记·河渠书》载“蜀守冰凿离碓，辟沫水之害，穿二江成都之中。此渠皆可行舟，有余则用溉浸，百姓飨其利。至于所过，往往引其水益用溉田畴之渠，以万亿计，然莫足数也”①。《汉书·沟洫志》沿用此说。后来的《华阳国志》则这样表述：“冰乃壅江作堋。穿郫江、检江，别支流，双过郡下，以行舟船。岷山多梓、栢、大竹，颓随水流，坐致材木，功省用饶。又溉灌三郡，开稻田。于是蜀沃野千里，号为陆海。旱则引水浸润，雨则杜塞水门，故《记》曰：水旱从人，不知饥馑。时无荒年，天下谓之天府也。”②

此时的“天府”如果说还更多指的是自然生态的优渥与农林经济的发达，那么，120年之后的西汉景帝时期，即公元前156年，文翁担任蜀郡守，则进一步改变了蜀地的自然与文化生态。《华阳国志》记载：“孝文帝末年，以庐江文翁为蜀守。翁穿湔江口，溉灌繁田千七百顷。是时，世平道治，民物阜康；承秦之后，学校陵夷，俗好文刻。翁乃立学，选吏子弟就学。遣儁士张叔等十八人东诣博士，受七经，还以教授。学徒鳞萃，蜀学比于齐鲁。巴、汉亦立文学。孝景帝嘉之。今天下郡、国皆立文学。

① ［汉］司马迁撰：《史记》卷二九，中华书局1999年版，第1196页。
② ［晋］常璩著，任乃强校注：《华阳国志校补图注》卷三，上海古籍出版社1987年版，第133页。

因翁倡其教，蜀为之始也。”[①] 接续李冰而治蜀的文翁，不仅进一步治理蜀中水环境，更重要的是兴办郡学，选派优秀学生进京深造，回来之后教授蜀地学子，改善蜀地文化生态，使蜀中“学徒鳞萃，蜀学比于齐鲁”。至此，自然与人文并举的“天府之国”名副其实。

蜀地文化生态的改善，产生了系列良好反响。《汉书·地理志》载：“景、武间，文翁为蜀守，教民读书法令，未能笃信道德，反以好文刺讥，贵慕权势。及司马相如游宦京师诸侯，以文辞显于世，乡党慕循其迹。后有王褒、严遵、扬雄之徒，文章冠天下。繇文翁倡其教，相如为之师。”[②] 司马相如、王褒、严遵、扬雄被称为西汉蜀文学四大家，他们都是文翁化蜀之后的直接结果。这四位蜀人，其影响绝不仅限于蜀地，他们的联袂登场，让蜀地一跃而成为汉大赋的孕育地，司马相如被誉为“赋圣”，扬雄被称为“西道孔子”，当然也是“东道孔子”：“张子侯曰：‘扬子云，西道孔子也，乃贫如此！’吾应曰：‘子云亦东道孔子也。昔仲尼岂独是鲁孔子？亦齐楚圣人也。’”（桓谭《新论》）无论“西道”还是“东道”，能够被誉为“孔子”，成为“大儒”，对于融入中原文化仅三百年的古蜀之地，这已经是非常难得的了。如果再联想司马相如与扬雄之后的蜀地人才辈出的盛况，文翁化蜀之功，确乎其伟哉，难怪卢照邻把文翁石室比喻为“岷山稷下亭”[③]。

“蜀学比于齐鲁”既可以理解为蜀地的学人数量比肩齐鲁，也可以理解为蜀中学者的声名与影响比肩齐鲁。齐鲁是儒学重镇，蜀地偏于西南一隅，接受中原文化时间并不久，即能产生接踵孔子的儒学大家扬雄，当然是不容易的，自然也是令人称奇的。所以，扬雄堪称文翁化蜀，“蜀学比于齐鲁”的典范。

二、扬雄是“自古文宗出西蜀”的典范

据《汉书·艺文志》所载，扬雄著述繁复，包括：

> 语言文字类有《训纂》一篇、《苍颉训纂》一篇。云：“至元始中，征天下通小学者以百数，各令记字于庭中。扬雄取其有用者以作《训纂篇》，顺续《苍颉》，又易《苍颉》中重复之字，凡八十九章。”[④]

---

① ［晋］常璩著，任乃强校注：《华阳国志校补图注》卷三，上海古籍出版社 1987 年版，第 141 页。
② ［汉］班固撰，［唐］颜师古注：《汉书》卷二八下，中华书局 1999 年版，第 1313 页。
③ ［唐］卢照邻著，祝尚书笺注：《卢照邻集笺注》卷二，上海古籍出版社 1994 年版，第 110 页。
④ ［汉］班固撰，［唐］颜师古注：《汉书》卷三〇，中华书局 1999 年版，第 1362—1363 页。

诸子类扬雄有三十八篇①，分别是《太玄》十九、《法言》十三、《乐》四、《箴》二。

文学类扬雄有赋十二篇。

《汉书·艺文志》未收的扬雄著述还有：

《𬨎轩使者绝代语释别国方言》，省称《方言》，最早见于汉应劭《风俗通义原序》。

《蜀王本纪》，最早见于《隋书·经籍志》，新、旧《唐书》相沿《隋书》，《宋史》不见史志著录，大约至迟到宋末已经散佚。目前所见为辑佚本。

其他还有一些，如《续史记》。《论衡·须颂篇》云："司马子长纪黄帝以至孝武，扬子云录宣帝以至哀、平。"② 刘知幾《史通·古今正史》云："《史记》所书，年止汉武。太初已后阙而不录。其后刘向、向子歆及诸好事者若冯商、卫衡、扬雄……等相次撰续，迄于哀、平间，犹名《史记》。"③

还有《志录》，仅见于《文章缘起》④。

还有《难盖天》，首见《隋书·天文志上》引扬雄《难盖天》八事⑤，后世《开元占经》等有引。严可均辑入《全汉文》。

由上述所列可知，扬雄著述涉及领域甚广，后世所谓"经史子集"，扬雄都有建树。如果从其著述内容来看，其卓然而立的贡献至少包括儒学、哲学、语言学、文学、历史学、天文学、数学、音乐学等，确乎应该称为"百科全书式"的巨匠。对此，班固在《汉书·扬雄传》的赞语中这样慨叹道："今扬子之书文义至深，而论不诡于圣人，若使遭遇时君，更阅贤知，为所称善，则必度越诸子矣。"⑥ 此论颇有见地。

有意思的是，扬雄出生的西蜀地区，向有出文宗巨匠之说。从司马相如开始，至扬雄，再到陈子昂、李白、苏轼、杨慎、李调元、郭沫若、巴金，他们或是在某一领域、某一方面执天下之牛耳，或是海纳百川，著述繁复，在众多领域都有卓越贡献。如林语堂评价苏轼："是个秉性难改的乐天派，是悲天悯人的道德家，是黎民百姓的好朋友，是散文作家，是新派的画家，是伟大的书法家，是酿酒的工程师，是假道学的反对派，是瑜珈术的修炼者，是佛教徒，是士大夫，是皇帝的秘书，是饮酒成癖者，是心肠慈悲的法官，是政治上的坚持己见者，是月下的漫步者，是诗人，是生性诙谐

① 扬雄著述的归类，不同文献有不同的分类，虽然看似有差异，其实主要在于编著者判别的角度有异，限于篇幅，这里不赘述。

② ［汉］王充撰：《论衡》卷二〇，文渊阁四库全书本。

③ ［唐］刘知幾撰：《史通》卷一二，文渊阁四库全书本。

④ ［梁］任昉撰，［明］陈懋仁注：《文章缘起》，文渊阁四库全书本。

⑤ ［唐］魏徵撰：《隋书》卷一九，中华书局 1999 年版，第 341 页。

⑥ ［汉］班固撰，［唐］颜师古注：《汉书》卷八七下，中华书局 1999 年版，第 2661 页。

爱开玩笑的人。”[①] 其实，这样的概括也远不够全面，苏东坡当之无愧的荣誉头衔还应有：经学家、子学家、医药学家、养生家、美食家、文艺评论家、文物鉴赏家、建筑设计师，等等。苏轼是西蜀文宗的代表，扬雄虽没有苏轼这样雅俗共赏，但在他所处时代的西蜀，能够取得如此丰硕的成果，能够在这么多领域有建树与贡献，应该说在西蜀历史上是前无古人的。扬雄之前的司马相如虽然非常优秀，扬雄自己也十分崇敬并努力效法：“先是时，蜀有司马相如，作赋甚弘丽温雅，雄心壮之，每作赋，常拟之以为式。”[②] 司马相如的确开汉大赋之先，引领风骚，被称为“赋圣”，但司马相如在文学文化上的贡献主要还是在赋体文学的创作上，而扬雄则是真正开蜀中学者弥纶群言，兼综百家的先河，显现出西蜀学者敦厚的基础、开阔的胸襟、宏远的视野、多维的旨趣与复合的能力。后世西蜀学者所出文宗巨匠，扬雄的示范与榜样作用是不能抹杀的。由此而言，扬雄诚为西蜀继司马相如之后，又一个开风气之先的人物。

令人深思的是，西蜀文宗基本上都诞生在成都至绵阳、成都至乐山这条纵轴线上。这是一个非常值得研究的文化现象。

三、扬雄是蜀人“不鸣则已，一鸣惊人”的典范

文翁化蜀之后，蜀地接受了中原文化的洗礼，但西蜀毕竟偏于西南一隅，离以首都为核心的文化中心距离较远，所以，往往不能得风气之先。但任何事情都有两面性，远离首都，远离文化中心固然显得比较闭塞，但优越的自然条件与崇教崇学、朴实敦厚的乡风民风，又使西蜀之人能守护传统，重视经典。他们往往不急于功名，不盲目追风赶潮，而是安于淡泊，博览群书，广搜博采。扬雄四十二岁之前都在家乡读书深思，扬雄自己是这样描述的：“雄少而好学，不为章句，训诂通而已，博览无所不见。为人简易佚荡，口吃不能剧谈，默而好深湛之思，清静亡为，少耆欲，不汲汲于富贵，不戚戚于贫贱，不修廉隅以徼名当世。家产不过十金，乏无儋石之储，晏如也。自有大度，非圣哲之书不好也；非其意，虽富贵不事也。”[③] 扬雄享年 71 岁，在家乡就生活了 42 年。在家乡的日子，扬雄安心学习圣贤之书，喜欢深入思考。但学习思考本身并不是目的，目的在于有益于国家。在蜀中读书人心目中，古之“三不朽”的人生愿景有深厚的根基。他们在家乡的勤苦用功，是希望有朝一日能辅佐贤君明相，立德人世，立功社稷，立言学林。而困守家乡，难以实现人生的理想。所以，他们必须向当时的政治中心、文化中心靠拢。因此，最佳的选择就是来到京师。扬雄四十二岁之后离开

① 林语堂著：《苏东坡传·原序》，百花文艺出版社 2000 年版，第 5—6 页。

② ［汉］班固撰，［唐］颜师古注：《汉书》卷八七上《扬雄传》，中华书局 1999 年版，第 2608 页。

③ 同上。

蜀中来到京城长安，其才华即在扈从成帝时精心构撰的《甘泉赋》《河东赋》《羽猎赋》《长杨赋》等四赋中得以骤显，成帝格外赏识扬雄，除为郎，给事黄门，并同意扬雄静心在石室钻研经典秘籍，且让扬雄尽情在朝廷各处自由活动，对此，扬雄在答刘歆的信中这样叙述："雄为郎之岁，自奏少不得学，而心好沈博绝丽之文，愿不受三岁之奉，且休脱直事之繇，得肆心广意，以自克就。有诏可不夺奉，令尚书赐笔墨钱六万，得观书于石渠。如是后一岁，作《绣补灵节龙骨之铭诗》三章，成帝好之，遂得尽意。"① 虽然扬雄做黄门郎二十多年，仕路并不畅达，但从文学与学术的影响言，这是困守家乡所完全不能比拟的。这种"不鸣则已，一鸣惊人"的状况，在众多蜀地文人中都有明显的表现。如唐宋八大家之一的苏洵，二十七岁始大发奋，但一直被场屋所困，后经同乡张俞点拨，坚定了自己追寻圣贤之文的决心。于是，"悉取所为文数百篇焚之。益闭户读书，绝笔不为文辞者五六年，乃大究六经、百家之说，以考质古今治乱成败、圣贤穷达出处之际，得其粹精，涵畜充溢，抑而不发。久之，慨然曰：'可矣。'由是下笔，顷刻数千言，其纵横上下，出入驰骤，必造于深微而后止"，以至一到京师，"一时后生学者皆尊其贤，学其文以为师法"②。苏洵对这一过程有这样的描述："方其始也，入其中而惶然；博观于其外，而骇然以惊。及其久也，读之益精，而其胸中豁然以明，若人之言固当然者，然犹未敢自出其言也。时既久，胸中之言日益多，不能自制，试出而书之，已而再三读之，浑浑乎觉其来之易矣。"③ 其所以如此，在欧阳修看来，"盖其禀也厚，故发之迟；志也悫，故得之精"④。而苏洵除将两个儿子送到书院学习外，还亲自辑校经史百家数千卷，并以此作为教材，教育二子，同时又带着两个儿子拜见张方平、欧阳修等名宦。但由于他们父子三人在家乡所下的功夫了得，所以，到了京师之后，能很快崛起，以至欧阳修不得不由衷地感叹道："当至和、嘉祐之间，（苏洵）与其二子轼、辙偕至京师，翰林学士欧阳修得其所著书二十二篇，献诸朝。书既出，而公卿士大夫争传之。其二子举进士，皆在高等，亦以文学称于时。眉山在西南数千里外，一日父子隐然名动京师，而苏氏文章遂擅天下。"⑤ 这是蜀中学者"不鸣则已，一鸣惊人"的典型。类似的情况，在司马相如、陈子昂、李白等一大批西蜀名人身上都得到充分的体现。

---

① ［汉］扬雄著，张震泽校注：《扬雄集校注》，上海古籍出版社 1993 年版，第 264 页。

② ［宋］欧阳修：《故霸州文安县主簿苏君墓志铭并序》，李逸安点校《欧阳修全集》卷三五，中华书局 2001 年版，第 513 页。

③ ［宋］苏洵撰，曾枣庄、金成礼笺注：《嘉祐集笺注》卷一二《上欧阳内翰第一书》，上海古籍出版社 1993 年版，第 329 页。

④ ［宋］欧阳修：《故霸州文安县主簿苏君墓志铭并序》，李逸安点校《欧阳修全集》卷三五，中华书局 2001 年版，第 513 页。

⑤ 同上，第 512 页。

四、扬雄是蜀人擅长浪漫思维的典范

古蜀人重“仙”，喜欢飞升，喜欢仰望星空。古蜀先帝大都“仙化而去”。《蜀王本纪》有云：“蜀王之先，名蚕丛，后代名曰柏灌，后者名鱼凫。此三代各数百岁，皆神化不死。其民亦颇随王化去。鱼凫田于湔山，得仙，今庙祀之于湔。”①《华阳国志·蜀志》也有类似的记载：“周失纲纪，蜀先称王。有蜀侯蚕丛，其目纵，始称王。死，作石棺、石椁。国人从之。故俗以石棺椁为纵目人冢也。次王曰柏灌，次王曰鱼凫。鱼凫王田于湔山，忽得仙道。蜀人思之，为立祠于湔……后有王曰杜宇，教民务农。一号杜主……会有水灾，其相开明，决玉垒山以除水害。帝遂委以政事，法尧舜禅授之义，遂禅位于开明。帝升西山隐焉。时适二月，子鹃鸟鸣。故蜀人悲子鹃鸟鸣也。”②上述两部著述提到古蜀先帝得仙道，飞升栖隐，这些看似神话，但其实反映了古蜀先民富于想象，渴望飞升。这种仙化思维基因深刻地影响了蜀地的文化、文学与文人。我们从三星堆遗址和金沙遗址出土的神树、太阳神鸟等文物的造型及其寓意来看，这种浪漫的思维特性呼之欲出。在蜀地文人中，李白被称为“谪仙”，苏轼被称为“坡仙”，他们二人自己也深刻认同这种称谓。就文学作品言，蜀地文人善于幻想，善于联想。司马相如被称为“赋圣”。而赋这种文体，本身就具有铺张扬厉、夸饰奇秀之特点。司马相如自己曾说：“词赋者，合綦组以成文，列锦绣而为质。一经一纬，一宫一商，此赋之迹也。赋家之心，包括宇宙，总览人物，斯乃得之于内，不可得而传。”③刘勰说：“赋者，铺也，铺采摛文，体物写志也。”④ 观司马相如的诸赋，可感受其想象之丰富，文辞之隽美。如《大人赋》言神仙之事，汉武帝好仙道，读了这篇赋之后，竟“飘飘有凌云气游天地之间意”⑤。扬雄之赋，踵继蜀中前贤司马相如：“相如凭风，诡滥愈甚。故上林之馆，奔星与宛虹入轩；从禽之盛，飞廉与焦明俱获。及扬雄《甘泉》，酌其余波；语瑰奇则假珍于玉树，言峻极则颠坠于鬼神。”⑥ 作为第一篇状写蜀都之赋，扬雄的《蜀都赋》，将蜀都的山川风物、人情社会铺张扬厉得令人陶醉。如写蜀都蜀锦等手工业之精美与商贸业之发达：“自造奇锦，紌𦄂缰缬，缪缘卢中，发文扬采，

---

① ［汉］扬雄著，张震泽校注：《扬雄集校注》，上海古籍出版社 1993 年版，第 244 页。

② ［晋］常璩撰，任乃强校注：《华阳国志校补图注》，上海古籍出版社 1987 年版，第 118 页。

③ ［汉］司马相如：《答·轲盛览》，见［明］贺复征编《文章辨体汇选》卷二五九，文渊阁四库全书本。

④ 王运熙、周锋撰：《文心雕龙译注·铨赋》，上海古籍出版社 1998 年版，第 59 页。

⑤ ［汉］班固撰，［唐］颜师古注：《汉书》卷五七下《司马相如传》，中华书局 1999 年版，第 1975 页。

⑥ 王云熙、周锋撰：《文心雕龙译注·夸饰第三十七》，上海古籍出版社 1998 年版，第 332 页。

转代无穷。其布则细都弱折，绵茧成袵，阿丽纤靡，避晏与阴。蜘蛛作丝，不可见风，筩中黄润，一端数金。雕镂扣器，百伎千工。东西鳞集，南北并溱，驰逐相逢，周流往来，方辕齐毂，隐轸幽辐，埃敦尘拂，万端异类，崇戎总浓般旋，阓齐喈楚，而喉不感慨。万物更凑，四时迭代，彼不折货，我罔之械，财物饶赡，蓄积备具。"① 真是令人目眩神迷。再如状蜀地之水的丰茂多姿："于是乎则左沈犁，右羌庭，漆水浡其匈，都江漂其泾，乃溢乎通沟，洪涛溶沆，千溪万谷，合流逆折，泌瀄乎争降。湖潧排碣，反波逆濞，礤石洌巇，纷菸周溥。旋溺冤，绥颓慚，博岸敌呷，稡濑磴岩。撑汾汾，忽溶闟沛，逾窘出限，连混陁隧，铚钉钟涌，声欢薄泙龙，历丰隆，潜延延，雷扶电击，鸿康濭，远远乎长喻。驰山下卒，湍降疾流，分川并注，合乎江州。"② 这段文字中的诸多动词与形容词，将蜀地水流的密布、湍急、丰沛和多态淋漓尽致地渲染出来，至今读来，仍给人以很强的画面感与震动感。

五、扬雄是蜀人擅长逆向思维的典范

蜀地因为僻远，受中原正统文化的浸染有限，所以，蜀人兴趣广泛，爱好多样，不受拘束，往往个性张扬，不循常路，擅长逆向思维，喜欢标新立异。司马相如生活的时代，正是董仲舒提出"罢黜百家""独尊儒术"之时，但司马相如却未受影响，他好读书击剑，博学多才，与章句之儒各行其道。扬雄生当西汉末年经学炽盛、谶纬弥漫之际，却"不为章句，训诂通而已，博览无所不见"③。唐代陈子昂，"少好三皇五帝霸王之经，历观《丘》《坟》，旁览代史"④，又"驰侠使气"⑤，"少学纵横术，游楚复游燕"⑥。其父陈元敬于"群书秘学，无所不览"⑦，"居家园以求其志，饵地骨炼云膏四十余年"⑧，这对陈子昂也产生了影响，他曾说"余家世好服食，昔尝饵之"⑨，

① ［汉］扬雄著，张震泽校注：《扬雄集校注》，上海古籍出版社 1993 年版，第 28 页。
② 同上，第 12 页。
③ ［汉］班固撰：《汉书》卷八七上《扬雄传上》，中华书局 1999 年版，第 2608 页。
④ ［唐］陈子昂撰，徐鹏校点：《陈子昂集》卷九《谏政理书》，上海古籍出版社 2013 年版，第 229 页。
⑤ ［唐］陈子昂撰，徐鹏校点：《陈子昂集》附录《陈氏别传》，上海古籍出版社 2013 年版，第 264 页。
⑥ ［唐］陈子昂撰，徐鹏校点：《陈子昂集》卷二《赠严仓曹乞推命录》，上海古籍出版社 2013 年版，第 30 页。
⑦ ［唐］陈子昂撰，徐鹏校点：《陈子昂集》卷六《府君有周文林郎陈公墓志文》，上海古籍出版社 2013 年版，第 131 页。
⑧ ［唐］陈子昂撰，徐鹏校点：《陈子昂集》附录《陈氏别传》，上海古籍出版社 2013 年版，第 264 页。
⑨ ［唐］陈子昂撰，徐鹏校点：《陈子昂集》卷一《观荆玉篇并序》，上海古籍出版社 2013 年版，第 15 页。

又说“林岭吾栖，学神仙而未毕”[①]，因此之故，被誉为“雅有相如子云之风骨”[②]。唐代蜀中另一位天才李白，“志尚道术，谓神仙可致”[③]，又“十五好剑术”[④]，曾在《上安州裴长史书》中曾自述：“五岁诵六甲，十岁观百家。轩辕以来，颇得闻矣。常横经籍书，制作不倦，迄于今三十春矣。以为士生则桑弧蓬矢，射乎四方，故知大丈夫必有四方之志。乃仗剑去国，辞亲远游。南穷苍梧，东涉溟海。见乡人相如大夸云梦之事，云楚有七泽，遂来观焉。”[⑤]

由于所学驳杂，故思想往往比较解放。没有约束，或者说较少约束，说话做事行文，往往就天马行空，故个性张扬是蜀人的“特点”。司马相如是一个极度张扬个性的人，他被另一位越名教而任自然的魏晋名士嵇康所赞佩：“长卿慢世，越礼自放。犊鼻居市，不耻其状。托疾避官，蔑此卿相。乃赋《大人》，超然莫尚。”[⑥] 至于相如琴挑文君，夤夜私奔的放纵，更是徒令诸多文人拍案惊奇，自叹弗如。陈子昂初入京师，即以千缗买胡琴，当众碎之，以其文百轴遍赠观者，一月之内，哄动京城[⑦]，更不要说其在中国诗歌史上的“横制颓波”了。李白之使高力士殿上脱靴的霸气以及“仰天大笑出门去，我辈岂是蓬蒿人”（《南陵别儿童入京》）、“焉能与群鸡，刺蹙争一餐”（《古风》其四十）、“尧舜之事不足惊，自余嚣嚣直可轻”（《怀仙歌》）、“君看我才能，何似鲁仲尼”（《书怀赠南陵常赞府》）的狂傲，无人能比；甚至一向被认为温和的苏辙在仁宗皇帝主持的崇政殿御试中也敢直言皇上娱乐耗财之不是，以致初考官胡宿认为苏辙直斥皇上，出言不逊，则力请黜落，引起一番激烈争论。

被司马迁称为“其文约，其辞微，其志洁，其行廉，其称文小而其指极大，举类迩而见义远。其志洁，故其称物芳。其行廉，故死而不容。自疏濯淖污泥之中，蝉蜕于浊秽，以浮游尘埃之外，不获世之滋垢，皭然泥而不滓者也。推此志也，虽与日月争光可也”[⑧] 的屈原，扬雄也非常尊崇，“怪屈原文过相如，至不容，作《离骚》，自投江而死，悲其文，读之未尝不流涕”，但反过来，则与主流认识迥异，“以为君子得时则大行，不得时则龙蛇，遇不遇命也，何必湛身哉！”[⑨] 这里的“湛”读 chen，二

---

① ［唐］陈子昂撰，徐鹏校点：《陈子昂集》卷七《晖上人房饯齐少府使入京府序》，上海古籍出版社 2013 年版，第 186 页。

② ［唐］陈子昂撰，徐鹏校点：《陈子昂集》附录《陈氏别传》，上海古籍出版社 2013 年版，第 264 页。

③ 刘全白：《唐故翰林学士李君碣志》，见［清］王琦《李太白全集》，中华书局 1977 年版，第 1460 页。

④ 《与韩荆州书》，见［清］王琦《李太白全集》，中华书局 1977 年版，第 1240 页。

⑤ ［清］王琦注：《李太白全集》卷二六，中华书局 1977 年版，第 1245 页。

⑥ ［明］张溥编：《汉魏六朝百三家集》卷三五《魏嵇康集·司马相如赞》，文渊阁四库全书本。

⑦ ［宋］计有功辑撰：《唐诗纪事》卷八，上海古籍出版社 2008 年版，第 102 页。

⑧ ［汉］司马迁撰：《史记》卷八四《屈原贾生列传》，中华书局 1999 年版，第 1934 页。

⑨ ［汉］班固撰，［唐］颜师古注：《汉书》卷八七上《扬雄传》，中华书局 1999 年版，第 2608 页。

声，通“沉”。这是相当大胆也是相当另类的论述。扬雄有强烈的“立言”的抱负，他的著述都是依循而不简单模仿，“以为经莫大于《易》，故作《太玄》；传莫大于《论语》，作《法言》；史篇莫善于仓颉，作《训纂》；箴莫善于虞箴，作《州箴》；赋莫深于《离骚》，反而广之；辞莫丽于相如，作四赋：皆斟酌其本，相与放依而驰骋云”①。《华阳国志》在《前贤士女总赞论》中引用《汉书·扬雄传》的上述评论，又加了一句“典莫正于《尔雅》，故作《方言》”②。这些著述都有鲜明的个性。如《太玄》，明显受《周易》和《道德经》等典籍影响，但却独辟蹊径，建立了自己的“玄道”，唐人王涯有一段概括性的论述，比较有代表性：“《玄》之大旨可知矣，其微显阐幽，观象察法，探吉凶之朕，见天地之心，同夫《易》也。是故八十一首，拟乎卦者也，九赞之位，类夫爻者也。《易》以八八为数，其卦六十有四，《玄》以九九为数，故其首八十有一。《易》之占也以变，而《玄》之筮也以逢，是故数有阴阳，而时有昼夜，首有经纬，而占有旦夕，参而得之谓之逢，考乎其辞，验乎其数，则《玄》之情得矣。……是故以一生三，以三生九，以九生二十七，以二十七生八十一，三相生，《玄》之数也。三长者，七、八、九得一、二、三，一为天，二为地，三为人。其数周而复始于八十一首，故为二百四十三表也。一首九赞，故有七百二十九赞，其外《踦》《嬴》二赞，以备一仪之月数。立天之道有始、中、终，因而三之，故有始始、始中、始终及中始、中中、中终及终始、终中、终终。立地之道有下、中、上，立人之道有思、福、祸，三三相乘，犹终始也。以立九赞之位，以穷天地之数，以配三流之元。故《玄》之首也始于《中》，《中》之始也在乎一，一之所配，自天元甲子朔旦冬至推一昼一夜，终而复始，每二赞一日，凡七百二十九赞而周为三百六十五日半，节候、钟律、日运、斗指于五行所配咸列著焉，以应休咎之占，说阴阳之数。故不观于《玄》者，不可以知天，不穷浑天之统，不可以知人事之纪。故善言玄者之于天人变化之际，其昭昭焉。”③

六、扬雄是“易学在蜀”的典范

“易学在蜀”是宋代理学大家程颐的话，《宋史·谯定传》有云：“初，程颐之父

① ［汉］班固撰，［唐］颜师古注：《汉书》卷八七下《扬雄传》，中华书局1999年版，第2659页。

② ［晋］常璩著，任乃强校注：《华阳国志校补图注》，上海古籍出版社1987年版，第533页。

③ ［汉］扬雄撰，［宋］司马光集注，刘韶军点校：《太玄集注》附录唐王涯《说玄·明宗一》，中华书局1998年版，第233—234页。

珦尝守广汉，颐与兄颢皆随侍，游成都，见治篾箍桶者挟册，就视之则《易》也，欲拟议致诘，而篾者先曰：‘若尝学此乎?’因指‘未济男之穷’以发问。二程逊而问之，则曰‘三阳皆失位。’兄弟涣然有所省，翌日再过之，则去矣。其后袁滋入洛，问《易》于颐。颐曰：‘易学在蜀耳，盍往求之?’滋入蜀访问，久无所遇。已而见卖酱薛翁于眉、邛间，与语，大有所得，不知所得何语也。宪、勉之、滋皆闽人，时行、行成蜀人。郭曩氏及篾叟、酱翁皆蜀之隐君子也。”① 这是一段很有意思的传记，它透露出很多的信息：一是易学在蜀中有广泛的群众基础，连篾叟、酱翁这些走卒贩夫也《易》不离手；二是蜀中民间多易学高手，篾叟、酱翁这些走卒贩夫随口而出的易学术语，也轻易把程颐程颢二兄弟难住；三是蜀中类似于篾叟、酱翁这样有学问功底的隐君子（隐士）很多，他们散布在各行各业，不可小觑；四是蜀中易学有自己独到的巴蜀特色，这从篾者的发问可以看出。

事实上，蜀中之人自古即长于历法、卜算、阴阳，春秋时资中人苌弘明天文，孔子曾问学于他②。汉代落下闳、严君平、扬雄，唐代李鼎祚、李淳风、袁天罡，宋代三苏，明代来知德等都是蜀中的易学名家。

严君平是扬雄的老师。严君平精通《周易》《老子》，在成都市上卖卜，“依蓍龟为言利害。与人子言依于孝，与人弟言依于顺，与人臣言依于忠，各因势导之以善……裁日阅数人，得百钱足自养，则闭肆下帘而授《老子》。博览亡不通，依老子、严周之指著书十万余言”③。扬雄深受严君平影响，表现在也不汲汲于富贵，不戚戚于贵贱。特别是受老师影响，立意要撰写《太玄》，“而大潭思浑天，参摹而四分之，极于八十一。旁则三摹九据，极之七百二十九赞，亦自然之道也。故观《易》者，见其卦而名之；观《玄》者，数其画而定之。《玄》首四重者，非卦也，数也。其用自天元推一昼一夜阴阳数度律历之纪，九九大运，与天终始。故《玄》三方、九州、二十七部、八十一家、二百四十三表、七百二十九赞，分为三卷，曰一二三，与《泰初历》相应，亦有颛顼之历焉。揲之以三策，关之以休咎，绯之以象类，播之以人事，文之以五行，拟之以道德仁义礼知。无主无名，要合五经，苟非其事，文不虚生。为其泰曼漶而不可知，故有《首》《冲》《错》《测》《摛》《莹》《数》《文》《掜》《图》《告》十一篇，皆以解剥《玄》体，离散其文，章句尚不存焉”④。由此可见扬雄对《易》的理解

① ［元］脱脱等撰：《宋史》卷四五九，中华书局1999年版，第10439页。
② ［汉］郑氏注，［唐］陆德明音义，孔颖达疏：《礼记注疏》卷三九，文渊阁四库全书本。
③ ［汉］班固撰，［唐］颜师古注：《汉书》卷七二《王贡两龚鲍传》，中华书局1999年版，第1975页。
④ ［汉］班固撰，［唐］颜师古注：《汉书》卷八七下《扬雄传》，中华书局1999年版，第2653—2654页。

与极富个性的阐释。尽管苏轼批评扬雄“好为艰深之词，以文浅易之说”（《与谢民师推官书》），但不可否认的是，扬雄在蜀中易学史上应占有一席之地，而且是个性十分鲜明的易学著述，对丰富“易学在蜀”的内涵，具有重要的意义与价值，司马光曾这样叙述他研读《太玄》的经历与感受：“余亦私怪雄不赞《易》而别为《玄》，《易》之道其于天人之蕴备矣，而雄岂有以加之？乃更为一书，且不知其焉所用之，故亦不谓雄宜为《玄》也。及长学《易》，苦其幽奥难知，以为《玄》者贤之书，校于《易》其义必浅，其文必易。夫登乔山者必践于坱埤，适沧海者必沿于江汉，故愿先从事于《玄》，以渐而进于《易》，庶几乎其可跂而望也。于是求之积年，始得观之。初则溟涬漫漶，略不可入，乃研精易虑，屏人事而读之数十过，参以首尾，稍得窥其梗概。然后喟然置书叹曰：‘呜呼！扬子云真大儒者邪！孔子既没，知圣人之道者非子云而谁？孟与荀殆不足拟，况其余乎？’观《玄》之书，昭则极于人，幽则尽于神，大则包宇宙，小则入毛发，合天地人之道以为一，括其根本，示人所出，胎育万物而兼为之母，若地履之而不可穷也，若海挹之而不可竭也。盖天下之道虽有善者，蔑以易此矣。考之于浑元之初而玄已生，察之于当今而玄非不行，穷之于天地之季而玄不可亡，叩之以万物之情而不漏，测之以鬼神之状而不违，概之以六经之言而不悖，藉使圣人复生，视《玄》必释然而笑，以为得已之心矣。乃知《玄》者所以赞《易》也，非别为书以与《易》角逐也。”① 由这段叙述可以看出司马光对《太玄》的喜爱与礼赞。其集注《太玄》“疲精劳神三十余年”②，足见司马光对《太玄》的认识是花了工夫的，其所评是较为客观理性的。

七、扬雄是古蜀文化的守望者与拓荒传播者

中华文明的起源是多元一体的，其中古蜀文化就是一元。古蜀文化与中原文化有相当大的差异。在三星堆遗址和金沙遗址等古蜀遗址考古发掘以前，人们对古蜀文化的理解主要停留在文献记录上，其中李白《蜀道难》中的吟唱“蚕丛及鱼凫，开国何茫然”最家喻户晓。李白诗中所言古蜀先祖蚕丛及鱼凫，在扬雄所著《蜀王本纪》中就有较为明确的记载。《蜀王本纪》主要描述了古蜀帝王世系以及相关神话传说与历史

---

① ［汉］扬雄撰，［宋］司马光集注，刘韶军点校《太玄集注》司马光《读玄》，中华书局1998年版，第1页。

② ［汉］扬雄撰，［宋］司马光集注，刘韶军点校《太玄集注》司马光《太玄集注序》，中华书局1998年版，第1页。

掌故，它为后世众多关于蜀地的著作提供了素材，如常璩的《华阳国志》、左思的《三都赋》等。历史上的《蜀王本纪》已经散佚，今天我们所能见到的是后人从《文选》《太平御览》《初学记》《艺文类聚》《事类赋》《寰宇记》《北堂书钞》《开元占经》《水经注》等文献中辑佚出来的。

虽然《蜀王本纪》的作者尚有争议，《蜀王本纪》所记有些内容还显得缥缈玄幻，但随着蜀地古蜀遗址的不断发掘，《蜀王本纪》中所载的古蜀王国与出土文物正在逐步互证。如"蜀"字的本义及其海内外众多蜀地产的出土丝织品，也无不显示出蚕丛氏国曾经的历史云烟。而从20世纪三四十年代以来岷江上游"蚕陵山"一带的岷江河谷两岸山麓上，考古发现了大量的石棺葬，则客观上印证了"蚕丛石棺椁"习俗的存在。三星堆出土的金杖、金沙遗址出土的"鸟首鱼纹金带"，明显是"古蜀历史上曾经有过名号叫'鱼凫'部族的地下证据"①。

顾颉刚先生在川期间曾对读了扬雄的《蜀王本纪》和常璩的《华阳国志》，比较了二十二处叙事，认为虽然《华阳国志》多沿袭《蜀王本纪》，但彼此扞格抵牾处不少。分析其原因，顾颉刚先生认为："扬氏生于汉，其时离蜀国之亡不过三百年，民间传说犹有存者，故多摭取里巷之谈以为书。常氏，晋人，离扬氏又三百年，文籍大备，理智日高，其鄙视俚俗不经之谈而悉欲去之，固其宜也。"② 对于两书整理史料的方法，顾颉刚先生认为："扬氏所录多不经之言，而皆为蜀地真实之神话、传说。常氏书雅驯矣，然其事既非民间之口说，亦非旧史笔录，乃学士文人就神话、传说之素地而加以渲染粉饰者。何去何从，即此可晓。扬氏为古典学家，偏能采取口说，奇矣。常氏为地方掌故专家，竟忍摒弃地方资料，斯更奇。"③ 顾颉刚先生推测，"常氏所以如此笔削之故"，乃是其"以为此等不合理之故事皆出于滑稽之流之信口编造，扬雄之书或经其窜乱。此则表示常氏全不认识神话、传说之本来面目。此种心理之下，不知会毁弃若干可宝贵之古人遗产，今虽刻意求之而不可得矣，惜哉，惜哉"④。的确，扬雄离古蜀之国不算远，其《蜀王本纪》关于古蜀帝王的若干神话与传说，有相当的合理性。如果顾颉刚先生能够看到今天三星堆遗址、金沙遗址等众多古蜀遗址及其出土精美文物，大概更能坚定他的这一认识与判断。所以，他叹息常璩等后人及其著述"不知会毁弃若干可宝贵之古人遗产"，是有根底的。好在《华阳国志》等书并没有完全摒弃扬雄的

---

① 林向《〈蜀王本纪〉与考古发现》，《四川大学学报》（哲社版）2011年第5期。

② 顾颉刚：《〈蜀王本纪〉与〈华阳国志〉所记蜀国史事》，《蜀学》第三辑转载。

③ 同上。

④ 同上。

相关神话与传说，只是进行了适当的删改，故还能有依稀的存录。特别是今天蜀地大量的考古发现，更显现了扬雄等蜀地先贤“为往圣继绝学”的伟大抱负与崇高的使命。

需要指出的是，关注古蜀文化、梳理古蜀文脉、传承古蜀文明的，并不是只有扬雄。在扬雄的前后，就陆续有司马相如、严君平、阳城衡、郑廑、尹贡、谯周、任熙等七人先后为蜀地作《纪》《志》《传》等，如《巴蜀耆旧传》《蜀本纪》《三巴记》《巴蜀异物志》等[1]，但都散佚所存无几，惟扬雄《蜀王本纪》所辑完备，对后世影响最大。由此言之，扬雄的确堪称古蜀文化的守望者与拓荒传播者。

（作者单位：西华大学地方文化资源保护与开发研究中心）

① 参见［晋］常璩著，任乃强校注：《华阳国志校补图注》卷一二《序志》及任乃强注释，上海古籍出版社 1987 年版，第 723—725 页。

儒家文化的创新发展与当代四川的文化建设

——扬雄论之一

谢应光

内容提要：四川省委宣传部以政府的名义推出了四川历史文化名人研究工程（首批推出十人），扬雄是其中之一。对扬雄思想进行清理，重新理解和塑造扬雄形象，是一个寻找扬雄文化与当代四川文化建设契合点的过程。从思想史的角度来看，扬雄反对当时王莽的“符命”迷信学说，建立了“太玄”这一套认识和解释世界的哲学体系，创造性地阐释了继承传统和改革创新的关系，其所主张的人本思想和独立思考的学术精神，对于当代四川文化建设具有重要的意义和价值。

关键词：儒家文化；创新发展；四川；文化建设；扬雄

背景。四川省委宣传部以政府的名义推出了四川历史文化名人研究工程（首批推出十人），扬雄是其中之一。这一举措是在国家繁荣哲学社会科学和弘扬中华民族优秀传统文化的历史背景下提出的。可以说，四川历史文化名人研究工程是响应党中央的号召而推出的文化建设重要举措，是当代四川文化建设政治实践的主要抓手之一，其根本目的就是通过历史文化名人的研究统一思想、建构信念、繁荣文化和促进经济社会的持续发展。

方法。扬雄作为西汉大儒，位处儒学作为国家意识形态确立时期的董仲舒和班固之间，在后世尤其是南宋及其以后，争议不断。特别是明朝朱元璋之后，扬雄的历史评价更是一落千丈，到了清朝达到冰点，几乎完全成了一个历史上的反面人物。直到今天，扬雄在人们的心目中仍然是一个矛盾的形象。在这种情况下，从方法论意义上来讲，当代四川文化建设对扬雄的研究首先应该拨云见日，首先清理扬雄的思想，通过对扬雄思想的清理重新理解和塑造扬雄形象。这种清理也是一个寻找扬雄文化与当代四川文化建设契合点的过程，扬雄在这种思想清理和重新评价中才会显示出他的重大意义。这种清理有两种基本途径：一种是对反扬雄思想的辩驳，一种是正面阐释扬雄的思想成果。本文的重点不在这里，我们的想法是在肯定扬雄思想的同时，说明儒家文化的创新发展可以推动当代的文化建设。

问题。在这样一种思考的前提下，我们提出两个问题：一是从思想史的角度来看，对于我们今天而言，扬雄的价值何在？二是对于当代四川文化建设而言，扬雄与我们文化建设目标的契合点何在？

首先看第一个问题。

1. 从中国思想史的角度来看，扬雄所生活的西汉末期，儒学还处在一个成为国家意识形态的建构过程中，与儒学思想杂处的仍然有黄老思想、阴阳、名、法等各种思想。在这个时期，谶纬思想很是流行，王莽的上位就大搞了谶纬迷信活动。但扬雄并不信那一套，他虽然支持王莽的政改，但并不支持和参与王的“符命”活动。从一般思想而言，扬雄是明确反对宗教迷信的。他说“神怪茫茫，若存若亡，圣人曼云”（《重黎》），反对把所谓“圣人”神化。对于所谓长生不老的神仙，扬雄更是嗤之以鼻，他说，“有生者必有死，有始者必有终，自然之道也”（《君子》）。扬雄明确反对宗教迷信，目的是要求人们按照自然和社会的本来面貌去认识自然和社会，而不是牵强附会去用我们的主观意志曲解自然和社会。这种思想对于我们排除迷信思维，实事求是地认识我们周围的世界是很有价值的。

2. 扬雄不仅在一般意义上反对宗教迷信学说，而且自己还建立了一套认识和解释世界的哲学体系，这就是“太玄”。这个哲学体系以“玄”为本体，以阴阳五行为骨干，以一分为三为规则，以九为度数，以“罔、直、蒙、酋、冥”为过程，构建了一个总括时间和空间，涵括天、地、人的世界模式。这个模式对世界的认识和解释，与他之前具有重要地位的董仲舒具有明显的差异。在董仲舒那里，“天”是决定“人”的，“地”之万物表现只是“天”的意志的呈现。而在扬雄这里，“人”才是世界的核心，“天”和“地”只是人的观察对象而已。在董仲舒那里，“天不变道亦不变”。而在扬雄这里，没有不变的“道”。扬雄创新了一种认识和解释世界的方式，在他的世界图式里，人居于主体的地位。扬雄所主张的人本思想和独立思考的学术精神，在我们今天仍然具有重要的意义和价值。

3. 在《太玄》里，扬雄还创造性地阐释了继承传统和改革创新的关系。他说：“夫道有因有循，有革有化。因而循之，与道神之；革而化之，与时宜之。故因而能革，天道乃得；革而能因，天道乃训。夫物不因不生，不革不成。故知因而不知革，物失其则；知革而不知因，物失其均。革之匪时，物失其基；因之匪理，物丧其纪。

因革乎因革，国家之矩范也。矩范之动，成败之效也。”（《太玄·玄莹》）在这里，扬雄明确了“道”的可变性，“因”和“革”都对“道”有很大影响。他认为，改革创新是目的，继承传统是为改革创新服务的。所谓继承传统是继承传统中好的东西，有利于今天发展的东西；改革创新也不是任何时间任何条件下都能进行的，必须与社会时代的要求相适应，改革创新才能够成功。这种传承与革新的思想无疑是历史经验教训的总结，不仅放在两千多年前具有价值，就是放在今天也具有重要意义。

4. 汉武帝“罢黜百家、独尊儒术”，对于作为思想的儒学并不是一件好事。任何一种思想，只要定于一尊，它也就不会允许其他思想对其进行批判与辩驳，这样，思想发展的机制就被破坏了。因为“意识形态则不断地瓦解和削弱思想，因为它不再是个人的思考，它失去了自由性和超越性”①。因此，对于儒学的发展而言，“自从儒学成为官方承认的学问，并可以成为晋升之阶以后，表面上看来儒家是胜利了，但实际上却使它逐渐丧失了其独立的批评的自由，儒生成了皇权之下的官员，他们不能不受到皇权的制约与束缚”②。正因为如此，扬雄正是在看到了儒学的衰退之后才奋起著述，希望能够复兴儒学。所以，扬雄的儒学研究有一种力挽狂澜的生命力，有非常强烈的个性色彩。事实上，儒学最终定型成为国家意识形态，从董仲舒的《春秋繁露》到班固的《白虎通》，经过了两百多年时间。之后，经过魏晋思想的冲击，唐宋思想的开放，直到明清日趋于固化，尤其是晚清趋于腐朽。这中间，如果没有以扬雄为代表的思想家对作为国家意识形态的儒学的狙击，可以想象，儒学的衰朽可能更早。我们甚至可以说，在两汉和唐宋时期，是扬雄延缓了儒学衰朽的命运。这就说明，由于作为个人思想的自由和超越，扬雄创造性地发展了儒学。

综上所述，我们似乎可以得出如下结论：如果没有儒学思想的创新发展也就没有扬雄；没有扬雄也就没有扬雄给我们提供的反宗教迷信、独立的人本主义思想和继承传统与改革创新的思想。这样一个结论，同样适用于我们今天对扬雄文化遗产的处理。扬雄作为西汉大儒，我们也不能把他定于一尊，我们借鉴他的思想也应该是创造性的和发展的。扬雄给我们的重要启示就是：只有儒家文化的创新发展才能够真正推动文化的进步。

再看第二个问题。

1. 文化发展的生命力在于创新，这也是扬雄留给我们宝贵的精神财富。文化创新的实质是精神的创新。所以，要创新发展四川文化，就应该一定程度地开放思想市场，让更多具有个性的声音成为四川文化交响乐的共同组成部分。开放就是要胆子大一点，

---

① 葛兆光：《中国思想史》第一卷，复旦大学出版社 2001 年版，第 301 页。

② 同上。

就是要思想更解放一些。作为四川省会的成都市，未来定位是国家中心城市，国际化大都市；四川也是面向世界开放，要从一个人口大省、经济大省、文化大省迈向一个人口强省、经济强省和文化强省。可以想象，如果没有开放的思想，这些未来美好的目标就只能是画饼充饥。

2. 扬雄在天地人的世界模式中给予了人充分的本体地位，这是扬雄人本哲学的重要成就。这一点对于当代四川文化建设来说，具有重要的启示作用。当代四川的文化发展，应该紧紧围绕人这个中心来展开。“人”是我们经济社会和文化发展的起点和归宿。这里的人不是抽象的人，而是指具体的“个体的人”，是一种建立在个体自主自由信念基础上的人。我们的“人民”就是由这样的一些“人”组成的。这些“人”受到我们社会主义文化的熏陶，得到我们社会主义法治的保护。还是这些“人”，他们焕发出的精神动力，同时也是我们建设美好四川的最强大的动力。

3. 弘扬传统与改革开放始终是一对矛盾。在百年中国近现代历史上，我们在这个问题上多次迷茫和徘徊。在西方文化的冲击下，我们多次感觉失去了传统，于是我们多次反身拥抱传统；在传统强大的惰性牵制下，我们多次感到步履沉重，于是我们多次强调改革开放。但历史事实证明，只有坚持改革开放，中国才有前途，中国有前途，四川也才有希望。在这曲曲折折的历史发展过程中，如何具有一双慧眼，能够看透弘扬传统和改革开放的关系，能够很好把握二者的关系，是一个重要的命题。就是在这里，两千多年前的扬雄给了我们十分重要的启示。

（作者单位：西华大学人文学院）

刘知幾眼中的扬雄

粟品孝

内容提要： 唐代史学家刘知幾在其著作《史通》中对汉代学者扬雄多有提及。检阅《史通》，可知刘氏对扬雄其人、其著作和观点肯定、推崇之词居多。这些主要表现在：认为扬雄是正统的儒家学者，治学“精勤不懈”；对扬雄《太玄》《法言》《方言》等著作较为看重；认同扬雄对司马迁《史记》的批评及对隐士的看法，并吸收了扬雄对赋体教化功能的认识。但刘知幾对扬雄也有一些批评。

关键词： 刘知幾；《史通》；扬雄

唐代史家刘知幾在其名著《史通》的《自叙》中，曾把自己与汉代名儒扬雄相比拟。他写道：

昔梁征士刘孝标作《叙传》，其自比于冯敬通者有三。而予辄不自揆，亦窃比于扬子云者有四焉。何者？

扬雄尝好雕虫小伎，老而悔其少作；予幼喜诗赋，而壮都不为，耻以文士得名，期以述者自命。其似一也。

扬雄草《玄》，累年不就，当时闻者，莫不哂其徒劳；余撰《史通》，亦屡移寒暑，悠悠尘俗，共以为愚。其似二也。

扬雄撰《法言》，时人竞尤其妄，故作《解嘲》以训之；余著《史通》，见者亦互言其短，故作《释蒙》以拒之。其似三也。

扬雄少为范竣、刘歆所重，及闻其撰《太玄经》，则嘲以恐尽酱瓿，然刘、范之重雄者，盖贵其文彩，若《长杨》《羽猎》之流耳，如《太玄》深奥，难以探赜，既绝窥窬，故加讥诮；余初好文笔，颇获誉于当时，晚谈史传，遂减价于知己。其似四也。

夫才唯下劣，而迹类先贤，是用铭之于心，持以自慰。

抑犹有遗恨，惧不似扬雄者有一焉。何者？雄之《玄经》始成，虽为当时所贱，而桓谭以为数百年外，其书必传；其后张衡、陆绩，果以为绝伦参圣。夫以《史通》方诸《太玄》，今之君山，即徐、朱等数君是也；后来张、陆，则未之知耳。嗟乎！傥使平子（按指张衡）不出，公纪（按指陆绩）不生，将恐此书与粪土同捐，烟烬俱灭，后之识者，无得而观。此予所以抚卷涟洏，泪尽而继之以血也①。

很明显，撇开刘知幾悲观主义的情绪，可知两人生活的时代虽然已有数百年的间隔，但在刘氏看来，他和扬雄在学术爱好、志趣和命运上何其相似乃尔！单看这些话，我们一定会认为刘知幾对扬雄敬重有加，推崇备至。实际情况是否如此呢？

笔者最近课业繁重，不及广泛查阅资料，仅对刘知幾的《史通》做了仔细检阅，发现其中有不少文字提到扬雄，肯定、推崇之词居多，也有一些批评，很值得扬雄研究者重视，遂稍加梳理，成此小文，希望得到方家的指正。

一、对扬雄的总体评价

刘知幾认为扬雄是很正统的儒家学者，他在《史通》卷五《采撰第五》中说："其事非圣，扬雄所不观。"这虽然是依据《汉书·扬雄传》"雄自有大度，非圣哲之书不好也"，但可显示刘氏的立场。在卷七《品藻第二十三》对嵇康《高士传》不收颜回、蘧瑗，反而把董仲舒、扬雄收进去的做法很不满，其中写道："嵇康《高士传》其所载者广矣，而颜回、蘧瑗独不见书，盖以二子虽乐道遗荣、安贫守志，而拘忌名教，未免流俗也。正如董仲舒、扬子云亦钻仰四科，驱驰六籍，渐孔门之教义，服鲁国之儒风，与此何殊，而并可甄录。夫回、瑗是弃，而扬、董获升，可谓识二五而不知十者也。"可见刘知幾认为扬雄根本就不是那种"高士"之人，而是非常正统的儒家信徒。

刘知幾还认为扬雄治学"精勤不懈"。他在《史通》卷一〇《辨职第三十五》中谈到鉴史之难时说："若使直若南史，才若马迁，精勤不懈若扬子云，谙识故事若应仲远，兼斯具美，督彼群才，使夫载言记事，藉为模楷，搦管操觚，归其仪（一作'准'）的，斯则可矣。"把扬雄治学"精勤不懈"的态度作为史才的重要方面来看待。

① ［唐］刘知幾撰、［清］浦起龙释：《史通通释》卷一〇《自叙第三十六》，上海古籍出版社1978年版，上册，第292—293页。本文凡引《史通》文字，均出自这个版本，为省篇幅，不再单独出注。

刘知幾还曾将孔子、扬雄并提，说“宣尼叡（同睿）哲，子云参圣”（《史通·杂说下》）。这里的“子云参圣”，依清代浦起龙先生的解释，当源自三国时吴国大学者陆绩的《述玄》：“雄受气纯和，韬真含道，建立《玄经》，与圣人同趣。”

二、对扬雄著作的态度

扬雄著述宏富，《汉书·扬雄传》载：“（雄）好古而乐道，其意欲求文章成名于后世。以为经莫大于《易》，故作《太玄》；传莫大于《论语》，作《法言》；史篇莫善于《仓颉》，作《训纂》；箴莫善于《虞箴》，作《州箴》；赋莫深于《离骚》，反而广之；辞莫丽于相如，作四赋：皆斟酌其本，相与放依而驰骋云。”此外，扬雄还著有《家牒》，并续修《史记》，著名的语言文字学著作《方言》和记述蜀地早期历史的《蜀王本纪》也长期被认为出于扬雄之手（近代以来则被质疑），其文章至少在隋朝以前已被编为《扬雄集》传世[①]。可以说，扬雄的著作广涉后来的图书分类经、史、子、集四部，种类繁多[②]。有学者统计认为：“西汉时代，有著作流传至今的人很不少……论字数，司马迁的《史记》最多。论种类，刘向、东方朔与扬雄并列第一。”[③]

对扬雄这些众多的著作，刘知幾几乎都有涉猎，总的来说都比较认同。如关于《太玄》，刘氏明言：“扬雄《太玄》，可传千载。”（《史通》卷一八《杂说下》）又说：“《太玄》之不逢平子（按指张衡），逝将烟尽火灭，泥沈雨绝，安有没而不朽，扬名于后世者乎？”（《史通》卷七《鉴识第二十六》）从中也可看出刘氏对《太玄》的欣赏立场。

对其《法言》，刘知幾一方面称赞他较司马迁《史记》更为正统，说：“盖仲尼既没，微言不行；史公著书，是非多谬。由是百家诸子，诡说异辞，务为小辨，破彼大道，故扬雄《法言》生焉。”（《史通》卷一〇《自叙第三十六》）当然，对其中一些论述也有微词，后面将会述及。

至于扬雄擅长的辞赋，刘知幾则从政治教化的立场给予了批评，后面将会述及。

关于《方言》，刘知幾在评论《汉书》的典志时，认为扬雄的《方言》“当时所重，见传流俗”，还主张在史书中设立方言志，他说：“茫茫九州岛，言语各异，大汉輶轩之使，译导而通，足以验风俗之不同，示皇威之广被。且事当炎运，尤相关涉，《尔雅》释物，非无往例。既艺文有志，何不为方言志乎？”（《史通》卷三《书志第

---

① ［唐］魏徵、令狐德棻：《隋书·经籍志》已见著录，五卷。后散佚，清人又重辑。

② 参见王春淑：《扬雄著述考略》，《四川师范大学学报》1996年第3期。

③ 周桂钿：《虚实之辨——王充哲学的宗旨》，人民出版社1994年版，第292页。

八》）刘知幾的这些表述，说明他是非常看重扬雄《方言》的。

对扬雄的《蜀王本纪》，刘知幾或称《蜀纪》，以为是“伪书”（《史通》卷五《因习第十八》），但在《史通》卷一八《杂说下》中又有“观其（扬雄）《蜀王本纪》，称杜魄化而为鹃，荆尸变而为鳖”语，又承认扬雄著有《蜀王本纪》一书。其中的矛盾难解。

对扬雄续修《史记》一事，刘知幾是持肯定态度的，在《史通》中曾两次说到：一是在卷一一《史官建置第一》：“司马迁既没，后之续史记者，若褚先生、刘向、冯商、扬雄之徒。”二是在卷一二《古今正史第二》：“《史记》所书，年止汉武，太初已后，阙而不录。其后刘向、向子歆及诸好事者，若冯商、卫衡、扬雄、史岑、梁审、肆仁、晋冯、段肃、金丹、冯衍、韦融、萧奋、刘恂等相次撰续，迄于哀、平间，犹名《史记》。”

至于扬雄所写的《家牒》，刘氏则认为有“夸饰”的毛病：“扬姓之寓西蜀，班门之雄朔野，或胄纂伯侨，或家传熊绎，恐自我作故，失之弥远者矣。”并认为史书自叙的这种毛病就是从扬雄开始的：“历观扬雄已降，其自叙也，始以夸尚为宗。”（《史通》卷八《序传第三十二》）

三、对扬雄观点的认同和吸取

一是认同扬雄对司马迁《史记》的一些批评。前引刘知幾的《自叙》曾说：“盖仲尼既没，微言不行；史公著书，是非多谬。由是百家诸子，诡说异辞，务为小辨，破彼大道，故扬雄《法言》生焉。”这段话对“史公”即司马迁的批评，实际源于扬雄。扬雄曾持儒家经学立场尖锐地批评司马迁《史记》：

> 雄见诸子各以其知舛驰，大氐诋訾圣人，即为怪迂，析辩诡辞，以挠世事，虽小辩，终破大道而或（惑）众，使溺于所闻而不自知其非也。及太史公记六国，历楚汉，讫麟止，不与圣人同，是非颇谬于经①。

二是认同扬雄对隐士的看法。《史通》卷二《二体第二》称赞“前汉之严君平、郑子真”属于“德冠人伦，名驰海内，识洞幽显，言穷军国”一类的聪明之人。这实际上是吸取了扬雄的看法。扬雄从儒家重义轻利的立场，推举当世的隐士郑子真“不屈其志”、龚胜龚舍兄弟和严君平“不改其操”，见于《法言》：

---

① 《汉书》卷八七下《扬雄传》。参见粟品孝《扬雄以儒家思想论史及其对班固〈汉书〉的影响》，载《蜀学》第七辑，巴蜀书社2012年版。

谷口郑子真，不屈其志而耕乎岩石之下，名振于京师[①]。

楚两龚之絜，其清矣乎！蜀庄沉冥。蜀庄之才之珍也，不作苟见，不治苟得，久幽而不改其操，虽隋和，何以加诸？举兹以旃，不亦珍乎！（《问明篇》）

扬雄说郑子真“名振于京师”，以龚胜、龚舍兄弟和严君平为国之珍宝，足见其对当世隐士的推崇和钦敬，这一立场为班固吸取，其《汉书·王贡两龚鲍传》全引此文。

三是吸收了扬雄对赋体教化功能的认识。《史通》卷五《载文第十六》载：“若司卿之《子虚》《上林》，扬雄之《甘泉》《羽猎》，班固《两都》，马融《广成》，喻过其体，词没其义，繁华而失实，流宕而忘返，无裨劝奖，有长奸诈，而前后《史》《汉》皆书诸列传，不其谬乎！”这种认为司马相如、扬雄的辞赋缺乏奖劝之力的观点，实际上源于扬雄自己的看法。我们知道，辞赋在西汉时期甚为流行，人们不仅欣赏其文学美，也认为它具有政治劝化的价值。如司马迁就高度称赞司马相如辞赋的“风谏”作用：“《春秋》推见至隐，《易》本隐之以显，《大雅》言王公大人而德逮黎庶，《小雅》讥小己之得失，其流及上。所以言虽外殊，其合德一也。相如虽多虚辞滥说，然其要归引之节俭，此与《诗》之风谏何异！”（《史记·司马相如传》）扬雄早年对同乡司马相如的辞赋推崇备至，极力模仿，写下了不少著名的篇章，但后来随着儒家经学的浸润，他对赋体的政治劝化功能产生了质疑，于是“辍不复为”（《汉书·扬雄传下》）。班固受其影响，在《汉书·司马相如传》的赞语中先录司马迁的上述论评，接着笔锋一转：“扬雄以为靡丽之赋，劝百风一，犹驰骋郑卫之声，曲终而奏雅，不已戏乎！”扬雄对辞赋认识的这种变化情况，刘氏在《自叙》里面也提到过：“扬雄尝好雕虫小伎，老而悔其少作。”因此他的上述看法实际渊源于扬雄。

四是在一些论述中引用了扬雄的观点或表述。如在《史通》卷六《叙事第二十二》中论及“史之称美者，以叙事为先”时，曾引用扬雄的话：“说事者莫辨乎《书》，说理者莫辨乎《春秋》。”这段话实际出自《法言·寡见》：“惟《五经》为辩。说天者莫辩乎《易》，说事者莫辩乎《书》，说体者莫辩乎《礼》，说志者莫辩乎《诗》，说理者莫辩乎《春秋》，舍斯，辩亦小矣。”“辨”“辩”相通。刘氏在《史通》卷六《叙事第二十二》中谈到史书写作与时代风气的关系即“时风递降，则文亦随之”时，曾引用扬雄《法言·问神篇》的观点：“虞、夏之书，浑浑尔；商书，灏灏尔；周书，噩噩尔；下周者，其书憔悴乎？”

至于《汉书·司马迁传赞》中所谓“刘向、扬雄博极群书，皆称迁有良史之材，服其善序事理，辨而不华，质而不俚，其文直，其事核，不虚美，不隐恶，故谓之实

---

① ［汉］扬雄撰，韩敬注：《法言注·问神》，中华书局1992年版，第119页。本文以下凡引《法言》文字，均出自这个版本，为省篇幅，不再单独出注。

录”，《史通》虽然有所质疑（详后），但还是不止一次地在论述中借用这种表述。如在卷五《载文第十六》中写道：“若乃宣、僖善政，其美载于周诗；怀、襄不道，其恶存乎楚赋。读者不以吉甫、奚斯为谄，屈平、宋玉为谤者，何也？盖不虚美，不隐恶故也。”在卷七《鉴识第二十六》中写道：“夫史之叙事也，当辨而不华，质而不俚，其文直，其事核，若斯而已可也。”

四、对扬雄的一些批评

刘知幾对扬雄也有一些批评之词。除了上文谈到对他的辞赋、《家牒》作的批评以外，还有以下这些。

一是批评扬雄“鉴物有所不明”。《史通》卷一八《杂说下》载：“扬雄《法言》，好论司马迁而不及左丘明，常称《左氏传》惟有‘品藻’二言而已，是其鉴物有所不明者也。”按：《法言·重黎篇》载：“或问《周官》？曰：立事。《左氏》：品藻。太史迁？曰：实录。”

二是认为扬雄有言行不一之处。如扬雄自己在《法言·君子篇》中曾说：“仲尼多爱，爱义；子长多爱，爱奇也。”《问神篇》又载：“或曰：淮南、太史公者，其多知欤？曷其杂也？曰：杂乎？杂！人病以多知为杂，唯圣人为不杂。”这些话都是在批评司马迁爱奇、多杂的一面。《法言·吾子篇》又载：“好书而不要诸仲尼，书肆也。”《问神篇》也有相近的意思：“书不经，非书也。”《汉书》本传引用他的自叙又有“非圣哲之书不好也”之说。可是，刘氏认为扬雄自己在一些辞赋以及《蜀王本纪》里面却有些杂、奇和“非圣”的东西。对此，他写道：

> 且雄哂子长“爱奇”“多杂”，又曰“不依仲尼之笔，非书也”，《自序》又云“不读非圣之书”。然其撰《甘泉赋》（当云《羽猎赋》），则云“鞭宓妃”云云，刘勰《文心》已讥之矣。然则文章小道，无足致嗤。观其《蜀王本纪》，称杜魄化而为鹃，荆尸变而为鳖，其言如是，何其鄙哉！所谓非言之难，而行之难也。（《史通》卷一八《杂说下》）

这里要指出的是，刘氏批评扬雄《蜀王本纪》这些记载的鄙陋，实际上是不明白神话的真正意义。刘氏的看法当然渊源有自，东晋常璩《华阳国志·序志》曾针对《蜀王本纪》那段“荆人鳖灵死，尸化西上，后为蜀帝”的传奇故事，明加斥责：“太素资始，有生必死，死，终物也。自古以来，未闻死者能更生。当世或遇有之，则为怪异，子所不言，况能为帝王乎？”正因为有此观念，《华阳国志·蜀志》在述及开明帝时，不但完全舍弃了《蜀王本纪》那段材料中的传奇色彩，而且对鳖灵一名也不著录，从而对开明氏的来历完全失载。对此，近代史学名家顾颉刚一针见血地指出："常氏全不认识神话、传说之本来面目。"① 鉴于刘氏的上述态度，我们说"刘氏全不认识神话、传说之本来面目"，似乎也是恰当的。

三是认为扬雄对儿子和乡贤的评价有过誉之词。扬雄在《法言·问神篇》中曾称赞自己早逝的儿子童乌："育而不苗者，吾家之童乌乎？九龄而与我玄文。"他还对蜀地一些乡贤给予褒扬，如称赞前辈司马相如："必也儒乎。文丽用寡，长卿也。"（《君子篇》）隐士郑子真："谷口郑子真，不屈其志而耕乎岩石之下，名振于京师。"（《问神篇》）赞扬老师严君平："蜀庄沈冥，蜀庄之才之珍也，不作苟见，不治苟得。吾珍庄也，居难为也。"（《问明篇》）庄即严，指严君平。赞扬李仲元："或问子蜀人也，请人？曰：有李仲元者，人也。不夷不惠，可否之间也。见其貌者，肃如也；闻其言者，愀如也；观其行者，穆如也。"（《渊骞篇》）这些称誉之词，刘氏认为扬雄掺杂有私人感情因素，是"情有所偏"的表现。他写道：

> 夫书名竹帛，物情所竞。……既而扬雄寂寞，师心典诰，至于童乌稚子、蜀汉诸贤（原注谓严、李、郑、司马之徒。按郑旧作柳），《太玄》《法言》，恣加褒赏，虽内举不避，而情有所偏者焉。（《史通》卷一八《杂说下》）

四是质疑扬雄所谓司马迁《史记》"善叙事"的特点。班固（字孟坚）在《汉书·司马迁传赞》中写道："刘向、扬雄博极群书，皆称迁有良史之材，服其善序事理，辨而不华，质而不俚，其文直，其事核，不虚美，不隐恶，故谓之实录。"《史通》卷一六《杂说上》则提出质疑：

> 孟坚又云："刘向、扬雄博极群书，皆服其善叙事。"岂时无英秀，易为雄霸者乎？不然，何虚誉之甚也！《史记·邓通传》云："文帝崩，景帝立。"向若但云景帝立，不言文帝崩，斯亦可知矣，何用兼书其事乎？又《仓公传》称其"传黄帝、扁鹊之脉书，五色诊病，知人死生，决嫌疑，定可治。"诏召问其所长，对曰："传黄帝、扁鹊之脉书。"以下他文，尽同上说。夫上既有其事，下又载其言，言事虽殊，委曲何别？案迁之所述，多有此类，而刘、扬服其善叙事也，何哉？

（作者单位：四川大学历史文化学院）

① 顾颉刚：《论巴蜀与中原的关系》，四川人民出版社1981年版，第79页。

扬雄对《文心雕龙》成书的影响[①]

王万洪

内容提要：《文心雕龙》是我国古代写作理论的巅峰之作，汉代巴蜀文学家、思想家扬雄以其杰出的文学创作、学术成就和文艺理论成就对《文心雕龙》做出了重要的贡献，这些贡献贯通全书，在序论、枢纽论、文体论、创作论、批评论中都有所体现。扬雄作为《文心雕龙》阐释文学思想、作家作品、创作得失、理论批评的经典代表，具有重要的地位。

关键词：扬雄；《文心雕龙》；影响

引 言

成书于南朝齐梁之际的《文心雕龙》是我国古代写作理论的巅峰之作[②]。通观《文心雕龙》全书，对汉代蜀中文学家、哲学家扬雄的论述非常之多，凡三十八处之多，每每出现于“文之枢纽”“论文叙笔”“剖情析采，笼圈条贯”的重要位置，作为《文心雕龙》全书文学思想、作家作品、创作得失、理论批评的经典代表，其文学创作与文艺思想是刘勰创作该书的重要取材对象，深刻地影响到了《文心雕龙》的文学思

---

① 基金项目：教育部2017规划基金项目“写作学理论视野下的《文心雕龙》及其当代价值研究”、四川省社科联“十二五”规划项目“《文心雕龙》雅丽思想研究”。

② 关于《文心雕龙》一书的性质，是“龙学”研究长期争论的一个问题。曾有文学理论著作、文学批评著作、子书、审美心理学著作、哲学著作、艺术学著作、写作学理论著作等多种不同的说法。根据其包含数十种文体且绝大部分为应用文体裁、讨论有关写作的方方面面的问题等基本内容，笔者比较认可王运熙、王志彬、潘兴和、万琦等先生主张的“写作理论”说。其余多种说法也各有理由，是很值得参考的研究意见。

想、美学观念与创作目的。在以往的“龙学”研究中，对扬雄的杰出贡献关注甚少①，故本文对此略作探讨，以求抛砖引玉，将扬雄对《文心雕龙》成书所产生的巨大贡献揭示出来。

一、《文心雕龙》的扬雄批评

扬雄是汉赋“四大家”之一，又是西汉末年的一代大儒，身兼文学家、思想家两种身份。扬雄早期以辞赋闻名，晚年对辞赋的看法却有所转变。他评论辞赋创作是欲讽反劝，认为作赋乃是“童子雕虫篆刻”，“壮夫不为”。他在《法言》中还主张文学应当宗经、征圣，以儒家经书为典范。这些思想深刻地影响到了《文心雕龙》的成书。

扬雄思想丰富深刻，整体上呈现出儒家为主而儒道结合的特点。在他的辞赋创作实践与学术著作中，我们可以梳理出许多对《文心雕龙》产生了直接影响的哲学、文学、美学思想，这些思想集中在其代表作《法言》之中，并表现于《报刘歆书》《反离骚》《太玄经》《汉书·扬雄传》等文献之中。自孔子以后，对《文心雕龙》雅丽思想影响最大的就是扬雄，这可以从《文心雕龙》全书三十八次直接论述扬雄所出现的重要位置、若干次化用其“丽则丽淫”主张的运用情况清楚地看出来。这三十八次论述分别是：

1.《宗经》：扬子比雕玉以作器，谓“五经”之含文也。

2.《辨骚》：扬雄讽味，亦言“体同《诗》雅”。

3.《辨骚》：马扬沿波而得奇。

4.《诠赋》：王扬骋其势。

5.《诠赋》：子云《甘泉》，构深伟之风。

6.《诠赋》：扬子所以追悔于雕虫，贻诮于雾縠。

7.《颂赞》：子云之表充国，孟坚之序戴侯，武仲之美显宗，史岑之述熹后，或拟《清庙》，或范《駉》《那》，虽深浅不同，详略各异，其褒德显容，典章一也。

8.《铭箴》：至扬雄稽古，始范《虞箴》，作《卿尹》《州牧》二十五篇。

9.《诔碑》：扬雄之诔元后，文实繁秽。

10.《哀吊》：扬雄吊屈，思积功寡，意深反《骚》，故辞韵沈腿。

11.《杂文》：扬雄覃思文阁，业深综述，碎文琐语，肇为《连珠》。

12.《杂文》：扬雄《解嘲》，杂以谐调，回环自释，颇亦为工。

---

① 研究扬雄思想、学术的成果不少，但是直接论述扬雄与《文心雕龙》的论文，目前仅有笔者发表于《蜀学》第九辑的一篇。

13.《杂文》：子云所谓“犹骋郑卫之声，曲终而奏雅”者也。

14.《诸子》：扬雄《法言》，归乎诸子。

15.《封禅》：扬雄《剧秦》，班固《典引》，事非镌石，而体因纪禅。

16.《书记》：扬雄曰：“言，心声也；书，心画也。声画形，君子小人见矣。”

17.《书记》：史迁之《报任安》，东方之《谒公孙》，杨恽之《酬会宗》，子云之《答刘歆》：志气槃桓，各含殊采；并杼轴乎尺素，抑扬乎寸心。

18.《神思》：相如含笔而腐毫，扬雄辍翰而惊梦。

19.《体性》：子云沈寂，故志隐而味深。

20.《通变》：桓君山云：“予见新进丽文，美而无采；及见刘扬言辞，常辄有得。”

21.《通变》：扬雄《校猎》云：“出入日月，天与地沓。”

22.《丽辞》：自扬马张蔡，崇盛丽辞。

23.《比兴》：至于扬班之伦，曹刘以下，图状山川，影写云物，莫不织综“比”义，以敷其华。

24.《夸饰》：及扬雄《甘泉》，酌其余波：语瑰奇则假珍于玉树；言峻极则颠坠于鬼神。

25.《夸饰》：子云《羽猎》，鞭宓妃以饷屈原。

26.《夸饰》：酌《诗》《书》之旷旨，翦扬马之甚泰。

27.《事类》：及扬雄《百官箴》，颇酌于《诗》《书》。

28.《事类》：以子云之才，而自奏不学；及观书石室，乃成鸿采：表里相资，古今一也。

29.《事类》：夫经典沉深，载籍浩瀚，实群言之奥区，而才思之神皋也。扬、班以下，莫不取资。

30.《练字》：扬雄以奇字纂《训》。

31.《练字》：陈思称：“扬、马之作，趣幽旨深，读者非师传不能析其辞，非博学不能综其理。”

32.《时序》：乐毅报书辨以义，范雎上书密而至，苏秦历说壮而中，李斯自奏丽而动：若在文世，则扬、班俦矣。

33.《时序》：子云锐思于千首，子政雠校于六艺：亦已美矣。

34.《才略》：扬子以为“文丽用寡者长卿”，诚哉是言也！

35.《才略》子云属意，辞人最深：观其涯度幽远，搜选诡丽，而竭才以钻思，故能理赡而辞坚矣。

36.《知音》：扬雄自称：“心好沉博绝丽之文。”其不事浮浅，亦可知矣。

37.《程器》：扬雄嗜酒而少算。

38.《程器》：彼扬马之徒，有文无质，所以终乎下位也。

上述论述全面、均衡地分布于《文心雕龙》从“文之枢纽”到“论文叙笔”再到“剖情析采、笼圈条贯”的前后始终，扬雄不仅是汉赋大家，而且是兼备众体的卓越作家，在各体文学创作中都占据了第一流文学作家的位置，贡献了许多著名的作品、创新了许多新兴的文体，而且是卓有建树的理论家，在辞赋理论、创作评论、写作理论、审美批评等方面，都是《文心雕龙》极力推崇的第一流理论大家。因此，归纳上述批评意见，其重点有三：一是在《宗经》《事类》等篇目中论述扬雄的宗经观点；二是引用扬雄的文学理论与辞赋美学理论见解，为各体文学的创作与辞赋体裁的创作与审美评论作论据；三是以扬雄的作品为对象，进行审美与创作的评价。整体上看，扬雄具有经学家、文学家、理论家的数重身份，刘勰论述扬雄，赞美非常之多。而对于扬雄辞赋评论“丽淫丽则”的借鉴运用，更是雅丽思想直接取法的对象，书中若干次运用或化用之。总而言之，扬雄是继孔子之后，对雅丽思想影响最大的儒家人物。具体而言，扬雄对《文心雕龙》成书的影响体现在以下几个方面：

第一是辞赋为主、兼备众体的卓越文学创作，特别在“论文叙笔”部分占据了最主要的位置。

第二是提倡明道、征圣、宗经的儒家思想，而且有所发展新变，理论阐释更加深刻，提出了“五经含文”“自然之道”等主张，打通儒道，为刘勰直接所用。

第三是对儒家文艺美学思想的极大丰富，在“雅正”基础上大力提倡尚丽的文学主张，提出“丽则丽淫”的辞赋审美标准、“华实相副”的尚礼观念、“文质兼美”的圣人修养说、“心声心画”的表里合一的探讨、“弸中彪外”的修养观念等，这些观念成为《文心雕龙》雅丽文学思想的直接取法对象①。

第四是扬雄思想受《周易》阴阳刚柔、天地自然、日新变化、感物取材等理论学说影响很深，《法言》体现了许多这样的影响痕迹，这对《文心雕龙》的文学原道、物色理论、自然之道、文学尚丽等学术思想取法有着榜样示范的作用。

现根据《文心雕龙》全书从前到后五十篇之脉络顺序论而述之。

二、文之枢纽：五经含文，扬雄先导

尽管有儒家名德思想的深刻影响，但《文心雕龙》毕竟是写作理论著作而不是哲

---

① 雅丽文学思想是笔者博士论文所提出的《文心雕龙》文学思想。参见《文心雕龙雅丽思想研究》，四川师范大学2012届博士学位论文。

学思想著作，因此，发展到“文之枢纽”的五篇专论时，就必须对写作的“枢纽”问题展开深入的讨论。这一部分最重要的问题有两个：一是树立儒家思想的指导地位和儒家经典的主导地位，二是从哲学高度提出人文尚丽的文学观念并在具体作家作品的比较中落实到写作实践上来。在这两个问题中，扬雄均有重要的影响。

《文心雕龙》的枢纽论部分共有五个专题：《原道》《征圣》《宗经》《正纬》与《辨骚》。《原道》篇从哲学高度阐释了自然之道的华丽特点、人文原道必定“郁然有采”的基本属性、儒家圣人与儒家经典在人文历史上的主导作用等问题，其核心是“人文”有采，为后两篇论述儒家经典的“雅丽”之美打下理论基础。《征圣》篇指出儒家圣人具有最高的美言美行，其政化、事迹、修身均以“贵文”为要，在这样的前提条件下，儒家经典就具有了“繁略殊形，隐显异术，抑引随时，变通适会”的特征与写作技法，是学习写作的最高范本，而且“圣文雅丽，衔华佩实”，具有雅而且丽的审美风格，笼罩或雅或丽的一切文章。《宗经》篇具体提出“文出五经”的观点，认为《诗》《书》《礼》《易》《春秋》衍生出了后代所有的文章体裁类型（事实上，从《明诗》到《书记》的二十篇文体论正是按照“五经发其源”的体例来设计安排的），同时指出五经具有美好的“六义”特点，学习五经，可以养成“六义”中正面的优良写作技能，改正不良的写作弊端。《正纬》篇通过比较指出纬书具有丽而不雅的特点，“无益经典，而有助文章”，写作可以借鉴，刘勰开始承认文章写作与儒家经典的区别。《辨骚》篇综述汉代五家评屈之论，提出自己独到的看法，认为楚辞和经典相比较具有“四同”与“四异”，屈原楚辞体现了最高的文采之美，是历代文学中最杰出的代表作品，影响后世，泽被千秋。

通过上面的简单分析，我们可以发现，“枢纽论”的五篇专题以《宗经》为核心，确立了儒家思想和儒家经典在全书的理论与创作主导地位①。但这只是从指导思想角度来说的，落实到具体的写作问题上来，这五篇有一个共同的基本特点：极力主张文学尚丽。《原道》指出人文有采，这一基本属性为典而不美的儒家经典提供了具有文采之美的哲学依据，纬书与楚辞本就华美异常，这样，作为“人文”的经、纬、骚共有尚丽的属性，“文出五经”在审美特点上不会被动摇。但是儒家雅正的文学观念与文学尚丽的基本属性交汇融合，必然会激荡出两个相反方向的基本观念：尚雅贬丽与雅丽结合，这一对矛盾互现的基本文学观念贯通于《文心雕龙》全书之中。

刘勰的主要选择是折衷经典之雅与纬骚之丽，走雅丽结合的路子。在《宗经》篇

---

① “文之枢纽”以《宗经》篇为核心，这是近年来《文心雕龙》研究的一个新的探究发现。一般认为，枢纽论部分应该以《原道》篇为核心；詹福瑞、孙蓉蓉、李建中等研究者则认为应该以《宗经》篇为核心，因为全书的指导思想是儒家文艺思想，笔者认同此说；同时认为《辨骚》篇专论文学创造的新变范例与诗骚结合、奇正结合的创作原则，这才是真正阐释文学写作之枢纽的篇目。

论述经典“六义”之后，刘勰引用扬雄的话来证明自己的论断：“故扬子比雕玉以作器，谓五经之含文也。”据此可知，刘勰提出经典之“六义”，论证经典具有文采之美，除了《原道》的哲学依据，在具体写作理论层面上的根源，正是扬雄“五经含文”的主张。

扬雄的《法言》一书折衷儒道，在坚持儒家思想的前提下，大力提倡“自然之道”“日新”观念与物色美丽之说，是传统儒家向道家取材后新变的产物。曾有研究者直接从道家思想入手探索《文心雕龙·原道》篇的论说，大多不得要领，而从扬雄《法言》入手，这个问题便可迎刃而解，因为扬雄的明道思想是《文心雕龙》论述《原道》、《物色》、文学新变的重要渊源。《法言》中还有丰富精彩的征圣美圣言论，提出了“文质丹青”“弸中彪外”“君子美玉”等一系列的歌颂言论，对圣人的美德令名、美言美行、内在修养、文采（外在纹饰）之美进行了崇高地赞美，从这个角度看，《文心雕龙》的征圣思想与作家修养理论，扬雄又是一个重要的渊源。最主要的是：《宗经》篇尊奉五经与“五经含文”的论述，刘勰均直接取法于扬雄。

扬雄在《法言》中论述了精彩的宗经思想。儒家经典在扬雄这里不仅是“不刊之鸿教”，而且散发着迷人的文采之美，这与古板的传统看法截然不同。扬雄以其复古与新变交织的观念辩证宗经，对于经典蕴含的华美之义进行了深刻地论证与阐释。扬雄关于“五经含文”的论述，成为刘勰直接采用的“六义”说的证据，更是《文心雕龙》“圣文雅丽”思想的直接来源。扬雄对五经特点的理解超越了前人，其学说为《文心雕龙》所全盘继承。主要体现在以下几个方面：

第一，全面论述了“五经”在内容上的特点。《寡见》篇说：“或问：‘五经有辩乎？’曰：‘惟五经为辩。说天者莫辩乎《易》，说事者莫辩乎《书》，说体者莫辩乎《礼》，说志者莫辩乎《诗》，说理者莫辩乎《春秋》。舍斯，辩亦小矣。’”① 扬雄所说到的“惟五经为辩”，全面涉及了五经“《易》说天”“《书》说事”“《礼》说体”“《诗》说志”“《春秋》说理”的内容特点②。在扬雄看来，五经是最能够体现“辩”的特点的，据

① 王以宪、张广保：《法言注释》，华夏出版社2002年版，第56页。

② 先秦道家《庄子》书中曾谈到六经的特点，《天下》篇：“古之人其备乎！配神明，醇天地，育万物，和天下，泽及百姓，明于本数，系于末度，六通四辟，小大精粗，其运无乎不在。其明而在数度者，旧法世传之史尚多有之。其在于《诗》《书》《礼》《乐》者，邹鲁之士搢绅先生多能明之。——《诗》以道志，《书》以道事，《礼》以道行，《乐》以道和，《易》以道阴阳，《春秋》以道名分。——其数散于天下而设于中国者，百家之学时或称而道之。”其后，儒家的荀子谈到过五经的特点，《儒效》篇说：“诗言是其志也，书言是其事也，礼言是其行也，乐言是其和也，春秋言是其微也。”汉代司马迁在《史记·太史公自叙》中也曾评价六经：“《易》著天地阴阳四时五行，故长于变；《礼》经纪人伦，故长于行；《书》记先王之事，故长于政；《诗》记山川溪谷禽兽草木牝牡雌雄，故长于风；《乐》乐所以立，故长于和；《春秋》辩是非，故长于治人。是故《礼》以节人，《乐》以发和，《书》以道事，《诗》以达意，《易》以道化，《春秋》以道义。”三家之中，荀子不曾谈《易》，而郭沫若先生以为《易传》最终成于荀子。扬雄对五经特点的理解，显然有上述诸子所发议论的影响。

此，论辩之士、“伎数之子”，都应该归入儒家五经的统摄范围中来。这个思想包含的信息有如下几层：一是儒家最高；二是儒家统摄各家；三是五经内容丰富，囊括万有；四是五经特点各自不同，每一经都可以流出涉及自身领域内的新东西。《文心雕龙·宗经》篇全面继承了扬雄的说法，曰：“象天地，效鬼神，参物序，制人纪，洞性灵之奥区，极文章之骨髓者也。”① 经典在内容上极为丰富，是人情与文章的最高表现形式。在具体的五经特点上，刘勰关于“《易》惟谈天”“《书》实记言”“《诗》主言志”“《礼》以立体”“《春秋》辨理”的说法，与扬雄“《易》说天”“《书》说事”“《礼》说体”“《诗》说志”“《春秋》说理”的总结几乎完全一致。

第二，扬雄对“五经美玉”的论述，使刘勰建立起“五经含文”的尚丽主张。《寡见》篇以美玉为喻，认为经典应该是文采华丽的：“或曰：‘良玉不雕，美言不文，何谓也?’曰：‘玉不雕，玙璠不作器。言不文，典谟不作经。’”②“玉不琢，不成器”，表明了璞玉需要雕琢打磨，使之更美；“美言不文”的说法，则是《老子》“信言不美，美言不信”的同义命题。扬雄认为，语言不美则不能动人，不能动人就无法显示经典的美好深刻，“典谟”也不能再作经书了，经典就应该文采华美。推导此说，来自于扬雄主张的圣人“文质彬彬”与“心声心画”二论，扬雄认为圣人君子的修养内外皆美，文质相符，依据他“言如其人”与“文如其人”的理论推导可知，经典本是记载圣人言行的作品，是华实相符的，故而五经含文，自然华美。《君子》篇：“或问：‘君子言则成文，动则成德，何以也?’曰：‘以其弸中而彪外也。般之挥斤，羿之激矢。君子不言，言必有中也；不行，行必有称也。’”③ 屈原在《离骚》中说自己兼有“内美与修能”，即文质皆备，扬雄在此也尚内美。“弸中彪外”的提出，指出了内在修养的充实对外在文采“辉光”之美的意义，因此，圣人之文一定是华实相符的。扬雄的这一说法，是《文心雕龙》论述“圣文雅丽，衔华佩实”的最直接理论依据。《征圣》篇认为圣人文章文采焕然：“远称唐世，则焕乎为盛；近褒周代，则郁哉可从。”“焕乎为盛”，用的是孔子赞美尧帝时代文学发展繁荣的话；“郁哉可从”则直接引用的是孔子论述周代文学“郁郁乎文哉”的评价与“吾从周”的史学主张，二者均指向圣文“乃含章之玉牒，秉文之金科”的华美特点。《征圣》篇还记载了一个“颜阖以为，仲尼‘饰羽而画’，徒事华辞”的“訾圣弗得”的故事，这个故事的核心，也是指向圣人孔子的华丽言辞。作为最伟大经典作家的孔子，其言辞华丽，则其文章必然华丽。《征圣》篇赞语说：“精理为文，秀气成采。”圣文是精义坚深而且文采华

① 杨明照：《增订文心雕龙校注》，中华书局2000年版，第26页。
② 王以宪、张广保：《法言注释》，华夏出版社2002年版，第57页。
③ 同上，第119页。

美的作品。正是在这样的理论铺垫基础上，刘勰才在最后推出了“圣文之雅丽，衔华而佩实”这一总结性的论述。

比照扬雄《法言》的论述可知，扬雄是经典“雅丽”理论的第一发现者。《文心雕龙》的研究者普遍认为，五经之中，除了《诗经》，说其他四经“含文”是不合事实的，其他四经主要是“含雅”“含质”“含理”“含奥”，而不是“含文”。为了解决这个难题，刘勰不仅在哲学原理的高度提出“文源于道，郁然有采”的依据，从根本上阐述“五经含文”一说，还在实践理论中取法扬雄的意见来充实、支撑自己的雅丽理论主张，这就从原理与论据两个角度证明了五经为什么“含文”这一难题，使得雅丽思想逾越了五经“雅而不丽”的事实障碍，成为全书中贯穿前后的文学尚美、文学正采主张的理论红线，并为矫正魏晋齐梁文学新变不当的不良倾向服务。

第三，扬雄《法言》是《文心雕龙》“六义”说的直接来源。所谓“六义”，是刘勰主张的“情深、风清、事信、义贞、体约、文丽”六条标准，可以简单分为归属文章内容的“情、事、义”三体与属于形式的“风、体、文”三体。刘勰论述的意见实际上是扬雄已经讲过的话。《学行》：“或曰：‘猗顿之富以为孝，不亦至乎？颜其馁矣。’曰：‘彼以其粗，颜以其精；彼以其回，颜以其贞。颜其劣乎？颜其劣乎？’”①“六义”说中的“义贞而不回”即出自本则语录。《吾子》则说：“或问：‘君子尚辞乎？’曰：‘君子事之为尚。事胜辞则伉，辞胜事则赋，事辞称则经。足言足容，德之藻矣！’”② 扬雄认为君子尚辞好辩，“事胜辞则伉，辞胜事则赋，事辞称则经”的说法，直指“六义”说中的“事信而不诞”。《问神》又说：“或曰：‘《玄》何为？’曰：‘为仁义。’曰：‘孰不为仁？孰不为义？’曰：‘勿杂也而已矣。’或曰：‘淮南、太史公者，其多知与？何其杂也。’曰：‘杂乎杂，人病以多知为杂。惟圣人为不杂。’”③对比可以发现，刘勰关于五经“风清而不杂”与“体约而不芜”的论述，即取法扬雄“惟圣人为不杂”一说。因为圣人“文质皆美”，《先知》篇说：“圣人，文质者也。车服以彰之，藻色以明之，声音以扬之，诗书以光之。”诗书对于圣人文质的彰显与修养濡染作用很大，圣人要穿着藻色华美的车服来彰显美德，是华实相副的，故而“风清而不杂”。《吾子》中关于“诗人之赋丽以则，辞人之赋丽以淫”的论述，则显然是最重要的“文丽而不淫”的理论渊源。至于“情深”一条，《法言》论“情”不多，“心声心画”说重视“情动”，情动于中，归根结底，还是内在修养的德义精神在起支配作用，所以扬雄虽然没有明言“情深而不诡”，也能找到依据。

---

① 王以宪、张广保：《法言注释》，华夏出版社 2002 年版，第 15 页。

② 同上，第 17 页。

③ 同上，第 40 页。

因此，《文心雕龙》在“文之枢纽”部分提出的“原道—征圣—宗经”的理论脉络与“五经含文”的雅丽理论，无一不受扬雄文艺思想的影响。

三、论文叙笔：扬雄对《文心雕龙》文体论的影响

文体论部分从《明诗》到《书记》，共计二十篇，每一篇均以“原始以表末，释名以章义，选文以定篇，敷理以举统”（《序志》）为主要脉络构成。扬雄在这二十篇文体论中占据了非常重要的位置，除了在《铨赋》篇中为刘勰的辞赋评论提供创作支持与理论支撑，在其他篇目中也有精彩的表现。

（一）汉赋高峰与“丽淫丽则”

蜀中三杰在《铨赋》篇中联袂出场，星光灿烂，影响至今。刘勰以为辞赋“受命于《诗》人，而拓宇于《楚辞》”，是中和《诗》《骚》之后形成的文学新体裁，学者荀子是赋体文学的创造者。发展到西汉一朝时，赋体文学已有八大名家：

> 陆贾扣其端，贾谊振其绪，枚马播其风，王扬骋其势；皋朔已下，品物毕图。繁积于宣时，校阅于成世，进御之赋，千有余首。讨其源流，信兴楚而盛汉矣①。

具体而言，这八大名家是陆贾、贾谊、枚乘、司马相如、王褒、扬雄、枚皋、东方朔，蜀中三杰赫然在列。而从“讨其源流，信兴楚而盛汉矣”的结论来看，辞赋与《诗经》显然并无源流关系，楚辞才是汉赋真正的源头，因此，辞赋之丽与楚辞之丽具有前后相承的因果关系②。在具体讨论了京苑大赋与抒情小赋两类辞赋作品及其特征之后，刘勰又对先秦两汉赋体文学史进行了一次大阅兵：

> 观夫荀结隐语，事数自环；宋发夸谈，实始淫丽。枚乘《菟园》，举要以会新；相如《上林》，繁类以成艳；贾谊《鹏鸟》，致辨于情衷；子渊《洞箫》，穷变于声貌；孟坚《两都》，明绚以雅赡；张衡《二京》，迅拔以宏富；子云《甘泉》，构深伟之风；延寿《灵光》，含飞动之势：凡此十家，并辞赋之英杰也③。

引文中一共列出了十位最著名的辞赋作家：荀况、宋玉、枚乘、司马相如、贾谊、王褒、班固、张衡、扬雄、王延寿，刘勰称之为“辞赋之英杰也”，蜀中三杰继续位居其中。如此，不论是前文断代为西汉的八家，还是通观赋体文学史的十家，三杰均名列其间。司马相如《上林赋》开启了苑囿大赋的创作，扬雄《蜀都赋》开启了京都大

---

① 杨明照：《增订文心雕龙校注》，中华书局 2000 年版，第 96 页。

② 汉代辞赋与儒家经典的前后继承关系很不明显，更多的是对屈原楚辞的继承，这在《辨骚》篇中有清楚地论述：“枚贾追风以入丽，马扬沿波而得奇：其衣被词人，非一代也。”刘勰以为汉赋受《诗》之影响，主要是因为《宗经》观念的支配，“赋颂歌赞，则《诗》立其本”，文出五经，势在必行，因此不免牵强附会。

③ 杨明照：《增订文心雕龙校注》，中华书局 2000 年版，第 96 页。

赋的创作，王褒《洞箫赋》则开创了抒情小赋的先河，从题材开创之功与创作成就来看，三杰当之无愧。

难能可贵的是，扬雄不仅在辞赋创作上引领诸家，而且有精彩的辞赋理论，其辞赋创作和辞赋理论，是刘勰辞赋理论的直接导源者。扬雄的辞赋理论与司马相如密切相关。相如赋宏大巨丽，描写精彩生动，声色动人耳目，但弊在华丽过度，因此往往收不到想要的进谏效果。《史记·司马相如列传》载：

天子既美子虚之事，相如见上好仙道，因曰："上林之事未足美也，尚有靡者。臣尝为大人赋，未就，请具而奏之。"相如以为列仙之传居山泽间，形容甚癯，此非帝王之仙意也，乃遂就大人赋①。

正是这篇赋，不仅没有收到良好的婉转进言的效果，还被扬雄作为"文丽用寡"的典型代表，遭到了批评。《汉书·扬雄传》说：

雄以为赋者，将以风之也……既乃归之于正，然览者已过矣。往时武帝好神仙，相如上《大人赋》，欲以风，帝反缥缥有陵云之志。由是言之，赋劝而不止，明矣②。

赋的写作太过靡丽③，语词虚诞，不着边际，美则美矣，主题被冲得很淡，到了"曲终奏雅"的时候，读者已经被那些奇思妙想与闳侈巨衍的夸饰描写完全吸引，不知道作者要说什么忠言建议了。司马相如苦心经营的《大人赋》比《上林赋》更加绮靡虚诞，其用意本来是想借此提醒汉武帝不要铺张浪费，结果却适得其反。扬雄"文丽用寡"一说，真实地反映了相如赋巨丽而不实用的特点。从文学审美的角度看，相如赋最为壮丽；但从以文干政的角度看，扬雄也不无道理。

在《法言》一书中，伴随儒家经典华美思想的是扬雄的辞赋评论，我们可以从中看到晚年扬雄与青壮年时代的扬雄截然不同。扬雄早年追慕相如赋并写了许多模拟之作，还对屈原楚辞进行了若干仿作；晚年则因为政治失意，对辞赋功能产生了怀疑，对辞赋作家的低下地位心怀不满，因而对辞赋产生了鄙视，这种鄙视集中地表现在《吾子》篇"童子雕虫篆刻"，故而"壮夫不为"的论述中。然后，扬雄以纺织为喻，回答提问者对辞赋华美的赞誉：

或曰："雾縠之组丽。"曰："女工之蠹矣。"④

提问者说，丝织品像薄雾般的轻纱那样透明美丽，意在赞美辞赋文采华丽的特性。

---

① ［汉］司马迁：《史记》（影印本），中华书局1997年版，第3056页。

② ［汉］班固：《汉书》（影印本），中华书局1997年版，第3575页。

③ "赋"在此处主要指相如赋与扬雄诸赋。扬雄青壮年时仰慕相如，于是模拟相如赋作，声名鹊起。其后因仕途不畅，又见赋家地位低下，赋作功能有限，遂有此说。事见《汉书·扬雄传》。

④ 王以宪、张广保：《法言注释》，华夏出版社2002年版，第17页。

“雾縠”一词，主要指“薄雾般的轻纱”，宋玉《神女赋》、司马相如《子虚赋》均有使用，指向华丽之美[①]。但是扬雄回答说这是纺织品中的蛀虫子，喻指辞赋的华丽并不好，这就指出了相如赋（实则也包含他自己的赋作）“文丽用寡”的问题。扬雄论辞赋之丽，与司马相如立场不同：扬雄是站在辞赋讽谏功能之“用”的立场上来说的；司马相如是站在创作方法之“质”的角度来说的。一个讲究要致用，一个论述纯文学，两人的意见其实都是对的。扬雄的意见并非他的独创，而是刘向《说苑·反质》中的话：

1. 宫墙文画，雕琢刻镂[②]。

2. 雕文刻镂，害农事者也。锦绣纂组，伤女工者也[③]。

刘向以“雕文刻镂”对言“锦绣纂组”，批评这些做法是饥寒之本原，扬雄则以“雕虫篆刻”对言“雾縠之组丽”。只不过刘向用的是本义，指建筑上的雕饰，而扬雄用的是引申义，特指对文章的雕饰。辞赋雕饰过多，文采过度，伤害了文义内质。于是，扬雄提出“丽淫丽则”一说，《吾子》：

或问：“景差、唐勒、宋玉、枚乘之赋也，益乎?”曰：“必也淫。”“淫则奈何?”曰：“诗人之赋丽以则，辞人之赋丽以淫。如孔氏之门用赋也，则贾谊升堂，相如入室矣。如其不用何?”[④]

对扬雄的话，我们可以做这样的理解：“诗人之赋丽以则”是指这一类的赋不失讽喻精神，虽“丽”而有法度；“辞人之赋丽以淫”则指这一类赋作在辞章手法上过分注重修饰，从而失去了讽谏的意义。这里的“诗人之赋”，所指当是屈原的骚赋，刘安、王逸、汉宣帝以及后来的刘勰等人均认为屈原的赋符合《诗经》的精神，所以称为“诗人之赋”；辞人之赋指的唐勒、景差、宋玉、枚乘之赋，也包括汉代大赋。“淫”是过分的意思，辞赋“巨丽”，过分了。所以，这是扬雄滋生“文丽用寡，长卿”一说的理论依据，也是他认为辞赋“劝而不止”的“无用”论的根本原因。从本段来看，扬雄对贾谊、相如的作品是很推崇的，可谓是孔氏之门登堂入室的好作品，

---

① 该词含义有二：一是指“薄雾般的轻纱”。《文选·〈神女赋〉》：“动雾縠以徐步兮，拂墀声之珊珊。”李善注：“縠，今之轻纱，薄如雾也。”《文选·〈子虚赋〉》：“于是郑女曼姬，被阿緆，揄纻缟，杂纤罗，垂雾縠。”刘良注：“雾縠，其细如雾，垂之为裳也。”前蜀魏承班《渔歌子》词：“柳如眉，云似发，鲛绡雾縠笼香雪。”清郑燮《大中丞尹年伯赠帛》诗：“忽惊雾縠来相赠，便剪春衫好出游。”朱自清《温州的踪迹》三：“这也是个瀑布；但是太薄了，又太细了。有时闪着些须的白光；等你定睛看去，却又没有——只剩一片飞烟而已。从前有所谓‘雾縠’，大概就是这样了。”二是指“像轻纱一样的烟云薄雾”。五代和凝《临江仙》词：“海棠香老春江晚，小楼雾縠涳濛。”宋苏轼《龙尾石月砚铭》：“萋萋兮雾縠，宛宛兮黑白。”这两种含义均指华美飘逸之美物美景，辞赋用此，意在称其辞藻之华美。

② 向宗鲁：《说苑校证》，中华书局1987年版，第515页。

③ 同上，第519页。

④ 王以宪、张广保：《法言注释》，华夏出版社2002年版，第17页。

但是，“如其不用何”，也就没有办法了。

依据对辞赋“丽则丽淫”的意见，扬雄对“女有色，书亦有色”的外在纹饰美再一次做了强调，指出“女恶华丹之乱窈窕，书恶淫辞之淈法度”的“正色正采”观，继续巩固他“丽则”一说的重要性。我们从中既可以看到扬雄受孔子正色观念影响的痕迹，也可以看到扬雄对刘勰《文心雕龙》的巨大影响。《铨赋》指出“立赋之大体”：

原夫登高之旨，盖睹物兴情。情以物兴，故义必明雅；物以情睹，故词必巧丽。丽词雅义，符采相胜，如组织之品朱紫，画绘之差玄黄。文虽新而有质，色虽糅而有仪，此立赋之大体也[①]。

作赋最根本的要求就是“丽词雅义，符采相胜”，雅而且丽，文质彬彬，不能脱离“衔华佩实”的雅丽之风，这不仅是刘勰坚持的辞赋创作理论和鉴赏理论，也是《文心雕龙》全书对一切文章的最高审美要求，在文体论的其他篇章中反复提倡这一“丽词雅义”的原则，因此，单纯走向质朴或单纯追求华丽都是错误的。据此，刘勰针对文学发展由质趋文的靡丽繁缛趋势提出批评，在《情采》《比兴》《夸饰》《物色》等重要专题中均直接将诗骚对举，而把矛头对准辞赋“淫丽”之弊，意在回归雅丽之正采，不为讹滥之歪风，为当代文学的创作找到一条正确的发展途径。在《情采》篇中，刘勰指出：“昔诗人什篇，为情而造文；辞人赋颂，为文而造情。……故为情者要约而写真，为文者淫丽而烦滥。而后之作者，采滥忽真，远弃《风》《雅》，近师辞赋：故体情之制日疏，逐文之篇愈盛。”[②] 辞赋淫丽，文采繁缛，后代作者应该向“要约写真”之途回归，否则就会越滑越远，讹滥丛生。《比兴》篇以为：“炎汉虽盛，而辞人夸毗；诗刺道丧，故‘兴’义销亡。于是赋颂先鸣，故‘比’体云构，纷纭杂遝，倍旧章矣。”[③] 从比兴修辞手法兴废的角度讨论到汉代辞赋兴盛的原因和弊端，指出《雅》《颂》胜于辞赋，汉赋不如周《诗》，原因就在于夸饰过度。《夸饰》篇集中批评了辞赋创作华美伤质的弊端：“自宋玉、景差，夸饰始盛；相如凭风，诡滥愈甚。……验理则理无可验，穷饰则饰犹未穷矣。……虚用滥形，不其疏乎？此欲夸其威，而其事义睽刺也。”[④] 辞赋夸张虚诞，言过其实，必须回归雅正之途。《物色》篇比较了《诗经》与楚辞汉赋在景物描写方面的异同，一针见血地指出“诗人丽则而约言，辞人丽淫而繁句”，欲以精约风格之利来纠正繁缛风格之弊。

---

① 杨明照：《增订文心雕龙校注》，中华书局2000年版，第97页。

② 同上，第416页。

③ 同上，第456—457页。

④ 同上，第466页。

从《铨赋》《情采》《比兴》《夸饰》《物色》等专门论述辞赋利弊、提倡“丽词雅义”的篇章中，我们可以非常清晰地看到扬雄“丽则丽淫”的辞赋评论贯通了《文心雕龙》全书。刘勰对待楚辞汉赋的基本态度是“丽以淫”，基本的解弊方法是“丽以则”，《铨赋》篇赞语提出“风归丽则”的辞赋风格标准，即是《征圣》篇“圣文雅丽”说的同义表述。因为圣文雅而不丽，辞赋丽而不雅，诗骚结合，方可真正做到“衔华佩实”之彬彬正采，实现“符采相胜”的审美目的。雅丽结合的原则适用于一切文章的创作、审美与鉴赏批评，成为贯通全书的基本文学美学思想。

因此，扬雄“五经含文”的宗经思想与“丽则丽淫”的辞赋评论，是《文心雕龙》雅丽文学思想的直接来源。

（二）博通众体与经典创作

除了人所熟知的辞赋创作与理论贡献，扬雄在各类文体的创作及评论上同样有突出的成就。

在《颂赞》篇中，扬雄则作为汉代颂体文学的首席代表出场：“若夫子云之表充国，……虽深浅不同，详略各异，其褒德显容，典章一也。”① 在《铭箴》篇中，扬雄模仿儒家经典《尚书》体例所创作的《百官箴》，是历代箴体文学中最精彩的作品：“战代以来，弃德务功，铭辞代兴，箴文委绝。至扬雄稽古，始范《虞箴》，作《卿尹》《州牧》二十五篇。及崔、胡补缀，总称《百官》。指事配位，鞶鉴有征，可谓追清风于前古，攀辛甲于后代者也。”② 扬雄继承古人，重兴箴文，《百官箴》继往开来，可称楷模。扬雄有才，这是毫无疑问的事实，但在诔体文学的创作中，却脱离了拟古的范式，因而出现弊病，《诔碑》云：“暨乎汉世，承流而作。扬雄之诔元后，文实繁秽。沙麓撮其要，而挚疑成篇；安有累德述尊，而阔略四句乎？”③ “元后”指西汉元帝之皇后王政君，扬雄的《元后诔》在《艺文类聚》卷一五、《全汉文》卷五四均有辑录。据刘勰之论，诔体文学需要“辞哀而韵长”，扬雄之文哀辞过度，太过繁杂，因而损伤了整体的效果。文体各有特点，创作时需要遵循该体的特殊要求，否则就会出现偏差，这种观点与《定势》篇“因情立体，即体成势”之说完全符合，可见《文心雕龙》上下篇之间衔接紧密，体系严谨。

在《哀吊》篇中，扬雄作为吊体文学的主要代表出场：“扬雄吊屈，思积功寡，意深反《骚》，故辞韵沈腿。”④ 扬雄追悼屈原，仿屈原《离骚》体式作《反离骚》，《汉

---

① 杨明照：《增订文心雕龙校注》，中华书局2000年版，第108页。

② 同上，第140页。

③ 同上，第153—154页。

④ 同上，第168页。

书·扬雄传》载有此事[①]。扬雄之所以要写《反离骚》，是想借此表明自己对屈原沉江而死的不理解态度，因为命运在天，不必强求。这种委曲求全、明哲保身的态度从扬雄一生的命运遭际中可以找到范例，新莽政权建立之后，扬雄为存身保命，写了《剧秦美新》一文，为天下笑。不过文人之命运往往不在自己手上，不必苛求。刘勰也主要是从音韵声律等形式方面入手来评价本文的，他认为扬雄为哀吊屈原而写《反离骚》时思考虽多，但成就不大；其立意重在反诘《离骚》，所以文辞音韵很不流畅，有伤声韵之美。《原道》有言："傍及万品，动植皆文：……至于林籁结响，调如竽瑟；泉石激韵，和若球锽：故形立则章成矣，声发则文生矣。夫以无识之物，郁然有采，有心之器，其无文欤？"[②] 自然界的动植物天然地具有外在形式美与声律音乐美，文章源于自然之道，故而必然兼备形式文采之美与音韵声律之美。这一思想在《情采》篇中也有所体现："圣贤书辞，总称文章，非采而何？……故立文之道，其理有三：……二曰声文，五音是也；……五音比而成《韶》《夏》，……神理之数也。"[③] 将文章本源归结到自然"神理之数"，要达到文采华丽、音韵和谐的审美之境。专论音韵修辞的《声律》篇则提出"声转于吻，玲玲如振玉；辞靡于耳，累累如贯珠"的"和韵"说，作为衡量文章音韵美的标准。刘勰以为，屈原楚辞本就声韵不谐，"《楚辞》辞楚，故讹韵实繁"（《声律》），扬雄反之，故韵律更为艰涩。可见刘勰论文既要文采雅丽，又要声律和谐，要求很高。

在论述精巧丽文的《杂文》篇中，扬雄独创了"连珠"这一文体："宋玉含才，颇亦负俗，始造《对问》，……及枚乘摛艳，首制《七发》，腴辞云构，夸丽风骇。……扬雄覃思文阁，业深综述，碎文琐语，肇为《连珠》；珠连其辞，虽小而明润矣。凡此三者，文章之枝派，暇豫之末造也。"[④]"连珠"之体"小而明润"，与"对问""七体"一道，是"文章之枝派，暇豫之末造"，属于把玩尚可而偏离正道的休闲文学，扬雄作为"连珠"体裁的创造者，显示了他过人的文体写作能力和独创精神。同时，扬雄在"对问"体裁的创作中也有佳作："自《对问》以后，东方朔效而广之，名为《客难》，托古慰志，疏而有辨。扬雄《解嘲》，杂以谐调，回环自释，颇亦为工。……虽迭相祖述，然属篇之高者也。"[⑤] 扬雄《解嘲》采用主客互答的形式，内容

---

① 《汉书·扬雄传》："先是时，蜀有司马相如，作赋甚弘丽温雅，雄心壮之，每作赋，常拟之以为式。又怪屈原文过相如，至不容，作《离骚》，自投江而死，悲其文，读之未尝不流涕也。以为君子得时则大行，不得时则龙蛇，遇不遇命也，何必湛身哉！乃作书，往往摭《离骚》文而反之，自岷山投诸江流以吊屈原，名曰《反离骚》；又旁《离骚》作重一篇，名曰《广骚》；又旁《惜诵》以下至《怀沙》一卷，名曰《畔牢愁》。"

② 杨明照：《增订文心雕龙校注》，中华书局2000年版，第1页。

③ 同上，第415页。

④ 同上，第180—181页。

⑤ 同上，第181页。

上半是幽默诙谐，半是讽刺申辩，“回环自释，颇亦为工”，位居历代九家“对问”文学代表之一，成就引人瞩目。作为通才，扬雄不仅创作出色，在文学评论方面也有独到的见解，汉魏六朝“七体”文学的创作成果丰硕，而扬雄对“七体”的评价至关重要。刘勰论述说：“自桓麟《七说》以下，左思《七讽》以上，枝附影从，十有余家。或文丽而义暌，或理粹而辞驳。观其大抵所归，莫不高谈宫馆，壮语畋猎。穷瑰奇之服馔，极蛊媚之声色：甘意摇骨髓，艳词洞魂识。虽始之以淫侈，终之以居正，然讽一劝百，势不自反。子云所谓‘犹骋郑卫之声，曲终而奏雅’者也。”[①] 扬雄“犹骋郑卫之声，曲终而奏雅”的评价本非针对“七体”而言，而是对司马相如赋作的评价[②]，但“七体”特征与赋体极为近似，“始之以淫侈，终之以居正”，艳丽文辞遮掩了雅正思想，使之功用受限，类似辞赋之“劝百讽一”，所以刘勰从史书中移用扬雄的话来作为对“七体”特征的评价，相当准确。

在精通各体文学的基础上，扬雄还有独创的思想著作，是汉代子书的代表人物之一，《诸子》篇：“若夫陆贾《新语》，贾谊《新书》，扬雄《法言》……或叙经典，或明政术，虽标论名，归乎诸子。何者？博明万事为子，适辨一理为论；彼皆蔓延杂说，故入诸子之流。”[③] 扬雄《法言》是对儒家经典《论语》的模仿，采用语录体的形式，以儒家思想为主导，直接取法《荀子》融合诸家、为我所用的路子，对哲学、政治、经济、伦理、文学、艺术、科学、军事乃至历史上的人物、事件、学派、文献等都有所论述，因而出入百家，内容广泛。刘勰准确地把握住了《法言》“博、辨、蔓、杂”的特点，将其归入子书系列，扬雄也是蜀中三杰中唯一著有子书的作家。实际上，《法言》一书对《文心雕龙》全书文学理论之影响，在儒家诸子中仅次于孔子，是汉代诸家中影响最大的。

扬雄还写有《剧秦美新》一文，是汉代封禅文的代表之一，但成就不高。刘勰对此有公允的评价，《封禅》曰：

> 及扬雄《剧秦》，班固《典引》，事非镌石，而体因纪禅。观《剧秦》为文，影写长卿，诡言遁辞，故兼包神怪；然骨制靡密，辞贯圆通，自称“极思”，无遗

① 杨明照：《增订文心雕龙校注》，中华书局2000年版，第181页。

② ［汉］班固《汉书·司马相如列传·赞》曰：“司马迁称《春秋》推见（现）至隐，《易》本隐以之显，《大雅》言王公大人，而德逮黎庶，《小雅》讥小己之得失，其流及上。所言虽殊，其合德一也。相如虽多虚辞滥说，然要其归引之于节俭，此亦《诗》之风（讽）谏何异？扬雄以为靡丽之赋，劝百而风（讽）一，犹骋郑卫之声，曲终而奏雅，不已戏乎！”扬雄这段评论又见于司马迁《史记·司马相如列传·赞》，从逻辑上说，这显然是不可能的。之所以出现这种颠倒时空的错误，估计与古书的传抄失误或后人增补有关。汉代印刷术尚未兴起，史书等文献均由手工抄写传播，错漏在所难免。已故楚辞学家汤炳正先生曾考证《史记·屈原列传》中赞论《离骚》特点的两段话位置不对，是后人传抄羼入的东西，并非史迁原文。此例似可与汤先生之说互证。

③ 杨明照：《增订文心雕龙校注》，中华书局2000年版，第230页。

力矣。《典引》所叙，雅有懿采，历鉴前作，能执厥中；其致义会文，斐然余巧。故称"《封禅》靡而不典，《剧秦》典而不实"，岂非追观易为明，循势易为力欤?①

司马相如是历代封禅文的首创者，反观扬雄《剧秦美新》一文，尽管"影写长卿"，"骨制靡密，辞贯圆通"，但是名不正且言不顺，因此"典而不实"，架势拉开了，但内容被诟病。这是扬雄被迫之作，为存身保命计，怨不得他。

在《书记》篇中，刘勰征引扬雄"心声心画"的著名论断，作为二十五类书体与记体文学的权威名称解释："大舜云：'书用识哉!'所以记时事也。盖圣贤言辞，总为之书；书之为体，主言者也。扬雄曰：'言，心声也；书，心画也。声画形，君子小人见矣。'故书者，舒也。舒布其言，陈之简牍，取象于夬，贵在明决而已。"②"舒布其言，陈之简牍"，这是"文如其人"的情性风格论在《文心雕龙》中的首次运用，刘勰直接将扬雄提出的"人—言—书"的评价模式运用于二十多类文体之中，顺势开启了《体性》《才略》诸篇对作家作品风格理论的精深阐释。在理论支持之外，扬雄的书体创作也被刘勰视为代表之作，加以褒赞："及七国献书，诡丽辐辏；汉来笔札，辞气纷纭。观史迁之《报任安》，东方之《谒公孙》，杨恽之《酬会宗》，子云之《答刘歆》：志气槃桓，各含殊采；并杼轴乎尺素，抑扬乎寸心。"③扬雄《答刘歆书》自言醉心学术，无意仕途，最爱"沉博绝丽之文"，也介绍了自己精深的小学造诣，可以视为扬雄生平与学术成就的自我简介。刘勰认为这封书信足以与司马迁《报任安书》等著名书信并称，"杼轴尺素，抑扬寸心"，是"汉来笔札"的经典。

综上，扬雄以其独领风骚的辞赋成就和博通众体的创作实绩，为《文心雕龙》二十篇文体论提供了很多的经典作品支持，更因为独创性的辞赋理论与文艺思想，对《文心雕龙》文体论的形成产生了重要影响。

四、剖情析采：扬雄在创作论中的突出贡献

《文心雕龙》下篇共二十五篇，从《神思》到《总术》的十九篇一般称为创作论，这些专题又可以划分为思维论、风格论、修辞论等版块，涉及从前写作到后写作的方

① 杨明照：《增订文心雕龙校注》，中华书局2000年版，第295—296页。
② 同上，第345—346页。
③ 同上，第346页。

方面面[①]。扬雄在创作论中做出了突出贡献，并成为刘勰论述创作得失的首选作家。

（一）创作思维论

《文心雕龙·神思》篇是古代文论史上最系统的写作思维专论。文章体裁与思维速度对写作的影响问题是该篇讨论重点之一。刘勰认为“人之禀才，迟速异分；文之制体，大小殊功”，写文章不能只看快慢，因为人的思维速度本身就有快慢之分，所写文体不同，写作速度也会有差异。在《文心雕龙》中，扬雄尽管创作上各体皆能，而且成就非凡，但“扬雄辍翰而惊梦”，属于典型的慢节奏，所以“虽有巨文，亦思之缓也”，他最后的成就与思维速度无关。扬雄“辍翰而惊梦”之事有一个典故，据桓谭《新论·祛蔽》所载：扬雄写完了《甘泉赋》，因用心过度，困倦而卧，“梦其五脏出在地，以手收而内之”。(《全后汉文》卷一四）刘勰对扬雄思维迟缓的论述，讲到了构思的艰巨性和写作劳心费神、“为文伤命”（《养气》）的真实状态，所以《文心雕龙》将第四十二篇列为《养气》，专门讨论写作状态的养成与平时蓄养精神的问题。这种直面写作状态的讨论，才是最真实的写作研究。

（二）文学风格论

自《体性》到《情采》的五篇，一般称为风格论专题，是《文心雕龙》“剖情析采”的重要原理与范畴，扬雄在风格类型、文学“通变”两部分中出现，起到了重要的作用。

《体性》是文论史上第一篇风格论专篇，其理论迄今未被超越。刘勰在本篇中有一段话，专论作家情性风格，主张“文如其人”，以证明作品风格的多样丰富性根源于作家个性的差异不同：“吐纳英华，莫非情性。是以……子云沈寂，故志隐而味深；……触类以推，表里必符。岂非自然之恒资，才气之大略哉?”[②] 引文中共论及汉魏文章十二名家，“子云沈寂”一说则指扬雄性格沉静，《汉书·扬雄传》：“雄少而好学，不为章句，训诂通而已。……口吃。不能剧谈，默而好深湛之思，清静亡为，少嗜欲。”扬雄作品之“志隐而味深”，可以《文心雕龙·才略》篇“子云属意，辞人最深。观其涯度幽远，搜选诡丽；而竭才以钻思，故能理赡而辞坚矣”解释之。扬雄对刘勰的启示在于：风格独特的文章背后，必定有一位个性鲜明的作家，文章风格是由作家情性所决定的。刘勰认为，作家独特的情性并不仅指先天个性，它包含了才、气、学、习四个方面的内容，既与先天才气相关，又与后天习染有关，风格的本质是作家的创作

---

① 当代写作学界将写作过程分为前写作、显写作与后写作三个大的阶段。前写作主要指构思立意、谋篇布局阶段，显写作主要指具体的行文操作阶段，后写作主要指修改定稿阶段。从大的环节与线性写作特点来看，三阶段的划分是合理的。详见马正平著《写作行为论》（西南师范大学出版社 1995 年版）一书。

② 杨明照：《增订文心雕龙校注》，中华书局 2000 年版，第 380 页。

个性。在齐梁时代，这样深入的文学风格阐释与原因探究是绝无仅有的。

在《通变》篇中，扬雄被刘勰视为完美体现了文学发展继承规律与文学新变规律的典型，占据了理论阐释的中心位置：

今才颖之士，刻意学文；多略汉篇，师范宋集：虽古今备阅，然近附而远疏矣。……桓君山云："予见新进丽文，美而无采；及见刘、扬言辞，常辄有得。"此其验也。故练青濯绛，必归蓝茜；矫讹翻浅，还宗经诰。斯斟酌乎质文之间，而隐括乎雅俗之际，可与言通变矣[①]。

齐梁时期的写作者学今而不学古，文章讹滥百出，刘勰认为他们不辨文质，不分雅俗，"竞今疏古"，走了弯路，故而举桓谭论扬雄的话来反对片面追求新奇靡丽的当下不正风气。学习写作宜复古，这是《文心雕龙》贯穿始终的一个基本观念，因为古文不仅尚丽——尚丽是天然特点，而且内容与语言都比当代文章雅正。扬雄作品成为刘勰极力赞美的经典。在"斟酌质文、隐括雅俗"之后，刘勰认为汉赋的创作不仅体现了文学新变的规律，还具有继承前代、一脉相承的特点："夫夸张声貌，则汉初已极。自兹厥后，循环相因，虽轩翥出辙，而终入笼内。……扬雄《校猎》云：'出入日月，天与地沓。'……诸如此类，莫不相循。"[②] 汉赋五家描写海天日月的壮丽景象，尽管言辞有差异，但同时体现了"夸张声貌"的时代风气，"汉赋巨丽"的夸饰特点，被淋漓尽致地揭示出来。如此，文学需要继承前代因子，需要合理得法地创新变化——文学通变的共时规律就被揭示出来。

（三）修辞技法论

从《镕裁》到《附会》的十二个专题主要论述修辞技法问题，属于微观层面的写作研究。扬雄在《丽辞》《夸饰》《事类》《练字》等篇章中继续扮演着经典作家的角色，其创作得失与文字小学水平，成为刘勰在这些篇章中立论或驳论的基本标准。

《丽辞》篇论述对偶修辞，诗赋皆用。"丽辞"技法是文学原道之"形文"的基本特点，刘勰从哲学原理的高度说："造化赋形，支体必双；神理为用，事不孤立。夫心生文辞，运裁百虑；高下相须，自然成对。"[③] 自然万物具有"支体必双""事不孤立"的特点，因此，"心生文辞"一定具有"自然成对"的基本属性。在诗歌、辞赋成就已经很高且骈文大兴的汉魏六朝时代，刘勰说这个话可谓是准确地把握住了文学发展的时代脉搏，《文心雕龙》主张"新变""趋时"的文学发展观，"丽辞"理论就是一

---

① 杨明照：《增订文心雕龙校注》，中华书局2000年版，第397—398页。

② 同上，第398页。

③ 同上，第447页。

个显著成就。在刘勰看来，开启“丽辞”技法运用的是这样几个人：“自扬、马、张、蔡，崇盛丽辞：如‘宋画吴冶，刻形镂法’，丽句与深采并流，偶意共逸韵俱发。”[①] 扬雄在对偶修辞技法上引领了新变潮流。

发展到《夸饰》篇中，刘勰继承扬雄“丽淫丽则”的辞赋观念，主张“丽则”而赞《诗》，反对“丽淫”而贬《骚》的观点特别明显。整体上看，《夸饰》篇的基本观点与《辨骚》《铨赋》《情采》《物色》等篇一脉相承，同时深含贯通《文心雕龙》全书的雅丽文学思想。在这一重要的篇章中，扬雄成为最主要的评论对象。刘勰在《宗经》《通变》等篇都谈到了“楚艳汉侈”的华丽之美与“夸张声貌”的夸饰技法，《丽辞》《比兴》篇也先后对辞赋夸饰过度进行了不同角度的分析，因此，《夸饰》就专为解决文学创作如何正确使用夸张手法而列，全文从哲学依据、诗骚创作、方法正误几个方面论述了这个意见。文章开篇就说：“夫‘形而上者谓之道，形而下者谓之器’。……故自天地以降，豫入声貌，文辞所被，夸饰恒存。”[②] 刘勰认为，“形而上者”的自然之“道”决定了自然万物文采艳丽的特点，作为“形而下者”的文章之“器”也应该是“文辞所被，夸饰恒存”的。夸饰手法出自于天地自然之属性，这就为文学的美丽精神[③]找到了坚实可信的哲学基础。于是，儒家经典与辞赋都是文采绚丽、具有夸饰特点的，但对于经典以外的夸饰现象，刘勰主要持批评的态度。针对的靶子就是辞赋创作：

> 自宋玉景差，夸饰始盛；……及扬雄《甘泉》，酌其余波：语瑰奇则假珍于玉树；言峻极则颠坠于鬼神。……莫不因夸以成状，沿饰而得奇也[④]。

辞赋崇尚夸饰，从战国到两汉皆循流而作，“诡滥愈甚”。以司马相如和扬雄为代表的两汉辞赋创作，呈现出越来越严重的夸饰过度现象。不仅如此，汉赋“事义睽刺”，言说迂回虚诞的弊端则越来越明显。以至于后世的模仿者与学习者误入歧途，“辞入炜烨”而“言在萎绝”。刘勰对辞赋的整体评价并不高，往往以“楚艳汉侈，流弊不还”（《宗经》）、“楚汉侈而艳”（《通变》）指责之，又以为学习辞赋，并非习染雅制，故称“效《骚》命篇者，必归艳逸之华”（《定势》），认为辞赋的影响也是不好的。《定势》篇引用桓谭“文家各有所慕，或好浮华而不知实核，或美众多而不见要

---

① 杨明照：《增订文心雕龙校注》，中华书局2000年版，第447页。

② 同上，第465页。

③ 文学的“美丽精神”一说，由王岳川先生“中国文化的美丽精神”一说演化而出。王先生是以汉字的书写之美看待中国文化（意蕴、视觉）之美；《文心雕龙》论述文学特质，重美尚丽，主张文学的美丽精神，这与当时的时代风气也有密切的关联。

④ 杨明照：《增订文心雕龙校注》，中华书局2000年版，第466页。

约"的话，暗中指向的批评目标，同为辞赋夸饰艳丽的创作。因此，刘勰尽管积极主张文学创作尚丽尚美，但更主张丽而有度，夸而有则，追求"风归丽则"的雅丽之美。刘勰据此开出药方，认为拯救汉赋夸饰巨丽之弊端，应该这样来做："酌《诗》《书》之旷旨，翦扬马之甚泰，使夸而有节，饰而不诬，亦可谓之懿也。"①"《诗》《书》之旷旨"是要求雅正，"扬马之甚泰"是辞赋之巨丽，要做到二者的结合，"使夸而有节，饰而不诬"，创作既雅且丽的作品，才是对夸饰手法的正确运用。

在《事类》篇中，刘勰讨论了引事用典的修辞方法，扬雄之作，在用典修辞上是最好的范例。本篇首先提出儒家经典有用典之举，继而将历代文学家对用典的态度和程度罗列出来："观夫屈、宋属篇，号依《诗》人；虽引古事，而莫取旧辞。唯贾谊《鹏赋》，始用鶡冠之说；相如《上林》，撮引李斯之书：此万分之一会也。及扬雄《百官箴》，颇酌于《诗》《书》；刘歆《遂初赋》，历叙于纪传：渐渐综采矣。"② 司马相如《上林赋》开启了辞赋文学用典的先河，难能可贵；扬雄《百官箴》多次援引儒家经典《诗经》与《尚书》的故事，将用典手法纯熟化、习惯化、模式化。由此可见，扬雄之前的作家主要是凭借自身的才华来创作，引用极少；而扬雄则将先天才气与后天学习积累运用到写作中去，使得文章内涵丰富，深度加强。这种观念与《体性》篇"才、气、学、习"四者结合、《才略》篇"卿、渊已前，多役才而不课学；向、雄以后，颇引书以助文"的观念一脉贯通。刘勰认为，扬雄是古今作家中将先天才华与后天学习结合得最为成功的范例："是以属意立文，心与笔谋：才为盟主，学为辅佐。主佐合德，文采必霸；才学褊狭，虽美少功。夫以子云之才，而自奏不学；及观书石室，乃成鸿采：表里相资，古今一也。"③ 扬雄早先的"自奏不学"，是追慕司马相如纵横驰骋的大赋写作，以绝妙之才思，为天下之丽文；其后观书课学，"乃成鸿采"——不仅包括辞赋作品，更指其文艺思想著作与学术理论著作，如《法言》《太玄》等，这类著作是司马相如所没有的。扬雄之所以在辞赋之外能够超越司马相如，主要原因就在于课学读书，出入经史百家，最后自成体系，著作子书传世。而扬雄所学主要是"经典深沉"之类，在儒家经典的滋养下养成了非凡的学术实力。扬雄的成功也感染、带动了后来的大批作家向经典取材，提高自己的写作能力，"扬班以下，莫不取资"，汉代学风为之一变。

《练字》篇论述到作家的文字小学功夫与写作中词语运用的问题，是一篇别开生面

---

① 杨明照：《增订文心雕龙校注》，中华书局2000年版，第466页。
② 同上，第473页。
③ 同上，第473页。

的专论。扬雄之所以能在辞赋创作中引领风尚，成为一代俊杰，一个重要的原因是他是汉代著名的文字小学专家，在其辞赋创作中运用了大量的古文字或方言文字，具有第一流的学术水平，这种修养是东汉与魏晋作家群所不具备的。刘勰说：

汉初草律，明著厥法：……及宣、成二帝，征集小学：张敞以正读传业，扬雄以奇字纂《训》，并贯练《雅》《颉》，总阅音义。……暨乎后汉，小学转疏……故陈思称："扬、马之作，趣幽旨深，读者非师传不能析其辞，非博学不能综其理。"岂直才悬，抑亦字隐①。

在宣帝和平帝时期，扬雄编辑了解释奇字的《训纂篇》。当时的辞赋大家，无不通晓文字之学。加之他们的作品主要是描写京都苑囿的，常用假借字来状貌形声，这其中，扬雄就是最著名的代表。据史书记载，文翁石室兴学之后，蜀中子弟学术水平突然一进千里，很快就成为天下学术的重镇，蜀学之兴盛，可与齐鲁之学比肩抗衡。笔者对此颇为怀疑，因为学术发展是以积累为主而以突变为辅的，将功劳全部归结于文翁兴学，似乎有拔高之嫌。汉赋之所以重镇在蜀，与蜀人之奇思纵逸、蜀地之繁荣富庶、蜀学之深厚积累莫不相关②。《汉书·艺文志》说，西汉平帝"元始中，征天下通小学者以百数，各令记字于庭中。扬雄取其有用者，以作《训纂篇》"。这段话透露了这样一个信息：扬雄是当时文字学成就最高的学者！天下通小学者以百数，汇集京都，最后作整理编辑工作的是扬雄。扬雄的学术学于蜀中，反推过来，蜀中学术水平（尤其易学与小学）当为天下之冠。没有这样的学术水平与地域文化背景，汉赋巅峰不可能出现在巴蜀大地，甚至能不能产生京苑大赋都是一个疑问。简而言之，在刘勰深入地讨论文学作品的语言文字问题之时，司马相如与扬雄又在小学水平与创作成就上成为他取材立论的最重要对象。

五、笼圈条贯：扬雄与《文心雕龙》批评论

从《时序》到《程器》这五篇一般称为批评论，主要是宏观地对文学发展史、文学鉴赏、作家才略、道德修养等问题进行整体探讨，扬雄在这部分内容中也有突出的贡献。

---

① 杨明照：《增订文心雕龙校注》，中华书局2000年版，第484页。

② 以司马相如赋作为代表的汉代大赋主要是苑囿题材，《上林赋》为苑囿题材之冠；以扬雄赋作为代表的汉代大赋主要是京都题材，《蜀都赋》开后世京都大赋之先。今天我们所说的汉赋巨丽，主要就是指汉代京苑大赋闳侈巨衍的风格特点。

《时序》篇是我国第一篇文学史论，对先秦至齐梁“九代文学”的“文质之变”做出了从现象到本质的深度阐释。在汉代，扬雄继承司马相如的文学创作，引领时代风尚，成为著名的文学家：

逮孝武崇儒，润色鸿业……遗风余采，莫与比盛。越昭及宣，实继武绩……子云锐思于千首……亦已美矣①。

西汉文学发展昌盛，作家作品灿如星汉，扬雄等人作为巴蜀文学的杰出代表，跻身于当时最著名的文学家之列。西汉文学根源《楚辞》，整体上以辞赋为主，所以刘勰准确地指出：“爰自汉室，迄至成、哀，虽世渐百龄，辞人九变，而大抵所归，祖述《楚辞》：灵均余影，于是乎在。”文学发展有自身继承前代的内在规律，汉赋对楚辞的继承就体现了这一特征。不同时代的文学体裁与创作时尚，又鲜明地体现当时的社会风尚与哲学思潮，乃至与帝王政治关系密切。汉赋兴盛的背后，与汉王朝气象雄浑、富庶强盛、文治武功冠绝天下密切相关，与汉武帝尊崇儒术、好大喜功也有直接的关系，这是汉赋当下新变的一面。刘勰说“质文沿时，崇替在选”，汉赋巨丽，是因为时代气象之巨丽。

《才略》篇既是对《体性》篇风格类型理论的补充，也是对历代著名作家的一次全面比较，扬雄在刘勰点评的七十多位“九代文学”作家中地位极为显赫：

相如好书，师范屈、宋，洞入夸艳，致名“辞宗”……故扬子以为“文丽用寡者长卿”，诚哉是言也！……子云属意，辞人最深：观其涯度幽远，搜选诡丽，而竭才以钻思，故能理赡而辞坚矣②。

司马相如以其开天下先的大赋创作，被尊称为“赋圣”，但是文采扬厉过度，扬雄批评他“文丽用寡”。扬雄深厚博大，才思学识皆备，故而幽深瑰丽，莫与并能。在评论完两汉数十位著名作家之后，刘勰将扬雄进一步上升为两汉文学的断代标志：

然自卿、渊已前，多役才而不课学；向、雄以后，颇引书以助文：此取与之大际，其分不可乱者也③。

司马相如与王褒“多役才而不课学”，才华横溢，独步当世；自刘向与扬雄“引书以助文”开始，汉代作家才逐渐改变了仗气使才而欠缺学习的不足。这既是巴蜀文学在汉代的前后变化，也是整个汉代文学在创作上的分水岭——扬雄是两汉文学最优秀的代表。

---

① 杨明照：《增订文心雕龙校注》，中华书局2000年版，第539—540页。
② 同上，第574页。
③ 同上，第575页。

《知音》篇是古代文论史上最出名的一篇文学鉴赏专文。刘勰认为“知音”甚难，发出“见异，唯知音耳”的感叹，他认为鉴赏者必须要有主观的公正态度和具体可操作的方法，于是提出了“六观”说①。因为“文如其人”之故，好的文章一定会被赏识，比如扬雄作品就是如此，刘勰赞美扬雄说：“扬雄自称：‘心好沉博绝丽之文。’其不事浮浅，亦可知矣。”扬雄《答刘歆书》自言不善言辞，少年时代追慕司马相如大赋诸作，“心好沉博绝丽之文”，遂拟而作四赋，其创作取法甚高，故而成就非凡。刘勰的用意是在告诫后代的作家：鉴赏虽难，但创作也不容易，作家要有意识地主动“取法乎上”，写出好作品，不要一味诘责鉴赏者，那样就不公正。

《程器》篇论述历代作家的道德瑕疵，这些作家中有文士与武将之分，而且个个知名。刘勰先论著名文人十六人，打头阵的还是扬雄：“略观文士之疵：相如窃妻而受金，扬雄嗜酒而少算；……诸有此类，并文士之瑕累。”② 扬雄不善营生，不会计算过日子，好喝酒而家甚贫，没有余粮，非常狼狈。像他这样的著名文学家在德操方面都是有严重问题的，文人无行，瑕累甚多。难能可贵的是，刘勰不只是简单地罗列现象，而是深入探寻为什么这些人名声不好、德行不高的原因：第一是“将相以位隆特达，文士以职卑多诮”，文人地位不如将相，所以被讥讽也就最多；第二是“士之登庸，以成务为用”，士人必须要有强烈的进取心，“安有丈夫学文，而不达于政事哉？”因此，文人要参政。如果只是立言而不能立德立功，是一定没有出路的，“彼扬、马之徒，有文无质，所以终乎下位也”。根本原因在于文以人传，名随位尊。据史书记载，司马相如个性孤傲，不好做官；扬雄小心谨慎，数十年不得晋升，所以扬、马二人尽管文才过人，但终因官位不显而声名毁誉参半。这一论述间接地将刘勰本人身为文士而地位不高、学成文术意欲树德建言的进取雄心彰显了出来。

合观本篇，与“论文”实无关联，而与论“文人之用”关联颇多，是刘勰创作《文心雕龙》一书内在动力的真实反映③。刘勰提出自己对文士修养与作用的看法，并在此基础上归纳出“摛文纬军国，负重任栋梁”的人生奋斗目标，照应“贵器用而兼

① 这六观的方法是：“是以将阅文情，先标‘六观’：一观位体，二观置辞，三观通变，四观奇正，五观事义，六观宫商。斯术既行，则优劣见矣。”在古代文论中，再没有能够超越刘勰“六观”说的文学鉴赏操作方法。

② 杨明照：《增订文心雕龙校注》，中华书局2000年版，第598—599页。

③ 刘永济先生《文心雕龙校释》注解此篇，以为刘勰还有向时代等级门阀制度发难的用意，刘先生引用了《颜氏家训·涉务》等篇目中贬斥齐梁时风的一些论述，指出当时官僚无能、虚伪腐败、政治垄断的严重弊端，这些弊端为刘勰所深恶痛绝。类似的意见，曹顺庆先生《中西比较诗学》则用于对刘勰提出文学“风骨”的论述中。齐梁时风孱弱，决定了文风不振，两位先生的意见很有可取之处。笔者认为，在上述意见基础上还可增加《文心雕龙》的“写作动力”一说：刘勰写这本书来干什么？仅仅论述写作吗？这些显然属于他写作此书的表层用意，其真实心意是借此留名求誉，借《文心》致用，结合《序志》《诸子》等文来看，“内在动力”一说可资成立。

文采”的中心观点，显示了他思想宗法《左传》“不朽”说与孔子“名德”论的痕迹。为文致用，这是《文心雕龙》全书反复主张的一个观点，这一观点集中地体现在《征圣》的“贵文”主张中。文能用，则为文之人也可得用，这是《文心雕龙》全书最深层的写作动力。雅丽思想之“雅”，除去雅正之思想与雅正之文采，还有“为文求用”的含义，本篇借批评扬、马诸家瑕疵的机会，表现的正是这个意思①。

六、序论：树德建言，扬雄崇名

刘勰在《序志》篇中对扬雄言行、思想的继承主要有二：一是在论述近代文学发展“饰羽尚画，文绣鞶帨”的弊端时，直接征引了《庄子·列御寇》中批评孔子彩饰羽毛的话和扬雄《法言·寡见》篇“今之学也，非独为之华藻也，又从而绣其鞶帨”的说法，比喻过分雕饰文章辞采，在形式美上走得太远，忽略了内容美与思想美，是丽而不雅的创作。二是明确告诉读者，《文心雕龙》的写作动机有三：一是求得令名，二是选择“文章”而不再解经，三是要写成写作理论著作，其根本目的是借《文心雕龙》彰令名、求不朽。刘勰以为生命脆弱，为了“树德建言”，一定要写本书留下来，这是古人“名德”思想直接影响的结果，蜀中学者扬雄是刘勰取法的重要对象。

据《左传·襄公二十四年》记载，春秋时鲁国大夫叔孙豹曾提出立德、立功、立言的“三不朽”说，这三者是虽久不废，流芳百世的。孔子则认为“君子疾没世而名不称焉”（《论语·卫灵公》），在立德立功不成的情况下，述而且作，编次《春秋》，删《诗》正乐，名德俱彰。司马迁身遭宫刑，因为《史记》未完而坚持“退论书策”，他希望自己的著作能“藏之名山，传之其人”，“通邑大都”均有《史记》，司马迁同时认为，令名的追求是很困难的，所以古人“发愤著书”的精神“可为智者道，难为俗人言”（《报任安书》）。上述诸人之外，扬雄论“名”最多，集中体现在他的学术著作《法言》之中，对刘勰的影响也最大②。扬雄认为，圣人之所以被后人尊敬，是因为德行政教样样兼备，才能留下美好的名声。《重黎》篇提出“令名”一说，韩信、黥

① 早在《孟子》一书中论述圣人时即以“致用”为标准。《文心雕龙》受“为文致用”影响，大力主张“政化贵文”“事迹贵文”“修身贵文”“摛文必在纬军国，负重必在任栋梁”“五礼资之以成文，六典因之致用；君臣所以炳焕，军国所以昭明”等文学功用观念。据杨明照、张少康、王元化等先生考论，刘勰有借书晋身、以期入仕的目的。为此，他托身上定林寺，依附僧佑十余年，是想借用僧佑的宗教地位以及与王室宗亲的特殊关系来实现自己的政治理想。包括后来负书拦道、求誉沈约的行为；以及托身寺庙十几年不出家，而一旦出仕，就三十多年宦游官场不回寺庙的行为；如此等等。证明了刘勰本人所持的经世致用、建功立业的思想不仅非常浓厚，而且占据了他本人思想的主导地位。儒家思想不仅是《文心雕龙》文学思想的主导，更是他人生观、价值观的主导。

② 扬雄论“名”与“实”相联系，“名实”之论与《文心雕龙》的“文道”关系类似。

布因为叛逆汉室，名声虽有，但不足为法。《学行》论述学习，以为“名誉以崇之”是学者的必然追求。《孝至》篇则说：“不为名之名，其至矣乎！为名之名，其次也。”要求在追求美名声誉的时候，必须要有道义精神，因此，他主张通过修养德义来完善自我，再求令名。《渊骞》篇对蜀中名家李仲元极为推崇，显示了扬雄征圣不仅崇古，也法则近代的新变意识，其主要原因，就是李仲元名德昭彰，榜样感化力量十分巨大。同时，扬雄还主张以实际行动来彰显令名，《先知》篇论述“为政日新”的重要一环，就是“乐其义，厉之以名，引之以美，使之陶陶然”，重视美言美行，感化教育。《君子》篇提出实际行动对建立美名的重要作用：“人必先作，然后人名之”，要求在行动上有过人之处，美名才会得到彰显。在此基础上，扬雄对君国将相、功臣名卿有自己辩证的看法，《渊骞》篇论述“近世名将”、“近世名卿”、外交大臣、著名作家几十人，在赞美他们功德的同时，也批评他们不合儒家教义的地方。

上述汉代名人大量出现于《文心雕龙》书中，对刘勰论述“文士将相”与“九代文学”有直接影响。扬雄不仅倡导名德思想，更在立言不朽方面做出了实践表率，《汉书·扬雄传·赞》说他：“实好古而乐道，其意欲求文章成名于后世，以为经莫大于《易》，故作《太玄》；传莫大于《论语》，作《法言》；史篇莫善于《仓颉》，作《训纂》；箴莫善于《虞箴》，作《州箴》；赋莫深于《离骚》，反而广之；辞莫丽于相如，作四赋：皆斟酌其本，相与放依而驰骋云。”[①] 诚然，如果没有写成那么多著名的京都大赋和学术著作，扬雄之名不可能如此卓著。而扬雄晚年轻鄙辞赋，转向学术研究，仍然是“意欲求文章成名于后世”，立言不朽之心在继续推动着他的著述研究工作，使他在哲学思想、文字小学、应用写作等方面取得了很高的成就。

刘勰重视名德，深感生命脆弱：“形同草木之脆，名逾金石之坚，是以君子处世，树德建言。岂好辩哉？不得已也！”[②] 因此，《文心雕龙》根本的写作目的是“树德建言”，至于成书后所产生的巨大影响，以及当前“龙学”研究的学术热潮，并不在他预设的创作动机之内。刘勰不仅渴求令名，而且以此为本，作为《文心雕龙》品评作家作品的基本标准，并极力在书中树立儒家思想的主导地位，所以，除了从文章体裁、写法技巧、风格特点、修辞技法、影响作用方面来论述写作，还往往以儒家经典的思想标准来衡量历代作家作品思想是否雅正、有无违背经典、有无奇谈怪说。跳出《文心雕龙》，考察刘勰的生平可知，从他托身定林寺、博通经纶、写作《文心》、拦道沈约到出仕梁代、做官三十多年的大半生，都是在令名功德思想的支配下走过来的。刘勰毕生所坚持的令名功德心态，也是《文心雕龙》以儒家思想为主导的重要证据。

① ［汉］班固：《汉书》（影印本），中华书局 1997 年版，第 3595—3596 页。

② 杨明照：《增订文心雕龙校注》，中华书局 2000 年版，第 610 页。

结 语

综上所述，扬雄在《文心雕龙》中处于至关重要的地位，是刘勰极力标举的经典作家与取法征引的理论家。他创作的各体作品是文体论部分的扛鼎之作；在创作论中，又是思维论、风格论、通变论、修辞技法、文字小学的典型代表，他的成败得失，是刘勰取法或扬弃的基本标准；在批评论部分，扬雄成为文学史论、知音鉴赏、作家品评、文章道德的核心论述对象。以扬雄“自然之道”、“征圣宗经”、“五经含文”、“丽则丽淫”、“心声心画”、名德思想为代表的文艺思想，成为刘勰征引吸收、建立《文心雕龙》文学理论体系的重要取材对象。扬雄对《文心雕龙》的产生有重大的影响。

（作者单位：西华大学人文学院）

附　录

近40年扬雄研究文献目录整理

王学东　胡径玮

一、研究专著

Yang Hsiung，E. VON ZACH. *Yang Hsiung' s Fa-yên*（*Worte strenger Ermahnugn*）：*Ein Philosophischer Traktat Aus Dem begin Der CHristlichen Zeitrechnung*（*sinologische Beitr?ge IV*），Drukkerij Lux，1939。（扬雄作，冯·察赫译：《扬雄〈法言〉：在哲学的基础上我们看到了一个新时代》，Drukkerij Lux1939 年版）

DAVID R. KNECHTGES. The Han Rhapsody：*A Study of the Fu of Yang Hsiung*，Cambridge University Press，1976。（康达维：《扬雄赋研究》，剑桥中华文史丛刊 1976 年版。）

DEREK WALTERS：*The T' Ai Hsuan Ching*：*The Hidden Classic*，Sterling Pub Co Inc，1984。（Derek Walters《〈太玄经〉：一部隐藏的经典》，Sterling Pub Co Inc1984 年版）

丁惟汾：《方言音释——西汉扬雄〈方言〉新注本》，齐鲁书社 1985 年版。

汪荣宝义疏，陈仲夫点校：《法言义疏（上下）》，中华书局 1987 年版。

黄开国：《一位玄静的儒学伦理大师：扬雄思想初探》，巴蜀书社 1989 年版。

刘君惠、李恕毫、杨钢、华学诚：《扬雄方言研究》，巴蜀书社 1992 年版。

韩敬注：《法言注》，中华书局 1992 年版。

Yang Hsiung，MICHALE NYLAN. *The Canon of Supreme Mystery*，State University of

New York Press，1993。（扬雄，米歇·戴梅可《太玄经》，纽约州立大学出版社1993年版。）

张震泽校注：《扬雄集校注》，上海古籍出版社1993年版。

陈福滨：《扬雄》，东大图书公司1993年版。

郫县政协文史资料委员会编：《郫县文史资料选辑第十辑·扬雄专辑》，1997年版。

［宋］司马光集注，刘韶军点校：《太玄集注》，中华书局1998年版。

王更生：《贾谊·董仲舒·刘安·刘向·扬雄》，台湾商务印书馆1999年版。

王青：《扬雄评传》，南京大学出版社2000年版。

郑文：《扬雄文集笺注》，巴蜀书社2000年版。

朱荣智校注：《新编法言》，台湾古籍出版公司2000年版。

林贞爱校注：《扬雄集校注》，四川大学出版社2001年版。

秦艳华译注：《法言》，山东友谊出版社2001年版。

张强：《宇宙的寂寞：扬雄传》，东方出版社2001年版。

李恕豪：《扬雄〈方言〉与方言地理学研究》，巴蜀书社2003年版。

李守奎、洪玉琴译注：《扬子法言译注》，黑龙江人民出版社2003年版。

邹世毅整理：《太玄经》，山东画报出版社2004年版。

万光治：《蜀中汉赋三大家》，巴蜀书社2004年版。

郭君铭：《扬雄〈法言〉思想研究》，巴蜀书社2006年版。

华学诚：《扬雄方言校释汇证》，中华书局2006年版。

魏鹏举：《疏离体制化的书写——扬雄写作的文化诗学研究》，汕头大学出版社2007年版。

万志全：《扬雄美学思想研究》，中国社会科学出版社2008年版。

郑万耕：《扬雄及其太玄》，北京师范大学出版社2009年版。

卫志中：《扬雄——汉代那个孔子》，作家出版社2010年版。

纪国泰：《扬子法言今读》，巴蜀书社2010年版。

解丽霞：《扬雄与汉代经学》，广东人民出版社2011年版。

马莲：《〈扬雄集〉词汇研究》，高等教育出版社2011年版。

华学诚：《扬雄〈方言〉校释论稿》，高等教育出版社2011年版。

黄嘉琳：《扬雄〈太玄〉〈法言〉之气论思想研究》，花木兰文化出版社2011年版。

王智群：《〈方言〉与扬雄词汇学》，高等教育出版社2011年版。

路广：《〈法言〉〈扬雄集〉词类研究》，高等教育出版社2011年版。

王彩琴：《扬雄〈方言〉用字研究》，高等教育出版社2011年版。

纪国泰：《“西道孔子”——扬雄》，巴蜀书社2012年版。

故宫博物院编：《方言注》，故宫出版社2012年版。

刘韶军点校：《太玄集注》，中华书局2013年版。

远山、张仕芳：《扬雄外传》，中国社会出版社2014年版。

郑万耕校释：《太玄校释》，中华书局2014年版。

二、期刊论文

徐文炎：《汉扬雄撰〈方言〉开拓了训诂新径》，《新疆大学学报》1990年第2期。

吴全兰：《论扬雄的心态特征》，《冀东学刊》1997年第2期。

郑文：《扬雄的性“善恶混”论实际是荀况的性恶论》，《西北师大学报》1997年第4期。

清宫刚：《扬雄与道家思想》，《河北大学学报》1997年第4期。

CHRISTOPH HARBSMEIER：*Michael Nylan*，*The Canon of Supreme Mystery*，by Yang Hsiung. A translation with commentary of the T´ai hsüan ching. Albany：State University of New York Press，1993. *xiv* + 680 *pages*，Notes，Bibliography，Index，T’oung Pao. 1998，Volume84，pages447—453.（何莫邪：米歇·戴梅可《太玄经》，《通报》1998年，Vol. 84（4-5），第447—453页。）

郑万耕：《扬雄的史学思想》，《史学史研究》1998年第2期。

赵振铎、黄峰：《〈方言〉里的秦晋陇冀梁益方言》，《四川大学学报（哲学社会科学版）》1998年第3期。

杨海文：《孟子与汉代思想史的散点透视》，《齐鲁学刊》1998年第3期。

张运华：《从〈太玄〉看道家理论思辨对扬雄的影响》，《唐都学刊》1999年第1期。

张涛：《略论扬雄对汉代易学发展的贡献》，《河南大学学报》2000年第1期。

吴全兰：《扬雄是“摹拟大师”之辨正》，《桂林市教育学院学报》2000年第3期。

李峰、靳爱红：《〈方言〉：开创中国方言之学的经典之作》，《洛阳师范学院学报》2000年第4期。

刘保贞：《扬雄与〈剧秦美新〉》，《山东大学学报》2000年第6期。

谭继和：《“西道孔子”扬雄的大一统观与儒风在巴蜀的流布》，《中华文化论坛》

2001年第1期。

王萍:《严遵、扬雄的道家思想》,《山东大学学报》2001年第1期。

杨世明:《扬雄身后褒贬评说考议——林贞爱〈扬雄集校注〉序》,《四川师范学院学报》2001年第2期。

刘保贞:《〈太玄〉赞颂所倡明君、贤臣思想述评》,《齐鲁学刊》2001年第2期。

陈立中:《论扬雄〈方言〉中南楚方言与楚方言的关系》,《湘潭大学社会科学学报》2001年第5期。

张兵:《扬雄〈法言〉中的道家思想》,《济南大学学报》2001年第5期。

王琳:《追步前贤 不乏创变——论扬雄赋》,《山东师大学报》2001年第5期。

吴国富:《"五柳先生"及"无弦琴"的守穷守默——从扬雄看陶渊明的"愤宋"》,《九江师专学报》2001年第2期。

问永宁:《读玄释中——试论〈太玄〉所本的宇宙说》,《周易研究》2001年第3期。

唐继凯:《"候气法"是京房的发明吗?》,《交响——西安音乐学院学报(季刊)》2002年第1期。

杨福泉:《扬雄至京、待诏、奏赋、除郎的年代问题》,《上海大学学报》2002年第1期。

蒋文燕:《关于〈封禅文〉、〈剧秦美新〉和〈典引〉的一点思考》,《宁夏大学学报》2002年第2期。

康素娟:《西汉扬雄〈方言〉浅议》,《陕西教育学院学报》2002年第2期。

边家珍:《论扬雄对先秦儒学的继承与发展》,《河南大学学报》2002年第3期。

陈朝辉:《扬雄辞赋观简论》,《成都师专学报》2002年第3期。

问永宁:《从〈太玄〉看扬雄的人性论思想》,《周易研究》2002年第4期。

张秋升:《扬雄历史观再认识》,《聊城大学学报》2002年第5期。

刘文杰:《西汉时期成都大文学家扬雄评传》,《中共成都市委党校学报》2002年第6期。

边家珍:《扬雄对西汉新儒学的重构及其意义》,《东岳论丛》2002年第6期。

贾卉:《汉巴蜀赋家三题》,《绥化师专学报》2003年第1期。

刘保贞:《扬雄著作及其流传》,《山东大学学报》2003年第1期。

陈恩维:《试论扬雄赋的模拟与转型》,《中国韵文学刊》2003年第2期。

韩建立:《〈方言〉与扬雄的语言思想》,《长春大学学报》2003年第2期。

刘保贞:《从〈孝至〉后半篇看扬雄对王莽的态度》,《晋阳学刊》2003年第3期。

杨福泉：《论〈法言〉的尊圣崇经与儒学批判》，《上海大学学报》2003 年第 3 期。

陈汉：《知实难逢　人莫圆该——评刘勰论扬雄》，《广东技术师范学院学报》2003 年第 5 期。

蒋文燕：《扬雄与司马相如赋风差异之比较》，《海南师范学院学报》2003 年第 6 期。

李莉：《扬雄〈方言〉与现代关中话相关词汇之比较研究》，《中山大学研究生学刊》2004 年第 1 期。

陈立中：《论汉代南楚方言与吴越方言的关联性》，《中南大学学报》2004 年第 2 期。

刘宝贞：《试论扬雄对唐代文学的影响》，《山东大学学报》2004 年第 2 期。

贾名党、吴益群：《司马相如与扬雄论略》，《贵州社会科学》2004 年第 3 期。

张兵：《扬雄〈法言〉语言艺术特色初探》，《西华师范大学学报》2004 年第 3 期。

郑万耕：《扬雄身心观述评》，《河北师范大学学报》2004 年第 3 期。

张晓明：《扬雄著作存佚考及系年研究》，《青岛大学师范学院学报》2004 年第 4 期。

张兵：《扬雄〈法言〉的版本与流传》，《古籍整理研究学刊》2004 年第 4 期。

踪凡、冷卫国：《扬雄汉赋观刍议》，《陕西师范大学学报》2004 年第 5 期。

张兵：《儒主道辅　本道兼儒——论扬雄〈法言〉的思想特征》，《管子学刊》2005 年第 1 期。

吴明贤：《扬雄、左思〈蜀都赋〉比较》，《四川师范大学学报》2005 年第 1 期。

徐可超、李嘉：《扬雄对诙谐赋文化品位的提高》，《东方论坛》2005 年第 1 期。

张绍诚：《求真务实　正本清源说子云》，《西华大学学报》2005 年第 2 期。

多洛肯：《扬雄辞赋创作论》，《新疆师范大学学报》2005 年第 3 期。

董志翘：《扬雄〈方言〉与中古、近古汉语词语溯源二例》，《语文研究》2005 年第 4 期。

侯文学：《扬雄对女性的审美观照》，《天府新论》2005 年第 4 期。

辛小飞：《扬雄赋的个性特征》，《和田师范专科学院学报》2005 年第 5 期。

徐国荣、杨艳华：《论汉魏六朝连珠体的演变与文学发展》，《暨南学报》2005 年第 5 期。

郭君铭：《论扬雄“在夷貉则引之”的民族思想》，《中央民族大学学报》2005 年第 5 期。

问永宁：《〈太玄〉是一部“谤书”——“刺莽说”新证》，《周易研究》2005 年第6期。

李祥俊：《北宋诸儒论扬雄》，《重庆社会科学》2005年第12期。

徐公持：《论魏晋玄学思想资源在两汉时期的先期整合》，《福州大学学报》2006年第1期。

王栋：《试析扬雄的言意观》，《湖南第一师范学报》2006年第1期。

杨福泉：《扬雄年谱考订》，《绍兴文理学院学报》2006年第1期。

王彩琴：《扬雄〈方言〉借音字考》，《湖南大学学报》2006年第1期。

张树国、梁爱东：《〈远游〉结构的内在矛盾、作者及文学影响》，《淮阴师范学院学报》2006年第2期。

高明：《扬雄〈剧秦美新〉考论》，《西藏民族学院学报》2006年第2期。

陈朝辉：《扬雄〈自序〉考论》，《四川师范大学学报》2006年第2期。

马宗昌、张淑玉：《扬雄〈逐贫赋〉》，《昭通师范高等专科学校学报》2006年第3期。

万志全：《扬雄美学思想的发展历程》，《山东师范大学学报》2006年第3期。

崔明德：《汉哀帝时期的民族关系思想》，《东方论坛》2006年第4期。

常昭、陈天强：《由辞赋异途看扬雄赋论》，《济南大学学报》2006年第4期。

问永宁：《〈太玄赋〉作者考辨》，《湖北大学学报》2006年第5期。

丁四新：《世硕与王充的人性论思想研究——兼论〈孟子·告子上〉公都子所诉告子及两"或曰"的人性论问题》，《文史哲》2006年第5期。

丁光泮：《扬雄尊孟思想浅论》，《西华师范大学学报》2006年第5期。

万志全：《扬雄抒情赋的美学特色》，《名作欣赏》2006年第6期。

赵为学、王栋：《扬雄研究的源流与不足》，《湖南科技学院学报》2006年第6期。

李沈阳：《扬雄人性论辨析》，《兰州学刊》2006年第8期。

邓昭祺：《苏轼笔下的屈原》，《乐山师范学院学报》2006年第10期。

富翠红、赵力楠：《浅析〈方言〉词汇的演变》，《辽宁行政学院学报》2006年第11期。

杨福泉：《扬雄的历史哲学与人物评论》，《绍兴文理学院学报》2007年第1期。

华学诚：《近15年来的扬雄〈方言〉研究与我们对〈方言〉的整理》，《南开语言学刊》2007年第1期。

兰寿春：《"诗人之赋丽以则"辩证——简论扬雄赋论的影响和意义》，《龙岩学院学报》2007年第1期。

万志全：《论扬雄的音乐美学思想》，《学术论坛》2007年第1期。

万志全:《论“文学的自觉”理论探讨始自扬雄的“丽”》,《名作欣赏》2007年第2期。

吴贤哲:《汉代儒道互补及其对汉代文学创作的影响》,《西南民族大学学报》2007年第2期。

易小平:《〈校猎赋〉就是〈羽猎赋〉吗？——兼论扬雄初为郎的时间及年龄》,《广西大学学报》2007年第3期。

解丽霞:《“今古转型”中的扬雄经学观》,《中华文化论坛》2007年第3期。

问永宁:《试论扬雄的姓》,《唐都学刊》2007年第3期。

陈晓芬:《辩扬雄的文辞主张》,《中文自学指导》2007年第4期。

施丁:《扬雄评司马迁之意义》,《求是学刊》2007年第4期。

束景南、郝永:《论扬雄文学思想之“文质相副”说》,《文艺理论研究》2007年第4期。

曾祥旭:《论西汉士人对屈原自沉意义的思考》,《南华大学学报》2007年第5期。

陈强:《略论扬雄思想的理论来源》,《青海社会科学》2007年第5期。

王栋:《扬雄赋论中的文体自觉意识》,《西南交通大学学报》2007年第5期。

于成宝:《论扬雄〈法言〉对先秦儒学的回归》,《长春理工大学学报》2007年第6期。

万志全:《扬雄大赋的美学特色》,《名作欣赏》2007年第16期。

金生杨:《〈太玄〉研究史浅论》,《西华大学学报》2008年第1期。

郭君铭:《扬雄入京年代和推荐人考辨》,《石家庄铁道学院学报》2008年第1期。

魏鹏举:《“雕虫”与“雕龙”的故事——兼论扬雄与刘勰的文学观》,《文化与诗学》2008年第1期。

华学诚、马莲:《扬雄〈蜀都赋〉词语注商》,《语言研究》2008年第2期。

赵世瑛:《对扬子云“难盖天八事”钱氏释义的几点补充》,《成都大学学报》2008年第2期。

金生杨:《论〈太玄〉研究的历史变迁》,《西华师范大学学报》2008年第2期。

侯文学:《扬雄智论发微》,《宁夏社会科学》2008年第2期。

杨天保:《以〈玄〉准〈易〉两乾坤——司马光、王安石易学精神之比较》,《周易研究》2008年第6期。

陈碧仙:《扬雄辞赋创作浅论》,《福建教育学院学报》2008年第7期。

陈碧仙:《简论扬雄关于汉赋“丽则”和“丽淫”的文学思想》,《福建教育学院学报》2009年第1期。

张晨:《汉代模拟文学探论》,《郑州大学学报》2009 年第 1 期。

陈硕:《西汉期间关于屈原问题论争》,《安徽文学》2009 年第 1 期。

陈碧仙:《扬雄“文质”美学思想及其对汉赋的评价》,《凯里学院学报》2009 年第 2 期。

陈艳静、王红霞:《古代语言学的继承与发展——论扬雄的〈方言〉与〈尔雅〉的传承》,《新西部(下半月)》2009 年第 3 期。

陈碧仙:《试析扬雄辞赋作品的艺术特色》,《福建教育学院学报》2009 年第 3 期。

钟志强:《扬雄的“以文立命”及其对文学自觉的影响》,《四川教育学院学报》2009 年第 3 期。

万志全:《扬雄与“文学自觉”的理论始源》,《新疆大学学报》2009 年第 3 期。

吴从祥:《从〈论衡〉看汉代孟学之发展》,《阴山学刊》2009 年第 5 期。

解丽霞:《取道宗儒:〈太玄〉的义理诠释》,《四川师范大学学报》2009 年第 5 期。

纪国泰:《试论扬雄的“幸”与“不幸”》,《西华大学学报》2009 年第 5 期。

梁道礼:《论儒家诗学的泛化》,《陕西师范大学学报》2009 年第 6 期。

孙少华:《扬雄投阁的文化美学与生命悲情》,《山西师大学报》2009 年第 6 期。

陈碧仙:《论扬雄辞赋的讽谏意识表现与形成原因》,《莆田学院学报》2009 年第 6 期。

尹海江:《道有夷隆　学有粗密——论〈汉书·艺文志〉赋之以类区分以品相别》,《井冈山学院学报》2009 年第 9 期。

罗红梅:《扬雄悔赋考辨》,《宜宾学院学报》2009 年第 9 期。

王栋:《扬雄的修养论》,《湖南科技学院学报》2009 年第 11 期。

王思齐:《试论〈反离骚〉的文学价值》,《考试周刊》2009 年第 43 期。

殷晓燕、万平:《“如其智,如其智”,是否智?——论扬雄对屈原自沉之举是否明智之阐释》,《管子学刊》2010 年第 1 期。

隋秀竹、司永慧:《论扬雄〈法言〉所述之“道”》,《东方企业文化》2010 年第 1 期。

汪耀明:《扬雄文学思想对东汉文论的影响》,《重庆教育学院学报》2010 年第 1 期。

卢毅:《寂寂寥寥扬子居　年年岁岁一床书——抒情小赋与扬雄后期著述心态探微》,《西安文理学院学报》2010 年第 2 期。

马建华:《扬雄“四赋”的突破》,《新乡学院学报》2010 年第 2 期。

王栋：《扬雄的因革论》，《北京化工大学学报》2010 年第 3 期。

郭君铭：《扬雄人性思想本义》，《石家庄铁道大学学报》2010 年第 4 期。

朱秀敏：《浅论扬雄散文的艺术特色》，《阿坝师范高等专科学校学报》2010 年第 4 期。

尹海江：《论〈汉书·艺文志〉中"赋"的分类与排序——兼辨〈楚辞〉非选自"屈原赋之属"》，《江汉大学学报》2010 年第 5 期。

魏锦：《以扬雄〈方言〉为依据的汉代方言分区研究综述》，《重庆广播电视大学学报》2010 年第 5 期。

赵乖勋：《再论扬雄〈反离骚〉》，《四川师范大学学报》2010 年第 6 期。

王焕然：《古人关于赋的虚实之辨——从"玉树青葱"说起》，《辽东学院学报》2010 年第 6 期。

孙良申：《连珠源起及与汉赋之关系》，《西南民族大学学报》2010 年第 6 期。

易小平：《关于扬雄四赋作年的两个问题》，《古籍整理研究学刊》2010 年第 6 期。

周奕：《浅析扬雄赋体创作前后期的矛盾性》，《安徽文学（下半期）》2010 年第 12 期。

郑先兴：《论扬雄的史学思想》，《南都学坛》2011 年第 1 期。

汪耀明：《论扬雄的文学思想》，《太原师范学院学报》2011 年第 1 期。

杨金平、耿亚军：《试论扬雄的功利主义文艺观》，《大连民族学院学报》2011 年第 2 期。

张晓明：《广泛性与变革性：扬雄的文体实践》，《青岛大学师范学院学报》2011 年第 2 期。

解丽霞：《取〈易纬〉驳谶符：扬雄与谶纬学说》，《华南理工大学学报》2011 年第 2 期。

张丽萍、朱智明：《士人的自觉意识——扬雄抒情言志赋之研究》，《辽宁师专学报》2011 年第 2 期。

杨天保：《"舍韩入扬"和"尊庄抑老"——北宋王安石构建"内在"的两个维度》，《孔子研究》2011 年第 3 期。

解丽霞：《为学重〈仪礼〉与为术重〈周礼〉——扬雄与王莽古文经学》，《孔子研究》2011 年第 3 期。

邓骏捷：《王莽时期刘歆校书活动考论》，《中国典籍与文化》2011 年第 3 期。

刘成国：《论唐宋间的"尊扬"思潮与古文运动》，《文学遗产》2011 年第 3 期。

刘浏：《扬雄"诗人之赋"义证》，《天中学刊》2011 年第 4 期。

王德华：《扬雄赋论准则及其大赋创作模式》，《浙江师范大学学报》2011 年第 4 期。

任强：《扬雄、刘向所见〈九章〉仅五篇辩证》，《淮北师范大学学报》2011 年第 6 期。

雍鹏：《〈方言〉文献综述》，《语文学刊》2011 年第 10 期。

王博：《略论扬雄〈法言〉对韩愈的影响》，《赤峰学院学报》2011 年第 10 期。

孙少华：《扬雄的文学追求与文学观念之迁变》，《清华大学学报》2012 年第 1 期。

赵逵夫：《汉晋拟人故事赋钩沉》，《中国典籍与文化》2012 年第 3 期。

黄进：《从扬雄辞赋看蜀人的艺术想象与生存智慧》，《中华文化论坛》2012 年第 3 期。

谭继和：《读懂扬雄与〈扬子法言〉的现代阐释》，《西华大学学报》2012 年 3 期。

闫利春：《从玄、气、心看扬雄的性善恶混论》，《周易研究》2012 年第 4 期。

张培高、张爱萍：《扬雄教育思想发微》，《西安石油大学学报》2012 年第 4 期。

杨晶瑜：《汉代狩猎赋综论》，《文学界（理论版）》2012 年第 4 期。

韩文娟：《近三十年来扬雄〈法言〉研究综述》，《鸡西大学学报》2012 年第 5 期。

孙宝：《儒家政教观与魏晋赋格建构》，《中南大学学报》2012 年第 5 期。

杨博显：《浅析〈方言〉对于〈尔雅〉的传承和发展》，《北方文学（下半月）》2012 年第 6 期。

沃婧娴：《从“小道”看汉魏时期文人地位与文学变迁》，《文学界（理论版）》2012 年第 9 期。

杨许波：《唐诗中的扬雄形象》，《长江大学学报》2012 年第 10 期。

王博：《从〈法言〉看扬雄的处世哲学》，《赤峰学院学报》2012 年第 10 期。

李殿元、刘宗林：《应该为扬雄洗冤》，《成都大学学报》2013 年第 1 期。

范子烨：《“游目汉庭中”：陶渊明与扬雄之关系发微——以〈饮酒〉其五为中心》，《四川师范大学学报》2013 年第 2 期。

侯文学：《中国古典诗歌中的扬雄典事及其主导取向——以扬雄的儒学史境遇为参照》，《陕西师范大学学报》2013 年第 2 期。

周桂钿：《重评扬雄〈剧秦美新〉》，《中国社会科学院研究生院学报》2013 年第 2 期。

冷卫国：《“诗人之赋”与“辞人之赋”——论扬雄的赋学批评》，《齐鲁学刊》2013 年第 3 期。

张强：《汉代经学与文学批评》，《淮阴师范学院学报》2013 年第 3 期。

杜俊平、高亮：《论偃师话中保存的〈方言〉古语词》，《衡水学院学报》2013 年 5 期。

蔡丹君：《西汉赋家的郎官身份对其赋作的影响》，《文学遗产》2013 年第 5 期。

张钰翰：《北宋扬雄〈法言〉〈太玄〉疏解著述考》，《理论界》2013 年第 7 期。

曾佳：《扬雄的〈方言〉述评》，《文学教育（上）》2013 年第 9 期。

陈琳：《“党”“懂”之知晓义考》，《现代语文》2013 年第 12 期。

王亚军：《扬雄言意关系浅论》，《安徽广播电视大学学报》2014 年第 1 期。

李丹丹：《扬雄和王符伦理思想比较论》，《求是学刊》2014 年第 2 期。

吴静：《四川文化名人扬雄研究》，《成都纺织高等专科学校学报》2014 年第 3 期。

郭世轩：《审美诉求与意识形态建构的矛盾——关于扬雄“悔其少作”的文化阐释》，《社会科学辑刊》2014 年第 3 期。

董雅倩：《地方文化资源调查保护与旅游开发——以郫县古蜀文化风景遗存为例》，《阿坝师范高等专科学院学报》2014 年第 4 期。

刘志伟、邵杰：《〈文选〉所收〈剧秦美新〉之作年及涉莽时事考论》，《河南师范大学学报》2014 年第 5 期。

杨焄：《言为心声？言违心声？——以毕沅的诗歌创作为例》，《华东师范大学学报》2014 年第 5 期。

王社庄、张金平：《扬雄〈太玄〉体例考辨》，《兰台世界》2014 年第 6 期。

杨清之：《论扬雄的隐逸心迹》，《海南师范大学学报》2014 年第 9 期。

谢秋菊：《论司马相如和扬雄作品中出现的同类人物》，《名作欣赏》2014 年第 17 期。

吴思萌、李楠：《〈文心雕龙〉对扬雄辞赋观评价的积极意义》，《语文学刊》2014 年第 20 期。

周春燕：《汉魏六朝时期对颜回的接受及其原因浅析》，《教育文化论坛》2015 年第 1 期。

孙远：《〈蜀王本纪〉著者考》，《琼州学院学报》2015 年第 1 期。

徐涓：《朱熹对待扬雄与〈反离骚〉态度及其原因探析》，《湖北大学学报》2015 年第 2 期。

谢荣娥：《论扬雄〈方言〉楚地词“革”源自古越语》，《中南民族大学学报》2015 年第 3 期。

钱荣贵：《扬雄〈方言〉的编纂宗旨与编纂方法论》，《辞书研究》2015 年第 3 期。

车瑞、刘冠君：《“丽则”：扬雄赋论与汉赋嬗变》，《武汉大学学报（人文科学版）》2015 年第 4 期。

汪文学、刘苏晓:《扬雄文学“明道”论之内涵及其对刘勰的影响》,《贵州民族大学学报》2015年第4期。

侯文学:《扬雄从才子型文人到学者型文人的转化及其意义》,《江西师范大学学报》2015年第5期。

谢应光、曾虹佳:《历史文化名人资源的保护与利用路径研究——以四川郫县扬雄文化资源为中心的考察》,《中华文化论坛》2015年第7期。

吴龙灿:《拟经拟圣,匡扶大道——扬雄经学诠释的历史影响》,《宜宾学院学报》2015年第9期。

宫婕:《从历史角度看扬雄〈反离骚〉对屈原的评价》,《赤峰学院学报》2015年第10期。

邵小龙、谢小刚:《扬雄〈蜀都赋〉未入〈文选〉探赜》,《北京社会科学》2015年第10期。

吴春香:《汉儒扬雄教育治学观的现代解读》,《黑龙江教育学院学报》2015年第11期。

叶秀山:《中国哲学精神之绵延(二)——扬雄〈太玄〉的哲学意义》,《清华西方哲学研究》2016年第1期。

雷雨婷、王永:《扬雄赋作的生命意识》,《韶关学院学报》2016年第1期。

陈伦敦:《朱熹批判扬雄意图探析》,《武夷学院学报》2016年第2期。

朱皋:《〈方言〉所记朝鲜语与现代朝鲜语“无一近似”解》,《濮阳职业技术学院学报》2016年第2期。

王娜:《〈琴清音〉的文学价值》,《中国文学研究》2016年第4期。

张树国:《论〈楚辞·远游〉文本的组成》,《杭州师范大学学报》2016年第5期。

龙文玲:《扬雄〈甘泉赋〉作年考辨》,《首都师范大学学报》2016年第5期。

李春玲、张任:《国图藏明抄本〈集注太玄经〉传藏考略》,《图书馆研究》2016年第5期。

王瑰:《也论扬雄“美新”》,《关东学刊》2016年第6期。

孙晶:《清代学者黄承吉的“正扬论”——以黄承吉论〈解嘲〉为中心》,《烟台大学学报》2016年第6期。

梁宗华:《论扬雄对儒学的改造和发展》,《东岳论丛》2016年第12期。

汪文学:《扬雄的“尚智”论及其影响》,《贵州工程应用技术学院学报》2017年第1期。

桑东辉:《从人伦维度探究扬雄思想的体系架构与内在关联》,《唐都学刊》2017年第1期。

周玉萍：《扬雄〈法言〉语言学思想研究》，《六盘水师范学院学报》2017 年第 2 期。

吴沂澐：《从〈文选〉设论三篇论文人著述观念的产生》，《江苏师范大学学报》2017 年第 3 期。

蔡方鹿：《扬雄的道统思想及其在道统史上的地位》，《四川师范大学学报》2017 年第 4 期。

朱玉纯：《汉魏屈原论证背后的文化逻辑》，《齐齐哈尔大学学报》2017 年第 4 期。

侯文学：《甘泉赋的文化承载——兼论扬雄〈甘泉赋〉的创作背景》，《贵州社会科学》2017 年第 7 期。

王允亮：《扬雄官箴创作及经典化问题探讨》，《暨南学报》2017 年第 8 期。

三、硕博论文

陈碧仙：《扬雄辞赋及其赋论之研究》，福建师范大学硕士论文，2002 年。

陈朝辉：《扬雄文学思想研究》，四川师范大学文学院硕士论文，2002 年。

康卫国：《扬雄的文学思想——以“因”“革”为中心》，陕西师范大学硕士论文，2003 年。

王博：《扬雄〈法言〉研究》，广西师范大学硕士论文，2004 年。

黄竞：《扬雄辞赋研究》，湖南师范大学硕士论文，2004 年。

林晓燕：《一个汉代儒者的执著与徘徊》，北京大学硕士论文，2004 年。

王栋：《扬雄文论研究》，湖南师范大学硕士论文，2005 年。

万志全：《扬雄美学思想研究》，山东师范大学博士论文，2006 年。

刘静安：《从大赋创作到玄静之思：扬雄辞赋创作论》，陕西师范大学硕士论文，2007 年。

张强强：《智性视阈中的文学观——扬雄文论思想研究》，陕西师范大学硕士学位论文，2007 年。

张鹏：《论扬雄的政治思想》，中国政法大学硕士论文，2007 年。

孙素秀：《〈法言〉的文学观及其影响》，曲阜师范大学硕士论文，2008 年。

朱敏芳：《扬雄的三种意识研究》，漳州师范大学硕士论文，2008 年。

张庆伟：《扬雄〈法言〉思想研究》，山东大学硕士论文，2008 年。

魏然：《〈法言〉伦理思想研究》，中南大学硕士论文，2009 年。

曹丹：《汉代箴文研究》，东北师范大学硕士论文，2009 年。

高安晶:《司马相如与扬雄辞赋研究》，西北大学硕士论文，2011 年。

翟蕾:《扬雄〈法言〉的历史观及其影响》，陕西师范大学硕士论文，2012 年。

张倩:《扬雄辞赋名物考》，兰州大学硕士论文，2012 年。

巨利宁:《扬雄与道统》，西北师范大学硕士论文，2012 年。

卜晓伟:《汉代箴文研究》，河北师范大学硕士论文，2012 年。

井雷:《〈太玄〉象数与汉代易学卦气说》，山东师范大学硕士论文，2013 年。

高菲:《扬雄的人格及其作品研究》，内蒙古师范大学硕士论文，2014 年。

熊莉:《扬雄韵文考辨》，华中师范大学硕士论文，2014 年。

李锐:《扬雄〈法言〉研究》，山东师范大学硕士论文，2014 年。

连洁雨:《扬雄思想三论》，河北大学硕士论文，2015 年。

葛园:《扬雄〈法言〉文体研究》，扬州大学硕士论文，2015 年。

曹丹:《唐前箴文研究》，东北师范大学博士论文，2015 年。

严一钦:《从严遵〈老子指归〉看严遵和扬雄的思想共性》，福建师范大学硕士论文，2015 年。

杨燕群:《扬雄〈法言〉与士人生命主体意识自觉》，山东大学硕士论文，2016 年。

王慧:《美国汉学家康达维的辞赋翻译与研究》，湖北大学博士论文，2016 年。

雷雨婷:《扬雄辞赋创作变革及其赋学思想》，宁夏大学硕士论文，2016 年。

隋萍:《扬雄新思想及其对陶渊明的影响研究》，山东大学博士论文，2017 年。

学界对于扬雄的研究，总结如下：1. 以扬雄的《方言》或以“方言”为中心进行解读；以“扬雄”为郫县或蜀地的名人进行研究；这一方面侧重于扬雄与地方性文学的价值。2. 以扬雄的《法言》《太玄经》《反离骚》进行解读，即侧重于扬雄的文本研究；尤以《反离骚》为出发点，对扬雄与屈原、刘勰、陶渊明、司马相如等人的文脉关系进行对比研究；《法言》则因为是一大热点，而有人对其进行综述。3. 对扬雄的人格品行与其学术成就的“矛盾”关系进行研究，即从带有贬义的道德眼光与肯定其学术成就来进行研究，也就是扬雄曾用文章对王莽进行歌颂这一“劣迹”的历史评价问题，激进者有一文，直接对扬雄进行翻案《应该为扬雄洗冤》，但就其主流来说，更加侧重于试图从“理解之同情”的体贴态度深入扬雄的历史际遇与其创作思想之间的研究，态度较为暧昧，其中从朱熹对扬雄矛盾态度入手的研究是一大亮点。4. 少部分精品文章则选择了较为新颖而小众的角度进行解读，《扬雄对女性的审美观照》，颇为亮丽。5. 从宏大的视角兼谈扬雄，如从“士人意识的觉醒”来提及扬雄，或者直接在研究“箴文”的过程中捎带扬雄，或者从扬雄对儒学的构建看其对后世文论的影响，或者从研究某个学者来涉及其对扬雄的研究。

学界对于扬雄的研究已经从纯粹道德的批评与肯定其学术成就及其影响的纠结矛盾态度进入到理性态度，更加客观与全面；研究也深入到了文本细读的条分缕析，对于扬雄也获取了一种更加接近现当代的新认识。如试图寻找扬雄思想的现代性、审查扬雄对女性的美学态度、从扬雄的文章从《文选》落选来看扬雄对文学的影响，等等，或明或暗地显示出西方文学研究的思想观念对于中国学界学术研究在方法论上与本体意义上的影响，同时也因体现了不同于古代审美模式的现代意识而出现了一种新的风气，因而这种中西交融、古今激荡的学术景观是合法合理的，也将是今后世界性文学的一大趋势。

不过，现有的研究还没有站在一个中西文化对比研究的更加开阔的世界文学角度来对扬雄及有与之相近境遇的西人进行对比研究，在扬雄研究领域中的世界性文学的视野仍是某种程度的缺乏。另外，从其文本细读而获得一种超越纯道德批判、教条主义倾向的新视角给予了学界对于扬雄的新认识，这与其说是一种历史的翻案，不如说是为学术而学术的一种更加深入全面的学术逻辑研究发展的必然。然而对于扬雄的文体、文论或其人格的挖掘，则依然从宋代朱熹的研究到近代钱穆对朱熹的扬雄观的研究以至于今，挖掘已然较为充分，而展现出新亮点的文章则为数不多。

（作者单位：西华大学人文学院）

稿 约

本刊为四川省扬雄研究会会刊。四川省扬雄研究会与成都市郫都区区委、区政府，为了响应党中央、国务院关于传承弘扬中华优秀传统文化的号召，为了落实四川省委、省政府《关于传承发展中华优秀传统文化的实施意见》的指示精神，决定创办《扬子学刊》以推动扬雄研究的深入开展。竭诚欢迎海内外学者赐稿和支持本刊工作。现将来稿的有关事宜敬告作者：

一、本刊为扬雄研究专刊，刊载研究扬雄生平、思想、著述、影响，以及扬雄文化的精髓及其现代价值等内容的论文，由巴蜀书社出版。暂拟一年出版一期。

二、本刊倡导以历史唯物主义为指导的学术态度、探求真知的学术精神、科学严谨的研究方法。鼓励学术创新，要求来稿务必审慎对待所持论点，做到持之有据、言之有理。

三、来稿请严格遵守学术规范，切忌抄袭与敷衍。文章篇幅长短不限，以七千至一万五千字为宜。行文风格不拘，白话、文言均可，但必须语句畅达。文章标题要求平实、准确，能概括正文内容，一般不得另加副标题。引文不宜过长，应核对准确，并注明出处。注释请采用页下注形式，注释一般包括以下内容：作者（译者），书名或文章题目，出版社或刊名，出版日期或刊期；专著须注明页码，报纸须注明年月日和第几版。

四、来稿涉及版权的部分（如图片及较长的引文等），请作者妥善处理；如果产生版权纠纷，本刊不承担版权责任。

五、来稿请用规范的简体文本制作电子稿件，请注明作者姓名、单位、电话、通讯地址，请将电子稿件发往指定电子邮箱。

六、本刊对来稿有权删改，如不愿删改，请在来稿中说明。

七、来稿被刊用后，本刊将参照国家稿酬标准酌付稿酬，并赠送样刊二本。

八、欢迎海内外同仁赐稿。

投稿邮箱：yangzixuekan@126. com

本刊地址：成都市郫都区中信大道二段二号：郫都区文化馆二楼《扬子学刊》编辑部

联系人：卫志中（手机 13908076018，邮箱 1136702257@qq. com）

购书联系电话：13980006348（杨皓宇）。

图书在版编目(CIP)数据

扬子学刊 第一辑/四川省扬雄研究会编. —成都:巴蜀书社,2018.8

ISBN 978-7-5531-1026-4

Ⅰ.①扬… Ⅱ.①四… Ⅲ.①扬雄(前53-18)—人物研究 Ⅳ.①B234.995

中国版本图书馆CIP数据核字(2018)第182586号

扬子学刊 (第一辑) 四川省扬雄研究会 编

责任编辑	康丽华
出　　版	巴蜀书社
	地址:成都市槐树街2号 邮政编码:610031
	总编室电话:(028)86259397
网　　址	www.bsbook.com
发　　行	巴蜀书社
	发行科电话:(028)86259422 86259423
经　　销	新华书店
印　　刷	四川五洲彩印有限责任公司(028-85011398)
照　　排	成都完美科技有限责任公司
版　　次	2018年10月第1版
印　　次	2018年10月第1次印刷
成品尺寸	260mm×185mm
印　　张	23.75
字　　数	500千
书　　号	ISBN 978-7-5531-1026-4
定　　价	98.00元
